中等职业教育“十三五”规划教材

中职中专会计专业“营改增”系列教材

新编税收基础

石旭海　张惠梅　夏昌平　主　编

邱爱华　成家增　文肖兴　陈万生　副主编

科学出版社

北　京

内 容 简 介

本书紧密结合最新税收法律法规，以税法及企业会计准则为依托，结合中小企业的技能需求，有针对性地介绍企业实际工作所接触的主要税种，如流转税（增值税、消费税）、行为税（印花税、城市维护建设税）、所得税（企业所得税、个人所得税）等。

在内容编排上，本书力求讲练结合：首先，各章节通过知识点分解讲授及配套例题帮助读者系统认识各税种纳税义务人、征税范围、计税依据、税率、应纳税额的计算及征收管理等相关问题；其次，提供多种样式的课堂小测，让读者及时检测阶段性学习成果。

本书既可作为中等职业学校会计专业基础课的教材，也可作为会计和财务管理人员的培训和自学用书。

图书在版编目（CIP）数据

新编税收基础/石旭海，张惠梅，夏昌平主编. —北京：科学出版社，2017

（中等职业教育“十三五”规划教材・中职中专会计专业“营改增”系列教材）

ISBN 978-7-03-053273-2

Ⅰ.①新… Ⅱ.①石… ②张… ③夏… Ⅲ. ①税收管理-中国-中等专业学校-教材 Ⅳ. ①F812.423

中国版本图书馆 CIP 数据核字（2017）第 128651 号

责任编辑：贾家琛 李 娜 / 责任校对：刘玉靖

责任印制：吕春珉 / 封面设计：东方人华平面设计部

科 学 出 版 社 出版

北京东黄城根北街 16 号

邮政编码：100717

http://www.sciencep.com

北京市京宇印刷厂印刷

科学出版社发行 各地新华书店经销

*

2017 年 6 月第 一 版 开本：787×1092 1/16

2020 年 2 月第四次印刷 印张：19 3/4

字数：468 000

定价：40.00 元

（如有印装质量问题，我社负责调换〈北京京宇〉）

销售部电话 010-62136230 编辑部电话 010-62135763-2041

前　言

“税收基础”是一门与经济生活密切相关的、关于税收理论和管理的业务课程，也是会计、企业管理、税收等财经专业的基础课程。本书以就业为导向，在深入了解最新的税收法律法规的基础上，根据中职学生的认知特点，采用讲练结合的方式编写，要求学生边学边做，以培养学生税款计算的综合能力。本书针对每个重要的知识点补充了大量的例题及课堂小测，渗透了最新的税收法规政策内容，使之更贴近社会实际，为学生将来从事财经工作打下扎实的基础。

本书对我国现行税制中的主体税种流转税和所得税安排了大量的篇幅，特别是对2016年5月1日全面开展的“营改增”内容做出详细的讲解；全书重点突出、概念明确、结构合理，讲练结合，注重计算能力的培养，具有较强的实用性和应用性。

本书由石旭海、张惠梅、夏昌平任主编，邱爱华、成家增、文肖兴、陈万生任副主编。参编人员及分工如下：邱爱华编写第一、二章；夏昌平编写第三章；文肖兴编写第四、五章；成家增编写第六、七章；石旭海编写第八、九章；张惠梅编写第十、十一章；陈万生编写第十二章。全书由张惠梅审订、修改、定稿。

本书在编写过程中参考了不少专著和教材，得到了有关单位领导和同行的指导、支持、帮助，在此深表感谢。

由于编写时间、水平有限，书中不足之处在所难免，恳请读者批评赐教，我们不胜感激。

目　　录

第一章 税收概述

第一节 税收的概念

一、税收的定义

税收，全称“国家税收”，简称“税”，历史上又称“赋税”“租税”“捐税”，已经存在四千多年了，属于历史财政范畴。它是生产力发展到一定阶段，随着国家的产生而产生的。

税收是政府为满足社会公共需要，凭借政治权力，强制、无偿地取得财政收入的一种特定分配形式。

二、税收与国家、经济、财政、法律之间的关系

（一）税收与国家的关系

税收是以国家为主体，与国家政权紧密联系的一种特定分配。它同国家之间有着极为密切的本质上的联系。税收是在国家产生以后才产生的，有了国家才可能有税收，国家的存在是税收产生和存在的一个政治前提条件。而税收又是国家赖以生存的重要物质基础，是国家财政收入的主要来源。

（二）税收与经济的关系

税收是国家产生以后，又具备了一定的社会经济条件后才产生、存在和发展的。国家存在及它为满足社会公共需要对资金的需要，是税收存在的外部条件，而现实的经济条件，是决定税收存在的内在依据。经济是社会再生产过程中生产、分配、交换、消费各个环节诸多活动的总称，税收属于社会再生产过程中的分配环节，税收来源于经济。税收分配的是社会产品中的剩余产品，所以经济发展水平影响税收分配的规模和增长速度。因此，经济决定税收，同时，税收又能调节、影响经济。

（三）税收与财政的关系

税收是作为国家财政收入最主要的一种形式存在的。财政收入是国家参与社会产品分配的一种方式。国家征税的过程，实际上是国家把一部分社会产品以税收形式集中起来，由政府掌握的过程。在我国，财政收入的90%左右来自税收，税收是国家财政的主要支柱。合理的税收能促进经济发展、社会和谐、国家繁荣，从而又有可能带来更多的财政收入。

（四）税收与法律的关系

与税收对应的法律是税法。税法是法学概念，而税收是经济学概念，税法与税收密不可分，税法是税收的法律表现形式，税收则是税法所约束和规范的具体内容。税法是用于约束和规范征纳关系的法律规范的总称。税法是国家法律的重要组成部分，是国家征税的法律依据。

第二节　税收的本质特征

一、税收的本质

（一）税收的主体是国家和政府

税收与国家有本质的联系，它作为取得财政收入的一种手段，其掌握者和运用者只能是国家。也就是说，税收是由国家或政府征收的，而不是别的什么机构和组织。征税权利只属于国家，包括中央政府和地方政府，具体来说就是征税办法由国家立法机关制定，征税活动由政府组织进行，税收收入由政府支配管理。除政府之外，其他任何组织或机构均无征税权。

（二）国家征税凭借的是国家的政治权力

国家要取得任何一种财政收入，都是以其所拥有的某种权力为依托的。这种权力包括财产权力和政治权力两种。资本拥有者取得利润，食利者取得利息，土地出租者取得地租，工人取得工资，是由于他们有生产资料所有权和劳动力所有权，以上都属于财产权力。而国家取得收入，凭借的是政治权力而不是财产权力，也就是说，税收是以国家名义，通过一定的法律程序，按事先确定的标准向社会集团和个人强制执行征收的。

（三）国家征税的目的是满足社会公共需要

任何一个国家，为了保证其社会管理职能的行使和国家机器的正常运转，都需要具备一定的物质基础。而国家本身并不直接创造物质财富，只能以税收的形式参与社会产品的分配，取得物质财富，用于行使国家职能；同时，为了满足公民物质文化生活的需要和各项法定权利的实现，以及企事业单位发展的需要，国家也必须以税收的形式聚积大量资金，用于工农业基础建设、公共设施建设，发展科学技术、文化、教育、卫生等事业。因此，税收从它产生之日起，就是国家取得财政收入的重要手段。

（四）税收是国家参与社会产品分配的一种特殊形式

税收是国家凭借政治权力，运用法律手段，对一部分社会产品进行强制性的分配，无偿取得财政收入的一种形式。这样，一部分社会产品由私人和厂商向国家转移，国家对社会产品的占有从无到有，纳税人对社会产品的占有从多到少，税收就是这样执行社会产品分配职能的。

税收的本质是广大纳税人履行纳税义务，按照国家税收法律规定，及时足额缴纳各项税款。这是纳税人享有国家提供各项保障和服务权利的前提与基础。

一句话，税收的本质就是“取之于民，用之于民”。

二、税收的特征

税收作为一种特定的分配形式，有着自身固有的形式特征，即强制性、无偿性和固定性，这3个特征是税收区别于其他财政收入的基本标志。

（一）强制性

强制性是指税收是国家以社会管理者的身份，凭借政权力量，依据政治权力，通过颁布法律或政令来进行强制征收的。负有纳税义务的社会集团和社会成员，都必须遵守国家强制性的税收法令，在国家税法规定的限度内，纳税人必须依法纳税，否则就要受到法律的制裁，这是税收具有法律地位的体现。强制性特征体现在两个方面：一方面税收分配关系的建立具有强制性，即税收征收完全是凭借国家拥有的政治权力；另一方面是税收的征收过程具有强制性，即如果出现了税务违法行为，国家可以依法进行处罚。

（二）无偿性

无偿性是指通过征税，社会集团和社会成员的一部分收入转归国家所有，国家不向纳税人支付任何报酬或代价。税收的这种无偿性是与国家凭借政治权力进行收入分配的本质相联系的。无偿性体现在两个方面：一方面政府获得税收收入后无须向纳税人直接支付任何报酬；另一方面政府征得的税收收入不再直接返还给纳税人。税收无偿性是税收的本质体现，它反映的是一种社会产品所有权、支配权的单方面转移关系，而不是等价交换关系。税收的无偿性是区分税收收入和其他财政收入形式的重要特征。

（三）固定性

固定性是指税收是按照国家法令规定的标准征收的，即纳税人、课税对象、税目、税率、计价办法和期限等，都是税收法令预先规定了的，有一个比较稳定的适用期间，是一种固定的连续收入。对于税收预先规定的标准，征税和纳税双方都必须共同遵守，非经国家法令修订或调整，征纳双方都不得违背或改变这个固定的比例或数额，以及其他制度规定。

税收的“三性”特征是相互联系的统一体，其中税收的无偿性是核心，强制性是保证，固定性是上述两者的必然结果。

第三节 税收的职能

税收的职能是指税收作为一种分配形式，其本身所固有的功能。它是税收本质的具体体现。一般来说，税收具有组织收入、调节经济和监督管理3项职能。

一、组织收入职能

税收是财政收入的主要来源，组织财政收入是税收的基本职能。税收具有强制性、无偿性、固定性的特点，筹集财政收入稳定可靠。税收的这种特点，使其成为世界各国政府组织财政收入的基本形式。目前，我国税收收入已占国家财政收入的90%以上。税收自产生之日起，就具备了筹集财政收入的职能，是财政收入的主要支柱。组织收入，是税收最基本的职能。

二、调节经济职能

人们常把能改变人们的物质利益关系，影响人们的经济行为，使之朝着既定方向和目标运转的一切经济手段或方法统称为经济杠杆。税收就是一种由政府直接掌握的经济杠杆。经济决定税收，税收反作用于经济。这既反映了经济是税收的来源，也体现了税收对经济的调控作用。税收作为经济杠杆，通过增税与减免税等手段来影响社会成员的经济利益，引导企业、个人的经济行为，对资源配置和社会经济发展产生影响，从而达到调控宏观经济运行的目的。政府运用税收手段，既可以调节宏观经济总量，也可以调节经济结构。税收自产生之日起，就具备了调节社会经济杠杆的功能。

三、监督管理职能

国家取得财政收入的过程，必然要建立在日常深入细致的税务管理的基础上，具体掌握税源，了解情况，发现问题，监督纳税人依法纳税，并同违反税收法令的行为进行斗争，从而监督社会经济活动方向，维护社会生活秩序。一般地说，商品经济越发达，经济生活越复杂，国家干预或调节社会经济生活的必要性就越强烈，税收监督管理也就越广泛、深入。

第四节　社会主义市场经济条件下税收的作用

税收的作用是税收职能的外在表现。在社会主义市场经济条件下，税收有以下几方面的作用。

一、为社会主义现代化建设筹集资金

税收因为具有强制性、无偿性等特点，能够为国家经济建设提供大量的资金。当前税收已成为国家财政收入的主要支柱，90%以上的财政收入靠税收来集中。它是保证国家职能发挥的主要物质基础，通过税收活动在制度上保证政权和经济建设的需要，保证有足够的资金进行社会主义现代化建设。

二、体现公平税收、促进公平竞争

利润是企业在一定时期的经营成果，是考核企业经营状况的综合指标。影响企业利润水平高低的因素很多，除经营管理水平等主观因素外，还有价格、资源占有、地理位

置等客观因素。为了使企业公平竞争，根据量能负担的原则，国家通过征税，把因客观因素造成的企业级差收入收归国家所有，消除客观因素对企业利润水平的影响，使企业在相对均衡的条件下开展竞争。

三、调节分配，促进共同富裕

在市场经济条件下，中国一部分人通过诚实劳动和合法经营先富起来，经济发达地区充分发挥自身优势先富起来。为了调整收入高低悬殊的状况，国家通过征税，以缓解公民之间的收入相差悬殊的状况，体现社会公平，维护社会稳定。

四、调节经济总量，保持经济稳定

经济稳定要求经济发展不出现大幅波动，不出现萎缩和通货膨胀。运用税收杠杆是国家干预经济、进行宏观调节、实现经济政策目标的重要手段之一。

在需求过旺、供给不足，甚至发生通货膨胀的情况下，可扩大应纳税额的基数，提高税率，增加税收，减少企业和个人的可支配收入，压缩社会总需求，减轻通货膨胀的压力。反之，当经济萎缩时，则要降低税率，减少税收，增加消费和投资，扩大社会总需求，使社会总供求趋于平衡，达到稳定经济的目的。

五、维护国家利益，促进对外经济往来

税收是行使国家主权，维护国家利益的重要经济杠杆之一。

在对外贸易中，通过税收的调节，对进出口的不同商品规定差别较大的税率，体现国家鼓励和限制的政策，以此来调节进出口产品的品种和数量，达到既保护国内工农业生产，又有利于引进所需商品的目的。通过对鼓励出口类商品的免征税和实行消费税、增值税的出口退税，使中国出口商品以不含税的价格进入国际市场，以扩大出口，增加外汇收入。同时还可以通过涉外税收的各种优惠待遇，吸引外国向我国国内投资，引进资金、先进的技术和管理方法，带动我国经济的稳定发展。随着中国加入世界贸易组织（WTO），关税整体水平有较大幅度的下降，但其促进对外经济往来的作用依旧存在。

第二章　税收制度

第一节　税收制度与税法

税收制度是组织财政收入的依据，要认识税收制度，必须首先掌握税收制度的内涵及作用。

一、税收制度的概念

税收制度简称“税制”，它是国家以法律或法令形式确定的各种课税办法的总和，反映国家与纳税人之间的经济关系，是国家财政制度的主要内容，也是国家以法律形式规定的各种税收法令和征收管理办法的总称。狭义的税收制度主要包括税收法规和税收条例，如《中华人民共和国企业所得税法》等，是税收制度的核心；广义的税收制度还包括税收管理制度和税收征收管理制度，如《中华人民共和国税收征管法》。一个国家制定什么样的税收制度，是由生产力发展水平、生产关系性质、经济管理体制，以及税收应发挥的作用决定的。

税收制度从法律上规范了征税主体政府与纳税人之间的征纳关系，也规定了中央至地方各级政府之间的税收管理权限。税收制度是税务机关向纳税单位和个人征税的法律依据和工作规范，也是纳税单位和个人履行纳税义务的法定准则。

目前，中国有权制定税收法律法规和政策的国家机关主要有全国人民代表大会及其常务委员会、国务院、财政部、国家税务总局、海关总署、国务院关税税则委员会等。

（一）全国人民代表大会及其常务委员会制定的法律和有关规范性文件

《中华人民共和国宪法》规定，全国人民代表大会和全国人民代表大会常务委员会行使国家立法权。《中华人民共和国立法法》第 8 条规定，税收基本制度，只能由全国人民代表大会及其常务委员会制定法律。税收法律在中华人民共和国主权范围内普遍适用，具有仅次于宪法的法律效力。目前，由全国人民代表大会及其常务委员会制定的税收实体法律有：《中华人民共和国个人所得税法》（以下简称《个人所得税法》），《中华人民共和国企业所得税法》（以下简称《企业所得税法》），《中华人民共和国车船税法》（以下简称《车船税法》）。税收程序法律有：《中华人民共和国税收征收管理法》（以下简称《税收征管法》）。

全国人民代表大会及其常务委员会做出的规范性决议、决定，以及全国人民代表大会常务委员会的法律解释，同其制定的法律具有同等法律效力。

（二）国务院制定的行政法规和有关规范性文件

我国现行税法绝大部分都是国务院制定的行政法规和规范性文件。归纳起来，有以下几种类型。

（1）税收的基本制度。根据《中华人民共和国立法法》第9条规定，税收基本制度尚未制定法律的，全国人民代表大会及其常务委员会有权授权国务院制定行政法规。比如，现行增值税、消费税、营业税、车辆购置税、土地增值税、房产税、城镇土地使用税、耕地占用税、契税、资源税、船舶吨税、印花税、城市维护建设税、烟叶税、关税等诸多税种，都是国务院制定的税收条例。

（2）法律实施条例或实施细则。全国人民代表大会及其常务委员会制定的《个人所得税法》《企业所得税法》《车船税法》《税收征管法》，由国务院制定相应的实施条例或实施细则。

（3）税收的非基本制度。国务院根据实际工作需要制定的规范性文件，包括国务院或者国务院办公厅发布的通知、决定等。

（4）对税收行政法规具体规定所做的解释。

（5）国务院所属部门发布的，经国务院批准的规范性文件，视同国务院文件。

（三）国务院财税主管部门制定的规章及规范性文件

国务院财税主管部门，主要是财政部、国家税务总局、海关总署和国务院关税税则委员会。国务院财税主管部门可以根据法律和行政法规的规定，在本部门权限范围内发布有关税收事项的规章和规范性文件，包括命令、通知、公告等文件形式。

具体为，一是根据行政法规的授权，制定行政法规实施细则。二是在税收法律或者行政法规具体适用过程中，为进一步明确界限或者补充内容而做出的具体规定。三是在部门权限范围内发布有关税收政策和税收征管的规章及规范性文件。

（四）地方人民代表大会及其常务委员会制定的地方性法规和有关规范性文件，地方人民政府制定的地方政府规章和有关规范性文件

省、自治区、直辖市人民代表大会及其常务委员会和省、自治区人民政府所在地的市，以及经国务院批准的较大的市的人民代表大会及其常务委员会，可以制定地方性法规。省、自治区、直辖市人民政府，以及省、自治区人民政府所在地的市及经国务院批准的较大的市的人民政府，可以根据法律和国务院行政法规制定规章。

根据中国现行立法体制，税收立法权，无论中央税、中央地方共享税还是地方税，立法权都集中在中央，地方只能根据法律、行政法规的授权制定地方性税收法规、规章或者规范性文件，对某些税制要素进行调整。比如，《城镇土地使用税暂行条例》规定，税额标准由省、自治区、直辖市人民政府在规定幅度内确定。再如，《民族区域自治法》第35条规定，在民族自治地方，自治机关（省级人民代表大会和省级人民政府）在国家统一审批减免税项目之外，对属于地方财政收入的某些需要从税收上加以照顾和鼓励的，可以实行减税或者免税，自治州、自治县决定减税或者免税，须报省或者自治区人民政府批准。

（五）省以下税务机关制定的规范性文件

这是指省或者省以下税务机关在其权限范围内制定的适用于其管辖区域内的具体

税收规定。通常是有关税收征管的规定，在特定区域内生效。这些规范性文件的制定依据，是税收法律，行政法规、规章及上级税务机关的规范性文件。

（六）中国政府与外国政府（地区）签订的税收协定

税收协定是两个或两个以上的主权国家，为了协调相互之间处理跨国纳税人征税事务和其他涉税事项，依据国际关系准则，签订的协议或条约。税收协定属于国际法中“条约法”的范畴，是划分国际税收管辖权的重要法律依据，对当事国具有同国内法效力相当的法律约束力。《税收征管法》规定，中华人民共和国同外国缔结的有关税收的条约、协定同本法有不同规定的，依照条约、协定的规定办理。

目前，中央人民政府不在特别行政区征税，特别行政区实行独立税收制度，参照原在香港、澳门实行的税收政策，自行立法规定税种、税率、税收宽免和其他税务事项。立法会是特别行政区的立法机关，其制定的税收法律在特别行政区内具有仅次于基本法的法律效力。特别行政区法律须报全国人民代表大会常务委员会备案，但备案不影响生效。

对税收制度的内涵，可以从以下几个方面加以理解。

1. 从税收法律角度而言

税收制度是对某个税种或某些涉税事项的具体规定，如对纳税人、征税对象、征税依据、税率的规定、对税收管理制度的规定等，以法律的形式为税务机关和纳税人提供依据。

2. 从经济角度而言

税收制度是指税种体系构成，也称税制结构，即一个国家的税收制度主要由哪些税种组成，以哪一个或哪几个税种为主体税种，以哪些税种为辅助税种，以及它们的调节方式及构成。

3. 从政治角度而言

税收制度就是税收体制，即国家税收管理工作在中央和地方之间划分各自权限的一项制度，主要包括税收政策的确定、税收立法、税法解释、税种开征或停征、税目、税率增减、减免税等。

税收制度的作用主要体现在以下几点。

第一，对税收分配关系进行规范是税收制度最根本的作用。税收是以国家为主体的无偿性的分配，它必须借助于法律的强制力才能得以实现。税收制度一方面为税务机关提供了征税的法律依据，另一方面又为纳税人提供了纳税的法律准绳，将整个税收分配纳入有序的法律轨道。

第二，为税收征管活动提供依据和准绳是税收制度的特殊作用。税收制度对税收制度要素、征收机关的职责分工、征管权限划分、征管形式和方法都做了明确规定。从而为征税机关的工作提供了行为准则和工作规程。

第三，为实现税收职能和作用提供法律保证。税收的职能与作用不可能自发地实现，而要通过税收制度的强制实施予以保障。离开了税收制度的法律保证，税收的职能和作用是无从发挥的。

二、税法的概念

税法是国家制定的用以调整国家与纳税人之间在纳税方面的权利及义务关系的法律规范的总称。税法是税收制度的法律表现形式，它是国家及纳税人依法征税、依法纳税的行为准则，其目的是保障国家利益和纳税人的合法权益，维护正常的税收秩序，保证国家的财政收入。

税法一般都由若干要素组成，主要包括总则、纳税义务人、征税对象、税目、税率、纳税环节、纳税期限、纳税地点、减免税、罚则、附则等项目。

总则主要包括立法依据、立法目的、适用原则等。

附则一般都规定与该法紧密相关的内容，比如该法的解释权、生效时间等。

按税法的职能作用、权限划分、法律级次的不同，可将税法分为不同类型。

（1）按照税法的职能作用的不同，可分为税收实体法和税收程序法。税收实体法主要是指确定税种立法，具体规定各税种的征收对象、征收范围、税目、税率、纳税地点等。税收程序法是指税务管理方面的法律，主要包括税收管理法、纳税程序法、发票管理法、税务机关组织法、税务争议处理法等。

（2）按照主权国家行使税收管辖权的不同，可分为国内税法、国际税法、外国税法等。

（3）按照税收立法权限或者法律效力的不同，可以划分为税收法律、税收行政法规、税收规章和税收规范性文件等。

第二节 税制的构成要素

税制的构成要素，是指税制应当具备的必要因素和内容。税制的构成要素一般包括：征税人、纳税人、征税对象、税目、税率、计税依据、纳税环节、纳税地点、纳税期限、减免税、违章处理等。其中，纳税人、征税对象和税率是税制3个最基本的构成要素。

一、纳税人

（一）认识纳税人

纳税人亦称纳税义务人、课税主体，是税法上规定的直接负有纳税义务的单位和个人。国家无论课征什么税，要由一定的纳税义务人来承担，舍此就不能称其为税收，因此，纳税人是税收制度构成的基本要素之一。

每个税种都有各自的纳税人。纳税人究竟是谁，一般随课税对象的确定而确定。例如个人所得税法中工资、薪金所得，其纳税人是有工资、薪金所得的个人，房产税的纳税人是产权所有人或者使用人，契税是以所有权发生转移变动的不动产为征税对象，向产权承受人征收的一种财产税，其纳税人是产权承受人。同一种税，纳税人可以是企业、单位和个人，如增值税，企业生产销售的产品，纳税人是企业；个人销售的产品，纳税人就是个人。纳税义务人包括自然人和法人。

1. 自然人

自然人是指具有权利主体资格，能够以自己的名义独立享有财产权利，承担义务并能在法院和仲裁机关起诉、应诉的个人。即依法享有民事权利，并承担民事义务的公民个人。如在中国从事工商活动的个人，以及工资和劳务报酬的获得者等。

2. 法人

法人是指有独立的组织机构和独立支配的财产，能以自己的名义参加民事活动，享受权利和承担义务，依法成立的社会组织。在我国，一切享有独立预算的国家机关和事业单位，各种享有独立经费的社会团体，各种实行独立核算的企业等都是法人。法人有依照国家税法纳税的义务，都可以成为纳税人。其中，企业是最主要的纳税人。这里所说的企业，是指从事生产、流通或服务等活动并实行独立核算的经济组织，它可以是工厂、商店，也可以是具有同样性质的各种公司。纳税人必须依法向国家纳税，否则要受到法律的制裁，如加收滞纳金、处以罚款等。纳税人在履行纳税义务的同时，也有自己的权益，如依法享受减免税的权利，依法要求税务部门为自己的经济活动保密的权利，依法打税务官司的权利等。税务部门要自觉维护纳税人的权益。

我国的法人主要包括：机关法人、事业法人、企业法人和社团法人。

（二）与纳税人相关的概念

与纳税人相关的概念主要有代扣代缴义务人、代收代缴义务人和负税人。

1. 代扣代缴义务人和代收代缴义务人

代扣代缴义务人亦称“扣缴义务人”，即有义务从持有的纳税人收入中扣除应纳税款并代为缴纳的企业或单位。扣缴义务人既可以是各种类型的企业，也可以是机关、社会团体、民办非企业单位、部队、学校和其他单位，或者是个体工商户、个人合伙经营者和其他自然人。如出版社代扣作者稿酬所得的个人所得税等。如果代扣代缴义务人按规定履行了代扣代缴义务，税务机关将支付一定的手续费。反之，未按规定代扣代缴税款，造成应纳税款流失或将已扣缴的税款私自截留挪用、不按时缴入国库，一经税务机关发现，将要承担相应的法律责任。

代收代缴义务人是指虽不承担纳税义务，但依照有关规定，在向纳税人收取商品或劳务收入时，有义务代收代缴其应纳税款的单位和个人。如消费税条例规定，委托加工的应税消费品，由受托方在向委托方交货时代收代缴委托方应该缴纳的消费税。

2. 负税人

负税人与纳税人是两个既相联系又相区别的概念。首先，纳税人是指的直接负有纳税义务的单位和个人，而负税人是最终负担税款的单位和个人；其次，纳税人不一定是税款的实际承担者，即纳税人不一定就是负税人。在实际生活中，有的税收由纳税人自己负担，纳税人本身就是负税人，如个人所得税、企业所得税等；有的税收虽然由纳税人缴纳，但实际上是由别人负担的，纳税人和负税人不一致，这就是通常所说的税负的转嫁问题，如增值税、消费税等。当纳税人所缴的税款是由自己负担时，纳税人与负税人是一致的。当纳税人通过一定的途径将税款转嫁给他人负担时，纳税人就不是负税人。

二、征税对象

征税对象又叫课税对象、征税客体，在实际工作中也笼统地称之为征税范围，它是指税收法律关系中权利义务所指向的对象，即对什么征税。征税对象包括物或行为，不同的征税对象是区别不同税种的主要标志。如消费税的征税对象是消费税条例所列举的应税消费品，房产税的征税对象是房屋等。

征税对象是税法最基本的要素，因为它体现着征税的最基本界限，决定着某一种税的基本征税范围。同时，征税对象也决定了各个不同税种的名称。如消费税、土地增值税、个人所得税等，这些税种因征税对象、性质的不同而不同。

与征税对象相关的概念主要有税基、税目和税源。

（一）税基（计税依据）

税基又叫计税依据，是计算征税对象应纳税款的直接数量依据，它解决对征税对象课税的计算问题，是对课税对象的量的规定。计税依据的数额同税额成正比例，计税依据的数额越多，应纳税额也越多。不同税种有不同的计税依据，如企业所得税的计税依据是企业的应纳税所得额；增值税的计税依据一般是货物、应税劳务及应税行为的增值额。

计税依据在表现形态上有两种：价值形态和实物形态。

1. 价值形态

价值形态是指以征税对象的价值作为计税依据，也就是常说的从价计征。如中国的企业所得税以应纳税所得额的多少为计税依据，消费税中的大部分应税消费品以销售数量和单位销售价格的乘积为计税依据。

2. 实物形态

实物形态是指按照课税对象的自然计量单位（面积、重量等）计算，称为从量计征。如消费税中的黄酒、啤酒以吨数为计税依据，汽油、柴油以升数为计税依据。

（二）税目

税目是课税客体具体划分的项目，是税法中规定的应当征税的具体物品、行业或项目，是征税对象的具体化，它规定了一个税种的课税范围，反映了课税的广度。由于同一税目通常适用同一税率，因此，它是适用税率的重要依据。

并非所有税种都需要规定税目，有些税种不分课税对象的具体项目，如企业所得税。有些税种具体课税对象比较复杂，需要规定税目，如消费税设置烟、酒等 15 个税目。凡列入税目的即为应税项目，未列入税目的，则不属于应税项目。

（三）税源

税源即税收的最终来源。从理论上讲，税源与课税对象虽有密切联系，但不是同一概念。征税对象是指对什么东西征税，而税源则是指税收的价值源泉，两者是有明显区别的。有的税种税源与课税对象一致，比如个人所得税的课税对象和税源都是个人所得。但也有不一致的情况，例如，增值税的课税对象是应税的货物或劳务，而税源则是包含在销售额中的纯收入；房产税的课税对象是房产，税源则是房产收益或房产所有人的收入。税源不一定就是征税对象。

三、税率

税率，是对征税对象的征收比例或征收额度。税率是计算税额的尺度，也是衡量税负轻重与否的重要标志。税率的设计原则既要体现国家政治、经济、社会政策，又要保持公平、简化的性质。中国现行的税率主要有比例税率、累进税率、定额税率等。

（一）比例税率

比例税率即对同一征税对象，不分数额大小，规定相同的征税比例。中国的增值税、城市维护建设税、企业所得税等采用的都是比例税率。

比例税率在适用中又可分为 3 种具体形式：单一比例税率、差别比例税率、幅度比例税率。

（1）单一比例税率，是指对同一征税对象的所有纳税人都适用同一比例税率。

（2）差别比例税率，是指对同一征税对象的不同纳税人适用不同的比例征税。具体又分为下面 3 种形式。

① 产品差别比例税率：即对不同产品分别适用不同的比例税率，同一产品采用同一比例税率。如消费税、关税等。

② 行业差别比例税率：即按不同行业分别适用不同的比例税率，同一行业采用同一比例税率。

③ 地区差别比例税率：即区分不同的地区分别适用不同的比例税率，同一地区采用同一比例税率。如城市维护建设税等。

（3）幅度比例税率，是指对同一征税对象，税法只规定最低税率和最高税率，各地区在该幅度内确定具体的使用税率。

比例税率具有计算简单、税负透明度高、有利于保证财政收入、有利于纳税人公平竞争、不妨碍商品流转额或非商品营业额扩大等优点，符合税收效率原则。但比例税率不能针对不同的收入水平实施不同的税收负担，在调节纳税人的收入水平方面难以体现税收的公平原则。

（二）累进税率

累进税率指按征税对象数额的大小，划分若干等级，每个等级由低到高规定相应的税率，征税对象数额越大税率越高，数额越小税率越低。累进税率因计算方法和依据的不同，可分为全额累进税率、超额累进税率、超率累进税率。

1. 全额累进税率

全额累进税率，即对征税对象的金额按照与之相适应等级的税率计算税额。在征税对象提高到一个级距时，对征税对象金额都按高一级的税率征税，如表 2-1 所示。

表 2-1 某三级全额累进税率表

级数	全月应纳税所得额（元）	税率（%）
1	5000（含）以下	10
2	5001～20000（含）	20
3	20001 以上	30

运用全额累进税率的关键是查找每一纳税人应税收入在税率表中所属的级次，找到收入级次，与其对应的税率便是该纳税人所适用的税率，全部税基乘以适用税率即可计算出应缴税额。例如，某纳税人某月应纳税所得额为 5000 元，按表 2-1 所列税率，适用第一级次，其应纳税额为 5000×10%＝500（元）。

全额累进税率计算方法简便，但税收负担不合理，特别是在划分级距的临界点附近，税负呈跳跃式递增。如纳税人月应纳税所得额为 5001 元，按表 2-1 所列税率，适用第二级次，其应纳税额为 5001×20%＝1000.2（元）。

2. 超额累进税率

超额累进税率，即把征税对象按数额大小划分为若干等级，每个等级由低到高规定相应的税率，每个等级分别按该级的税率计税。表 2-2 为一个三级超额累进税率表。

表 2-2 某三级超额累进税率表

级数	全月应纳税所得额（元）	税率（%）	速算扣除数
1	5000（含）以下	10	0
2	5001～20000（含）	20	500
3	20001 以上	30	2500

如某人某月应纳税所得额为 6000 元，用表 2-2 所列税率，其应纳税额可以分步计算：

第一级的 5000 元适用 10%税率，应纳税额为：5000×10%＝500（元）；

第二级的 1000 元（6000－5000）适用 20%的税率，应纳税额为 1000×20%＝200（元）；

其该月应纳税额＝500＋200＝700（元）。

目前我国采用这种税率的税种有个人所得税（注：个人所得税免征额为 3500 元）。

在级数较多的情况下，分级计算然后相加的方法比较烦琐。为了简化计算，也可以采用速算法。速算法的原理是，基于全额累进计算的方法比较简单，可将全额累进计算的方法转化为全额累进计算的方法。对于同样的课税对象数量，按全额累进方法计算出的税额比按超额累进方法计算出的税额多，即有重复计算的部分，这个多征的常数叫速算扣除数。用公式表示为

速算扣除数＝按全额累进方法计算的税额－按超额累进计算的税额

公式移项得

按超额累进计算的税额＝按全额累进方法计算的税额－速算扣除数

接上例某人某月应纳税所得额为6000元，如果直接用6000元乘以所对应级次的税率20%则对于第一级次的5000元应纳税所得额就出现了5000×(20%－10%)＝500(元)的重复计算部分，因为该部分本来应该适用10%的税率，现在却全部按照20%税率计算，故多算了10%，即500元的应纳税额，这就是应该扣除的所谓速算扣除数。如果用简化的计算方法，则6000元应纳税所得额＝6000×20%－500＝700（元）。

课堂小测

【计算题】某人某月工资收入为7568元。根据表2-1及表2-2，分别按超额累进税率和全额累进税率计算应纳税额为多少？

3. 超率累进税率

超率累进税率，即以征税对象数额的相对率划分若干级距，分别规定相应的差别税率，相对率每超过一个级距的，对超过的部分就按高一级的税率计算征税。目前我国税收体系中采用这种税率的是土地增值税。

（三）定额税率

定额税率是税率的一种特殊形式。它不是按照课税对象规定征收比例，而是按照征税对象的计量单位规定固定税额，所以又称为固定税额，一般适用于从量计征的税种，如部分消费税（黄酒、啤酒、成品油）、城镇土地使用税、车船税、部分资源税（除原油、煤炭、天然气外）。

四、减税、免税

减税、免税是根据国家政策，对某些纳税人和征税对象给予鼓励和照顾的一种特殊规定。减税是从应征税款中减征部分税款。免税是免征全部税款。减税、免税之所以必要，主要是因为税法的一般规定适应普遍性、一般性的情况，可是客观事物是有差别的，经济活动的特殊性和时间阶段性，需要税法有一些特殊规定，需要有适应这种差别的减税、免税等特殊调节手段来加以补充，以利于把税法的统一性和必要的灵活性结合起来，更好地贯彻国家的税收政策，充分发挥税收的经济杠杆作用。减税、免税是直接通过减少国家收入，增加纳税人的经济利益来发挥对经济的调节作用，刺激生产经营的特殊手段。因此，它只适用于特定条件下的调节，须严格控制，高度集中减税、免税权。

减税、免税的主要形式有：税基式减免、税率式减免、税额式减免。

（一）税基式减免

税基式减免，即通过直接缩小计税依据的方式来实现的减税免税。具体包括起征点、免征额等。其中起征点是税法规定的征税对象开始征税的数额起点，征税对象数额未达到起征点的不征税；达到或超过起征点的，就其全部数额征税。免征额是税法规定的征税对象全部数额中免予征税的数额，如个人所得税免征额为 3500 元，不到 3500 元不征税，超过 3500 元的部分才征税。

（二）税率式减免

税率式减免，即通过直接降低税率的方式来实现的减税免税。如对农产品增值税按 13%计征，对于部分鼓励出口的产品实行零税率等。

（三）税额式减免

税额式减免，即通过直接减少应纳税额的方式来实现的减税免税。具体包括全部免征、减半征收、核定减免率，以及另定减征额等。如从事农、林、牧、渔业项目的所得免税；企业购置并实际使用《环境保护专用设备企业所得税优惠目录》《节能节水专用设备企业所得税优惠目录》《安全生产专用设备企业所得税优惠目录》规定的环境保护、节能节水、安全生产等专用设备的，该专用设备的投资额的 10%可以从企业当年的应纳税额中抵免，当年不足抵免的，可以在以后 5 个纳税年度结转抵免等。

五、纳税环节

纳税环节是课税客体在运动过程的诸环节中依税法规定应该纳税的环节。纳税环节的存在，取决于课税客体，即征税对象的运动属性，包括所处位置的变换和所有者的变更。国家在规定某种征税对象时，必须明确规定其纳税环节，即发生纳税义务的时间和场所。纳税环节指税法规定的征税对象在从生产到消费的流转过程中应当缴纳税款的环节，其有广义和狭义之分。

广义的纳税环节是指全部征税对象在再生产中的分布。如资源税分布在生产环节，所得税分布在分配环节等。它制约着税制结构，对取得财政收入和调节经济有重大影响。

狭义的纳税环节是指应税商品在流转过程中应纳税的环节，是商品流转课税中的特殊概念。在商品经济条件下，商品从生产到消费通常经过生产制造、商业批发、商业零售等环节。商品课税的纳税环节，应当选择在商品流转的必经环节。按照纳税环节的多少，可将税收课征制度划分为两类，即一次课征制度和多次课征制度。一次课征制度是指一种税收在各个流通环节只征收一次税。一次课征制税源集中，可以避免重复征税。如中国现行消费税中的大多数应税消费品就采取的是一次课征制。即在应税消费品的产制环节课税，对以后其他环节不再重征。多次课征制，指一种税收在各个流通环节选择两个或两个以上的环节征税，如增值税等。

课堂小测

【多选题】按照纳税环节的多少，可将税收课征制度划分为（　　）。

A．一次课征制 B．二次课征制 C．多次课征制 D．重复课征制 E．销售课征制

六、纳税期限

纳税期限是负有纳税义务的纳税人向国家缴纳税款的最后时间限制。它是税收强制

性、固定性在时间上的体现。任何纳税人都必须如期纳税，否则就是违反税法，会受到法律制裁。

中国现行税制的纳税期限有 3 种形式。

（一）按期纳税

根据纳税义务的发生时间，通过确定纳税间隔期，实行按期纳税。按期纳税间隔期分为 1 天、3 天、5 天、10 天、15 天、1 个月和 1 个季度共 7 种。纳税人的具体纳税间隔期限由其主管税务机关按规定核定。

以 1 个月或 1 个季度为一期纳税的，自期满之日起 15 日内申报纳税；以其他间隔期限为纳税期的，自期满之日起 5 日内预缴税款，于次月 1 日起 15 日内申报纳税并结清上月税款。

（二）按次纳税

不能按照固定期限纳税的，可根据纳税行为的发生次数确定纳税期限。如耕地占用税、印花税、契税、车辆购置税等。

（三）按年计征，分期预缴

按规定的期限（按月或按季）预缴税款，年度结束后汇算清缴，多退少补。如企业所得税、房产税、土地使用税等。

如企业应当自月份或者季度终了之日起 15 日内，向税务机关报送预缴企业所得税纳税申报表，预缴税款。企业应当自年度终了之日起 5 个月内，向税务机关报送年度企业所得税纳税申报表，并汇算清缴，结清应缴应退税款。

七、纳税地点

纳税地点主要是指根据各个税种纳税对象的纳税环节和有利于对税款的源泉控制而规定的纳税人（包括代征、代扣、代缴义务人）的具体纳税地点。

中国税收制度对纳税地点规定的总原则是纳税人在其所在地就地申报纳税。同时考虑到某些纳税人生产经营和财务核算的不同情况，对纳税地点也做了不同规定。主要方式如下。

① 企业所在地纳税。如增值税、企业所得税等，除另有规定者外，由纳税人向其所在地税务机关申报纳税。

② 营业行为所在地纳税。主要适用于跨地区经营和临时经营的纳税人。如有关增值税条例规定，非固定业户销售货物或者应税劳务，应当向销售地或者劳务发生地的主管税务机关申报纳税。

③ 集中纳税。对少数中央部、局实行统一核算的生产经营单位，由主管部、局集中纳税。如对铁路运营（不包括铁道部直属独立核算的企业）、金融、保险企业（不包括中国人民保险总公司所属各省、自治区、直辖市分公司）和中国医药管理局直属企业，分别由中央各主管部、行、局、总公司集中纳税。

④ 口岸纳税。主要适用于关税。进出口商品的应纳关税，在商品进出口岸地，由收、发货人或其代理人向口岸地海关纳税。外贸企业、其他单位自营或接受委托进口的商品除缴纳关税外，还需向口岸地海关缴纳产品税（或增值税）、盐税或工商统一税等有关税。

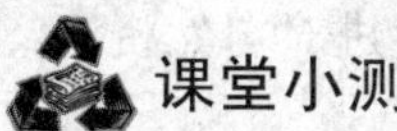

【多选题】下列关于税制法构成要素的说法中，正确的有（　　）。

A. 纳税人是税法规定的直接负有纳税义务的单位和个人，是实际负担税款的单位和个人

B. 征税对象是税法中规定的征税的标的物，是国家征税的依据

C. 税率是对征税对象的征收比例或征收额度，是计算税额的尺度

D. 税目是课税对象的具体化，反映课税对象质的规定

第三节 税收分类

税收分类是按一定标准对各种税收进行的分类，一个国家的税收体系通常是由许多不同的税种构成的。每个税种都具有自身的特点和功能，但用某一个特定的标准去衡量，有些税种具有共同的性质、特点和相近的功能，从而区别于其他各种税收而形成一类。

一、按征税对象的性质划分

税收按征税对象的性质不同，可分为流转税、所得税、资源税、行为税和财产税。

（一）流转税

流转税又称流转课税、流通税，指以纳税人商品生产、流通环节的流转额或者数量，以及非商品交易的营业额为征税对象的一类税收。这类税种与商品生产和流通，以及商品价格和营业额紧密相连。

流转税是我国现行税制中最大的一类税收，是主体税种，是财政收入的主要来源，也是国家进行宏观调控的重要手段。主要适用的税种包括增值税、消费税、关税。

流转税的特点是：征税范围较为广泛，一般不受生产、经营成本和费用变化的影响，具有间接税的性质，计算征收较为简便易行。

（二）所得税

所得税是规定对纳税人在一定期间获取的应纳税所得额课征的一类税。通常以经过计算得出的应纳税所得额为计税依据。即纳税人（通常一年）的合法所得，减去成本费用和法定允许扣除的其他各项支出后的余额。如利润、劳务报酬、财产租赁所得等。

所得税实行“多得多征，少得少征，无所得不征”的原则。

中国现行所得税主要有企业所得税和个人所得税。

所得税的特点是：所得税属于直接税，可以直接调节纳税人收入，发挥其公平税负、

调整分配关系的作用。

（三）资源税

资源税是对在我国领域及管辖海域从事应税矿产品开采和生产盐的单位和个人课征的一种税。其目的在于调节级差收入，促进企业之间开展平等竞争；促进对自然资源的合理开发利用，为国家筹集财政资金。

中国现行对资源课征的有 3 个税种，包括资源税、城镇土地使用税和耕地占用税。

资源税的特点是：税负高低与资源级差收益水平关系密切，征税范围的选择比较灵活。

（四）行为税

行为税是国家为了对某些特定行为进行限制或开辟某些财源而课征的一类税收。如针对财产和商事凭证贴花行为，征收印花税等。行为税收入零星分散，一般作为地方政府筹集地方财政资金的一种手段，行为课税的最大特点是征纳行为的发生具有偶然性或一次性。

中国现行税制中属于行为税的有印花税、车辆购置税、城市维护建设税等。

行为税的特点是：征税的选择性较为明显，税种较多，并有较强的时效性，有的还具有因时因地制宜的特点。

（五）财产税

财产税是以纳税人所有或属其支配的财产为课税对象的一类税收。财产税的课税对象一般可分为不动产和动产两大类。

中国现行税制中属财产税的有房产税、契税、车船税、遗产税（未开征）等。

财产税的特点是：税收负担与财产价值、数量关系密切，能体现量能负担、调节财富、合理分配的原则。

二、按税收管理和使用权限划分

税收按照管理和使用权限不同，可以分为中央税，地方税，中央、地方共享税。

中央税是指由国家中央立法机关立法，税收管理权和收入支配权归属中央政府的税收，又称国家税。中央税构成中央政府的固定收入。

当前归属中央的税种主要包括消费税、关税、车辆购置税、海关代征的增值税和消费税。

地方税是中央税的对称。它是由一国地方政府征收、管理和支配的一类税收，是依据税收的征收管理权及收入支配权进行的分类。地方税即属于地方固定财政收入，由地方管理和使用的税种。

当前归属地方税的税种包括土地增值税、印花税（除了证券交易印花税外）、城市建设维护税、城镇土地使用税、房产税、车船使用税、车船使用牌照税、契税、耕地占用税、资源税等。

中央、地方共享税是指立法和管理都归中央，但其收入由中央、地方分享的税种。

当前归属中央和地方共享的税种主要包括增值税（不含进口环节由海关代征的部分）、企业所得税、个人所得税、资源税（海洋石油企业的归中央，其余的归地方）、证券交易印花税等。

国税与地税，是指国家税务局系统和地方税务局系统，一般是指税务机关，而不是针对税种而言的：国税主要负责征收中央税、中央与地方共享税；地税主要负责征收地方税。

三、按税收与价格的关系划分

按税收与价格的关系不同，税收可以分为价内税和价外税。价内税是指凡是税金构成价格的组成部分，作为课税对象价格的组成因素的税种，其价格组成＝成本＋利润＋税金；价外税是指凡是税金作为价格之外附加的。其代表税种为增值税，其价格组成＝成本＋利润，除增值税外其他税种均为价内税。

价内税应由销售方承担税款，销售方取得的货款就是其销售款，而税款由销售方来承担并从中扣除。因此，税款等于销售款乘以税率。价外税应由购买方承担税款，销售方取得的货款包括销售款和税款两部分。由于税款等于销售款乘以税率，而这里的销售款等于货款（即含税价格）减去税款，即不含税价格，因此，税款计算公式如下：

税款＝［货款÷（1＋税率）］×税率

四、按计税标准划分

税收按计税标准不同，可分为从价税和从量税。

从价税是指以征税对象的价格或者金额为计税依据，按照一定比例计征的税收，又称从价计征。目前世界各国实行的大部分税种都属于从价税，我国现行税制中的增值税、房产税等税种也属于从价税。

从量税是以商品的重量、数量、容量、长度和面积等计量单位为标准计征的税收。从量税额计算的公式如下：

税额＝商品的数量×每单位从量税

部分关税、资源税、消费税、车船税实行从量税。

五、按税负是否转嫁划分

税收按税负是否转嫁，可分为直接税和间接税。

直接税是指凡是税收由纳税人直接负担、通常不能转嫁他人的税种。如企业所得税、个人所得税、遗产税等。

间接税是指纳税人可以将税负全部或部分转嫁他人负担的税收。如增值税、消费税等。

第三章 增 值 税

增值税是以商品（含应税劳务和应税服务）在流转过程中产生的增值额作为征税对象而征收的一种流转税。按照我国税法的规定，增值税是对我国境内销售和进口货物或者提供加工、修理修配劳务（以下简称“应税劳务”），交通运输业、邮政业、电信业、建筑业、金融业、现代服务业服务、生活服务业（以下简称“应税服务”），销售不动产及转让无形资产的企业单位和个人，就其销售货物、提供应税劳务、提供应税服务、销售不动产及转让无形资产的增值额和货物进口金额为计税依据而课征的一种流转税。

我国现行增值税的基本规范是 2008 年 11 月 5 日国务院第三十四次常务会议修订通过的《中华人民共和国增值税暂行条例》（以下简称《增值税暂行条例》）。2016 年 2 月我国对该条例的部分法规做了修改。

第一节 增值税概述

一、增值税的概念

增值税是以商品在流转过程中产生的增值额为征税对象征收的一种流转税，是对从事销售和进口货物、提供加工、修理修配劳务、销售应税服务、销售不动产及转让无形资产的单位和个人取得的增值额为计税依据征收的一种税。

增值额是企业或其他经营者从事生产经营（或提供劳务）在购入的商品（或取得劳务）的价值基础上新增加的价值额，是一个单位实现的商品销售收入额或经营收入额扣除其购入的商品或劳务等金额的差额。

例如，农民种了棉花，将棉花卖给织布商，这个织布商又把布料卖给印染商，先后经过 5 道工序，最后，制成衣服并销售出去，期间各环节增值额如表 3-1 所示。

表 3-1 各环节增值额

生产者	购买	销售	增值额
农民	0	200	200
织布商	200	300	100
印染商	300	350	50
服装生产商	350	650	300
服装销售商	650	800	150
合计	1500	2300	800

二、增值税的特点

1. 不重复征税，具有中性税收的特征

对同一商品而言，无论流转环节多少，只要增值额相同，税负就相等，不会影响商品的生产结构、组织结构和产品结构。

2. 普遍征收，保证国家税收的稳定

对从事商品生产经营、劳务及服务提供的所有单位和个人，在商品增值的各个生产流通环节向纳税人普遍征收。

3. 转嫁性

增值税虽然是向纳税人征收的，但是纳税人在销售商品或者提供应税劳务和应税服务等的过程中会通过价格杠杆将税收负担转嫁给其他人，只要商品、劳务、服务实现销售，该税收负担最后会由商品的最终消费者承担。

4. 实行税款抵扣制度

在计算纳税人应纳税款的过程中，要扣除商品、劳务、服务在以前生产经营环节已负担的增值税税款，这样可以避免重复征税。世界各国普遍实行凭增值税发票抵扣制度。

5. 实行比例税率

实行比例税制，以贯彻征收简便易行的原则。对某些行业或产品实行不同的政策，引入增值税的国家一般都规定基本税率和优惠税率或称低税率。

6. 实行价外税制度

在计税应纳增值税时，作为计税依据的销售额中是不含增值税税款的。这样有利于形成均衡的生产价格，并有利于税收负担的转嫁。

第二节　增值税征税范围及纳税义务人

一、增值税征税范围

凡在中国境内销售货物或者进口货物，提供加工、修理修配劳务，销售服务、销售不动产及转让无形资产的，均属增值税的征收范围。自 2016 年 5 月 1 日起，在全国范围内全面推开营业税改征增值税（以下称“营改增”）试点，建筑业、房地产业、金融业、生活服务业等全部营业税纳税人纳入试点范围，由缴纳营业税改为缴纳增值税。根据《增值税暂行条例》和“营改增”的规定，我们将增值税的征税范围分为一般规定和具体规定。

（一）征税范围的一般规定

现行增值税征税范围的一般规定包括以下几点。

1. 销售或者进口货物

货物，是指除土地、房屋和其他建筑物等不动产之外的有形动产，包括电力、热力和气体等。销售货物，是指有偿转让货物的所有权的行为。

2. 提供应税劳务

应税劳务是指纳税人提供加工、修理修配等劳务。

加工，是指受托加工货物，即委托方提供原料及主要材料，受托方按照委托方的要求制造并收取加工费的业务。修理修配，是指受托对损伤和丧失功能的货物进行修复，使其恢复原状和功能的业务。提供应税劳务是指有偿提供加工、修理修配劳务，即增值税的应税劳务。单位或个体经营者聘用的员工为单位或雇主提供加工、修理修配劳务的不包括在内。

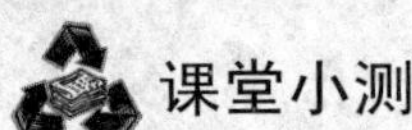

课堂小测

【单选题】下列经营行为，不属增值税征收范围的是（　　）。

A．某社会团体下属企业销售货物　　B．个人向受雇企业提供修理修配劳务

C．某工业企业附属饭店对外提供饮食服务　　D．某工业企业将旧的厂房对外销售

【多选题】1．按照现行增值税法有关规定，纳税人提供下列劳务，应当征收增值税的是（　　）。

A．汽车的修配　　B．土地使用权的转让

C．房屋的装修　　D．机器设备的修理

【多选题】2．下列各项中，属于增值税征收范围的是（　　）。

A．修理桥梁　　B．进口汽车　　C．缝纫业务　　D．酒店业务

3. 销售服务（“营改增”）

销售服务，是指提供交通运输服务、邮政服务、电信服务、建筑服务、金融服务、现代服务、生活服务。

销售服务，是指有偿销售，即必须取得货币、货物或者其他经济利益，但不包括非经营活动中提供的应税服务。

非经营活动包括以下几方面。

（1）行政单位收取的满足特定条件的政府性基金或者行政事业性收费。

① 上述政府性基金必须由国务院或财政部批准设立；事业性收费必须由国务院或省级人民政府及财政、价格主管部门批准设立。

② 收取时需要开具省级以上（含省级）财政部门印制的财政票据。

③ 所收款项全额上缴财政。

（2）单位或者个体工商户聘用的员工为本单位或者雇主提供工资性质的服务。如果有偿提供应税服务并不是以工资体现，而是另外收取报酬，那么员工个人为本单位或者雇主提供服务取得的报酬也要依法纳税。

（3）单位或者个体工商户为聘用的员工提供服务。如单位为员工提供班车，收取的一定的费用，这个收费不属于增值税的征税范围。

（4）财政部和国家税务总局规定的其他情形。

知识拓展

销售服务的具体范围

一、交通运输服务

交通运输服务，是指使用运输工具将货物或者旅客送达目的地，使其空间位置得到转移的业务活动。其具体包括陆路运输服务、水路运输服务、航空运输服务和管道运输服务。

（一）陆路运输服务

陆路运输服务，是指通过陆路（地上或者地下）运送货物或者旅客的运输业务活动，包括铁路运输和其他陆路运输。

（1）铁路运输服务，是指通过铁路运送货物或者旅客的运输业务活动。

（2）其他陆路运输服务，是指铁路运输以外的陆路运输业务活动，包括公路运输、缆车运输、索道运输、地铁运输、城市轻轨运输等。

（二）水路运输服务

水路运输服务，是指通过江、河、湖、川等天然、人工水道或者海洋航道运送货物或者旅客的运输业务活动。水路运输企业的程租、期租业务，属于水路运输服务。程租业务，是指运输企业为租船人完成某一特定航次的运输任务并收取租赁费的业务。期租业务，是指运输企业将配备有操作人员的船舶租给他人使用一定期限，承租期内听候承租方调遣，不论是否经营，均按天向承租方收取租赁费，发生的固定费用均由船东负担的业务。

（三）航空运输服务

航空运输服务，是指通过空中航线运送货物或者旅客的运输业务活动。航空运输的湿租业务，属于航空运输服务。湿租业务，是指航空运输企业将配备有机组人员的飞机租给他人使用一定期限，承租期内听候承租方调遣，不论是否经营，均按一定标准向承租方收取租赁费，发生的固定费用均由承租方承担的业务。

（四）管道运输服务

管道运输服务，是指通过管道设施输送气体、液体、固体物质的运输业务活动。

二、邮政服务

邮政服务，是指中国邮政集团公司及其所属邮政企业提供邮件寄递、邮政汇兑、机要通信和邮政代理等邮政基本服务的业务活动。其中包括邮政普遍服务、邮政特殊服务和其他邮政服务。（邮政储蓄业务属于金融服务）

（一）邮政普遍服务

邮政普遍服务，是指函件、包裹等邮件寄递，以及邮票发行、报刊发行和邮政汇兑等业务活动。

（二）邮政特殊服务

邮政特殊服务，是指义务兵平常信函、机要通信、盲人读物和革命烈士遗物的寄递等业务活动。

（三）其他邮政服务

其他邮政服务，是指邮册等邮品销售、邮政代理等业务活动。

三、电信服务

电信业，是指利用有线、无线的电磁系统或者光电系统等各种通信网络资源，提供语音通话服务，传送、发射、接收或者应用图像、短信等电子数据和信息的业务活动。具体包括基础电信服务和增值电信服务。

（1）基础电信服务，是指利用固网、移动网、卫星、互联网，提供语音通话服务的业务活动，以及出租或者出售带宽、波长等网络元素的业务活动。

（2）增值电信服务，是指利用固网、移动网、卫星、互联网、有线电视网络，提供短信和彩信服务、电子数据和信息的传输及应用服务、互联网接入服务等业务活动。

四、建筑服务

建筑服务，是指各类建筑物、构筑物及其附属设施的建造、修缮、装饰，线路、管道、设备等的安装，以及其他工程作业的业务活动，包括工程服务、安装服务、修缮服务、装饰服务和其他建筑服务。

五、金融服务

金融服务，是指经营金融保险的业务活动。具体包括贷款服务、直接收费金融服务、保险服务和金融商品转让。

（一）贷款服务

贷款，是指将资金贷予他人使用而取得利息收入的业务活动。（以货币资金投资收取的固定利润或者保底利润，按照贷款服务缴纳增值税。）

（二）直接收费金融服务

直接收费金融服务，是指为货币资金融通及其他金融业务提供相关服务并且收取费用的业务活动。具体包括提供货币兑换、账户管理、电子银行、信用卡、信用证、财务担保、资产管理、信托管理、基金管理、金融交易场所（平台）管理、资金结算、资金清算、金融支付等服务。

（三）保险服务

保险服务，是指投保人根据合同约定，向保险人支付保险费，保险人对于合同约定的可能发生的事故因其发生所造成的财产损失承担赔偿保险金责任，或者当被保险人死亡、伤残、疾病或者达到合同约定的年龄、期限等条件时承担给付保险金责任的商业保险行为，包括人身保险服务和财产保险服务。

（四）金融商品转让

金融商品转让，是指转让外汇、有价证券、非货物期货和其他金融商品所有权的业务活动。

六、现代服务

现代服务，是指围绕制造业、文化产业、现代物流产业等提供技术性、知识性服务的业务活动。具体包括研发和技术服务、信息技术服务、文化创意服务、物流辅助服务、租赁服务、鉴证咨询服务、广播影视服务和商户辅助服务和其他现代服务。

（一）研发和技术服务

研发和技术服务，包括研发服务、专业技术服务、合同能源管理服务、工程勘察勘探服务。

（1）研发服务，是指就新技术、新产品、新工艺或者新材料及其系统进行研究与试验开发的业务活动。

（2）专业技术服务，是指气象服务、地震服务、海洋服务、测绘服务、城市规划、环境与生态监测服务等专项技术服务。

（3）合同能源管理服务，是指节能服务公司与用能单位以契约形式约定节能目标，节能服务公司提供必要的服务，用能单位以节能效果支付节能服务公司投入及其合理报酬的业务活动。

（4）工程勘察勘探服务，是指在采矿、工程施工以前，对地形、地质构造、地下资源蕴藏情况进行实地调查的业务活动。

（二）信息技术服务

信息技术服务，是指利用计算机、通信网络等技术对信息进行生产、收集、处理、加工、存储、运输、检索和利用，并提供信息服务的业务活动。具体包括软件服务、电路设计及测试服务、信息系统服务、信息系统增值服务和业务流程管理服务。

（三）文化创意服务

文化创意服务，包括设计服务、知识产权服务、广告服务和会议展览服务。

（四）物流辅助服务

物流辅助服务，包括航空服务、港口码头服务、货运客运场站服务、打捞救助服务、装卸搬运服务、仓储服务和收派服务。

（五）租赁服务

租赁服务，包括融资租赁服务和经营性租赁服务。

车辆停放服务、道路通行服务（包括过路费、过桥费、过闸费等）等按照不动产经营租赁服务缴纳增值税；广告位出租按经营租赁服务缴纳增值税；水路运输的光租业务、航空运输的干租业务，属于经营租赁。

（六）鉴证咨询服务

鉴证咨询服务，包括认证服务、鉴证服务和咨询服务。

（1）认证服务，是指具有专业资质的单位利用检测、检验、计量等技术，证明产品、服务、管理体系符合相关技术规范、相关技术规范的强制性要求或者标准的业务活动。

（2）鉴证服务，是指具有专业资质的单位，为委托方的经济活动及有关资料进行鉴证，发表具有证明力的意见的业务活动。具体包括会计鉴证、税务鉴证、法律鉴证、工程造价鉴证、资产评估、环境评估、房地产土地评估、建筑图纸审核、医疗事故鉴定等。

（3）咨询服务，提供信息、建议、策划、顾问等服务的活动，包括金融、软件、技术、财务、税收、法律、内部管理、业务运作、流程管理、健康、技术咨询等方面的咨询。翻译服务和市场调查服务按照咨询服务缴纳增值税。

（七）广播影视服务

广播影视服务，包括广播影视节目（作品）的制作服务、发行服务和播映（含放映）服务。

（八）商务辅助服务

商务辅助服务，包括企业管理服务、经纪代理服务、人力资源服务、安全保护服务。

（1）企业管理服务，是指提供总部管理、投资与资产管理、市场管理、物业管理、日常综合管理等服务的业务活动。

（2）经纪代理服务，是指各类经纪、中介、代理服务，包括金融代理、知识产权代理、货物运输代理、代理报关、法律代理、房地产中介、职业中介、婚姻中介、代理记账、拍卖等。

（3）人力资源服务，是指提供公共就业、劳务派遣、人才委托招聘、劳动力外包等服务的业务活动。

（4）安全保护服务，是指提供保护人身安全和财产安全，维护社会治安等服务的业务活动，包括场所住宅保安、特种保安、安全系统监控，以及其他安保服务。

（九）其他现代服务

其他现代服务，是指除了研发和技术服务、信息技术服务、文化创意服务、物流辅助服务、租赁服务、鉴证咨询服务、广播影视服务和商户辅助服务以外的服务。

七、生活服务

生活服务，是指为满足城乡居民日常生活需求提供的各类服务活动。具体包括文化体育服务、教育医疗服务、旅游娱乐服务、餐饮住宿服务、居民日常服务和其他生活服务。

居民日常服务，是指主要为满足居民个人及其家庭日常生活需求提供的服务，包括市容市政管理、家政、婚庆、养老、殡葬、照料和护理、救助救济、美容美发、按摩、桑拿、氧吧、足疗、沐浴、洗染、摄影扩印等服务。

4. 销售不动产

销售不动产，是指转让不动产所有权的业务活动。不动产，是指不能移动或者移动后会引起性质、形状改变的财产，包括建筑物、构筑物等。

转让建筑物有限产权或者永久使用权的，转让在建的建筑物或者构筑物所有权的，以及在转让建筑物或者构筑物时一并转让其所占土地的使用权的，按照销售不动产缴纳增值税。

5. 转让无形资产

销售无形资产，是指转让无形资产所有权或者使用权的业务活动。无形资产，是指不具实物形态，但能带来经济利益的资产，包括技术、商标、著作权、商誉、自然资源使用权和其他权益性无形资产。

技术，包括专利技术和非专利技术。

自然资源使用权，包括土地使用权、海域使用权、探矿权、采矿权、取水权和其他自然资源使用权。

其他权益性无形资产，包括基础设施资产经营权、公共事业特许权、配额、经营权（包括特许经营权、连锁经营权、其他经营权）、经销权、分销权、代理权、会员权、席位权、网络游戏虚拟道具、域名、名称权、肖像权、冠名权、转会费等。

课堂小测

【判断题】1. 著作权转让服务按照文化创意服务征收增值税。（ ）

【判断题】2. 代理记账、翻译服务按照“咨询服务”征收增值税。（ ）

【多选题】1. 下列服务项目中，属于“营改增”应税服务的有（ ）。

A. 代理记账　B. 互联网接入　C. 搬家服务　D. 场地租赁

【多选题】2. 根据我国现行增值税的规定，纳税人提供下列劳务应当缴纳增值税的有（ ）。

A. 房屋维修　B. 汽车修理　C. 管道安装　D. 服装加工

（二）征税范围的具体规定

增值税的征税范围除了上述的一般规定以外，还对经济实务中某些特殊项目或行为是否属于增值税的征税范围，做出了具体规定。

1. 视同销售货物或视同提供应税服务行为

视同销售行为就是将不属于销售范围或尚未实现销售的货物，视同销售处理，均纳入增值税征收范围。视同销售目的在于保证增值税抵扣制度的实施，不致因发生上述行为而造成税款抵扣环节的中断及避免因发生上述行为而造成货物销售税收负担不平衡，防止以上述行为逃避纳税的现象。

单位或者个体工商户的下列行为，视同销售货物。

（1）将货物交付其他单位或者他人代销。纳税义务发生时间为收到代销清单或代销款二者之中的较早者，若均未收到，则于发货后的180天缴纳增值税。

例3-1：某生产企业收到代销公司代销5件产品的代销清单及货款163.8万元（每件产品成本价20万元，与代销公司不含税结算价28万元）。请计算该笔业务的销项税额。

解析：销项税额＝28×5×17%＝23.8（万元）

（2）销售代销货物。

（3）设有两个以上机构并实行统一核算的纳税人，将货物从一个机构移送至其他机构用于销售，但相关机构设在同一县（市）的除外。

例3-2：某计算机公司，发往外省市分支机构20台计算机用于销售，每台不含税售价9000元。则在将计算机移交时，应计算销项税额为多少？

解析：总公司销项税额＝20×9000×17%＝30600（元）

外省分支机构进项税额＝20×9000×17%＝30600（元）

（4）将自产、委托加工的货物用于集体福利或个人消费。

例3-3：某服装厂，将自产的服装作为福利发给本厂职工，当月同类产品平均销售价格为18万元，成本为10万元。计算销项税额。

解析：销项税额＝180000×17%＝30600（元）

（5）将自产、委托加工或购买的货物作为投资，提供给其他单位或个体经营者。

（6）将自产、委托加工或购买的货物分配给股东或投资者。

（7）将自产、委托加工或购买的货物无偿赠送其他单位或个人。

（8）单位或者个体工商户向其他单位或者个人无偿提供服务，但用于公益事业或者以社会公众为对象的除外；单位或者个人向其他单位或者个人无偿转让无形资产或者不动产，但用于公益事业或者以社会公众为对象的除外。

例3-4：某计算机公司，为即将举行的全国体育运动会赠送计算机50台，每台不含税价格为9000元，每台成本价5000元。计算销项税额。

解析：销项税额＝50×9000×17%＝76500（元）

（9）财政部和国家税务总局规定的其他情形。

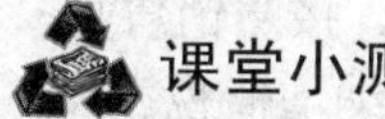

【判断题】1．增值税一般纳税人将自产的货物无偿赠送他人，不征收增值税。（　　）

【判断题】2．单位和个体工商户向其他单位或个人（包括以公益活动为目的或以社会公众为对象）无偿提供交通运输业和现代服务业服务，要视为应税服务。（　　）

【单选题】1．下列行为必须视同销售货物，应征收增值税的是（　　）。

A．某商店为厂家代销服装　　B．某公司将外购饮料用于个人消费

C．某企业将外购钢材用于在建工程　　D．某企业将外购食品用于职工福利

【单选题】2．对于“营改增”试点纳税人而言，非经营活动中提供的交通运输业和现代服务业服务不属于提供应税服务，具体指（　　）。

A．会计师事务所无偿为企业出具验资报告

B．单位或者个体工商户为聘用员工提供上下班的班车服务

C．单位或者个体工商户为其他单位无偿提供交通运输业和部分现代服务业服务

D．单位或者个体工商户聘用的员工为本单位或者雇主提供交通运输业和部分现代服务业服务

【多选题】1．根据增值税规定，下列行为应视同销售货物征收增值税的有（　　）。

A．将外购的服装作为春节福利发给企业员工

B．将委托加工收回的卷烟用于赠送客户

C．将新研发的玩具交付某商场代为销售

D．将外购的水泥用于本企业仓库的修建

【多选题】2．下列各项中，应征收增值税的有（　　）。

A．将外购的货物用于对外捐赠　　B．动力设备的安装

C．销售代销的货物　　D．邮政局出售集邮商品

【多选题】3．根据《增值税暂行条例》的规定，下列各项中视同销售计算增值税的有（　　）。

A．销售代销货物　　B．将货物交付他人代销

C．将自产货物分配给股东　　D．将自产货物用于集体福利

2. 混合销售行为

一项销售行为如果既涉及服务，又涉及货物，即为混合销售。

混合销售行为主要有以下特点。

（1）涉及的货物和服务只是针对一项销售行为而言的，也就是说，服务是为了直接销售一批货物而提供的，二者之间是紧密相连的从属关系。

“混合销售”仅仅是指服务和货物的混合，不包括劳务、不动产和无形资产，如销售不动产的同时也销售家电。

“混合销售”的纳税人不再考虑“其他个人”，其他个人销售货物和服务，按小规模纳税人3%的征收率纳税。

（2）收取的价款来自同一买方。

从事货物的生产、批发或者零售的单位和个体工商户的混合销售行为，按照销售货物缴纳增值税；其他单位和个体工商户的混合销售行为，按照销售服务缴纳增值税。

如超市销售货物同时提供送货服务的按销售货物缴纳增值税；娱乐场所提供娱乐服务所销售烟、酒、饮料的按提供服务缴纳增值税。

【提示】2017年5月1日起，纳税人销售活动板房、机器设备、钢结构件等自产货物的同时提供建筑、安装服务，不属于混合销售，应分别核算货物和建筑服务的销售额，分别适用不同的税率或者征收率。

3. 兼营行为

“兼营”指的是兼营销售货物、劳务、服务、无形资产或者不动产，是不同税率或征收率的增值税应税行为的兼营。

纳税人兼营销售货物、劳务、服务、无形资产或者不动产，适用不同税率或者征收率的，应当分别核算适用不同税率或者征收率的销售额；未分别核算的，从高适用税率。

如购物中心既销售货物，又提供餐饮服务；酒店提供就餐和住宿服务，又设商场销售货物。

【提示】餐饮企业销售的外卖食品，与堂食适用同样的增值税政策，统一按照提供餐饮服务缴纳增值税。对于餐饮企业将外购的酒水、农产品等货物，未进行后续加工而直接与外卖食品一同销售的，应根据该货物的适用税率，按照兼营的有关规定计算缴纳增值税。

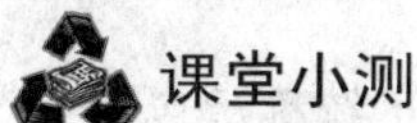

课堂小测

【判断题】1．某木地板销售公司为卖木地板而提供上门安装服务。销售额为 20 万元，收取的安装费为 1 万元。该公司应将安装费并入销售额，一并征收 17%的增值税。（ ）

【判断题】2．某钢材公司销售钢材一批，负责运输并收取运费，该行为为混合销售行为。（ ）

【判断题】3．增值税纳税人有兼营行为的，如果不分别核算各自销售额，从高适用税率征收。（ ）

【判断题】4．某建筑公司包工包料，其销售额全部按建筑服务缴纳增值税。（ ）

【单选题】1．下列各项中，属于增值税混合销售行为的是（ ）。

A．装饰公司在为客户提供装饰服务的同时又对其他客户销售建材
B．某汽车公司在生产销售的同时又为客户提供修理劳务
C．塑钢门窗销售商店在销售产品的同时又为客户提供安装服务
D．某酒店提供住宿服务的同时又销售手信礼品

【单选题】2．下列各项中，属于增值税兼营销售行为的是（ ）。

A．运输企业运输所销售的材料
B．建材商店在销售建材的同时又为其提供装饰服务
C．生产企业销售材料并负责运输收取运输费
D．电信局为客户提供电话安装服务的同时又从事电话机的销售

【多选题】1．根据现行增值税的规定，下列混合销售应当征收增值税的有（ ）。

A．电信部门为客户提供电信服务，同时销售移动电话
B．铝合金厂生产销售铝合金门窗并负责安装
C．宾馆提供餐饮服务，同时销售烟酒饮料
D．建材商店销售建材并负责上门安装

【多选题】2．下列各项中，应当征收增值税的有（ ）。

A．医院提供治疗并销售药品　　B．邮局提供邮政服务并销售集邮商品
C．培训机构从事培训服务并销售资料　　D．汽车修理厂修车并销售汽车零配件

二、增值税纳税义务人和扣缴义务人

（一）增值税纳税义务人

根据《增值税暂行条例》和“营改增”规定，凡在中华人民共和国境内销售或进口货物、提供加工、修理修配应税劳务和销售服务、无形资产或者不动产（以下称应税行为）的单位和个人，为增值税的纳税人。

单位，是指企业、行政单位、事业单位、军事单位、社会团体及其他单位。

个人，是指个体工商户和其他个人。

单位以承包、承租、挂靠方式经营的，承包人、承租人、挂靠人（以下统称承包人）以发包人、出租人、被挂靠人（以下统称发包人）名义对外经营并由发包人承担相关法律责任的，以该发包人为纳税人。否则，以承包人为纳税人。

在境内销售服务、无形资产或者不动产，主要包括以下几点。

（1）服务（租赁不动产除外）或者无形资产（自然资源使用权除外）的销售方或者购买方在境内。

（2）所销售或者租赁的不动产在境内。

（3）所销售自然资源使用权的自然资源在境内。

（4）财政部和国家税务总局规定的其他情形。

下列情形不属于在境内销售服务或者无形资产。

（1）境外单位或者个人向境内单位或者个人销售完全在境外发生的服务。

（2）境外单位或者个人向境内单位或者个人销售完全在境外使用的无形资产。

（3）境外单位或者个人向境内单位或者个人出租完全在境外使用的有形动产。

（4）财政部和国家税务总局规定的其他情形。

（二）增值税扣缴义务人

中华人民共和国境外单位或者个人在境内发生应税行为，在境内未设有经营机构的，以购买方为增值税扣缴义务人。财政部和国家税务总局另有规定的除外。

第三节　一般纳税人和小规模纳税人的认定及管理

增值税实行凭专用发票抵扣税款的制度，客观上要求纳税人具备健全的会计核算制度和能力。在实际经济生活中，由于我国增值税纳税人众多，会计核算水平差异较大，大量的小企业和个人还不具备发票抵扣税款的条件，为了既简化增值税的计算和征收，又有利于减少税收征管漏洞，我国将增值税纳税人按会计核算水平健全与否和经营规模大小分为一般纳税人和小规模纳税人两类，分别采用不同的增值税计算方法。

会计核算健全，是指能够按照国家统一的会计制度规定设置账簿，根据合法、有效的凭证核算，能够提供准确的税务资料。

一、一般纳税人的认定及管理

（一）一般纳税人的认定标准

一般纳税人是指年应征增值税销售额（以下简称年应税销售额），超过财政部、国家税务总局规定的小规模纳税人标准的企业和企业性单位（以下简称企业）。

年应税销售额，是指纳税人在连续不超过 12 个月的经营期内其累计应征增值税销售额，包括纳税申报销售额、稽查查补销售额、纳税评估调整销售额、税务机关代开发票销售额和免税销售额。

“营改增”应税行为的年应征增值税销售额（以下称应税销售额）超过财政部和国家税务总局规定标准的纳税人为一般纳税人，未超过规定标准的纳税人为小规模纳税人。

兼有销售货物、提供应税劳务，以及应税行为的纳税人，应税货物及劳务销售额与应税行为销售额分别计算，分别适用增值税一般纳税人的资格认定标准。

（二）申请一般纳税人资格的条件

年应税销售额未超过规定标准的纳税人，会计核算健全，能够提供准确税务资料的，可以向主管税务机关办理一般纳税人资格登记，成为一般纳税人。

无须办理一般纳税人资格认定的纳税人包括以下几类。

（1）个体工商户以外的其他个人。

（2）选择按照小规模纳税人纳税的非企业性单位、不经常发生应税行为的企业。

（3）年应税销售额超过规定标准的其他个人不属于一般纳税人。年应税销售额超过规定标准但不经常发生应税行为的单位和个体工商户可选择按照小规模纳税人纳税。

（三）一般纳税人资格登记制度

纳税人应当向其机构所在地主管税务机关（国税局或地税局）申请一般纳税人资格登记。具体登记办法由国家税务总局制定。除国家税务总局另有规定外，纳税人一经认定为一般纳税人以后，不得转为小规模纳税人。

二、小规模纳税人的认定及管理

（一）小规模纳税人的认定标准

小规模纳税人是指应税销售额在规定标准以下，并且会计核算不健全，不能按规定报送有关税务资料的纳税人。

会计核算不健全是指不能正确核算增值税的销项税额、进项税额和应纳税额。

根据《增值税暂行条例》，以及《增值税暂行条例实施细则》和“营改增”及相关文件的规定，小规模纳税人的认定标准包括以下几点。

（1）从事货物生产或者提供应税劳务的纳税人，以及从事货物生产的或者提供应税劳务为主，并兼营货物批发或者零售的纳税人，年应税销售额在 50 万元以下（含本数，下同）的；“以从事货物生产或者提供应税劳务为主”是指纳税人的年货物生产或者提供应税劳务的销售额占年应税销售额的比重在50%以上。

（2）对上述规定以外的纳税人（不含提供应税行为的纳税人），年应税销售额在80万元以下的。

（3）年应税销售额超过小规模纳税人标准的其他个人按小规模纳税人纳税。

（4）非企业性单位、不经常发生应税行为的企业可选择按小规模纳税人纳税；对于应税服务年销售额超过规定标准但不经常提供应税服务的单位和个体工商户可以选择按小规模纳税人纳税。

（5）销售应税服务、无形资产或者不动产的单位和个人的年应征增值税销售额超过500万的纳税人为一般纳税人，未超过500万的纳税人为小规模纳税人。

新成立的企业：直接用年不含税销售额和500万比较。

原营业税企业：不管是原采用3%还是5%的纳税人，都按原营业额/（1＋3%）的金额和500万进行比较，或直接按原营业额是否超过515万来判断。

（6）旅店业和饮食业纳税人销售非现场消费的食品，属于不经常发生增值税应税行为，根据《增值税暂行条例实施细则》第29条的规定，可以选择按小规模纳税人缴纳增值税。

（二）小规模纳税人的管理

小规模纳税人会计核算健全，能够提供准确税务资料的，可以向主管税务机关申请资格认定，不作为小规模纳税人。

课堂小测

【单选题】1．按照现行规定，下列各项中必须被认定为小规模纳税人的是（　　）。

A．年不含税销售额在80万元以上的从事货物生产的纳税人

B．年不含税销售额在80万元以上的从事货物批发的纳税人

C．年不含税销售额为50万元以下，会计核算制度不健全的从事货物零售的纳税人

D．年不含税销售额为50万元以下，会计核算制度健全的从事货物生产的纳税人

【单选题】2．按照现行规定，下列各项中被认定为小规模纳税人的是（　　）。

A．年不含税销售额510万元的快递公司

B．年不含税销售额90万元的建材批发公司

C．年不含税销售额60万元的汽车修理厂

D．年不含税销售额50万元的超市

【多选题】根据增值税法律制度的规定，下列企业中，可以被认定为增值税小规模纳税人的有（　　）。

A．会计制度健全，年应纳税销售额50万元的零售企业

B．会计制度健全，年应纳税销售额70万元的批发企业

C．会计制度健全，年应纳税销售额60万元的生产企业

D．会计制度健全，年应纳税销售额80万元的生产企业

第四节 税率与征收率

我国增值税采用比例税率的形式。为了发挥增值税的中性作用，原则上增值税的税率应该对不同的企业实行单一税率，即为基本税率。实践中为了照顾一些特殊行业或产品也增设了低税率档次，对出口产品实行零税率。为了适应增值税纳税人分成一般纳税人及小规模纳税人两类，我国对不同类纳税人分别采用不同的税率和征收率。

一、基本税率

增值税一般纳税人销售或者进口货物，提供应税劳务或应税服务，除低税率适用范围外，税率一律为17%，这就是通常所说的基本税率。

二、低税率

（1）增值税一般纳税人销售或者进口下列货物，按低税率13%计征增值税。

① 粮食、食用植物油。

② 自来水、暖气、冷气、热水、煤气、石油液化气、天然气、沼气、居民用煤炭产品。

③ 图书、报纸、杂志。

④ 饲料、化肥、农药、农机、农膜。

⑤ 国务院及有关部门规定的其他货物：农产品、音像制品、电子出版物、二甲醚、其他动物组织。

（2）提供交通运输、邮政、基础电信、建筑、不动产租赁服务，销售不动产，转让土地使用权，税率为11%。

（3）提供增值电信服务、提供现代服务（租赁服务以外）、金融服务、生活服务、转让无形资产（除土地使用权外），税率为6%。

（4）有形动产租赁服务，税率为17%。

【提示】2017年7月1日起，将增值税税率由四档减至17%、11%和6%三档，取消13%这一档税率；将农产品、天然气等增值税税率从13%降至11%。同时，对农产品深加工企业购入农产品维持原扣除力度不变（13%），避免因进项抵扣减少而增加税负。

三、零税率

纳税人出口货物及境内单位和个人发生的跨境应税行为，税率为零。具体范围由财政部和国家税务总局另行规定。

根据“营改增”的规定，应税行为的零税率政策如下。

1. 国际运输服务

（1）在境内载运旅客或者货物出境。

（2）在境外载运旅客或者货物入境。

（3）在境外载运旅客或者货物。

2. 航天运输服务

3. 向境外单位提供的完全在境外消费的以下服务

研发服务、合同能源管理服务、设计服务、广播影视节目（作品）的制作和发行服务、软件服务、电路设计及测试服务、信息系统服务、业务流程管理服务、离岸服务外包业务、转让技术。

4. 财政部和国家税务总局规定的其他服务

税率为零不是简单地等同于免税。出口货物和应税行为免税仅指在出口环节不征收增值税，而零税率是指对出口货物和应税行为除了在出口环节不征增值税外，还要对产品和应税行为在出口前已经缴纳的增值税进行退税。

课堂小测

【单选题】下列应税服务中，适用 11%增值税税率的是（　　）。

A．打捞救助服务　　B．仓储服务　　C．邮政汇兑　　D．合同能源管理服务

【多选题】根据现行政策，下列项目适用 13%税率的有（　　）。

A．电信公司提供的座机通话服务　　B．商场销售的衣服

C．报社销售的报刊　　D．果品公司批发水果

四、征收率

增值税对小规模纳税人及一些特殊情况采用简易征收办法，对小规模纳税人及特殊情况适用的税率称为征收率。

（一）一般规定

增值税征收率为 3%，财政部和国家税务总局另有规定的除外。

小规模纳税人销售不动产、租赁不动产、房地产开发企业中的小规模纳税人销售房地产项目征收率为 5%，其他个人出租不动产，减按 1.5%的征收率征收。

（二）国务院及其有关部门的规定

（1）纳税人销售自己使用过的物品：一般纳税人销售自己使用过，属于《增值税暂行条例》第 10 条规定不得抵扣且未抵扣进项税额的固定资产，按照简易办法依照 3%征收率减按 2%征收增值税，一般纳税人销售自己使用过的除了固定资产以外的物品，按照适用税率征收增值税；小规模纳税人销售自己使用过的固定资产，减按 2%征收增值税，除此以外的物品，按 3%征收增值税。

（2）纳税人销售旧货，按照简易办法依照 3%征收率减按 2%征收增值税。

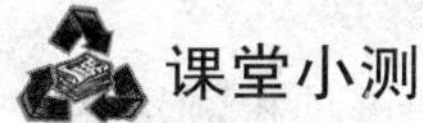课堂小测

【判断题】小规模纳税人销售音像制品，应按照13%的低税率计算缴纳增值税。(　　)

五、增值税的计税办法

增值税的计税方法，包括一般计税方法、简易计税方法和扣缴计税方法，分别适用一般纳税人、小规模纳税人和扣缴义务人。

（一）一般纳税人适用的计税方法

我国目前对增值税一般纳税人采用的一般计税方法是国际上通行的购进扣税法，即先按当期销售额和适用税率计算出销项税额（这是对销售全额征税），然后对当期购进项目向对方支付的税款进行抵扣，从而间接计算出对当期增值额部分的应纳税额。其计算公式如下：

当期应纳增值税税额＝当期销项税额－当期进项税额

一般纳税人销售或者提供财政部和国家税务总局规定的特定货物、应税劳务、应税行为，可以选择适用简易计税方法计税，一经选择，36个月内不得变更。

（二）小规模纳税人适用的计税方法

考虑到小规模纳税人经营规模小，且会计核算不健全，难以按照上述增值税税率计税和适用增值税专用发票抵扣进项税款，因此实行按照销售额与征收率计算应纳税额的简易办法。简易计税方法的公式如下：

当期应纳增值税额＝当期销售额（不含增值税）×征收率

（三）扣缴义务人适用的计税方法

境外单位或者个人在境内提供应税服务，在境内未设有经营机构的，扣缴义务人按照下列公式计算应扣缴税额：

应扣缴税额＝购买方支付的价款÷（1＋税率）×税率

第五节　一般计税方法应纳税额的计算

我国目前对一般纳税人采用的一般计税方法是国际上通行的购进扣税法，即先按当期销售额和适用税率计算出销项税额（对销售额全额征税），然后对当期购进项目向对方支付的税款进行抵扣，从而间接计算出对当期增值额部分的应纳税额。

增值税一般纳税人销售货物或者提供应税劳务和应税行为的应纳税额，应该等于当期销项税额抵扣当期进项税额后的余额。其计算公式如下：

应纳税额＝当期销项税额－当期进项税额

＝当期销售额×适用税率－当期进项税额

如当期应纳税额大于零，则按照我国税法规定如期缴纳增值税，如当期应纳税额小

于零，则剩余的进项税款可以留抵。

增值税一般纳税人当期应纳税额的多少，取决于当期销项税额和当期进项税额这两个因素。

一、销项税额的计算

销项税额，是指纳税人销售货物或者提供应税劳务和应税行为按照销售额或提供应税劳务和应税行为收入和规定的增值税税率计算并向购买方收取的增值税额，其计算公式如下：

销项税额＝销售额×税率

（一）一般销售方式下的销售额

销售额是指纳税人销售货物或者提供应税劳务和应税行为向购买方（承受应税劳务和应税行为视为购买方）收取的全部价款和价外费用。

价外费用，包括价外向购买方收取的手续费、补贴、基金、集资费、返还利润、奖励金、违约金、滞纳金、延期付款利息、赔偿金、代收款项、代垫款项、包装费、包装物出租金、储备费、优质费、运输装卸费，以及其他各种性质的价外收费。但下列项目不包括在内。

1. 同时符合以下条件代为收取的政府性基金或者行政事业性收费

（1）由国务院或者财政部批准设立的政府性基金，由国务院或者省级人民政府及其财政、价格主管部门批准设立的行政事业性收费。

（2）收取时开具省级以上财政部门印制的财政票据。

（3）所收款项全额上缴财政。

2. 以委托方名义开具发票代委托方收取的款项

国家税务总局规定：对增值税一般纳税人（包括纳税人自己或代其他部门）向购买方收取的价外费用和逾期包装物押金，应视为含税收入，在征税时换算成不含税收入再并入销售额。

（二）含税销售额的换算

一般纳税人销售货物或者提供应税劳务和应税行为取得的含税销售额在计算销项税额时，必须将其换算为不含税销售额。对于一般纳税人的销售货物或者应税劳务和应税行为，采用销售额和销项税额合并定价方法的，按下列公式计算销售额：

（不含税）销售额＝含税销售额÷（1＋税率）

公式中的税率为销售的货物或者提供应税劳务和应税行为时按《增值税暂行条例》和“营改增”中规定所适用的税率。

例 3-5：某水泥厂为一般纳税人，销售散装水泥 200 吨，每吨不含税单价 60 元，收取装卸费等杂费 360 元。货款已收。计算其应税销售额为多少。

解析：应税销售额＝价款＋价外费用

＝200×60＋360÷（1＋17%）＝12307.69（元）

例 3-6：某商店向消费者销售电视机，某月销售 50 台，每台零售价 1228.50 元，增值税率 17%，该商店这个月的销售额和销项税额分别是多少？

解析：不含税销售额＝1228.5×50÷（1＋17%）＝52500（元）

销项税额＝52500×17%＝8925（元）

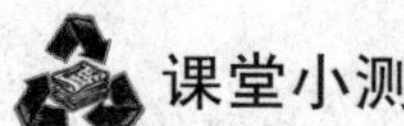

课堂小测

【计算题】某大型超市销售各类商品，销售额为 1000 万元（含税价），增值税率 17%，该超市这个月的不含税销售额和销项税额分别是多少？

（三）特殊销售方式下的销售额

在销售活动中，为了达到促销的目的，有多种销售方式。不同的销售方式下，销售者取得的销售额会有所不同，税法对以下几种销售方式分别做了规定。

1. 采取折扣方式销售

折扣销售（商业折扣）是指销货方在销售货物或者提供应税劳务和应税行为时，因购货方购货数量较大等原因而给予购货方的价格优惠。这里需要注意以下几点。

第一，折扣销售不同于销售折扣（现金折扣）。销售折扣是指销货方在销售货物或者提供应税劳务和应税行为后，为了鼓励购货方及早偿还货款而协议许诺给予购货方的一种折扣优待。销售折扣发生在销货之后，因此，销售折扣不能从销售额中减除。

第二，销售折扣又不同于销售折让。销售折让是指货物销售后，由于其品种、质量等原因购货方未予退货，但销售方需要给予购货方一定的价格折让。销售折让与销售折扣相比，虽然都是在货物销售后发生的，但因为销售折让是由于货物品种和质量引起的销售额减少，因此，销售折让可以折让后的货款作为销售额。

第三，折扣销售仅限于货物价格的折扣，如果销货者将自产、委托加工和购买的货物用于实物折扣的，则该实物款额不能从货物销售额中减除，且该实物视同销售计税。

纳税人采取商业折扣方式销售货物或发生应税行为，将价款和折扣额在同一张发票上的“金额”栏分别注明的，以折扣后的价款为销售额；未在同一张发票“金额”栏注明折扣额，而仅在发票的“备注”栏上注明折扣额的，以价款为销售额，不得扣减折扣额。

例 3-7：杭州新丰经贸有限责任公司系增值税一般纳税人（下同），主营汽、柴油销售。为了拓展市场，扩大销售，决定采用商业折扣方式对一次性购柴油 1 吨者，折扣 1%；购 5 吨，折扣 3%，正常销售价格为 5000 元/吨。现有河南三彩陶瓷有限公司携银行转账支票前来购柴油 5 吨。计算该公司的应纳税额。（柴油的增值税率为 17%）

解析：该公司销售额＝5×5000×97%＝24250（元）

折扣额＝5×5000×3%＝750（元）

销项税额＝24250×17%＝4122.50（元）

例 3-8：甲公司向乙商场销售电视机 200 台，不含税单价 2000 元，为了尽快收回货

款，向商场提出的现金折扣条件为4/10，2/20，N/30。计算该公司的销项税额。（现金折扣不含增值税）

解析：该公司销售额＝200×2000＝400000（元）

销项税额＝400000×17%＝68000（元）

课堂小测

【判断题】按照增值税有关规定，现金折扣可以从销售额中扣除。（ ）

【计算题】某设备生产企业，设备不含税价款300万元，考虑到与购买方长期合作，给予5%价格优惠（开一张发票）；由于购货方及时付款，给予2%的销售折扣，实收279.3万元，则该笔业务的销项税额是多少？

2. 采取以旧换新方式销售

以旧换新是指纳税人在销售自己的货物时，有偿收回旧货物的行为。以旧换新方式销售货物，应按货物的同期销售价格确定销售额，不得扣减旧货物的收购价格。金银首饰以旧换新业务，可以按销售方实际收取的不含增值税的全部价款征收增值税。

例3-9：某百货大楼销售A牌电视机零售价3510元/台（含增值税），若顾客交还同品牌旧电视机作价1000元，交差价2510元就可换回全新电视机。当月采用此种方式销售A牌电视机100台。计算该百货大楼的应纳税额。

解析：该百货大楼销售额＝3510÷（1＋17%）×100＝300000（元）

销项税额＝300000×17%＝51000（元）

例3-10：某金银首饰零售商店为一般纳税人，2014年10月取得含税销售收入60000元，以旧换新业务收入30000元（含税），其中收回旧首饰折价21000元，实收9000元。计算该商店的应纳税额。

解析：该零售店销售额＝（60000＋9000）÷（1＋17%）＝58974.36（元）

销项税额＝58974.36×17%＝10025.64（元）

课堂小测

【计算题】1. 某商场为增值税一般纳税人，2014年7月采取以旧换新方式销售冰箱10台，同时回收10台旧冰箱，每台收购金额为100元，取得现金净收入为22400元。已知每台冰箱市场零售价格为2340元。计算此项业务的增值税销售额。

【计算题】2. 位于某市区的一家百货商场为增值税一般纳税人。2014年3月份零售金银首饰取得含税销售额10.53万元，其中包括以旧换新首饰的含税销售额5.85万元。在以旧换新业务中，旧首饰作价的含税金额为3.51万元，百货商场实际收取的含税金额为2.34万元。计算此项业务的销项税额是多少。

3. 采取还本销售方式销售

纳税人在销售货物后，到一定期限由销售方一次或分次退还给购货方全部或部分价款。

本质是一种筹资，是以货物换取资金的使用价值，到期还本不付息的方法。纳税人采取还本销售方式销售货物，销售额就是货物销售价格，不得扣减还本支出。

4. 采取以物易物方式销售

以物易物是一种较为特殊的购销活动，是指购销双方不是以货币结算，而是以同等价款的货物相互结算，实现货物购销的一种方式。

以物易物双方都应做购销处理，以各自发出的货物核算销售额并计算销项税额，以各自收到的货物按规定核算购货额并计算进项税额。但必须分别开具合法的票据，否则不能抵扣进项税额。

课堂小测

【多选题】根据增值税法律制度的规定，下列各项业务的处理方法中，不正确的有(　　)。

A. 纳税人销售货物或提供应税劳务，采用价税合并定价并合并收取的，以不含增值税的销售额为计税销售额

B. 纳税人以价格折扣方式销售货物，不论折扣额是否在同一张发票上注明，均以扣除折扣额以后的销售额为计税销售额

C. 纳税人采取以旧换新方式销售货物，以扣除旧货物折价款以后的销售额为计税销售额

D. 纳税人采取以物易物方式销售货物，购销双方均应做购销处理，以各自发出的货物核算计税销售额并计算销项税额，以各自收到的货物核算购货额并计算进项税额

5. 包装物押金的税务处理

包装物是指纳税人包装本单位货物的各种物品。纳税人销售货物时另收取包装物押金，目的是促使购货方及早退回包装物以便周转使用。

根据税法规定，纳税人为销售货物或出租出借包装物收取的押金，如果单独记账核算，时间在 1 年以内，又未过期的，不并入销售额征税。因逾期（1 年为限）未收回包装物不再退还的押金，应并入销售额征税，应按所包装货物适用税率计算销项税额。

国家税务总局规定，对销售除啤酒、黄酒外的其他酒类产品而收取的包装物押金，无论是否返还，以及会计上如何核算，均应并入当期销售额征税；对啤酒、黄酒所收取的押金，按上述一般押金的规定处理。

另外，包装物押金不应混同于包装物租金，包装物租金在销货时作为价外费用并入销售额计算销项税额。

课堂小测

【多选题】根据增值税的规定，下列关于包装物押金的处理，错误的是(　　)。

A. 销售啤酒时收取的包装物押金计征增值税

B. 销售白酒时收取的包装物押金计征增值税

C．销售一般货物时收取的包装物押金不计征增值税

D．销售白酒的逾期包装物押金不再计征增值税

【计算题】某酒厂为一般纳税人。本月向一小规模纳税人销售白酒，开具普通发票上注明金额93600元；同时收取单独核算的包装物押金2000元（尚未逾期），此业务酒厂应计算的销项税额。

【综合题】某商场为增值税一般纳税人，6个月前收取一餐厅啤酒包装物押金10000元，月初到期，餐厅未返还包装物，按照销售时的约定，这部分押金即收归商场所有，商场的账务处理为：

借：其他应付款——押金　　10000

　　贷：其他业务收入　　10000

试求：针对上述业务判断商场账务处理和相关税务处理是否正确。如果不正确，列出正确的处理方式。

6. 销售已使用过的固定资产的税务处理

自2009年1月1日起，增值税一般纳税人销售自己使用过的固定资产（以下简称已使用过的固定资产），应区分不同情形征收增值税。

（1）销售自己使用过的2009年1月1日以后购进或者自制的固定资产，按照适用税率征收增值税。

（2）2008年12月31日以前未纳入扩大增值税抵扣范围试点的纳税人，销售自己使用过的2008年12月31日以前购进或者自制的固定资产，2014年7月1日以后按照3%的征收率减按2%征收增值税。

（3）2008年12月31日以前已纳入扩大增值税抵扣范围试点的纳税人，销售自己使用的在本地区扩大增值税抵扣范围试点以前购进或者自制的固定资产在2014年7月1日以后按照3%的征收率减按2%征收增值税。销售自己使用过的在本地区扩大增值税抵扣范围试点以后购进或者自制的固定资产，按照适用税率征收增值税。

课堂小测

【计算题】某生产企业为增值税一般纳税人，2014年10月把资产盘点过程中不需要用的部分资产进行处理：

（1）销售已经使用6年的机器设备，取得收入9200元；

（2）销售2010年2月购入的设备一台（已抵扣进项税额），开具普通发票价款为90000元。

请计算该生产企业应纳的增值税为多少?

7. 对视同销售货物行为销售额的确定

纳税人发生应税货物、劳务和行为价格明显偏低或者偏高且不具有合理商业目的的，或者发生视同销售征税而无销售额的，主管税务机关有权按照下列顺序确定销售额。

（1）按照纳税人最近时期销售同类货物、劳务和服务、无形资产或者不动产的平均价格确定。

（2）按照其他纳税人最近时期销售同类货物、劳务和服务、无形资产或者不动产的平均价格确定。

（3）按照组成计税价格确定。组成计税价格的公式如下：

组成计税价格＝成本＋利润＝成本×（1＋成本利润率）

征收增值税的货物，同时又征收消费税的，其组成计税价格中应加上消费税税额。

组成计税价格＝成本＋利润＋消费税＝成本×（1＋成本利润率）÷（1－消费税税率）

公式中的成本是指销售自产货物的为实际生产成本，销售外购货物的为实际采购成本。公式中的成本利润率由国家税务总局确定，目前一般是10%。但属于应从价定率征收或者复合计征消费税的货物，其组成计税价格公式中的成本利润率，为国家税务总局确定的成本利润率。

例 3-11：一企业为制造、销售汽车的增值税一般纳税人，将20辆小汽车对外投资，小汽车生产成本为10万元/辆，成本利润率10%，该企业同类小汽车不含税最高销售价格16万元/辆，平均销售价格15万元/辆，最低销售价格14万元/辆。小汽车增值税率17%，消费税率5%，问增值税销项税额。

解析：销项税额＝15×20×17%＝51（万元）

例 3-12：一企业为制造、销售汽车的增值税一般纳税人，将20辆小汽车对外投资，小汽车生产成本为10万元/辆，成本利润率10%，该企业没有同类产品销售价格。小汽车增值税率17%，消费税率5%，问增值税销项税额。

解析：组成计税价格＝20×10×（1＋10%）÷（1－5%）＝231.58（万元）

销项税额＝231.58×17%＝39.37（万元）

课堂小测

【计算题】1. 某商场为增值税一般纳税人，2015年8月销售三批同一规格、质量的货物，每批各1000件，销售价格（不含增值税）分别为每件120元、100元和40元。经税务机关认定，第三批销售价格每件40元明显偏低且无正当理由。计算该商场8月份的增值税销售额。

【计算题】2. 某羊毛衫厂（一般纳税人）某月将自产的羊毛衫作为福利发给本厂职工，共发放甲型羊毛衫100件，同类产品每件销售价格85元，发放乙型产品50件，无同类产品销售价格，据记录50件乙型产品总成本5000元，则这项视同销售行为的销售额和销项税为多少？

【计算题】3. 某制衣企业为增值税一般纳税人，5月生产加工一批新产品450件，每件成本价380元（无同类产品市场价格），其中150件赠送给某演出单位，剩余300件全部售给本企业职工，取得不含税销售额114000元，则这项行为的销项税额为多少？

（四）“营改增”金融服务销售额

1. 贷款服务

以提供贷款服务取得的全部利息及利息性质的收入为销售额。

2. 直接收费金融服务

以提供直接收费金融服务收取的手续费、佣金、酬金、管理费、服务费、经手费、开户费、过户费、结算费、转托管费等各类费用为销售额。

3. 金融商品转让

按照卖出价扣除买入价后的余额为销售额。

金融商品的买入价，可以选择按照加权平均法或者移动加权平均法进行核算，选择后36个月内不得变更。

转让金融商品出现的正负差，按盈亏相抵后的余额为销售额。若相抵后出现负差，可结转下一纳税期与下期转让金融商品销售额互抵，但年末时仍出现负差的，不得转入下一会计年度。

金融商品转让，不得开具增值税专用发票。

例3-13：某企业以金融商品进行短期投资，假定2016年10月期初金融商品收入为848万元，成本为742万元；11月金融商品转让收入371万元，金融商品成本为424万元；12月份金融商品转让收入为720.8万元，金融成本为636万元。请计算该企业10月、11月及12月份各应纳的增值税是多少？

解析：10月份应纳的增值税＝（848－742）÷（1＋6%）×6%＝6（万元）

11月份收入为371万元，成本为424万元，盈亏相抵后为负数，本月不需交纳增值税，并且差额53万元可结转下一纳税期与下期转让金融商品销售额相抵。

12月份应纳的增值税＝（720.8－636－53）÷（1＋6%）×6%＝1.8（万元）

4. 融资租赁

以取得的全部价款和价外费用，扣除支付的借款利息（包括外汇借款和人民币借款利息）、发行债券利息和车辆购置税后的余额为销售额。

（五）“营改增”旅游业、经纪代理服务及货运客运场站服务销售额

提供旅游服务，可以选择以取得的全部价款和价外费用，扣除向旅游服务购买方收取并支付给其他单位或者个人的住宿费、餐饮费、交通费、签证费、门票费和支付给其他接团旅游企业的旅游费用后的余额为销售额。

选择上述办法计算销售额的试点纳税人，向旅游服务购买方收取并支付的上述费用，不得开具增值税专用发票，可以开具普通发票。

纳税人提供经纪代理服务，以取得的全部价款和价外费用，扣除向委托方收取并代为支付的政府性基金或者行政事业性收费后的余额为销售额。向委托方收取的政府性基金或者行政事业性收费，不得开具增值税专用发票。

纳税人中的一般纳税人（以下称一般纳税人）提供客运场站服务，以其取得的全部价款和价外费用，扣除支付给承运方运费后的余额为销售额。

试点纳税人按照规定从全部价款和价外费用中扣除的价款，应当取得符合法律、行

政法规和国家税务总局规定的有效凭证。否则，不得扣除。

例 3-14：某货运代理企业为增值税一般纳税人，2016 年 5 月发生如下业务：

业务一：15 日取得货运代理收入 2120 万元（含税）。

业务二：20 日支付给某航空公司运费 555 万元，取得对方开具的增值税专用发票注明的进项税额为 55 万元。

取得的增值税专用发票均通过认证。试计算当月的应纳增值税额。

解析：该代理企业当月销售额＝2120÷（1＋6%）＝2000（万元）

当月进项税额为 55 万元，则

当月应纳增值税额＝2000×6%－55＝65（万元）

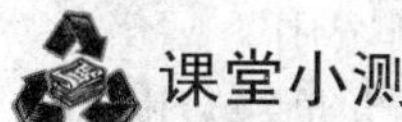

课堂小测

【多选题】根据“营改增”的相关规定，下列关于增值税计税销售额的说法中，不正确的有（　　）。

A．一般纳税人提供的客运场站服务，以其取得的全部价款和价外费用，扣除支付给承运方运费后的余额为销售额，其从承运方取得的增值税专用发票注明的增值税，可以抵扣

B．纳税人提供知识产权代理服务、货物运输代理服务和代理报关服务，以其取得的全部价款和价外费用，扣除向委托方收取并代为支付的政府性基金或者行政事业性收费后的余额为销售额，向委托方收取的政府性基金或者行政事业性收费，不得开具增值税专用发票

C．一般纳税人提供国际货物运输代理服务，以其取得的全部价款和价外费用，扣除支付给国际运输企业的国际运输费用后的余额为销售额

D．经批准从事融资租赁业务的纳税人，提供有形动产融资性售后回租服务，以收取的全部价款和价外费用为销售额

二、进项税额的抵扣

进项税额，是指纳税人购进货物、加工修理修配劳务、服务、无形资产或者不动产，支付或者负担的增值税额。

税法对不能抵扣进项税额的项目做了严格的规定，如果违反税法规定，随意抵扣进项税额就将以偷税论处。

进项税额的抵扣主要是通过增值税专用发票计算抵扣的。

根据《增值税暂行条例》和“营改增”的规定，准予从销项税额中抵扣的进项税额，限于下列增值税扣税凭证上注明的增值税税额和按规定的扣除率计算的进项税额。

（1）从销售方或者提供方取得的增值税专用发票（含税控机动车销售统一发票、税局代开专用发票）上注明的增值税额。

（2）从海关取得的海关进口增值税专用缴款书上注明的增值税额。

（3）从境外单位或者个人购进服务、无形资产或者不动产，自税务机关或者扣缴义务人取得的解缴税款的完税凭证上注明的增值税额。

（4）购进免税农产品，除取得增值税专用发票或者海关进口增值税专用缴款书外，按照农产品收购发票或者销售发票上注明的农产品买价和13%的扣除率计算的进项税。

进项税额的计算公式如下：

进项税额＝买价×扣除率

（5）增值税一般纳税人支付的道路、桥、闸通行费，取得的通行费发票（不含财政票据，下同）上注明的收费金额按照下列公式计算可抵扣的进项税额：

高速公路通行费可抵扣进项税额＝高速公路通行费发票上注明的金额÷（1+3%）×3%

一级公路、二级公路、桥、闸通行费可抵扣进项税额＝一级公路、二级公路、桥、闸通行费发票上注明的金额÷（1＋5%）×5%

通行费，是指有关单位依法或者依规设立并收取的过路、过桥和过闸费用。

【提示】2017 年 7 月 1 日起，根据《关于简并增值税税率有关政策的通知》财税〔2017〕37 号文件第 2 条相关规定。

① 除本条第②项规定外，纳税人购进农产品，取得一般纳税人开具的增值税专用发票或海关进口增值税专用缴款书的，以增值税专用发票或海关进口增值税专用缴款书上注明的增值税额为进项税额；从按照简易计税方法依照 3%征收率计算缴纳增值税的小规模纳税人取得增值税专用发票的，以增值税专用发票上注明的金额和 11%的扣除率计算进项税额；取得（开具）农产品销售发票或收购发票的，以农产品销售发票或收购发票上注明的农产品买价和 11%的扣除率计算进项税额。

② 营业税改征增值税试点期间，纳税人购进用于生产销售或委托受托加工 17%税率货物的农产品维持原扣除力度不变。

③ 纳税人从批发、零售环节购进适用免征增值税政策的蔬菜、部分鲜活肉蛋而取得的普通发票，不得作为计算抵扣进项税额的凭证。

④ 纳税人购进农产品既用于生产销售或委托受托加工 17%税率货物又用于生产销售其他货物服务的，应当分别核算用于生产销售或委托受托加工 17%税率货物和其他货物服务的农产品进项税额。未分别核算的，统一以增值税专用发票或海关进口增值税专用缴款书上注明的增值税额为进项税额，或以农产品收购发票或销售发票上注明的农产品买价和 11%的扣除率计算进项税额。

例 3-15：某食品厂 2014 年 10 月从农业生产者手中购进免税农产品，收购凭证上注明是 50000 元；支付运费，取得运输企业增值税专用发票上注明运费 2000 元。计算该企业应纳的增值税及采购成本各是多少。

解析：进项税额＝50000×13%＋2000×11%＝6720（元）

采购成本＝50000×87%＋2000＝45500（元）

课堂小测

【单选题】某面粉加工厂（增值税一般纳税人）2015 年 8 月从某农场收购小麦 100 吨。农场开具的普通发票上注明金额 20 万元，此项业务可抵扣的增值税进项税额为（ ）万元。

A. 0　　B. 2　　C. 2.3　　D. 2.6

三、“营改增”后购置不动产取得的进项税额的抵扣方法

根据《营业税改征增值税试点有关事项的规定》，适用一般计税方法的试点纳税人，2016 年 5 月 1 日后取得并在会计制度上按固定资产核算的不动产或者 2016 年 5 月 1 日后取得的不动产在建工程，其进项税额应自取得之日起分 2 年从销项税额中抵扣，第一年抵扣比例为 60%，第二年抵扣比例为 40%。

取得不动产，包括以直接购买、接受捐赠、接受投资入股、自建，以及抵债等各种形式取得不动产，不包括房地产开发企业自行开发的房地产项目。

2016 年 5 月 1 日后购进货物和设计服务、建筑服务，用于新建不动产，或者用于改建、扩建、修缮、装饰不动产并增加不动产原值超过 50%的，其进项税额依照本办法有关规定分 2 年从销项税额中抵扣。

纳税人按照本办法规定从销项税额中抵扣进项税额，应取得 2016 年 5 月 1 日后开具的合法有效的增值税扣税凭证。

上述进项税额中，60%的部分于取得扣税凭证的当期从销项税额中抵扣；40%的部分为待抵扣进项税额，于取得扣税凭证的当月起第 13 个月从销项税额中抵扣。

购进时已全额抵扣进项税额的货物和服务，转用于不动产在建工程的，其已抵扣进项税额的 40%的部分，应于转用的当期从进项税额中扣减，计入待抵扣进项税额，并于转用的当月起第 13 个月从销项税额中抵扣。

纳税人销售其取得的不动产或者不动产在建工程时，尚未抵扣完毕的待抵扣进项税额，允许于销售的当期从销项税额中抵扣。

例 3-16：某企业 2016 年 7 月购入办公楼一幢，增值税专用发票注明的价款为 1000 万元，增值税为 110 万元。请分析该企业增值税该如何抵扣。

解析：2016 年 7 月份应确认的进项税额＝110×60%＝66（万元）

2017 年 7 月份应确认的进项税额＝110×40%＝44（万元）

四、不得从销项税额中抵扣的进项税额

纳税人取得的增值税扣税凭证不符合法律、行政法规或者国家税务总局有关规定的，其进项税额不得从销项税额中抵扣。

增值税扣税凭证，是指增值税专用发票、海关进口增值税专用缴款书、农产品收购发票、农产品销售发票和完税凭证。

完税凭证是指税务机关征收税款、扣缴义务人代扣或代收税款时，向纳税人开具的、证明纳税人履行纳税义务的书面凭证。纳税人凭完税凭证抵扣进项税额的，应当具备书面合同、付款证明和境外单位的对账单或者发票。资料不全的，其进项税额不得从销项税额中抵扣。

按照《增值税暂行条例》和“营改增”的规定，下列项目的进项税额不得从销项税额中抵扣。

（1）用于简易计税方法计税项目、免征增值税项目、集体福利或者个人消费的购进货物、加工修理修配劳务、服务、无形资产和不动产。（纳税人的交际应酬消费属于个

人消费）

（2）非正常损失的购进货物，以及相关的加工修理修配劳务和交通运输服务。

非正常损失，是指因管理不善造成货物被盗、丢失、霉烂变质，以及因违反法律法规造成货物或者不动产被依法没收、销毁、拆除的情形。

（3）非正常损失的在产品、产成品所耗用的购进货物（不包括固定资产）、加工修理修配劳务和交通运输服务。

固定资产，是指使用期限超过 12 个月的机器、机械、运输工具，以及其他与生产经营有关的设备、工具、器具等有形动产。

（4）非正常损失的不动产，以及该不动产所耗用的购进货物、设计服务和建筑服务。

（5）非正常损失的不动产在建工程（包括纳税人新建、改建、扩建、修缮、装饰不动产）所耗用的购进货物、设计服务和建筑服务。

（6）购进的旅客运输服务、贷款服务（利息支出）、餐饮服务、居民日常服务和娱乐服务。

（7）财政部和国家税务总局规定的其他情形。

课堂小测

【单选题】下列项目所包含的进项税额，不得从销项税额中抵扣的是（　　）。

A．会计师事务所支付的员工交通费

B．生产过程中出现的报废产品

C．生产企业用于经营管理的办公用品

D．生产企业外购自用的车间大修材料

适用一般计税方法的纳税人，兼营简易计税方法计税项目、免征增值税项目而无法划分不得抵扣的进项税额，按照下列公式计算不得抵扣的进项税额：

不得抵扣的进项税额＝当期无法划分的全部进项税额×（当期简易计税方法计税项目销售额＋免征增值税项目销售额）÷当期全部销售额

已抵扣进项税额的购进货物（不含固定资产）、劳务、服务，发生集体福利、非正常损失或者个人消费时，应当将该进项税额从当期进项税额中扣减；无法确定该进项税额的，按照当期实际成本计算应扣减的进项税额。

已抵扣进项税额的固定资产、无形资产或者不动产，发生集体福利、非正常损失或者个人消费时，按照下列公式计算不得抵扣的进项税额：

不得抵扣的进项税额＝固定资产、无形资产或者不动产净值×适用税率

固定资产、无形资产或者不动产净值，是指纳税人根据财务会计制度计提折旧或摊销后的余额。

不得抵扣的进项税额小于或等于该不动产已抵扣进项税额的，应于该不动产改变用途的当期，将不得抵扣的进项税额从进项税额中扣减。

不得抵扣的进项税额大于该不动产已抵扣进项税额的，应于该不动产改变用途的当期，将已抵扣进项税额从进项税额中扣减，并从该不动产待抵扣进项税额中扣减不得抵扣进项税额与已抵扣进项税额的差额。

例 3-17：某制药厂（增值税一般纳税人）3 月份销售抗生素药品取得含税收入 117 万元，销售免税药品 50 万元，当月购入生产用原材料一批，取得增值税专用发票上注明税款 6.8 万元，抗生素药品与免税药品无法划分耗料情况，则该制药厂当月应纳增值税为多少？

解析：不得抵扣的进项税额＝6.8×50÷（100＋50）＝2.27（万元）

应纳的增值税＝117÷（1＋17%）×17%－（6.8－2.27）＝12.47（万元）

例 3-18：某企业为增值税一般纳税人，2015 年 8 月初，外购货物一批，支付增值税进项税额 18 万元，8 月下旬，因管理不善，造成 8 月初购进的该批货物一部分发生霉烂变质，经核实造成 1/3 损失。计算该企业 8 月份可以抵扣的进项税额及进项税额转出。

解析：该企业 8 月份可以抵扣的进项税额＝18－18÷3＝12（万元）

则进项税额转出＝18×1/3＝6（万元）

例 3-19：实木地板生产企业为增值税一般纳税人，2014 年 12 月月末盘库时发现因管理不善，上月已经抵扣进项税额的外购国内原木被盗 400 立方米。该原木购自林场，买价为 29.7 万元。要求：进行 12 月份的进项税额转出的税务处理。

解析：进项税额转出＝29.7×13%＝3.86（万元）

例 3-20：某企业 2016 年 7 月购入办公楼一幢，增值税专用发票注明的价款为 1000 万元，增值税为 110 万元。

（1）如果 2018 年 6 月发生非正常损失（假设已提折旧 40%），则不得抵扣的进项税额和进项税额转出如何计算？

（2）如果该企业在 2016 年 12 月发生非正常损失（假设已提折旧 100 万元），则不得抵扣的进项税额和进项税额转出如何计算？

解析：（1）2018 年 6 月份应确认不得抵扣的进项税额＝1000×（1－40%）×11%＝66（万元）

因为不得抵扣的进项税额 66 万元小于已抵扣进项税额 110 万元，所以 2018 年 6 月份应确认的进项税额转出为 66 万元。

（2）2016 年 12 月份应确认不得抵扣的进项税额＝（1000－100）×11%＝99（万元）

因为不得抵扣的进项税额 99 万元大于已抵扣进项税额 66 万元，所以 2016 年 12 月份应确认的进项税额转出为 66 万元，尚未抵扣完毕的待抵扣进项税额 11（44 万元－33 万元）万元从当月的销项税额中抵扣。

课堂小测

【多选题】1．下列各项外购货物中，准予抵扣进项税额的有（　　）。

A．外购自用的游艇　　B．用于连续生产其他货物

C．用于免税项目　　D．用于集体福利

【多选题】2．下列项目中，其进项税额不得从销项税额中抵扣的有（　　）。

A．因自然灾害毁损的库存商品

B．企业因管理不善被盗窃的产成品所耗用的外购原材料

C．简易计税项目耗用的外购原材料

D．生产免税产品接受的劳务

【多选题】3．按照增值税的有关规定，下列外购项目中，可以作为进项税额从销项税额中抵扣的是（　　）。

A．外购小规模纳税人销售的货物，取得普通发票注明的销售额换算的增值税

B．外购免税农产品，收购凭证上注明价款乘以法定扣除率

C．外购生产用设备，运输单位开具增值税专用发票注明的税额

D．外购用于生产免税货物的原材料，增值税专用发票注明的增值税

【多选题】4．下列行为中，涉及的进项税额可以从销项税额中抵扣的是（　　）。

A．将外购的货物用于免税项目

B．将外购的货物发给职工作福利

C．将外购的货物无偿赠送给外单位

D．将外购的货物作为实物投资

【计算题】某企业从某公司购进一批货物，取得专用发票上注明的销售额 5000 元，税金 850 元。国庆节期间将价值 4000 元的货物发给职工作为福利。计算该企业可以抵扣的进项税额应是多少。

【综合题】某白酒生产企业为增值税一般纳税人，本月外购食用酒精 100 吨，每吨不含税价 8000 元，取得的增值税专用发票上注明金额 800000 元、税额 136000 元；取得的运输业增值税专用发票上注明运费金额 50000 元、税额 5500 元；取得的增值税专用发票上注明装卸费 30000 元、税额 1800 元。月末盘存时发现，由于管理不善当月购进的酒精被盗 2.5 吨，经主管税务机关确认作为损失转营业外支出处理。请计算该企业本月不得抵扣的进项税额。

五、增值税应纳税额的相关规定

一般纳税人在计算出销项税额和进项税额后就可以得出实际应纳税额。为了正确计算增值税的应纳税额，在实际操作中还需要掌握以下几个重要规定。

（一）防伪税控专用发票进项税额抵扣的时间限定

（1）增值税专用发票、机动车销售统一发票，应在开具之日起 180 日内到税务机关办理认证，并在认证通过的次月申报期内，向主管税务机关申报抵扣进项税额。

（2）增值税一般纳税人取得的海关缴款书，应在开具之日起 180 日内向主管税务机关报送《海关完税凭证抵扣清单》（电子数据）申请稽核比对；自 2013 年 7 月 1 日起，实行“先比对、后抵扣”办法。

【提示】自 2017 年 7 月 1 日起，增值税一般纳税人取得的 2017 年 7 月 1 日及以后开具的增值税专用发票和机动车销售统一发票，应自开具之日起 360 日内认证或登录增值税发票选择确认平台进行确认，并在规定的纳税申报期内，向主管国税机关申报抵扣进项税额。

增值税一般纳税人取得的 2017 年 7 月 1 日及以后开具的海关进口增值税专用缴款书，应自开具之日起 360 日内向主管国税机关报送《海关完税凭证抵扣清单》，申请稽

核比对。纳税人取得的2017年6月30日前开具的增值税扣税凭证，仍按原规定执行。

例3-21：甲企业为增值税一般纳税人，2015年3月份销售给乙商场一批电视机，不含税销售额为70万元，采用委托收款方式结算，货物已经发出，托收手续已经办妥，但尚未给乙商场开具增值税专用发票。另支付销货运费4万元并取得货运专用发票。计算该企业的销项税和进项税。

解析：销项税额＝70×17%＝11.9（万元）

进项税额＝4×11%＝0.44（万元）

（二）应纳税额计算中常见问题

（1）有时企业当期购进的货物很多，在计算应纳税额时会出现当期销项税额小于当期进项税额不足抵扣的情况。根据税法规定，当期进项税额不足抵扣的部分可以结转下期继续抵扣。

（2）已抵扣进项税额的购进货物（不含固定资产）、劳务、服务，发生集体福利、非正常损失或者个人消费时，应当将该进项税额从当期进项税额中扣减；无法确定该进项税额的，按照当期实际成本计算应扣减的进项税额。

已抵扣进项税额的固定资产、无形资产或者不动产，发生集体福利、非正常损失或者个人消费时，按照相关资产净值乘以税率计算从当期进项税额中扣减。

（3）纳税人适用一般计税方法计税的，因销售折让、中止或者退回而退还给购买方的增值税额，应当从当期的销项税额中扣减；因销售折让、中止或者退回而收回的增值税额，应当从当期的进项税额中扣减。

（4）增值税税控系统专用设备和技术维护费用抵减增值税税额有关政策。

增值税税控系统包括增值税防伪税控系统和机动车销售统一发票税控系统。

增值税防伪税控系统的专用设备包括金税卡、IC卡、读卡器或金税盘和报税盘。机动车销售统一发票税控系统包括税控盘和传输盘。

① 增值税纳税人初次购买增值税税控系统专用设备（包括分开票机）支付的费用：凭购买的增值税专用发票，在增值税应纳税额中全额抵减（即价税合计额）；非初次购买税控系统专用设备支付的费用自行负担，不得在增值税应纳税额中抵减。

② 增值税纳税人缴纳的技术维护费，可凭技术维护服务单位开具的技术维护费发票，在增值税应纳税额中全额抵减。

③ 不足抵减的可结转下期继续抵减。增值税一般纳税人两项费用在增值税应纳税额中全额抵减的，其增值税专用发票不作为增值税抵扣凭证，其进项税额不得从销项税额中抵扣。

例3-22：某生产企业为增值税一般纳税人，适用增值税税率17%，2014年2月份的有关生产经营业务如下：

（1）销售甲产品给某大商场，开具增值税专用发票，取得不含税销售额80万元；另外，取得销售甲产品的送货运输费收入5.85万元（含增值税价格，与销售货物不能分别核算）。

（2）销售乙产品，开具普通发票，取得含税销售额29.25万元。

（3）销售2013年10月份购进作为固定资产使用过的进口摩托车5辆，开具增值税专用发票，上面注明每辆取得销售额1万元。

（4）购进货物取得增值税专用发票，注明支付的货款60万元、进项税额10.2万元；另外支付购货的运输费用6万元，取得运输公司开具的增值税专用发票。

（5）向农业生产者购进免税农产品一批，支付收购价30万元，支付给运输单位的运费5万元，取得相关的合法票据。本月下旬将购进的农产品的20%用于本企业职工福利。

以上相关票据均符合税法的规定，请计算该企业2月份应缴纳的增值税额。

解析：（1）销售甲产品的销项税额＝80×17%＋5.85÷（1＋17%）×17%＝14.45（万元）

（2）销售乙产品的销项税额＝29.25÷（1＋17%）×17%＝4.25（万元）

（3）销售使用过的摩托车应纳税额＝1×17%×5 ＝0.85（万元）

（4）外购货物应抵扣的进项税额＝10.2＋6×11%＝10.86（万元）

（5）外购免税农产品应抵扣的进项税额＝（30×13%＋5×11%）×（1－20%）＝3.56（万元）

该企业2月份应缴纳的增值税额＝14.45＋4.25＋0.85－10.86－3.56＝5.13（万元）

例3-23：某运输企业（增值税一般纳税人）2013年10月取得运输收入166.5万元（含税），当月发生联运支出，取得货物运输业增值税专用发票上注明的价款为50万元，增值税5.5万元；当月购入运输车辆，取得的机动车销售统一发票上注明的增值税税额为3.4万元；当月因管理不善造成上月购入的汽油（已抵扣过进项税额）丢失，账面成本为10万元。该运输企业当月应缴纳增值税（　　）万元。

A．8.6　　B．9.3　　C．13.4　　D．16.5

解析：该运输企业当月应缴纳增值税＝166.5÷（1＋11%）×11%－（5.5＋3.4－10×17%）＝9.3（万元）。故答案为：B。

课堂小测

【单选题】某船运公司为增值税一般纳税人，2014年6月购进船舶配件取得的增值税专用发票上注明价款360万元、税额61.2万元；开具普通发票取得的含税收入包括国内运输收入1287.6万元、期租业务收入255.3万元、打捞收入116.6万元。该公司6月应缴纳的增值税为（　　）万元。

A．87.45　　B．92.4　　C．98.3　　D．103.25

【计算题】美味食品有限责任公司为增值税一般纳税人，2015年10月发生如下经济业务：

（1）购进一批用于生产的花生油，增值税专用发票上注明价税合计金额为56500元，发票已经税务机关认证。

（2）购置办公用电脑10台，单价20000元，售货方开具的增值税专用发票上注明的增值税税额为34000元。

（3）以每千克2元的单价向农业生产者收购水果2000千克。

（4）向某超市销售食品5000千克，取得销售收入117000元（含增值税）；销售果酱1000箱，取得销售收入93600元（含增值税）。

（5）直接向消费者零售点心400千克，取得销售收入14040元（含增值税），其中有两笔业务开具了增值税专用发票，专用发票注明的增值税税额共计306元。

要求：根据上述资料，回答下列问题。

（1）计算该公司当期销项税额、可以抵扣的进项税额，当期应缴纳的增值税。

（2）该公司的销售行为中有无违反税法之处？如有，请指出并说明理由。

第六节 简易计税方法应纳税额的计算

一、小规模纳税人的简易计税办法

小规模纳税人销售货物、提供应税劳务、应税行为的，可按照销售额和征收率计算应纳税额的简易办法，同时不得抵扣进项税额。小规模纳税人销售货物提供应税劳务、应税行为时不得使用增值税专用发票，只能开具普通发票。经过批准的小规模纳税人可通过税务所代开专用发票，发票上分别注明收取的价款和增值税额。

（一）应纳税额的计算

应纳税额的计算公式如下：

应纳税额＝销售额×征收率

公式中的销售额应为不含增值税额、含价外费用的销售额。

纳税人采用销售额和应纳税额合并定价方法的，按照下列公式计算销售额：

销售额＝含税销售额÷（1＋征收率）

注意：按简易计税办法不得抵扣进项税额。

例3-24：某大型商场公开征集服务图标，约定首先从参赛作品中评选出3件入围作品，各支付10万元作为奖励，其著作权归设计者所有；再从中挑选出最佳作品，其著作权转归商场所有，商场支付给设计者转让费30万元。李某应征参赛并成为最终胜出者，他应就其所取得的收入缴纳多少增值税？

解析：30万元转让著作权免征增值税，提供10万元设计服务属于现代服务业。个人应按小规模纳税人缴纳增值税。

应纳税额＝10÷（1＋3%）×3%＝0.29（万元）

例3-25：某商店为增值税小规模纳税人，征收率为3%，2009年2月销售收入为29796元，购买材料10000元，取得增值税专用发票。该商店本月销售额和应纳增值税额分别是多少？

解析：销售额＝29796÷（1＋3%）＝28928.16（元）

应纳税额＝28928.16×3%＝867.84（元）

例3-26：某提供法律代理服务的企业为小规模纳税人。其承接了一项国内法律代理业务，合同含税金额为10.3万元。企业当月完成了该项业务。该企业本月应缴纳多少增值税？

解析：当月销售额＝10.3÷（1＋3%）＝10（万元）

应纳增值税＝10×3%＝0.3（万元）

（二）小规模纳税人（除其他个人外）销售自己使用过的货物

小规模纳税人（除其他个人外）销售自己使用过的货物包括以下两种情况。

（1）销售自己使用过的固定资产和旧货时减按 2%的征收率征收增值税，计算公式如下：

增值税＝售价÷（1＋3%）×2%

（2）销售自己使用过的除固定资产以外的物品时按 3%的征收率征收增值税，计算公式如下：

增值税＝售价÷（1＋3%）×3%

例 3-27：某企业（小规模纳税人）2014 年 12 月将已使用 4 年的小轿车以 18 万元价格售出。计算该企业的应纳税额。

解析：应纳税额＝180000÷（1＋3%）×2%＝3495.15（元）

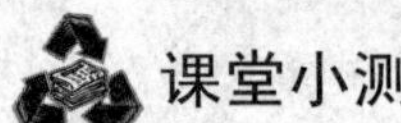

课堂小测

【单选题】1．某汽修厂为增值税小规模纳税人，2011 年 12 月取得修理收入为 60000 元；处置使用过的举升机一台，取得收入 5000 元。汽修厂 12 月份应缴纳增值税（　　）元。

A．1747.57　　B．1844.66　　C．1893.20　　D．1980.58

【单选题】2．某食品加工企业为小规模纳税人。2 月份取得销售收入 16960 元；直接从农户购入农产品价值 6400 元，支付运输费 600 元，当月支付人员工资 3460 元，该企业当月应缴纳的增值税税额为（　　）元。

A．450　　B．597.6　　C．870　　D．494

【单选题】3．某小型工业企业为增值税小规模纳税人。2016 年 3 月取得销售收入 8.48 万元；购进原材料一批，支付货款 2.12 万元。该企业当月应缴纳的增值税税额为（　　）万元。

A．0.25　　B．0.36　　C．0.31　　D．0.25

【单选题】4．某生产企业（小规模纳税人）本月外购货物取得增值税专用发票上注明税款 3800 元。当月销售货物，税务机关代开的增值税专用发票上注明价款为 80000 元，其本月应纳增值税为（　　）元。

A．728.3　　B．2400　　C．1000　　D．3200

【计算题】某商店系小规模纳税人。2016 年 6 月该商店发生如下业务：

（1）销售服装取得含增值税销售额为 2392 元，开具了普通发票。

（2）购进办公用品一批，支付货款 13500 元、增值税税款 2295 元。

（3）当月销售办公用品取得含税销售额为 8528 元，开具了普通发票；销售给一般纳税人某公司仪器两台，取得不含增值税销售额 38500 元、增值税税款 1155 元，增值税专用发票已由税务所代开。

计算该商店 6 月份增值税应纳税额。

（三）小规模纳税人销售不动产或租赁不动产的销售额

（1）小规模纳税人销售其取得（不含自建）的不动产（不含个体工商户销售购买的住房和其他个人销售不动产），应以取得的全部价款和价外费用减去该项不动产购置原价或者取得不动产时的作价后的余额为销售额，按照 5%的征收率计算应纳税额。纳税人应按照上述计税方法在不动产所在地预缴税款后，向机构所在地主管税务机关进行纳税申报。

（2）小规模纳税人销售其自建的不动产，应以取得的全部价款和价外费用为销售额，按照 5%的征收率计算应纳税额。纳税人应按照上述计税方法在不动产所在地预缴税款后，向机构所在地主管税务机关进行纳税申报。

（3）房地产开发企业中的小规模纳税人，销售自行开发的房地产项目，按照 5%的征收率计税。

（4）小规模纳税人出租其取得的不动产（不含个人出租住房），应按照 5%的征收率计算应纳税额。纳税人出租与机构所在地不在同一县（市）的不动产，应按照上述计税方法在不动产所在地预缴税款后，向机构所在地主管税务机关进行纳税申报。计算公式如下：

应预缴税款＝含税销售额÷（1＋5%）×5%

（5）其他个人出租其取得的不动产（不含住房），应按照 5%的征收率计算应纳税额。计算公式如下：

应纳税款＝含税销售额÷（1＋5%）×5%

（6）个人出租住房，应按照 5%的征收率减按 1.5%计算应纳税额。计算公式如下：

应纳税款＝含税销售额÷（1＋5%）×1.5%

例 3-28：根据下面两种情况分别计算某人每月应纳的增值税额。

（1）某人出租住房，每月取得租金收入 8 万元。

（2）某人出租非住房，每月取得租金收入 10 万元，增值税征收率为 5%。

解析：（1）每月应纳增值税额＝8÷（1＋5%）×1.5%＝0.11（万元）

（2）每月应纳增值税额＝10÷（1＋5%）×5%＝0.48（万元）

（四）个人销售房屋政策

（1）个体工商户（包括个人）销售购买住房的政策。

① 北京市、上海市、广州市和深圳市之外的地区：住房满 2 年免税，不满 2 年的，应以取得的全部价款和价外费用为销售额，按照 5%征收率计算应纳税额。

例 3-29：某个人将购买不足 2 年的住房以 100 万元对外销售，计算他应缴纳的增值税额。

解析：应纳税款＝全部价款和价外费用÷（1＋5%）×5%，即该纳税人应向住房所在地主管地税机关申报缴纳增值税＝100÷（1＋5%）×5%＝4.76（万元）。

② 北京市、上海市、广州市和深圳市：普通住房满 2 年免税，非普通住房满 2 年的，应以取得的全部价款和价外费用减去购置原价后的余额为销售额，按照 5%征收率

计算应纳税额，住房不满 2 年的，全额 5%计算应纳税额。

（2）其他个人销售其取得（不含自建）的不动产（不含其购买的住房），应以取得的全部价款和价外费用减去该项不动产购置原价或者取得不动产时的作价后的余额为销售额，按照 5%的征收率计算应纳税额。

（3）涉及家庭财产分割的个人无偿转让不动产、土地使用权免征增值税。家庭财产分割，包括下列情形：离婚财产分割；无偿赠与配偶、父母、子女、祖父母、外祖父母、孙子女、外孙子女、兄弟姐妹；无偿赠与对其承担直接抚养或者赡养义务的抚养人或者赡养人；房屋产权所有人死亡，法定继承人、遗嘱继承人或者受遗赠人依法取得房屋产权。

（五）小规模纳税人提供劳务派遣服务

劳务派遣服务，是指劳务派遣公司为了满足用工单位对于各类灵活用工的需求，将员工派遣至用工单位，接受用工单位管理并为其工作的服务。

小规模纳税人提供劳务派遣服务，可以选择以取得的全部价款和价外费用为销售额，按照简易计税方法依 3%的征收率计算缴纳增值税；也可以选择差额纳税，以取得的全部价款和价外费用，扣除代用工单位支付给劳务派遣员工的工资、福利和为其办理社会保险及住房公积金后的余额为销售额，按照简易计税方法依 5%的征收率计算缴纳增值税。

例 3-30：某小规模纳税人提供劳务派遣服务选择差额征税，含税销售额 80000 元，支付给劳务派遣员工工资、福利和其办理社会保险及住房公积金的费用 60000 万元。计算其应缴纳的增值税。

解析：应纳的增值税＝（80000－60000）÷（1＋5%）×5%＝952.38（元）

二、“营改增”一般纳税人的简易计税方法

（一）“销售不动产”的销售额

（1）一般纳税人销售其 2016 年 4 月 30 日前取得（不含自建）的不动产，可以选择适用简易计税方法，以取得的全部价款和价外费用减去该项不动产购置原价或者取得不动产时的作价后的余额为销售额，按照 5%的征收率计算应纳税额。纳税人应按照上述计税方法在不动产所在地预缴税款后，向机构所在地主管税务机关进行纳税申报。其计算公式如下：

预缴税款＝（全部价款＋价外费用－购置原价）÷（1+5%）×5%

申报税款＝（全部价款＋价外费用－购置原价）÷（1+5%）×5%

（2）一般纳税人销售其 2016 年 4 月 30 日前自建的不动产，可以选择适用简易计税方法，以取得的全部价款和价外费用为销售额，按照 5%的征收率计算应纳税额。纳税人应按照上述计税方法在不动产所在地预缴税款后，向机构所在地主管税务机关进行纳税申报。其计算公式如下：

预缴税款＝（全部价款＋价外费用）÷（1＋5%）×5%

申报税款＝（全部价款＋价外费用）÷（1＋5%）×5%

（3）一般纳税人销售其2016年5月1日后取得（不含自建）的不动产，应适用一般计税方法，以取得的全部价款和价外费用为销售额计算应纳税额。纳税人应以取得的全部价款和价外费用减去该项不动产购置原价或者取得不动产时的作价后的余额，按照5%的预征率在不动产所在地预缴税款后，向机构所在地主管税务机关进行纳税申报。其计算公式如下：

预缴税款＝（全部价款＋价外费用－购置原价）÷（1＋5%）×5%

申报税款＝（全部价款＋价外费用）÷（1＋11%）×11%

（4）一般纳税人销售其2016年5月1日后自建的不动产，应适用一般计税方法，以取得的全部价款和价外费用为销售额计算应纳税额。纳税人应以取得的全部价款和价外费用，按照5%的预征率在不动产所在地预缴税款后，向机构所在地主管税务机关进行纳税申报。其计算公式如下：

预缴税款＝（全部价款＋价外费用）÷（1＋5%）×5%

申报税款＝（全部价款＋价外费用）÷（1＋11%）×11%

【提示】纳税人按规定从取得的全部价款和价外费用中扣除不动产购置原价或者取得不动产时的作价的，应当取得符合法律、行政法规和国家税务总局规定的合法有效凭证。否则，不得扣除。

按照有关规定差额缴纳增值税的，如因丢失等原因无法提供取得不动产时的发票，可向税务机关提供其他能证明契税计税金额的完税凭证等资料，进行差额扣除。

例3-31：某生产企业（一般纳税人）2016年7月将2010年购入的不动产转让，转让收入为1050万元（含增值税），该不动产购置原价为840万元（含增值税），累计折旧为100万元。该公司选择简易计税方法计算增值税。

解析：该公司应纳的增值税＝（1050－840）÷（1＋5%）×5%＝10（万元）

该纳税人应向不动产所在地主管地税机关预缴税款10万元，并向主管国税机关申报转让不动产应缴纳税款10万元。

（二）建筑服务

（1）一般纳税人以清包工方式提供的建筑服务，可以选择适用简易计税方法计税。

以清包工方式提供建筑服务，是指施工方不采购建筑工程所需的材料或只采购辅助材料，并收取人工费、管理费或者其他费用的建筑服务。

（2）一般纳税人为甲供工程提供的建筑服务，可以选择适用简易计税方法计税。

甲供工程，是指全部或部分设备、材料、动力由工程发包方自行采购的建筑工程。

【提示】2017年5月1日起一般纳税人销售电梯的同时提供安装服务，其安装服务可以按照甲供工程选择适用简易计税方法计税。纳税人对安装运行后的电梯提供的维护保养服务，按照“其他现代服务”缴纳增值税。

（3）一般纳税人为建筑工程老项目提供的建筑服务，可以选择适用简易计税方法计税。

建筑工程老项目，是指：《建筑工程施工许可证》注明的合同开工日期在2016年4月30日前的建筑工程项目；未取得《建筑工程施工许可证》的，建筑工程承包合同注明的开工日期在2016年4月30日前的建筑工程项目。

（4）一般纳税人跨县（市）提供建筑服务，适用一般计税方法计税的，应以取得的全部价款和价外费用为销售额计算应纳税额。纳税人应以取得的全部价款和价外费用扣除支付的分包款后的余额，按照2%的预征率在建筑服务发生地预缴税款后，向机构所在地主管税务机关进行纳税申报。计算公式如下：

应预缴税款＝（全部价款和价外费用－支付的分包款）÷（1＋11%）×2%

（5）一般纳税人跨县（市）提供建筑服务，选择适用简易计税方法计税的，应以取得的全部价款和价外费用扣除支付的分包款后的余额为销售额，按照3%的征收率计算应纳税额。纳税人应按照上述计税方法在建筑服务发生地预缴税款后，向机构所在地主管税务机关进行纳税申报。计算公式如下：

应预缴税款＝（全部价款和价外费用－支付的分包款）÷（1＋3%）×3%

纳税人取得的全部价款和价外费用扣除支付的分包款后的余额为负数的，可结转下次预缴税款时继续扣除。

【提示】纳税人在同一地级行政区范围内跨县（市、区）提供建筑服务的，从2017年5月1日起，不再需要预交税款了，直接向机构所在地主管税务机关进行纳税申报。

例3-32：某建筑企业（一般纳税人）2016年9月提供外市建筑服务（简易计税）取得建筑服务收入（含税）1545万元，支付分包款515万元（含税），请计算其应纳的增值税。

解析：应纳的增值税＝（1545－515）÷（1＋3%）×3%＝30（万元）

（三）不动产经营租赁服务

（1）一般纳税人出租其2016年4月30日前取得的不动产，可以选择适用简易计税方法，按照5%的征收率计算应纳税额。纳税人出租其2016年4月30日前取得的与机构所在地不在同一县（市）的不动产，应按照上述计税方法在不动产所在地预缴税款后，向机构所在地主管税务机关进行纳税申报。计算公式如下：

应预缴税款＝含税销售额÷（1＋5%）×5%

（2）公路经营企业中的一般纳税人收取试点前开工的高速公路的车辆通行费，可以选择适用简易计税方法，减按3%的征收率计算应纳税额。

（3）一般纳税人出租其2016年5月1日后取得的、与机构所在地不在同一县（市）的不动产，应按照3%的预征率在不动产所在地预缴税款后，向机构所在地主管税务机关进行纳税申报。

一般纳税人出租其2016年4月30日前取得的不动产适用一般计税方法计税的，按照上述规定执行。计算公式如下：

应预缴税款＝含税销售额÷（1＋11%）×3%

（四）劳务派遣服务

一般纳税人提供劳务派遣服务，可以按照有关规定，以取得的全部价款和价外费用为销售额，按照一般计税方法计算缴纳增值税；也可以选择差额纳税，以取得的全部价款和价外费用，扣除代用工单位支付给劳务派遣员工的工资、福利和为其办理社会保险及住房公积金后的余额为销售额，按照简易计税方法依 5%的征收率计算缴纳增值税。

选择差额纳税的纳税人，向用工单位收取用于支付给劳务派遣员工工资、福利和为其办理社会保险及住房公积金的费用，不得开具增值税专用发票，可以开具普通发票。

例 3-33：某一般纳税人提供劳务派遣服务适用差额征税，含税销售额 100 万元，向用工单位收取用于支付给劳务派遣员工工资、福利和为其办理社会保险及住房公积金的费用 80 万元。请计算其应纳的增值税。

解析：应纳的增值税＝（1000000－800000）÷（1＋5%）×5%＝9523.81（元）

根据“营改增”的规定，一般纳税人应该按照一般计税方法计算缴纳增值税；但是下列情形属于可在两种方法中选择的范畴。

（1）提供公共交通运输服务。

公共交通运输服务，包括轮客渡、公交客运、地铁、城市轻轨、出租车、长途客运、班车。

（2）以所在地“营改增”之前购进或自制的有形动产为标的物提供的经营租赁服务。

（3）动漫企业为开发动漫产品提供的动漫脚本编撰、背景设计、动画设计、音效合成、字幕制作等，以及在境内转让动漫版权。

（4）提供电影放映服务、仓储服务、装卸搬运服务、收派服务和文化体育服务。

（5）在纳入“营改增”试点之日前签订的尚未执行完毕的有形动产租赁合同。

课堂小测

【多选题】一般纳税人提供的下列应税服务中，可以选择适用简易计税方法计税的有（　　）。

A．地铁　　B．装卸搬运服务　　C．收派服务　　D．长途客运

第七节　进口货物应纳增值税的计算

一、进口货物的征税范围及纳税人

（一）进口货物的征税范围

根据《增值税暂行条例》的规定，申报进入中华人民共和国海关境内的货物，均应缴纳增值税。

确定一项货物是否属于进口货物，必须首先看其是否有报关进口手续。一般来说，境外产品要输入境内，都必须向我国海关申报进口，办理有关手续。只要是报关进口的应税货物，不论其是国外产制还是我国已出口而转销国内的货物，不论是进口者自行采购还是国外捐赠的货物，不论是进口者自用还是作为贸易或其他用途等，除了依法缴纳关税之外，均应按照规定缴纳进口环节的增值税。

对进口货物是否减免税由国务院统一规定，任何地方、部门都无权规定减免税项目。

（二）进口货物的纳税人

进口货物的收货人或者办理报关手续的单位和个人，为进口货物增值税的纳税义务人。也就是说，进口货物增值税纳税人的范围较宽，包括了国内一切从事进口业务的企业事业单位、机关团体和个人。

对于企业、单位和个人委托代理进口应征增值税的货物，鉴于代理进口货物的海关完税凭证，有的开具给委托方，有的开具给受托方的特殊性，对代理进口货物以海关开具的完税凭证的纳税人为增值税纳税人。

课堂小测

【单选题】甲进出口公司代理乙工业企业进口设备，同时委托丙货运代理人办理托运手续，海关进口增值税专用缴款书上的缴款单位是甲进出口公司。该进口设备的增值税纳税人是（　　）。

A．甲进出口公司　B．乙工业企业　C．丙货运代理人　D．国外销售商

二、进口货物的适用税率

进口货物增值税税率与本章第四节的内容相同。

三、进口货物应纳税额的计算

纳税人进口货物，按照组成计税价格和规定的税率计算应纳税额。组成计税价格是指在没有实际销售价格时，按照税法规定计算出作为计税依据的价格。进口货物计算增值税组成计税价格和应纳税额计算公式如下：

组成计税价格＝关税完税价格＋关税＋消费税

＝关税完税价格×（1＋关税税率）÷（1－消费税税率）

应纳增值税额＝组成计税价格×税率

关税＝关税完税价格×关税税率

纳税人在计算进口货物的增值税时应该注意以下问题。

（1）进口货物增值税的组成计税价格中包括已纳关税税额，如果进口货物属于消费税应税消费品，其组成计税价格中还要包括进口环节已纳消费税税额。

（2）在计算进口环节的应纳增值税税额时不得抵扣任何税额，即在计算进口环节的应纳增值税税额时，不得抵扣发生在我国境外的各种税金。

（3）按照《中华人民共和国海关法》（以下简称《海关法》）和《中华人民共和国进出口关税条例》（以下简称《进出口关税条例》）的规定，一般贸易下进口货物的关税完税价格以海关审定的成交价格为基础的到岸价格作为完税价格。所谓成交价格是一般贸易项下进口货物的买方为购买该项货物向卖方实际支付或应当支付的价格；到岸价格，包括货物的货价、货物运抵我国境内输入地点起卸前的运输及其相关费用、保险费。如果进口货物的运费无法确定或未实际发生，海关应当按照该货物进口同期运输行业公布的运费率计算运费；保险费可按照“货价加运费”的3‰估算。

（4）纳税人进口货物合法海关完税凭证，是计算增值税进项税额的唯一依据。

例 3-34：某公司为增值税一般纳税人。8 月该公司进口生产家具用的板材一批，关税完税价格 8 万元，已纳关税 1 万元。计算该公司进口板材进口缴纳的增值税税金。

解析：组成计税价格＝8＋1＝9（万元）

进口增值税＝9×17%＝1.53（万元）

例 3-35：某服装公司为增值税一般纳税人。2014 年 10 月份从国外进口一批服装面料，海关审定的完税价格为 50 万元，该批服装布料分别按 5%和 17%的税率向海关缴纳了关税和进口环节增值税，并取得了相关完税凭证。该批服装布料当月加工成服装后全部在国内销售，取得销售收入 100 万元（不含增值税），同时支付运输费 3 万元（取得运费专用发票）。要求：

（1）计算该公司当月进口服装布料应缴纳的增值税税额。

（2）计算该公司当月允许抵扣的增值税进项税额。

（3）计算该公司当月销售服装应缴纳的增值税税额。

解析：（1）该公司当月进口服装面料应缴纳的关税税额＝50×5%＝2.5（万元）

该公司当月进口服装面料应缴纳的增值税税额＝（50＋50×5%）×17%＝8.93（万元）

（2）该公司支付运费准予抵扣的进项税额＝3×11%＝0.33（万元）

该公司当月允许抵扣的增值税进项税额＝8.93＋0.33＝9.26（万元）

（3）该公司当月销售服装的销项税额＝100×17%＝17（万元）

该公司当月销售服装应缴纳的增值税税额＝17－9.26＝7.74（万元）

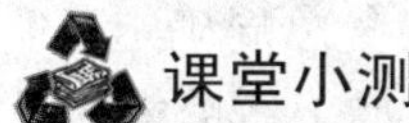

课堂小测

【单选题】某生产企业为增值税小规模纳税人，2012 年 4 月进口一辆小轿车自用，关税完税价格折合人民币 120 万元，企业按照规定缴纳进口关税 24 万元、进口消费税 14.24 万元。则该企业进口小轿车应缴纳进口增值税（　　）万元。

A．4.75　　B．24.48　　C．20.57　　D．26.90

【计算题】1．某商场 10 月份进口货物一批。该货物在国外的买价 40 万元，另该批货物运抵我国海关前发生的包装费、运输费、保险费等共计 20 万元。货物报关后，商场按规定缴纳了进口环节的增值税并取得了海关开具的完税凭证。假定该批货物在国内全部销售，取得不含税销售额 80 万元。（货物进口关税税率 15%，增值税税率 17%）

请按下列顺序回答问题：

（1）计算关税的到岸价格及关税。

（2）计算进口环节应纳增值税的组成计税价格。

（3）计算进口环节应缴纳增值税的税额。

（4）计算国内销售环节的销项税额。

（5）计算国内销售环节应缴纳增值税税额。

【计算题】2．某进出口公司 2014 年 9 月进口办公设备 500 台，每台进口完税价格 1 万元，委托运输公司将进口办公设备从海关运回本单位，支付运输公司不含税运输费用 9 万元，取得了运输公司开具的增值税专用发票。当月以每台 1.8 万元的含税价格售出

400 台，向甲公司捐赠 2 台，对外投资 20 台，留下 4 台自用。另支付销货运输费 1.3 万元，取得了运输公司开具的增值税专用发票。

试求：计算该企业当月应纳增值税。（假设进口关税税率为 15%）

四、进口货物的税收管理

进口货物的增值税由海关代征。个人携带或者邮寄进境自用物品的增值税，连同关税一并计征。具体办法由国务院关税税则委员会会同有关部门制定。

进口货物的增值税纳税义务发生时间为报关进口当天；其纳税地点应当由进口人或其代理人向报关地海关申报纳税；其纳税期限应当自海关填发海关进口增值税专用缴款书之日起 15 日内缴纳税款。

关税纳税义务人因不可抗力或者在国家税收政策调整的情形下，不能按期缴纳税款的，经海关部署批准，可以延期缴纳税款，但最长不得超过 6 个月。

第八节 税收优惠

一、《增值税暂行条例》规定的免税项目

（1）农业生产者销售的自产农产品。

农业，是指种植业、养殖业、林业、牧业、水产业。农业生产者，包括从事农业生产的单位和个人。农产品，是指初级农产品，具体范围由财政部、国家税务总局确定。单位和个人销售的外购的农业产品，以及单位和个人外购农业产品生产、加工后销售的仍然属于注释所列的农业产品，不属于免税的范围，应当按照规定税率征收增值税。

（2）避孕药品和用具。

（3）古旧图书：是指向社会收购的古书和旧书。

（4）直接用于科学研究、科学试验和教学的进口仪器、设备。

（5）外国政府、国际组织无偿援助的进口物资和设备。

（6）由残疾人的组织直接进口供残疾人专用的物品。

（7）销售自己使用过的物品：自己使用过的物品，是指其他个人自己使用过的物品。

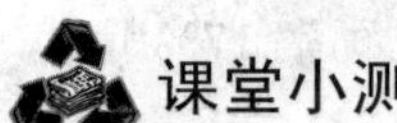

【多选题】下列各项中，应当计算缴纳增值税的有（　　）。

A. 邮政部门销售集邮商品　B. 农业生产者销售自产农产品

C. 电力公司向发电企业收取过网费　D. 残疾人的组织直接进口供残疾人专用的物品

二、财政部、国家税务总局规定免税项目

（1）对销售下列自产货物实行免征增值税政策：再生水；以废旧轮胎为全部生产原料生产的胶粉；翻新轮胎。

（2）对污水处理、垃圾处理、污泥处置劳务免征增值税。

（3）免征蔬菜、鲜活肉蛋流通环节（包括批发、零售）增值税，但不包括蔬菜罐头。

（4）制种企业生产销售种子，属于农业生产者销售自产农业产品，免征增值税。

（5）纳税人生产销售和批发、零售有机肥产品免征增值税。

（6）农民专业合作社销售本社成员生产的农业产品，视同农业生产者销售自产农业产品免征增值税。对农民专业合作社向本社成员销售的农膜、种子、种苗、化肥、农药、农机，免征增值税。

三、"营改增"直接免税的规定

《营业税改征增值税试点过渡政策的规定》，共规定了 40 个直接免税项目，基本延续原有营业税优惠政策。

（一）交通运输服务的免税项目

（1）台湾航运公司、航空公司从事海峡两岸海上直航、空中直航业务在大陆取得的运输收入。

（2）纳税人提供的直接或者间接国际货物运输代理服务。

（二）金融服务的免税项目

（1）以下利息收入：

① 2019 年 12 月 31 日前，金融机构农户小额贷款，包括所有合法合规经营的小额贷款公司。

② 国家助学贷款。

③ 国债、地方政府债。

④ 人民银行对金融机构的贷款。

⑤ 住房公积金管理中心用住房公积金在指定的委托银行发放的个人住房贷款。

（2）保险公司开办的一年期以上人身保险产品取得的保费收入。

（3）部分金融商品转让收入，如证券投资基金（封闭式证券投资基金，开放式证券投资基金）管理人运用基金买卖股票、债券；个人从事金融商品转让业务的收入等。

（三）生活服务的免税项目

（1）托儿所、幼儿园提供的保育和教育服务。

（2）养老机构提供的养老服务。

（3）残疾人福利机构提供的育养服务。

（4）殡葬服务。

（5）医疗机构提供的医疗服务。

（6）从事学历教育的学校提供的教育服务。

（7）学生勤工俭学提供的服务。

（8）农业机耕、排灌、病虫害防治、植物保护、农牧保险，以及相关技术培训业务，家禽、牲畜、水生动物的配种和疾病防治。

（9）纪念馆、博物馆、文化馆、文物保护单位管理机构、美术馆、展览馆、书画院、图书馆在自己的场所提供文化体育服务取得的第一道门票收入。

（10）寺院、宫观、清真寺和教堂举办文化、宗教活动的门票收入。

（11）2017 年 12 月 31 日前，科普单位的门票收入，以及县级及以上党政部门和科协开展科普活动的门票收入。

（12）政府举办的从事学历教育的高等、中等和初等学校（不含下属单位），举办进修班、培训班取得的全部归该学校所有的收入。

（13）家政服务企业由员工制家政服务员提供家政服务取得的收入。

（14）福利彩票、体育彩票的发行收入。

（四）现代服务的免税项目

（1）婚姻介绍服务。

（2）2018 年 12 月 31 日前，公共租赁住房经营管理单位出租公共租赁住房。

（3）纳税人提供技术转让、技术开发和与之相关的技术咨询、技术服务。

（4）政府举办的职业学校设立的主要为在校学生提供实习场所，并由学校出资自办、由学校负责经营管理、经营收入归学校所有的企业，从事《销售服务、无形资产或者不动产注释》中“现代服务”（不含融资租赁服务、广告服务和其他现代服务）、“生活服务”（不含文化体育服务、其他生活服务和桑拿、氧吧）业务活动取得的收入。

（五）销售无形资产 5 项收入免税

（1）将土地使用权转让给农业生产者用于农业生产。

（2）涉及家庭财产分割的个人无偿转让不动产、土地使用权。

（3）土地所有者出让土地使用权和土地使用者将土地使用权归还给土地所有者。

（4）县级以上地方人民政府或自然资源行政主管部门出让、转让或收回自然资源使用权（不含土地使用权）。

（5）个人转让著作权。

（六）销售不动产 3 项收入免税

（1）个人销售自建自用住房。

（2）为了配合国家住房制度改革，企业、行政事业单位按房改成本价、标准价出售住房取得的收入。

（3）涉及家庭财产分割的个人无偿转让不动产、土地使用权。

（七）其他应税行为的免税规定

（1）残疾人员本人为社会提供的服务。

（2）行政单位之外的其他单位收取的符合《试点实施办法》第 10 条规定条件的政府性基金和行政事业性收费。

（3）跨境应税行为减免税项目：《跨境应税行为适用增值税零税率和免税政策的规

定》规定了 7 个直接减免项目：境内的单位和个人销售的下列服务和无形资产免征增值税，但财政部和国家税务总局规定适用增值税零税率的除外。

① 下列服务，具体如下。

a. 工程项目在境外的建筑服务。

b. 工程项目在境外的工程监理服务。

c. 工程、矿产资源在境外的工程勘察勘探服务。

d. 会议展览地点在境外的会议展览服务。

e. 存储地点在境外的仓储服务。

f. 标的物在境外使用的有形动产租赁服务。

g. 在境外提供的广播影视节目（作品）的播映服务。

h. 在境外提供的文化体育服务、教育医疗服务、旅游服务。

② 为出口货物提供的邮政服务、收派服务、保险服务。

③ 向境外单位提供的完全在境外消费的下列服务和无形资产。

a. 电信服务。

b. 知识产权服务。

c. 物流辅助服务（仓储服务、收派服务除外）。

d. 鉴证咨询服务。

e. 专业技术服务。

f. 商务辅助服务。

g. 广告投放地在境外的广告服务。

h. 无形资产。

④ 以无运输工具承运方式提供的国际运输服务。

⑤ 为境外单位之间的货币资金融通及其他金融业务提供的直接收费金融服务，且该服务与境内的货物、无形资产和不动产无关。

⑥ 财政部和国家税务总局规定的其他服务。

⑦ 按照国家有关规定应取得相关资质的国际运输服务项目，未取得的，适用增值税免税政策。

四、增值税减免税的其他规定

（一）增值税起征点的规定

个人发生销售货物、提供应税劳务和应税行为的销售额未达到增值税起征点的，免征增值税；达到起征点的，全额计算缴纳增值税。增值税起征点的适用范围限于个人，不适用于登记为一般纳税人的个体工商户。

（1）按期纳税的，为月销售额 5000～20000 元（含本数）。

（2）按次纳税的，为每次（日）销售额 300～500 元（含本数）。

起征点的调整由财政部和国家税务总局规定。省、自治区、直辖市财政厅（局）和国家税务局应当在规定的幅度内，根据实际情况确定本地区适用的起征点，并报财政部和国家税务总局备案。

（二）小微企业税收优惠

增值税小规模纳税人应分别核算销售货物，提供加工、修理修配劳务的销售额和销售服务、无形资产的销售额。对增值税小规模纳税人销售货物、提供加工、修理修配劳务月销售额不超过 3 万元（按季纳税 9 万元）的；销售服务、无形资产月销售额不超过 3 万元（按季纳税 9 万元）的，自 2016 年 5 月 1 日起至 2017 年 12 月 31 日，可分别享受小微企业征收增值税优惠政策。按季纳税申报的增值税小规模纳税人，实际经营期不足 1 个季度的，以实际经营月份计算当期可享受小微企业免征增值税政策的销售额度。

课堂小测

【单选题】根据增值税起征点的幅度规定，纳税人按次纳税的，其起征点为（　　）。

A．日销售额 5000～20000 元　　B．日销售额 300～500 元

C．日销售额 400～600 元　　D．日销售额 1000～1500 元

（三）其他规定

（1）纳税人兼营免税、减税项目的，应当分别核算免税、减税项目的销售额；未分别核算销售额的，不得免税、减税。

（2）纳税人销售货物、提供应税劳务和应税行为适用免税、减税规定的，可以放弃免税、减税，依照本办法的规定缴纳增值税。放弃免税、减税后，36 个月内不得再申请免税、减税。

纳税人发生应税行为同时适用免税和零税率规定的，纳税人可以选择适用免税或者零税率。

课堂小测

【判断题】现行增值税法对个人纳税人规定了起征点，销售额没有达到起征点的，不征增值税；超过起征点的，应就超过起征点的部分销售额依法计算缴纳增值税。（　　）

【单选题】在我国现行税制中，对部分税种实行起征点的减免优惠制度，下列税种中，规定了起征点的有（　　）。

A．增值税　　B．消费税　　C．企业所得税　　D．个人所得税

第九节　征收管理

一、纳税义务发生的时间

增值税纳税义务发生时间，是纳税人发生应税行为应当承担纳税义务的起始时间。税法明确规定纳税义务发生时间的作用在于：正式确认纳税人已经发生属于税法规定的应税行为应承担纳税义务；有利于税务机关实施税务管理，合理规定申报期限和纳税期

限，监督纳税人切实履行纳税义务。

销售货物或者提供应税劳务和应税行为的纳税义务发生时间可以分为一般规定和具体规定。

(一) 一般规定

(1) 销售货物或者应税劳务和应税行为，其纳税义务发生时间为收讫销售款项或者取得索取销售款项凭据的当天；先开具发票的，为开具发票的当天。

收讫销售款项，是指纳税人销售货物、劳务、服务、无形资产或者不动产过程中或者完成后收到款项。取得索取销售款项凭据的当天，是指书面合同确定的付款日期；未签订书面合同或者书面合同未确定付款日期的，为货物、劳务、服务、无形资产转让完成的当天或者不动产权属变更的当天。

(2) 进口货物，为报关进口的当天。

(3) 增值税扣缴义务发生时间为纳税人增值税纳税义务发生的当天。

(二) 具体规定

纳税人收讫销售款项或者取得索取销售款项凭据的当天，按销售结算方式的不同，具体如下。

(1) 采取直接收款方式销售货物，不论货物是否发出，均为收到销售款或者取得索取销售款凭据的当天。

(2) 采取托收承付和委托银行收款方式销售货物，为发出货物并办妥托收手续的当天。

(3) 采取赊销和分期收款方式销售货物，为书面合同约定的收款日期的当天，无书面合同的或者书面合同没有约定收款日期的，为货物发出的当天。

(4) 采取预收货款方式销售货物，为货物发出的当天，但生产销售生产工期超过 12 个月的大型机械设备、船舶、飞机等货物，为收到预收款或者书面合同约定的收款日期的当天；纳税人提供建筑服务、租赁服务或者销售不动产采取预收款方式的，其纳税发生时间为收到预收款的当天。

(5) 委托其他纳税人代销货物，为收到代销单位的代销清单或者收到全部或者部分货款的当天。未收到代销清单及货款的，为发出代销货物满 180 天的当天。

(6) 销售应税劳务，为提供劳务同时收讫销售款或者取得索取销售款的凭据的当天。

(7) 纳税人发生视同销售货物行为，为货物移送的当天。

(8) 纳税人无偿提供服务、无偿转让无形资产或者不动产，但用于公益事业或者以社会公众为对象的除外，其纳税义务发生时间为服务、无形资产转让完成的当天或者不动产权属变更的当天。

(9) 纳税人从事金融商品转让的，为金融商品所有权转移的当天。

上述销售货物或应税劳务、应税行为纳税义务发生时间的确定，明确了企业在计算应纳税额时，对“当期销项税额”限定，是增值税计税和征收管理中重要的规定。

课堂小测

【判断题】纳税人委托其他纳税人代销货物的，其增值税纳税义务的发生时间为发出代销货物的当天。（　　）

【单选题】1. 根据增值税法律制度的规定，纳税人销售货物，采取赊销和分期收款结算方式的，其纳税义务的发生时间为（　　）。

A. 发出货物的当天　　B. 取得全部价款的当天

C. 销售合同规定的收款日期的当天　　D. 每一期纳税人销售应税货物

【单选题】2. 根据《增值税暂行条例》及其实施细则的规定，采取预收货款方式销售货物，增值税纳税义务的发生时间是（　　）。

A. 销售方收到第一笔货款的当天　　B. 销售方收到剩余货款的当天

C. 销售方发出货物的当天　　D. 购买方收到货物的当天

二、纳税期限

在明确了增值税纳税义务发生时间后，还需要掌握具体纳税期限，以保证按期缴纳税款。

（1）增值税的纳税期限分别为1日、3日、5日、10日、15日、1个月或者1个季度。

纳税人的具体纳税期限，由主管税务机关根据纳税人应纳税额的大小分别核定；不能按照固定期限纳税的，可以按次纳税。以1个季度为纳税期限的规定仅适用于小规模纳税人、银行、财务公司、信托投资公司、信用社，以及财政部和国家税务总局规定的其他纳税人。

（2）税款缴库时间：纳税人以1个月或者1个季度为1个纳税期的，自期满之日起15日内申报纳税；其他的纳税期，自期满之日起5日内预缴税款，于次月1日起15日内申报纳税并结清上月应纳税款。

（3）扣缴义务人解缴税款的期限，依照前两款规定执行。

（4）纳税人进口货物，应当自海关填发进口增值税专用缴纳书之日起15日内缴纳税款。

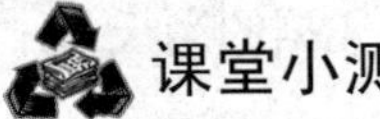

【判断题】增值税的纳税期限分别为1日、3日、5日、10日、20日、1个月或者1个季度。（　　）

【多选题】甲企业系从事货物销售的增值税一般纳税人，下列可以作为其增值税纳税期限的有（　　）。

A. 1日　　B. 10日　　C. 1个月　　D. 1个季度

三、纳税地点

为了保证纳税人按期申报纳税，根据企业跨地区经营和搞活商品流通的特点及不同情况，税法还具体规定了增值税的纳税地点。

（一）固定业户的纳税地点

（1）固定业户应当向其机构所在地的主管税务机关申报纳税。总机构和分支机构不在同一县（市）的，应当分别向各自所在地的主管税务机关申报纳税；经国务院财政、税务主管部门或者其授权的财政、税务机关批准，可以由总机构汇总向总机构所在地的主管税务机关申报纳税。

（2）固定业户到外县（市）销售货物或者提供应税劳务的，应当向其机构所在地的主管税务机关申请开具外出经营活动税收管理证明，并向其机构所在地的主管税务机关申报纳税。未开具证明的，应当向销售地或者劳务发生地的主管税务机关申报纳税；未向销售地或者劳务发生地的主管税务机关申报纳税的，由其机构所在地的主管税务机关补征税款。

（二）非固定业户增值税纳税地点

非固定业户销售货物、应税劳务或应税行为的，应当向销售地、劳务发生地或应税行为发生地主管税务机关申报纳税；未向销售地、劳务发生地或应税行为发生地主管税务机关申报纳税的，由其机构所在地或者居住地的主管税务机关补征税款。

（三）个人增值税纳税地点

其他个人提供建筑服务，销售或者租赁不动产，转让自然资源使用权，应向建筑服务发生地、不动产所在地、自然资源所在地主管税务机关申报纳税。

（四）进口货物增值税纳税地点

进口货物，应当由进口人或其代理人向报关地海关申报纳税。

（五）扣缴义务人增值税纳税地点

扣缴义务人应当向其机构所在地或者居住地的主管税务机关申报缴纳其扣缴的税款。

四、增值税纳税人纳税申报办法

纳税申报资料，纳税申报资料包括纳税申报表及其附列资料。具体如下。

①《增值税纳税申报表（一般纳税人适用）》（见表 3-2）。

②《增值税纳税申报表附列资料（一）》（本期销售情况明细）。

表 3-2 增值税纳税申报表

（一般纳税人适用）

根据国家税收法律法规及增值税相关规定制定本表。纳税人不论有无销售额，均应按税务机关核定的纳税期限填写本表，并向当地税务机关申报。

税款所属时间：自　年　月　日至　年　月　日　填表日期：　金额单位：元至角分

纳税人识别号				所属行业：	
纳税人名称	（公章）	法定代表人姓名		注册地址	生产经营地址
开户银行及账号		登记注册类型			电话号码

	项目	栏次	一般项目		即征即退项目	
			本月数	本年累计	本月数	本年累计
销售额	（一）按适用税率计税销售额	1				
	其中：应税货物销售额	2				
	应税劳务销售额	3				
	纳税检查调整的销售额	4				
	（二）按简易办法计税销售额	5				
	其中：纳税检查调整的销售额	6				
	（三）免、抵、退办法出口销售额	7			—	—
	（四）免税销售额	8			—	—
	其中：免税货物销售额	9			—	—
	免税劳务销售额	10			—	—
税款计算	销项税额	11				
	销项税额	12				
	上期留抵税额	13				—
	进项税额转出	14				
	免、抵、退应退税额	15			—	—
	按适用税率计算的纳税检查应补缴税额	16			—	—
	应抵扣税额合计	17＝12＋13－14－15＋16		—		—
	实际抵扣税额	18（如 17<11，则为 17，否则为 11）				
	应纳税额	19＝11－18				
	期末留抵税额	20＝17－18				—
	简易计税办法计算的应纳税额	21				
	按简易计税办法计算的纳税检查应补缴税额	22			—	—
	应纳税额减征额	23				
	应纳税额合计	24＝19＋21－23				
税款缴纳	期初未缴税额（多缴为负数）	25				
	实收出口开具专用缴款书退税额	26			—	—
	本期已缴税额	27＝28＋29＋30＋31				
	①次预缴税额	28		—		—
	②口开具专用缴款书预缴税额	29		—	—	—
	③本期缴纳上期应纳税额	30				
	④本期缴纳欠缴税额	31				
	期末未缴税额（多缴为负数）	32＝24＋25＋26－27				
	其中：欠缴税额（≥0）	33＝25＋26－27		—		—

续表

<table>
<tr><td colspan="2" rowspan="2">项目</td><td rowspan="2">栏次</td><td colspan="2">一般项目</td><td colspan="2">即征即退项目</td></tr>
<tr><td>本月数</td><td>本年累计</td><td>本月数</td><td>本年累计</td></tr>
<tr><td rowspan="5">税款缴纳</td><td>本期应补（退）税额</td><td>34＝24－28－29</td><td></td><td>—</td><td></td><td>—</td></tr>
<tr><td>即征即退实际退税额</td><td>35</td><td>—</td><td>—</td><td></td><td></td></tr>
<tr><td>期初未缴查补税额</td><td>36</td><td></td><td></td><td>—</td><td>—</td></tr>
<tr><td>本期入库查补税额</td><td>37</td><td></td><td></td><td>—</td><td>—</td></tr>
<tr><td>期末未缴查补税额</td><td>38＝16＋22＋36－37</td><td></td><td></td><td>—</td><td>—</td></tr>
<tr><td>授权说明</td><td colspan="2">如果你已委托代理人申报，请填写下列资料：
为代理一切税务事宜，现授权
（地址） 为本纳税人的代理申报人，任何与本申报表有关的往来文件，都可寄予此人。
授权人签字：</td><td>申报人声明</td><td colspan="3">本纳税申报表是根据国家税收法律法规及相关规定填报的，我确定它是真实的、可靠的、完整的。
声明人签字：</td></tr>
</table>

主管税务机关： 接收人： 接收日期：

③《增值税纳税申报表附列资料（二）》（本期进项税额明细）。

④《增值税纳税申报表附列资料（三）》（服务、不动产和无形资产扣除项目明细）。

⑤《增值税纳税申报表附列资料（四）》（税额抵减情况表）。

⑥《增值税纳税申报表附列资料（五）》（不动产分期抵扣计算表）。

⑦《固定资产（不含不动产）进项税额抵扣情况表》。

⑧《本期抵扣进项税额结构明细表》。

⑨《增值税减免税申报明细表》。

第十节 增值税专用发票的使用及管理

增值税实行凭国家印发的增值税专用发票注明的税款进行抵扣的制度。增值税专用发票（以下简称专用发票）不仅是纳税人经济活动中的重要商业凭证，而且是兼记销货方销项税额和购货方进项税额进行税款抵扣的凭证，对增值税的计算和管理起着决定性的作用，因此，正确使用增值税专用发票是十分重要的。

增值税专用发票，是增值税一般纳税人销售货物、提供应税劳务及应税行为开具的发票，是购买方支付增值税额并可按照增值税有关规定据以抵扣增值税进项税额的凭证。增值税专用发票隶属于国家税务局管理范围，其样式和印制及管理规定均由国家税务总局制定。

一般纳税人应通过增值税防伪税控系统（以下简称防伪税控系统）使用专用发票。使用，包括领购、开具、缴销、认证纸质专用发票及相应的数据电文。

上述所称税控系统，是指全国统一推行的，使用专用设备和通用设备、运用数字密码和电子存储技术管理专用发票的计算机管理系统。“专用设备”是指金税卡、IC 卡、读卡器或金税盘、报税盘。“通用设备”是指计算机、打印机、扫描器具和其他设备。

一、专用发票的联次

专用发票的基本联次为三联：发票联、抵扣联、记账联。

发票联，作为购买方核算采购成本和增值税进项税额的记账凭证；抵扣联，作为购买方报送主管税务机关认证和留存备查的凭证；记账联，作为销售方核算销售收入和增值税销项税额的记账凭证。

二、专用发票的开票限额

增值税专用发票实行最高开票限额管理。最高开票限额，是指单份专用发票的销售额合计数不得达到的上限额度。

最高开票限额一般由纳税人申请，区县税务机关依法审批。纳税人填报《增值税专用发票最高开票限额申请单》；税务机关受理申请后需要进行实地查验。

三、专用发票的开具范围

（一）一般纳税人不得开具专用发票情形

（1）商业企业一般纳税人零售的烟、酒、食品、服装、鞋帽（不包括劳保专用部分）、化妆品等消费品。

（2）销售免税货物不得开具专用发票，法律、法规及国家税务总局另有规定的除外。

（3）向消费者个人销售货物、应税劳务、服务、无形资产或者不动产。

（4）适用免征增值税规定的应税行为。

（5）实行退（免）税办法的增值税零税率应税服务。

（6）出口货物劳务，出口企业和其他单位不得开具增值税专用发票。

（7）一般纳税人会计核算不健全，或者不能够提供准确税务资料的纳税人，不得使用增值税专用发票。

（8）使用简易计税方法征收的不得使用增值税专用发票。

（9）向小规模纳税人销售应税项目。

（二）小规模纳税人开具专用发票情形

增值税的小规模纳税人不得领购使用增值税专用发票；小规模纳税人销售货物、提供应税劳务或者提供应税行为的，购买方索取增值税专用发票的，可以向主管税务机关申请代开，其他单位和个人不得代开。

（1）2016 年 11 月 4 日起，月销售额超过 3 万元（或季销售额超过 9 万元）的住宿业小规模纳税人提供住宿服务、销售货物或发生其他应税行为，需要开具增值税专用发票（以下简称专票）的，可以通过增值税发票管理新系统自行开具，主管国税机关不再为其代开。但是，住宿业小规模纳税人销售其取得的不动产，需要开具增值税专用发票的，仍须向地税机关申请代开。

（2）2017 年 3 月 1 日起，月销售额超过 3 万元（或季销售额超过 9 万元）的鉴证咨询业小规模纳税人提供认证服务、鉴证服务、咨询服务、销售货物或发生其他应税行为，需要开具增值税专用发票（以下简称专票）的，可以通过增值税发票管理新系统自行开具，主管国税机关不再为其代开。试点纳税人销售其取得的不动产，需要开具专用发票的，仍须向地税机关申请代开。

（3）2017 年 6 月 1 日起，月销售额超过 3 万元（或季销售额超过 9 万元）的建筑业增值税小规模纳税人提供建筑服务、销售货物或发生其他增值税应税行为，需要开具增值税专用发票的，通过增值税发票管理新系统自行开具。自开发票试点纳税人销售其取得的不动产，需要开具增值税专用发票的，仍须向地税机关申请代开。

课堂小测

【单选题】根据《增值税专用发票使用规定》，一般纳税人的下列销售行为中，应开具增值税专用发票的（　　）。

A．向消费者个人销售应税货物

B．向小规模纳税人转让专利权

C．出口货物

D．向一般纳税人销售应税货物

四、增值税专用发票开具要求

增值税专用发票应按下列要求开具。

（1）字迹清楚。

（2）不得涂改，如填写有误，应另行开具专用发票，并在误填的专用发票上注明“误填作废”四字。

（3）项目填写齐全。

（4）票、物相符，票面金额与实际取得金额相符。

（5）各项目内容正确无误。

（6）全部联次一次填开，上、下联的内容和金额一致。

（7）按照规定的时限开具专用发票（销项税确定的时间）。

（8）不得开具伪造的专用发票。

（9）不得拆本使用专用发票。

（10）不得开具票样与国家税务总局统一制定的票样不相符合的专用发票。

开具的专用发票有不符上列要求者，不得作为扣税凭证，购买者有权拒收。

五、开具专用发票后发生退货或开票有误的处理

（一）购买方未付货款并且未做账务处理的情况

购买方须将原发票联和税款抵扣联主动退还销售方。

销售方收到后，如果未将记账联做账务处理：应在该发票联和税款抵扣联及有关的存根联、记账联上注明“作废”字样，并依次粘贴在存根联后面，作为扣减当期销项税额的凭证。

如果销售方已将记账联做账务处理：开具相同内容的红字专用发票，将红字专用发票的记账联撕下作为扣减当期销项税额的凭证。抵扣联和发票联不得撕下，将从购买方收到的原抵扣联、发票联粘贴在红字专用发票联后面，并在上面注明原发票记账联和红

字发票记账联的存放地点，作为开具红字专用发票的依据。

销售方未收到购买方退还的专用发票前，销售方不得扣减当期销项税额。属于销售折让的，销售方应按折让后的货款重开专用发票。

（二）在购买方已付货款，或者货款未付但已做账务处理，发票联及抵扣联无法退还的情况

购买方：必须取得当地主管税务机关开具的进货退出或索取折让证明单（以下简称证明单）送交销售方，作为销售方开具红字专用发票的合法依据。

销售方：收到证明单后，根据退回货物的数量、价款或折让金额向购买方开具红字专用发票。

红字专用发票的存根联、记账联作为销售方扣减当期销项税额的凭证，其发票联、税款抵扣联作为购买方扣减进项税额的凭证。销售方在未收到证明单以前，不得开具红字专用发票。

六、专用发票与不得抵扣进项税额的规定

（一）有下列情形之一的，不得作为增值税进项税额的抵扣凭证

经认证，有下列情形之一的，不得作为增值税进项税额的抵扣凭证，税务机关退还原件，购买方可要求销售方重新开具专用发票。

1. 无法认证

无法认证，是指专用发票所列密文或者明文不能辨认，无法产生认证结果。

2. 纳税人识别号认证不符

纳税人识别号认证不符，是指专用发票所列购买方纳税人识别号有误。

3. 专用发票代码、号码认证不符

专用发票代码、号码认证不符，是指专用发票所列密文解译后与明文的代码或者号码不一致。

（二）有下列情形之一的，暂不得作为增值税进项税额的抵扣凭证

经认证，有下列情形之一的，暂不得作为增值税进项税额的抵扣凭证，税务机关扣留原件，查明原因，分别情况进行处理。

（1）重复认证。

（2）密文有误。

（3）认证不符（但不含纳税人识别号认证不符、专用发票代码、号码认证不符）。

（4）列为失控专用发票。

课堂小测

【多选题】在增值税专用发票认证时，不得作为增值税进项税额抵扣凭证、税务机关退还原件的情形有（　　）。

A．密文有误　　B．纳税人识别号认证不符

C．专用发票代码、号码认证不符　　D．无法认证

第四章 消 费 税

消费税法是指国家制定的用以调整消费税征收与缴纳之间权利及义务关系的法律规范。现行消费税法的基本规范，是2008年11月5日经国务院第三十四次常务会议修订通过并颁布，自2009年1月1日起施行的《中华人民共和国消费税暂行条例》（以下简称《消费税暂行条例》），以及2008年12月15日财政部、国家税务总局第51号令颁布的《中华人民共和国消费税暂行条例实施细则》（以下简称《消费税暂行条例实施细则》）。

第一节 消费税概述

一、消费税的概念

消费税是对我国境内外从事生产、委托加工和进口应税消费品的单位和个人，就其销售额或销售数量，在特定环节征收的一种税。简单地说，消费税是对特定的消费品和消费行为征收的一种税。

消费税是世界各国广泛实行的税种，在各开征国税收收入总额中占有相当比重。各国经济制度、经济发展水平及经济政策不同，但在选择征税范围时考虑的出发点是基本相同的：一是基于经济目的，对特殊消费品或消费行为发挥限制消费的作用，如对奢侈和嗜好品、高档消费品、资源性产品等征收消费税；二是基于财政目的，即选择税源广泛，征税后明显有效地增加财政收入，如对化妆品等开征消费税。

中国的消费税是在增值税普遍调节的基础上，体现国家对某些特定产品进行特殊调节而设立的税种，它与增值税相配合，形成双层次调节。开征消费税的目的，是为了调节产品结构，引导消费方向，保证国家财政收入。

二、消费税的特征

与其他税种相比，消费税主要有4个特征。

1. 征收范围具有选择性

开征消费税的目的是为了发挥其特殊的调节作用，在中国，应税消费品采取列举品目的方式课征，课征范围具有选择性。消费税的征收范围主要包括奢侈品、高能耗消费品、不可再生的稀缺资源消费品和税基宽广、消费普遍、不影响人民群众生活水平，但又具有一定财政意义的普通消费品，共计15个税目。

2. 征收环节具有单一性

为了避免重复征税的现象，在中国，消费税总体上实行单一环节征税，除金银首饰在零售环节、超豪华小汽车新增零售环节及卷烟新增批发环节征收外，其他的应税消费品只选择在生产、委托加工和进口环节征收消费税，即在生产者销售应税消费品出厂时或收回委托加工应税消费品时或从国外进口应税消费品时征税，而不是在消费品流通或消费的每个环节多次征收。这有利于加强税收源泉控制，及时组织税款入库。

3. 征收方法具有灵活性

为了适应不同应税消费品的情况，在征收方法上，对一部分价格差异较大且便于按价格核算的应税消费品，依消费品的价格实行从价定率征收；对一部分价格差异较小，品种、规格比较单一的大宗应税消费品，依消费品的数量实行从量定额征收；对一些特殊的应税消费品还采用了从量定额和从价定率相结合计算应纳税额的复合计税征收方法。

4. 平均税率水平较高且税负差异较大

消费税的平均税率水平一般定得比较高，并且不同的征税项目的税负差异较大，对需要限制或控制消费的消费品，通常税负较重。

第二节 消费税的内容

一、消费税的征收范围

根据《中华人民共和国消费税暂行条例》的规定，凡在我国境内生产、委托加工和进口规定的应税消费品，均属于消费税的征收范围。

确定消费税征税范围的总原则是：立足于我国的经济发展水平、国家的消费政策和产业政策，充分考虑人民的生活水平、消费水平和消费结构状况，注重保证国家财政收入的稳定增长，并适当借鉴国外征收消费税的成功经验和国际通行做法。

根据新条例和细则，现有 15 个税目，具体归纳为 6 个类别。

（1）过度消费会对人类健康、社会秩序、生态环境等方面造成危害的特殊消费品，如烟、酒、鞭炮和焰火等。

（2）奢侈品和非生活必需品，如贵重首饰及珠宝玉石等。

（3）高耗能及高档消费品，如摩托车、小汽车、高档手表、游艇等。

（4）不能再生和替代的石油类消费品，如汽油、柴油等。

（5）具有一定财政意义的产品，如高档化妆品、电池、涂料等。

（6）有利于增进环保意义、引导消费、节约资源的产品，如一次性筷子、实木地板等。

消费税的征税范围不是一成不变的，随着我国经济的发展，今后还可以根据国家的政策和经济情况及消费结构的变化适当调整。

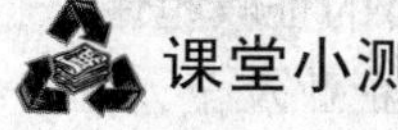

课堂小测

【判断题】消费税法规定的应税消费品均属于货物，缴纳增值税时还都要缴纳消

费税。 （ ）

【单选题】下列应税的消费品，属于在零售环节缴纳的消费税的是（ ）。

A．高档化妆品 B．柴油 C．小汽车 D．钻石饰品

【多选题】根据《消费税暂行条例》的规定，下列各项中，属于消费税征收范围的有（ ）。

A．卷烟 B．实木地板 C．大客车 D．高档护肤品

二、消费税的纳税人

在中华人民共和国境内从事生产、委托加工和进口条例列举的应税消费品（不包括金银首饰）的单位和个人，以及国务院确定的销售《消费税暂行条例》规定的消费品的其他单位和个人，为消费税的纳税人，应当依照《消费税暂行条例》缴纳消费税。金银首饰消费税的纳税人，是在我国境内从事商业零售金银首饰的单位和个人。

这里所说的“中国境内”，是指生产、委托加工和进口属于应税消费品的起运地或所在地在中华人民共和国境内。

单位，是指国有企业、集体企业、私有企业、股份制企业、合营企业、合作企业、外商投资企业、外国企业和行政单位、事业单位、军事单位、社会团体和其他单位。

个人，是指个体经营者和包括中国公民和外国公民在内的其他个人。

具体包括以下几条。

（1）生产销售（包括自用）应税消费品的，以生产销售的单位和个人为纳税人，由生产者直接纳税。

（2）委托加工应税消费品的，以委托加工的单位和个人为纳税人，由受托方在加工完毕收取加工费时代收代缴（但纳税人委托个人加工应税消费品的，由委托方收回后在委托方所在地缴纳消费税）。

（3）进口应税消费的，以进口的单位和个人为纳税人，由海关代征。

（4）对纳税人自产自用应税消费品，尽管没有销售，但考虑到外购消费品包含消费税，如果自产自用不征消费税，则税收负担不均衡，容易引发偷税现象，所以消费税条例规定自产自用应税消费品应当在移送时缴纳消费税。

（5）将超豪华小汽车销售给消费者单位和个人为超豪华小汽车零售环节纳税人。

缴纳消费税的纳税人一般要缴纳增值税。

三、消费税税目

按照《消费税暂行条例》规定，2014 年 12 月调整后，确定征收消费税的只有烟、酒、高档化妆品等 15 个税目，有的税目还进一步划分若干子目。

（一）烟

凡是以烟叶为原料加工生产的产品，不论使用何种辅料，均属于本税目的征收范围。包括卷烟（进口卷烟、白包卷烟、手工卷烟和未经国务院批准纳入计划的企业及个人生产的卷烟）、雪茄烟和烟丝。

甲类卷烟，是指每标准条（200 支，下同）调拨价格在 70 元（不含增值税）以上（含 70 元）的卷烟；乙类卷烟是指每标准条调拨价格在 70 元（不含增值税）以下的卷烟。

自 2015 年 5 月 10 日起，在中华人民共和国境内从事卷烟批发业务的单位和个人，批发销售的所有牌号规格的卷烟，将卷烟批发环节从价税税率由 5%提高至 11%，并按 0.005 元/支加征从量税。纳税人销售给纳税人以外的单位和个人的卷烟于销售时纳税。纳税人之间销售的卷烟不缴纳消费税。卷烟消费税在生产和批发两个环节征收后，批发企业在计算纳税时不得扣除已含的生产环节的消费税税款。

纳税人兼营卷烟批发和零售业务的，应当分别核算批发和零售环节的销售额、销售数量；未分别核算批发和零售环节销售额、销售数量的，按照全部销售额、销售数量计征批发环节消费税。

（二）酒

酒是酒精度在 1 度以上的各种酒类饮料。酒类包括粮食白酒、薯类白酒、黄酒、啤酒和其他酒。对饮食业、商业、娱乐业举办的啤酒屋（啤酒坊）利用啤酒生产设备生产的啤酒，应当征收消费税。

每吨出厂价格（含包装物及包装物押金，不含增值税）3000 元（含）以上的为甲类啤酒；每吨出厂价格（含包装物及包装物押金，不含增值税）3000 元以下的为乙类啤酒。娱乐业和饮食业自制的按甲类啤酒征税。

（三）高档化妆品

本税目征收范围包括高档美容、修饰类化妆品、高档护肤类化妆品和成套化妆品。

舞台、戏剧、影视演员化妆用的上妆油、卸装油、油彩、不属于本税目的征收范围。

高档美容、修饰类化妆品和高档护肤类化妆品是指生产（进口）环节销售（完税）价格（不含增值税）在 10 元/毫升（克）或 15 元/片（张）及以上的美容、修饰类化妆品和护肤类化妆品。

高档美容修饰类化妆和高档护肤类化妆品是指香水及花露水、唇用化妆品、眼用化妆品、指（趾）甲化妆品、粉（不论是否压紧），以及其他美容化妆品。

（四）贵重首饰及珠宝玉石

本税目包括凡以金、银、白金、宝石、珍珠、钻石、翡翠、珊瑚、玛瑙等高贵稀有物质，以及其他金属、人造宝石等制作的各种纯金银首饰及镶嵌首饰和经采掘、打磨、加工的各种珠宝玉石。对出国人员免税商店销售的金银首饰征收消费税。

（五）鞭炮、焰火

本税目包括各种鞭炮、焰火。体育上用的发令纸、鞭炮药引线，不按本税目征收。

（六）成品油

本税目包括汽油、柴油、石脑油、溶剂油、航空煤油、润滑油、燃料油 7 个子目，航空煤油暂缓征收。

1. 汽油

汽油是指用原油或其他原料加工生产的辛烷值不小于 66 的可用作汽油发动机燃料的各种轻质油。取消车用含铅汽油消费税，汽油税目不再划分二级子目，统一按照无铅汽油税率征收消费税。

以汽油、汽油组分别调和生产的甲醇汽油、乙醇汽油也属于本税目征收范围。

用已税汽油生产的乙醇汽油免税。

2. 柴油

柴油是指用原油或其他原料加工生产的倾点或凝点在－50℃到 30℃的可用作柴油发动机燃料的各种轻质油和以柴油组分为主，经调和精制可用作柴油发动机燃料的非标油。

以柴油、柴油组分调和生产的生物柴油也属于本税目征收范围。

利用废弃的动植物油生产纯生物柴油免征消费税。

3. 石脑油

石脑油又叫化工轻油，是以原油或其他原料加工生产的用于化工原料的轻质油。

石脑油的征收范围包括除汽油、柴油、航空煤油、溶剂油以外的各种轻质油。非标汽油、重整生成油、拔头油、戊烷原料油、轻裂解料（减压柴油 VGO 和常压柴油 AGO）、重裂解料、加氢裂化尾油、芳烃抽余油均属轻质油，属于石脑油的征收范围。

自产石脑油生产乙烯、芳烃产品免税。

4. 溶剂油

溶剂油是用原油或其他原料加工生产的用于涂料、油漆、食用油、印刷油墨、皮革、农药、橡胶、化妆品生产和机械清洗、胶黏行业的轻质油。

橡胶填充油、溶剂油原料、属于溶剂油征收范围。

5. 航空煤油

航空煤油也叫喷气燃料，是用原油或其他原料加工生产的用作喷气发动机和喷气推进系统燃料的各种轻质油。航空煤油的消费税暂缓征收。

6. 润滑油

润滑油是用原油或其他原料加工生产的用于内燃机、机械加工过程的润滑产品。润滑油分为矿物性润滑油、植物性润滑油、动物性润滑油和化工原料合成润滑油。

润滑油的征收范围包括矿物性润滑油、矿物性润滑油基础油、植物性润滑油、动物性润滑油和化工原料润滑油。以植物性、动物性和矿物性基础油（或矿物性润滑）混合掺配而成的“混合性”润滑油，不论矿物性基础油（或矿物性润滑油）所占比例高低，均属润滑油的征收范围。

7. 燃料油

燃料油也称重油、渣油，是用原油或其他原料加工生产，主要用作电厂发电、锅炉用燃料、加热炉燃料、冶金和其他工业炉燃料。蜡油、船用重油、常压重油、减压重油、180CTS 燃料油、7 号燃料油、糠醛油、工业燃料、4～6 号燃料油等油品的主要用途是作为燃料燃烧，属于燃料油征收范围。

自产石脑油、燃料油生产乙烯、芳烃产品免税。

（七）摩托车

包括轻便摩托车和摩托车两种。对最大设计车速不超过 50 千米/时，发动机汽缸总工作容量不超过 50 毫升的三轮摩托车不征收消费税。取消气缸容量 250 毫升（不含）以下的的小排量摩托车消费税。

（八）小汽车

小汽车是指由动力驱动，具有 4 个或 4 个以上车轮的非轨道承载的车辆。

本税目征收范围包括含驾驶员座位在内最多不超过 9 个座位（含）的，在设计和技术特性上用于载运乘客和货物的各类乘用车和含驾驶员座位在内的座位数在 10～23 座（含 23 座）的，在设计和技术特性上用于载运乘客和货物的各类中轻型商用客车。

用排气量小于 1.5 升（含）的乘用车底盘（车架）改装、改制的车辆属于乘用车征收范围。用排气量大于 1.5 升的乘用车底盘（车架）或用中轻型商用客车底盘（车架）改装、改制的车辆属于中轻型商用客车征收范围。

含驾驶员人数（额定载客）为区间值的（如 8～10 人、17～26 人）小汽车，按其区间值下限人数确定征收范围。

电动汽车不属于本税目征收范围。本身长度大于 7 米（含），并且座位在 10～23 座（含）以下的商用客车，不属于中型商用客车征税范围，不征收消费税。沙滩车、雪地车、卡丁车、高尔夫车不属于消费税征收范围，不征收消费税。

“小汽车”税目下增设“超豪华小汽车”子税目。征收范围为每辆零售价格 130 万元（不含增值税）及以上的乘用车和中轻型商用客车、即乘用车和中轻型商用客车子税目中的超豪华小汽车。对超豪华小汽车，在生产（进口）环节按现行税率征收消费税的基础上，在零售环节加征消费税，税率为 10%。

（九）高尔夫球及球具

高尔夫球及球具是指从事高尔夫球运动所需的各种专用装备，包括高尔夫球、高尔夫球杆及高尔夫球包（袋）等。

高尔夫球是指重量不超过 45.93 克、直径不超过 42.67 毫米的高尔夫球运动比赛、练习用球；高尔夫球杆指被设计用来打高尔夫球的工具，由杆头、杆身和握把 3 部分组成；高尔夫球包（袋）是指专用于盛装高尔夫球及球杆的包（袋）。

本税目征收范围包括高尔夫球、高尔夫球杆、高尔夫球包（袋）。高尔夫球杆的杆头、杆身和握把属于本税目的征收范围。

（十）高档手表

高档手表是指销售价格（不含增值税）每只在10000元（含）以上的各类手表。

本税目征收范围包括符合以上标准的各类手表。

（十一）游艇

游艇是指长度大于8米小于90米，船体由玻璃、钢、铝合金、塑料等多种材料制作，可以在水上移动的水上浮载体。按照动力划分，游艇分为无动力艇、帆艇和机动艇。

本税目征收范围包括艇身长度大于8米（含）小于90米（含），内置发动机，可以在水上移动，一般为私人或团体购置，主要用于水上运动和休闲娱乐等非牟利活动的各类机动艇。

（十二）木制一次性筷子

木制一次性筷子，又称卫生筷子，是指以木为原料以过锯段、浸泡、旋切、刨切、烘干、筛选、打磨、倒角、包装等环节加工而成的各类一次性使用的筷子。

本税目征收范围包括各种规格的木制一次性筷子。未经打磨、倒角的木制一次性筷子属于本税目征税范围。

（十三）实木地板

实木地板是指以木材为原料，经锯割、干燥、刨光、截断、开榫、涂漆等工序加工而成的块状或条状的地面装饰材料。实木地板按生产工艺不同，可分为独板（块）实木地板、实木指接地板、实木复合地板3类；按表面处理状态不同，可分为未涂饰地板（白坏板、素板）和漆饰地板两类。

本税目征收范围包括各类规格的实木地板、实木指接地板、实木复合地板及用于装饰墙壁、天棚的侧端面分为榫、槽的实木装饰板。未经涂饰的素板也属于本税目征税范围。

（十四）电池

自2015年2月1日起对电池（铅蓄电池）征收消费税；对无汞原电池、金属氢化物镍蓄电池（又称“氢镍蓄电池”或“镍氢蓄电池”）、锂原电池、锂离子蓄电池、太阳能电池、燃料电池、全钒液流电池等节能环保电池免征消费税。2015年12月31日前对铅蓄电池暂缓征消费税；自2016年1月1日起，对铅蓄电池按4%税率征收消费税。

（十五）涂料

涂料是涂于物体表面能形成具有保护、装饰或特殊性能的固体涂膜的一类液体或固体涂料的总称。自2015年2月1日起对涂料征收消费税，施工状态下挥发性有机物含量低于420克/升（含）的涂料（节能环保涂料）免征消费税。

四、消费税税率

消费税采用比例税率和定额税率两种形式，以适应不同应税消费品的实际情况。一是对一些供求基本平衡、价格差异不大、计算单位规范的消费品采用定额税率。适用的有黄酒、啤酒、汽油、柴油 4 种液体消费品。这样有利于简化征纳手续，稳定税收负担。二是对其他应税消费品，选择了价税联动、差别较大的比例税率，如卷烟、酒类、高档化妆品等。这样有利于平衡不同价格的消费品之间的税收负担。具体的消费税税率如表 4-1 所示。

表 4-1 消费税税率

税目	税率
一、烟	
1. 卷烟	
(1) 甲类卷烟	56%加 0.003 元/支
(2) 乙类卷烟	36%加 0.003 元/支
(3) 批发环节	11%加 0.005 元/支
2. 雪茄烟	36%
3. 烟丝	30%
二、酒	
1. 白酒	20%加 0.5 元/500 克（或者 500 毫升）
2. 黄酒	240 元/吨
3. 啤酒	
(1) 甲类啤酒	250 元/吨
(2) 乙类啤酒	220 元/吨
4. 其他酒	10%
三、高档化妆品	15%
四、贵重首饰及珠宝玉石	
1. 金银首饰、铂金首饰和钻石及钻石饰品	5%
2. 其他贵重首饰和珠宝玉石	10%
五、鞭炮、焰火	15%
六、成品油	
1. 汽油	1.52 元/升
2. 柴油	1.20 元/升
3. 航空煤油	1.20 元/升
4. 石脑油	1.52 元/升
5. 溶剂油	1.52 元/升
6. 润滑油	1.52 元/升
7. 燃料油	1.20 元/升
七、摩托车	
1. 汽缸容量（排气量，下同）在 250 毫升（含 250 毫升）的	3%
2. 汽缸容量在 250 毫升以上的	10%

续表

税目	税率
八、小汽车	
1．乘用车	
（1）汽缸容量（排气量，下同）在 1.0 升（含 1.0 升）以下的	1%
（2）汽缸容量在 1.0 升以上至 1.5 升（含 1.5 升）的	3%
（3）汽缸容量在 1.5 升以上至 2.0 升（含 2.0 升）的	5%
（4）汽缸容量在 2.0 升以上至 2.5 升（含 2.5 升）的	9%
（5）汽缸容量在 2.5 升以上至 3.0 升（含 3.0 升）的	12%
（6）汽缸容量在 3.0 升以上至 4.0 升（含 4.0 升）的	25%
（7）汽缸容量在 4.0 升以上的中轻型商用客车	40%
2．中轻型商用客车	5%
3．超豪华小汽车	在生产（进口环节）按现行税率征收消费税的基础上（子税目 1 和 2），在零售环节按 10%税率加征消费税
九、高尔夫球及球具	10%
十、高档手表	20%
十一、游艇	10%
十二、木制一次性筷子	5%
十三、实木地板	5%
十四、电池	4%
十五、涂料	4%

注：（1）卷烟、白酒消费税采用的是定额税率和比例税率相结合的复合计税。

（2）下列情况按照规定税率计税。

① 纳税人兼营不同税率的应税消费品（纳税人生产销售两种税率以上的应税消费品），应当分别核算不同税率应税消费品的销售额、销售数量。未分别核算销售额、销售数量，或者将不同税率的应税消费品组成成套消费品销售的，从高适用税率（即以应税消费品中适用的高税率与混合在一起的销售额、销售数量相乘，得出应纳消费税额）。对未分别核算的销售额按高税率计税，意在督促企业对不同税率应税消费品的销售额分别核算，准确计算纳税。

例如，某酒厂既生产税率为 20%的粮食白酒，又生产税率为 10%的其他酒，如药酒等。

该厂应分别核算白酒与其他酒的销售额，然后按各自适用的税率计税。如不分别核算各自的销售额，其他酒也按白酒的税率计算纳税。如果该厂还生产白酒与其他酒小瓶装礼品套酒，就是税法所指的成套消费品，应按全部销售额以白酒的税率 20%计算应纳消费税额，而不能以其他酒 10%的税率计算其中任何一部分的应纳税额了。

② 企业生产销售达到低污染排放值标准（相当于欧洲 2 号标准）的小轿车、越野车和小客车，减征 30%的消费税。

③ 为鼓励出口，除国家限制出口消费品以外出口的应税消费品免税。生产企业自营或委托外贸企业代理出口的应税消费品；来料加工复出口的应税消费品；外商投资企业以“来料加工”“进料加工”贸易方式进口的应税消费品不征收消费税。

（3）航空煤油暂缓征收消费税。

（4）生产成品油过程中消耗的自产成品油部分免税。

（5）横琴、平潭区内企业销售货物免征消费税。

（6）消费税税目、税率的调整，由国务院决定。

五、消费税的计税依据和计税方法

按照现行消费税法的基本规定，消费税应纳税额的计算主要分为从价定率计征、从量定额计征和从价从量复合计征 3 种方法。实行从价定率计征办法的应税消费品，其计税依据是含消费税不含增值税的销售额（自然数量与单位价格的乘积）；实行从量定额计征办法的应税消费品，其计税依据是其销售数量（重量、体积、面积等）。

具体计税方法如下。

1. 从价定率计征

采用从价定率计算方法时，应纳税额等于应税消费品的销售额乘以适用税率，应纳税额的多少取决于应税消费品的销售额和适用税率 2 个因素。计算公式如下：

应纳税额＝应税消费品销售额×适用税率

2. 从量定额计征

采用从量定额计算方法时，应纳税额等于应税消费品的销售数量乘以单位税额，应纳税额的多少取决于应税消费品的销售数量和单位税额 2 个因素。计算公式如下：

应纳税额＝销售数量×定额税率

3. 从价从量复合计征

现行消费税的征税范围中，只有卷烟、白酒采用复合计征方法。应纳税额等于应税销售数量乘以定额税率再加上应税销售额乘以比例税率。计算公式如下：

应纳税额＝销售额×比例税率＋销售数量×定额税率

课堂小测

【判断题】在现行消费税的征税范围中，除卷烟、粮食白酒、薯类白酒之外，其他一律不得采用从价定率和从量定额相结合的混合计税方法。 （ ）

【单选题】我国消费税对不同应税消费品采用了不同的税率形式。下列应税消费品中，适用复合计税方法计征消费税的是（ ）。

A．粮食白酒 B．酒精 C．成品油 D．摩托车

六、消费税的减免税

对生产销售达到低污染排放限值的小轿车、越野车和小客车减征 30%的消费税。

计算公式如下：

减征税额＝按法定税率计算的消费税额×30%

应征税额＝按法定税率计算的消费税额－减征税额

低污染热电厂放限值是指相当于欧盟指令 94/12/EC、96/69/EC 排放标准（简称“欧洲II标准”）。

目前，上海通用汽车有限公司生产的别克、赛欧系列小汽车，上海大众汽车有限公

司生产的桑塔纳、帕萨特系列小汽车等，都符合规定要求。对上述小汽车准予按应纳税额减征30%消费税。

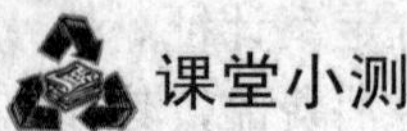

课堂小测

【计算题】某小轿车生产企业为增值税一般纳税人，6月份生产并销售小轿车300辆，每辆含税销售价格17.55万元，适用消费税税率9%，经审查，该企业生产的小轿车已达到减征消费税的国家标准。请计算该企业6月份应缴纳的消费税税额。

第三节 消费税的计算

消费税有从量定额、从价定率，以及从量定额与从价定率相结合的复合计税3种计算应纳税额的方法。

一、生产销售环节应纳消费税的计算

纳税人在生产销售环节应缴纳的消费税，包括直接对外销售应税消费品应缴纳的税额和自产自用应税消费品应缴纳的税额。

（一）直接对外销售应税消费品应纳税额的计算

直接对外销售应税消费品可能涉及3种计算方法。

1. 从量定额的计算

（1）从量定额：实行从量定额征税的应税消费品，其计税依据是销售应税消费品的实际销售数量。我国消费税只对黄酒、啤酒、汽油、柴油等实行从量定额的办法征税，其计算公式如下：

$$应纳税额＝应纳消费税数量×消费税单位税额$$

（2）销售量的确定：应纳消费税数量具体规定如下。

① 销售应税消费品的，为应税消费品的销售数量。

② 自产自用应税消费品的，为应税消费品的移送使用数量。

③ 委托加工应税消费品的，为纳税人收回的应税消费品数量。

④ 进口的应税消费品，为海关核定的应税消费品的进口数量。

《消费税暂行条例》规定，黄酒、啤酒是以吨为税额单位的，汽油、柴油是以升为税额单位的。但是，考虑到在实际销售过程中，一些纳税人会把吨或升这2个计量单位混用，故规范了不同产品的计量单位，以准确计算应纳税额，吨或升这2个计量单位的换算标准如表4-2所示。

表 4-2 吨、升换算表

品名	换算标准	品名	换算标准
啤酒	1 吨＝988 升	黄酒	1 吨＝962 升
汽油	1 吨＝1388 升	柴油	1 吨＝1176 升
石脑油	1 吨＝1385 升	溶剂油	1 吨＝1282 升
润滑油	1 吨＝1126 升	燃料油	1 吨＝1015 升
航空煤油	1 吨＝1246 升		

【提示】对酒类产品生产企业销售酒类产品（黄酒、啤酒除外）而收取的包装物押金，无论押金是否返还与会计上如何核算，均需并入酒类产品销售额征收消费税。

例 4-1：大华酒厂销售黄酒 120 吨，每吨 1000 元，收到增值税 20400 元；该酒厂门市部直接向外零售 40 吨，每吨 1700 元（含税），此外企业发给职工每人 25 千克，全厂职工共 200 人。计算该企业本月应纳消费税税额。

解析：应纳税额＝销售数量×单位税额

＝（120＋40＋0.025×200）×240

＝39600（元）

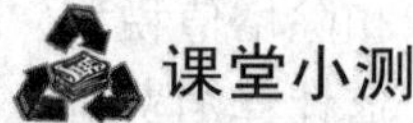
课堂小测

【多选题】下列各项中，符合应税消费品销售数量规定的有（　　）。

A．生产销售应税消费品的，为应税消费品的销售数量

B．自产自用应税消费品的，为应税消费品的生产数量

C．委托加工应税消费品的，为纳税人收回的应税消费品数量

D．进口应税消费品的，为海关核定的应税消费品进口征税数量

【计算题】1．某啤酒厂 5 月份销售甲类啤酒 400 吨，每吨销售价格 3800 元。5 月份应纳消费税税额为多少？

【计算题】2．某石化厂某年 9 月销售柴油 50000 升，同月将自产柴油 4000 升用于本厂基建工程的车辆使用，柴油适用固定税率 1.20 元/升，计算该厂 9 月应纳消费税额。

2. 从价定率的计算

在从价定率计算方法下，应纳税额等于应税消费品的销售额乘以适用税率，应纳税额的多少取决于应税消费品的销售额和适用税率 2 个因素。其计算公式如下：

应纳税额＝应纳消费税的销售额×适用税率

（1）销售额的确定：销售额为纳税人销售应税消费品向购买方收取的全部价款和价外费用。销售，是指有偿转让应税消费品的所有权；有偿，是指从购买方取得货币、货物或者其他经济利益；价外费用，是指价外向购买方收取的手续费、补贴、基金、集资费、返还利润、奖励费、违约金、滞纳金、延期付款利息、赔偿金、代收款项、代垫款项、包装费、包装物租金、储备费、优质费、运输装卸费，以及其他各种性质的价外收费。但下列项目除外。

① 同时符合以下条件代为收取的政府性基金或者行政事业性收费。

a. 由国务院或者财政部批准设立的政府性基金，由国务院或者省级人民政府及其财政、价格主管部门批准设立的行政事业性收费。

b. 收取时开具省级以上财政部门印制的财政票据。

c. 所收款项全额上缴财政。

② 以委托方名义开具发票代委托方收取的款项。

其他价外费用，无论是否属于纳税人的收入，均应并入销售额计算应纳税额。

实行从价定率办法计算应纳税额的应税消费品连同包装销售的，无论包装是否单独计价，也不论在会计上如何核算，均应并入应税消费品的销售额中征收消费税。如果包装物不作价随同产品销售，而是收取押金，此项押金则不应并入应税消费品销售额征税。但对因逾期收回的包装物不再退还的或者已收取的时间超过 12 个月的押金，应并入应税消费品的销售额，按照应税消费品的适用税率缴纳消费税。

对包装物既作价随同应税消费品销售，又另外收取押金的，凡纳税人在规定的限期内没有退还的，均应并入应税消费品的销售额，按照应税消费品的适用税率缴纳消费税。

（2）含增值税销售额的换算：应税消费品在缴纳消费税的同时，与一般货物一样，还应缴纳增值税。按照《消费税暂行条例实施细则》的规定，应税消费品的销售额，不包括应向购货方收取的增值税税款。如果纳税人应税消费品的销售额中未扣除增值税税款或者因不得开具增值税专用发票而发生价款和增值税税款合并收取的，在计算消费税时，应将含增值税的销售额换算为不含增值税税款的销售额。其换算公式如下：

应税消费品的销售额＝含增值税的销售额÷（1＋增值税税率或征收率）

例 4-2：某高档化妆品生产企业为增值税一般纳税人。2012 年 3 月 15 日向某大型商场销售高档化妆品一批，开具增值税专用发票，取得不含增值税销售额 50 万元，增值税额 8.5 万元；3 月 20 日向某单位销售高档化妆品一批，开具普通发票，取得含增值税销售额 4.68 万元。计算该高档化妆品生产企业上述业务应缴纳的消费税税额。

解析：化妆品适用消费税税率 15%

化妆品的应税销售额＝50＋4.68÷（1＋17%）＝54（万元）

应缴纳的消费税税额＝54×15%＝8.1（万元）

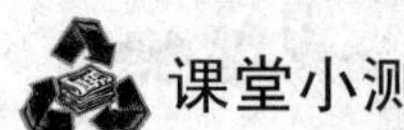

课堂小测

【判断题】包装物已作价随同应税消费品销售，又另外收取押金并在规定期限内未予退还的押金，不应并入应税消费品的销售额计征消费税。（ ）

【单选题】1. 某企业向摩托车制造厂（增值税一般纳税人）订购摩托车 10 辆，支付货款（含税）共计 250800 元，另付设计、改装费 30000 元。摩托车制造厂计缴消费税的销售额是（ ）元。

A．214359　　B．240000　　C．250800　　D．280800

【单选题】2. 根据《消费税暂行条例》的规定，纳税人销售应税消费品向购买方收取的下列税金、价外费用中，不应并入应税消费品销售额的是（ ）。

A．向购买方收取的手续费　　B．向购买方收取的价外基金

C．向购买方收取的增值税税款　　D．向购买方收取的消费税税款

【计算题】1. 某汽车股份有限公司6月销售气缸容量2.2升的小汽车100辆，出厂价为每辆23.4万元（含税价），外加有关手续费2.34万元。应缴纳的消费税为多少？

【计算题】2. 某高档化妆品生产企业为增值税一般纳税人。2009年3月15日向某大型商场销售高档化妆品一批，开具增值税专用发票，取得不含税增值税额30万元，增值税额5.1万元；20日向某单位销售高档化妆品一批，开具普通发票，取得含增值税销售额4.68万元。计算该高档化妆品生产企业上述业务应缴纳的消费税税额。（化妆品适用消费税税率15%）

3. 从量定额和从价定率的复合计算

现行消费税的征税范围中，只有卷烟、粮食白酒、薯类白酒采用复合计算方法。基本计算公式如下：

应纳税额＝应税消费品的销售数量×定额税率＋应税销售额×比例税率

注：每标准箱卷烟250条，每标准条卷烟200支。

例4-3：某白酒生产企业为增值税一般纳税人，2012年4月份销售粮食白酒50吨，取得不含增值税的销售额200万元。计算白酒企业4月应缴纳的消费税税额。

解析：白酒适用比例税率20%，定额税率每500克0.5元

应纳税额＝50×2000×0.00005＋200×20%＝45（万元）

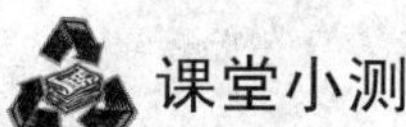

课堂小测

【计算题】1. 某烟草公司11月销售自产卷烟3000箱，取得不含增值税的价款2000万元（适用税率56%，适用税额为每箱150元），销售自产雪茄烟200箱，取得不含增值税的价款300万元（适用税率36%）。该公司当月应纳消费税为多少元？

【计算题】2. 某酒厂为增值税一般纳税人。2015年4月销售粮食白酒4000斤，取得销售收入14040元（含增值税）。已知粮食白酒消费税定额税率为0.5元/斤，比例税率为20%。该酒厂4月应缴纳的消费税税额为多少元？

（二）自产自用应税消费品应纳税额的计算

所谓自产自用，就是纳税人生产应税消费品后，不是用于直接对外销售，而是用于自己连续生产应税消费品或用于其他方面。这种自产自用应税消费品的形式，在实际经济活动中是很常见的，但也是在是否纳税或如何纳税上最容易出现问题的。例如，有的企业把自己生产的应税消费品，以福利或奖励等形式发给本厂职工，以为不是对外销售，不必计入销售额，无须纳税，这样就出现了漏缴税款的现象。因此，很有必要认真理解税法对自产自用应税消费品的有关规定。

1. 用于连续生产应税消费品

纳税人自产自用的应税消费品，用于连续生产应税消费品的，不纳税。所谓“纳税人自产自用的应税消费品，用于连续生产应税消费品的”，是指作为生产最终应税消费品的直接材料、并构成最终产品实体的应税消费品。例如，卷烟厂生产出烟丝，烟丝已

是应税消费品，卷烟厂再用生产出的烟丝连续生产卷烟，这样，用于连续生产卷烟的烟丝就不缴纳消费税，只对生产的卷烟征收消费税。当然，生产出的烟丝如果是直接销售的，则烟丝还是要缴纳消费税的。税法规定对自产自用的应税消费品，用于连续生产应税消费品的不征税，体现税不重征和计税简便的原则。

2. 用于其他方面的应税消费品

根据《消费税暂行条例》规定，纳税人自产自用的应税消费品，用于其他方面的，于移送使用时纳税。用于其他方面的是指纳税人用于生产非应税消费品、在建工程、管理部门、非生产机构、提供劳务，以及用于馈赠、赞助、集资、广告、样品、职工福利、奖励等方面。总之，企业自产的应税消费品虽然没有用于销售或连续生产应税消费品，但只要是用于税法所规定的范围的都要视同销售，依法缴纳消费税。

3. 组成计税价格及税额的计算

纳税人自产自用的应税消费品，凡是用于其他方面，应当纳税的，按照纳税人生产的同类消费品的销售价格计算纳税。如果当月同类消费品各期销售价格高低不同，应按销售数量加权平均计算。用于换取生产资料和消费资料、投资入股和抵偿债务等，按同类应税消费品的最高销售价格计税。

但销售的应税消费品有下列情况之一的，不得列入加权平均计算。

（1）销售价格明显偏低又无正当理由的。

（2）无销售价格的。

如果当月无销售或者当月未完结，应按照同类消费品上月或最近月份的销售价格计算纳税。

没有同类消费品销售价格的，按照组成计税价格计算纳税。组成计税价格计算公式是：

实行从价定率办法计算纳税的组成计税价格计算公式如下：

组成计税价格＝（成本＋利润）÷（1－比例税率）

应纳税额＝组成计税价格×比例税率

实行复合计税办法计算纳税的组成计税价格计算公式如下：

组成计税价格＝（成本＋利润＋自产自用数量×定额税率）÷（1－比例税率）

应纳税额＝组成计税价格×比例税率＋自产自用数量×定额税率

上述公式中所说的“成本”，是指应税消费品的产品生产成本。“利润”，是指根据应税消费品的全国平均成本利润率计算的利润。应税消费品全国平均成本利润率由国家税务总局确定。

4. 应税消费品全国平均成本利润率

1993 年 12 月 28 日与 2006 年 3 月 21 日，国家税务总局颁发的《消费税若干具体问题的规定》，确定应税消费品全国平均成本利润率如表 4-3 所示。

表 4-3 平均成本利润率

货物名称	利润率（%）	货物名称	利润率（%）
1．甲类卷烟	10	10．贵重首饰及珠宝玉石	6
2．乙类卷烟	5	11．摩托车	6
3．雪茄烟	5	12．高尔夫球及球具	10
4．烟丝	5	13．高档手表	20
5．粮食白酒	10	14．游艇	10
6．薯类白酒	5	15．木制一次性筷子	5
7．其他酒	5	16．实木地板	5
8．化妆品	5	17．乘用车	8
9．鞭炮、焰火	5	18．中轻型商用客车	5

例 4-4：某高档化妆品公司将一批自产的高档化妆品用作职工福利，高档化妆品的成本 34000 元，该高档化妆品无同类产品市场销售价格，但已知其成本利润率为 5%，消费税税率为 15%。计算该批高档化妆品应缴纳的消费税税额。

解析：组成计税价格＝（成本＋利润）÷（1－比例税率）

＝（34000＋34000×5%）÷（1－15%）

＝42000（元）

应纳税额＝42000×15%＝6300（元）

课堂小测

【单选题】1．根据我国《消费税暂行条例》及其实施细则的规定，自产自用应税消费品的消费税，其纳税环节为（　　）。

A．消费环节　　B．生产环节

C．移送使用环节　　D．加工环节

【单选题】2．根据《消费税暂行条例》的规定，纳税人自产的用于下列用途的应税消费品中，不需要缴纳消费税的是（　　）。

A．用于赞助的消费品　　B．用于职工福利的消费品

C．用于广告的消费品　　D．用于连续生产应税消费品的消费品

【多选题】1．根据消费税法律制度的规定，下列各项中，应当缴纳消费税的有（　　）。

A．销售白酒而取得的包装物作价收入　　B．销售白酒而取得的包装物押金收入

C．将自产白酒作为福利发给本厂职工　　D．使用自产酒精生产白酒

【多选题】2．根据我国《消费税暂行条例》的规定，纳税人用于（　　）的应税消费品，应当以纳税人同类应税消费品的最高销售价格作为计税依据计算缴纳消费税。

A．换取生产资料　B．换取消费资料　C．投资入股　D．抵偿债务

【计算题】1．某企业将生产的成套高档化妆品发给职工，查知无同类产品销售价格，其生产成本为 6800 元（不含税成本）。国家税务总局核定的该产品的成本利润率为 5%，高档化妆品适用税率为 15%，计算应纳消费税税额。

【计算题】2．（1）某汽车制造厂将自产小轿车（气缸容量 2000 毫升）一辆，转作自用（固定资产），该种汽车对外销售价格 180000 元。计算应纳消费税税额。

（2）如果该自用轿车没有同类消费品的销售价格，其生产成本为 150000 元，利润率 8%。计算该汽车厂应缴纳的消费税及增值税。

【计算题】3．某汽车制造厂本月生产小汽车 40 辆，以 12 万元售出 5 辆，以 10 万元售出 13 辆，以 9 万元售出 6 辆，以 8 万元售出 1 辆，用 4 辆换取某钢厂生产的钢材 60 吨，每吨钢材 8000 元，用 2 辆奖励本厂技术人员。该型号小汽车适用税率为 5%，以上价格均不包含增值税。请计算该厂当月应纳消费税。

二、委托加工应税消费品应纳税额的计算

企业、单位或个人由于设备、技术、人力等方面的局限或其他方面的原因，常常要委托其他单位代为加工应税消费品，然后，将加工好的应税消费品收回，直接销售或自己使用。这是生产应税消费品的另一种形式，也需要纳入征收消费税的范围。例如，某企业将购来的小客车底盘和零部件提供给某汽车改装厂，加工组装成小客车供自己使用，则加工、组装成的小客车就需要缴纳消费税。按规定，委托加工的应税消费品，由受托方在向委托方交货时代收代缴税款。

（一）委托加工应税消费品的确定

委托加工的应税消费品是指由委托方提供原料和主要材料，受方只收取加工费和代垫部分辅助材料加工的应税消费品。对于由受托方提供原材料生产的应税消费品，或者受托方先将原材料卖给委托方，然后再接受加工的应税消费品，以及由受托方以委托方名义购进原材料生产的应税消费品，不论纳税人在财务上是否作销售处理，都不得作为委托加工应税消费品，而应当按照销售自制应税消费品缴纳消费税。

（二）代收代缴税款的规定

对于确实属于委托方提供原料和主要材料，受托方只收取加工费和代垫部分辅助材料加工的应税消费品，税法规定，由受托方在向委托方交货时代收代缴消费税。这样，受托方就是法定的代收代缴义务人。如果受托方对委托加工的应税消费品没有代收代缴或少代收代缴消费税，应按照税收征收管理法的规定，承担代收代缴的法律责任。

对于受托方没有按规定代收代缴税款的，并不能因此免除委托方补缴税款的责任。在对委托方进行税务检查中，如果发现其委托加工的应税消费品受托方没有代收代缴税款，委托方要补缴税款（对受托方不再重复补税了，但要按《税收征收管理法》的规定，处以应代收代缴税款 50%以上 3 倍以下的罚款）。委托加工的应税消费品，受托方在交货时已代收代缴消费税，委托方收回后直接销售的，不再征收消费税。

（三）组成计税价格及应纳税额的计算

委托加工的应税消费品，按照受托方的同类消费品的销售价格计算纳税，同类消费品的销售价格是指受托方（即代收代缴义务人）当月销售的同类消费品的销售价格，如果当月同类消费品各期销售价格高低不同，应按销售数量加权平均计算。但销售的应税消费品有下列情况之一的，不得列入加权平均计算。

（1）销售价格明显偏低又无正当理由的。

（2）无销售价格的。

如果当月无销售或者当月未完结，应按照同类消费品上月或最近月份的销售价格计算纳税。

没有同类消费品销售价格的，按照组成计税价格计算纳税。组成计税价格计算公式是：

实行从价定率办法计算纳税的组成计税价格计算公式如下：

组成计税价格＝（材料成本＋加工费）÷（1－比例税率）

应纳税额＝组成计税价格×比例税率

实行复合计税办法计算纳税的组成计税价格计算公式如下：

组成计税价格＝（材料成本＋加工费＋委托加工数量×定额税率）÷（1－比例税率）

应纳税额＝组成计税价格×比例税率＋委托加工数量×定额税率

1．材料成本

按照《消费税暂行条例实施细则》的解释，“材料成本”是指委托方所提供加工材料的实际成本。委托加工应税消费品的纳税人，必须在委托加工合同上如实注明（或以其他方式提供）材料成本。凡未提供材料成本的，受托方所在地主管税务机关有权核定其材料成本。

2．加工费

《消费税暂行条例实施细则》规定，“加工费”是指受托方加工应税消费品向委托方所收取的全部费用（包括代垫辅助材料的实际成本，不包括增值税税金），这是税法对受托方的要求。

例 4-5：某鞭炮企业 2012 年 4 月受托为某单位加工一批鞭炮，委托单位提供的原材料金额为 60 万元，收取委托单位不含增值税的加工费 8 万元，鞭炮企业当地无加工鞭炮的同类产品市场价格。计算鞭炮企业应代收代缴的消费税。

解析：鞭炮的适用税率 15%

组成计税价格＝（60＋8）÷（1－15%）＝80（万元）

应代收代缴消费税＝80×15%＝12（万元）

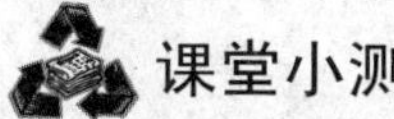

课堂小测

【单选题】1．甲企业委托乙企业加工应税消费品，是指（　　）。

A．甲发料，乙加工

B．甲委托乙购买原材料，由乙加工

C．甲发订单，乙按甲的要求加工

D．甲先将资金划给乙，乙以甲的名义购料并加工

【单选题】2．甲烟草公司提供烟叶委托乙公司加工一批烟丝。甲公司将已收回烟丝中的一部分用于生产卷烟，另一部分烟丝卖给丙公司。在这项委托加工烟丝业务中，消费税的纳税义务人是（　　）。

A．甲公司　　B．乙公司　　C．丙公司　　D．甲公司和丙公司

【计算题】甲企业委托乙企业加工一批应税消费品，甲企业为乙企业提供原材料等，

实际成本为 8000 元，支付乙企业加工费 1000 元(不含税加工费)，已知消费税率为 10%，同时该应税消费品，受托方无同类消费品的销售价格。计算应纳税额。

三、进口环节应纳消费税的计算

进口的应税消费品，于报送进口时缴纳消费税；进口的应税消费品的消费税由海关代征；进口的应税消费品，由进口或者其代理人向报关地海关申报纳税；纳税人进口应税消费品，按照关税征收管理的相关规定，应当自海关填发海关进口消费税专用缴款书之日起 15 日内缴纳税款。

纳税人进口应税消费品，按照组成计税价格和规定的税率计算应纳税额。计算方法如下。

1. 从价定率计征应纳税额的计算

从价定率计征应纳税额的计算公式如下：

组成计税价格＝（关税完税价格＋关税）÷（1－消费税税率）

应纳税额＝组成计税价格×适用税率

关税＝关税完税价格×关税税率

例 4-6：某商贸公司，2008 年 7 月从国外进口一批应税消费品，已知该批应税消费品的关税完税价格为 90 万元，按规定缴纳关税 18 万元。假定进口的应税消费品的消费税税率为 10%。请计算该批消费品进口环节应缴纳的消费税税额。

解析：组成计税价格＝（90＋18）÷（1－10%）＝120（万元）

应缴纳消费税税额＝120×10%＝12（万元）

2. 实行从量定额计征应纳税额的计算

实行从量定额计征应纳税额的计算公式如下：

应纳税额＝应税消费品数量×消费税定额税率

3. 实行从价定率和从量定额复合计税办法应纳税额的计算

实行从价定率和从量定额复合计税办法应纳税额的计算公式如下：

组成计税价格＝（关税完税价格＋关税＋进口数量×消费税定额税率）÷（1－消费税比例税率）

应纳税额＝组成计税价格×消费税税率＋应税消费品进口数量×消费税定额税率

进口环节消费税除国务院另有规定者外，一律不得给予减税、免税。

课堂小测

【单选题】某公司进口一批摩托车，海关应征进口关税 15 万元（关税税率假定为 30%），则进口环节还需要缴纳（　　）。（消费税税率为 10%）

A．消费税 6.5 万元　　B．消费税 7.22 万元

C．增值税 11.05 万元　　D．增值税 12.28 万元

【计算题】某外贸进出口公司 2005 年 3 月进口 100 辆小轿车，每辆车关税完税价格为人民币 14.3 万元，缴纳关税 4.1 万元。已知小轿车适用的消费税税率为 8%。该批进口小轿车应缴纳的消费税税额为多少万元。

四、已纳消费税扣除的计算

为了避免重复征税，现行消费税规定，将外购应税消费品和委托加工收回的应税消费品继续生产应税消费品销售的，可以将外购应税消费品和委托加工收回应税消费品已缴纳的消费税给予扣除。

（一）外购应税消费品已纳税款的扣除

由于某些应税消费品是用外购已缴纳消费税的应税消费品连续生产出来的，在对这些连续生产出来的应税消费品计算征税额时，税法规定应按当期生产领用数量计算准予扣除外购和委托加工的应税消费品已纳的消费税税款。扣除范围包括以下几方面。

（1）外购已税烟丝生产的卷烟。

（2）外购已税高档化妆品生产的高档化妆品。

（3）外购已税珠宝玉石生产的贵重首饰及珠宝玉石。

（4）外购已税鞭炮焰火生产的鞭炮焰火。

（5）外购已税杆头、杆身和握把为原料生产的高尔夫球杆。

（6）外购已税木制一次性筷子为原料生产的木制一次性筷子。

（7）外购已税实木地板为原料生产的实木地板。

（8）外购汽油、柴油、石脑油、燃料油、润滑油用于连续生产应税成品油。

（9）外购已税摩托车连续生产的摩托车（如用外购两轮摩托车改装三轮摩托车）。

上述当期准予扣除外购应税消费品已纳消费税税款的计算公式如下：

当期准予扣除的外购应税消费品已纳税款＝当期准予扣除的外购应税消费品买价×外购应税消费品的适用税率

当期准予扣除的外购应税消费品买价＝期初库存的外购应税消费品的买价＋当期购进的应税消费品的买价－期末库存的外购应税消费品的买价

公式也适合委托加工的情形。

例 4-7：某卷烟生产企业，某月初库存外购应税烟丝金额 20 万元，当月又外购应税烟丝金额 50 万元（不含增值税），月末库存烟丝金额 10 万元，其余被当月生产卷烟领用。请计算卷烟厂当月准许扣除的外购烟丝已缴纳的消费税税额。

解析：烟丝的消费税税率为 30%

当期准予扣除的外购应税消费品买价＝20＋50－10＝60（万元）

当期准予扣除的外购应税消费品已纳税款＝60×30%＝18（万元）

（二）委托加工的应税消费品收回后直接销售的，不再征收消费税

委托方收回货物后用于连续生产应税消费品的，其已纳税款准予按照规定从连续生产的应税消费品应纳消费税税额中抵扣。

课堂小测

【判断题】外购已税消费品连续生产应税消费品的，在计征消费税时可全部扣除外购的应税消费品已纳的消费税税款。（　　）

【单选题】1. 某卷烟厂从甲企业购进烟丝，取得增值税专用发票，注明价款 50 万元；使用 60%用于生产 A 牌卷烟（甲类卷烟）；本月销售 A 牌卷烟 80 箱（标准箱），取得不含税销售额 400 万元。已知：甲类卷烟消费税税率为 56%加 150 元/标准箱、烟丝消费税税率为 30%。当月该卷烟厂应纳消费税税额为（　　）万元。

A．210.20　　B．216.20　　C．224　　D．225.20

【单选题】2. 2014 年 8 月某首饰厂从某商贸企业购进一批珠宝玉石，增值税发票注明价款 50 万元，增值税税款 8.5 万元，打磨后再将其销售给首饰商城，收到不含税价款 90 万元。已知珠宝玉石消费税税率为 10%，该首饰厂以上业务应缴纳消费税税额为（　　）万元。

A．4　　B．5　　C．9　　D．14

【多选题】根据消费税法律制度的规定，纳税人外购和委托加工的应税消费品，用于连续生产应税消费品的，已缴纳的消费税税款准予从应纳消费税税额中抵扣。下列各项中，可以抵扣已缴纳的消费税的有（　　）。

A．外购已税烟丝生产的卷烟　　B．外购已税汽车生产的高级小轿车

C．外购已税其他酒原料生产的白酒　D．外购已税石脑油为原料生产的应税消费品

【计算题】1. 某卷烟生产企业期初库存烟丝 200 万元，本月购进烟丝，取得增值税专用发票，支付价款 150 万元，增值税税额为 25.5 万元，购进的烟丝数量共计 5 吨，本月生产领用外购烟丝 4 吨，烟丝消费税税率为 30%，计算本期可以抵扣的烟丝消费税。计算该公司 9 月份应纳增值税税额和消费税税额。

【计算题】2. 甲企业为高尔夫球及球具生产厂家，是增值税一般纳税人，10 月发生以下业务：

（1）购进一批碳素材料、钛合金，增值税专用发票注明价款 150 万元、增值税税款 25.5 万元，委托丙企业将其加工成高尔夫球杆，支付加工费用 30 万元、增值税税款 5.1 万元。

（2）委托加工收回的高尔夫球杆的 80%当月已经销售，收到不含税款 300 万元，尚有 20%留存仓库。

要求：

（1）计算丙企业代收代缴的消费税税额（消费税税率 10%）；

（2）计算甲企业销售高尔夫球杆应缴纳的消费税税额；

（3）假设丙企业未履行代收代缴消费税，留存仓库的高尔夫球杆应纳消费税为多少？

第四节　征收管理

一、纳税义务发生时间

纳税人生产的应税消费品于销售时纳税，进口消费品应当于应税消费品报关进口环

节纳税，但金银首饰、钻石及钻石饰品在零售环节纳税。消费税纳税义务发生的时间，以货款结算方式或行为发生时间分别确定。

（1）纳税人销售的应税消费品，其纳税义务的发生时间为：

① 纳税人采取赊销和分期收款结算方式的，其纳税义务的发生时间，为销售合同的收款日期当天。

② 纳税人采取预收货款结算方式的，其纳税义务的发生时间，为发出应税消费品的当天。

③ 纳税人采取托收承付和委托银行收款方式销售的应税消费品，其纳税义务的发生时间，为发出应税消费品并办妥托收手续的当天。

④ 纳税人采取其他结算方式的，其纳税义务的发生时间，为收讫销售款或者取得索取销售款凭据的当天。

（2）纳税人自产自用应税消费品，其纳税义务的发生时间，为移送使用的当天。

（3）纳税人委托加工应税消费品的，其纳税义务的发生时间，为纳税人提货的当天。

（4）纳税人进口应税消费品的，其纳税义务的发生时间，为报关进口的当天。

课堂小测

【单选题】根据消费税法律制度的规定，纳税人销售应税消费品，采取赊销和分期收款结算方式的，其纳税义务的发生时间为（　　）。

A．发出应税消费品的当天　　B．取得全部价款的当天

C．销售合同规定的收款日期的当天　　D．每一期纳税人销售应税货物

二、纳税地点

消费税具体纳税地点包括以下几点。

（1）纳税人销售的应税消费品，以及自产自用的应税消费品，除国务院财政、税务主管部门另有规定外，应当向纳税人机构所在地或者居住地的主管税务机关申报纳税。

（2）纳税人委托个体经营者加工的应税消费品，由委托方收回后向其机构所在地或者居住地的主管税务机关申报纳税。除此之外，由受托方向所在地的主管税务机关代收代缴消费税税款。

（3）进口的应税消费品，由进口人或者其代理人向报关地海关申报纳税。

（4）纳税人到外县（市）销售或委托外县（市）代销自产应税消费品的，于应税消费品销售后，向机构所在地或者居住地的主管税务机关申报纳税。纳税人的总机构与分支机构不在同一县（市）的，应当分别向各自机构所在地的主管税务机关申报纳税；经财政部、国家税务总局或者其授权的财政、税务机关批准，可以由总机构汇总向总机构所在地的主管税务机关申报纳税。

三、纳税期限

消费税的纳税期限分别为 1 日、3 日、5 日、10 日、15 日、1 个月或者 1 个季度。纳税人的具体纳税期限，由主管税务机关根据纳税人应纳税额的大小分别核定；不能按

照固定期限纳税的，可以按次纳税。

纳税人以 1 个月或者 1 个季度为 1 个纳税期的，自期满之日起 15 日内申报纳税；以 1 日、3 日、5 日、10 日或者 15 日为 1 个纳税期的，自期满之日起 5 日内预缴税款，于次月 1 日起 15 日内申报纳税并结清上月应纳税款。纳税人进口应税消费品，应当自海关填发税款缴纳书之日起 15 日内缴纳税款。

增值税小规模纳税人缴纳增值税、消费税、文化事业建设费，以及随增值税、消费税附征的城市维护建设税、教育费附加等税费，原则上实行按季申报。纳税人要求不实行按季申报的，由主管税务机关根据其应纳税额大小核定纳税期限。

四、纳税申报

消费税纳税人应按有关规定及时办理纳税申报，并如实填写申报表。酒类应税消费品消费税纳税申报表如表 4-4 所示，其他应税消费品消费税纳税申报表如表 4-5 所示。

表 4-4　酒类应税消费品消费税纳税申报表

税款所属期：　年　月　日至　年　月　日

纳税人名称（公章）：

纳税人识别号：

填表日期：　年　月　日　　　　金额单位：元（列至角分）

项目 应税消费品名称	适用税率		销售数量	销售额	应纳税额
	定额税率	比例税率			
粮食白酒	0.5 元/斤	20%			
薯类白酒	0.5 元/斤	20%			
啤酒	250 元/吨	—			
啤酒	220 元/吨	—			
黄酒	240 元/吨	—			
其他酒	—	10%			
合计	—	—	—	—	

本期准予抵减税额：	声明 此纳税申报表是根据国家税收法律的规定填报的，我确定它是真实的、可靠的、完整的。 经办人（签章）： 财务负责人（签章）： 联系电话：
本期减（免）税额：	
期初未缴税额：	
本期缴纳前期应纳税额：	（如果你已委托代理人申报，请填写） 授权声明 为代理一切税务事宜，现授权________（地址）________为本纳税人的代理申报人，任何与本申报表有关的往来文件，都可寄予此人。 授权人签章：
本期预缴税额：	
本期应补（退）税额：	
期末未缴税额：	

以下由税务机关填写

受理人（签章）：　　受理日期：　年　月　日　　受理税务机关（章）：

表 4-5 其他应税消费品消费税纳税申报表

税款所属期：　　年　月　日至　　年　月　日

纳税人名称（公章）：

纳税人识别号：□□□□□□□□□□□□□□□□□□□□

填表日期：　　年　　月　　日　　　　　　　　金额单位：元（列至角分）

项目 应税 消费品名称	适用税率	销售数量	销售额	应纳税额
合计	—	—	—	

本期准予抵减税额： 本期减（免）税额： 期初未缴税额：	声明 此纳税申报表是根据国家税收法律的规定填报的，我确定它是真实的、可靠的、完整的。 经办人（签章）： 财务负责人（签章）： 联系电话：
本期缴纳前期应纳税额： 本期预缴税额： 本期应补（退）税额： 期末未缴税额：	（如果你已委托代理人申报，请填写） 授权声明 为代理一切税务事宜，现授权＿＿＿＿＿＿＿＿（地址）＿＿＿＿＿＿＿＿为本纳税人的代理申报人，任何与本申报表有关的往来文件，都可寄予此人。 授权人签章：

以下由税务机关填写

受理人（签章）：　　受理日期：　年　月　日　受理税务机关（章）：

第五章　城市维护建设税及教育费附加

第一节　城市维护建设税法

城市维护建设税法，是指国家制定的用以调整城市维护建设税征收与缴纳权利及义务关系的法律规范。现行城市维护建设税的基本规范，是1985年2月8日国务院发布并于同年1月1日实施的《中华人民共和国城市维护建设税暂行条例》（以下简称《城市维护建设税暂行条例》）。

城市维护建设税是我国为了加强城市的维护建设，扩大和稳定城市维护建设资金的来源，而对有经营收入的单位和个人征收的一个税种。城市维护建设税是1984年工商税制全面改革中设置的一个新税种。1985年2月8日，国务院发布《中华人民共和国城市维护建设税暂行条例》，从1985年起施行。1994年税制改革时，保留了该税种，做了一些调整，并准备适时进一步扩大征收范围和改变计征办法。2011年我国对该条例的部分条款进行了修改。

《城市维护建设税暂行条例》第3条规定，城市维护建设税，以纳税人实际缴纳的消费税，增值税税额为计税依据，分别与消费税、增值税同时缴纳。第5条规定，城市维护建设税的征收、管理、纳税环节、奖罚等事项，比照产品税、增值税的有关规定办理。

城市维护建设税是对从事工商经营，缴纳消费税、增值税的单位和个人征收的一种税。

城市维护建设税的特点如下。

（1）税款专款专用，具有受益税性质：城市维护建设税专款专用，用来保证城市的公共事业和公共设施的维护和建设。

（2）属于一种附加税。城市维护建设税与其他税种不同，没有独立的征税对象或税基，而是以增值税、消费税实际缴纳的税额之和为计税依据，随增值税及消费税同时附征，本质上属于一种附加税。

（3）根据城建规模设计税率。这种根据城镇规模不同，差别设置税率的办法，较好地照顾了城市建设的不同需要。

（4）征收范围较广。鉴于增值税、消费税在我国现行税制中属于主体税种，而城市维护建设税又是其附加税，从原则上讲，只要缴纳增值税、消费税中任一税种的纳税人都要缴纳城市维护建设税。这也就等于说，除了减免税等特殊情况以外，任何从事生产经营活动的企业单位和个人都要缴纳城市维护建设税，这个征税范围当然是比较广的。

一、纳税义务人

按照现行税法的规定，城市维护建设税的纳税人是在征税范围内从事工商经营，缴纳增值税、消费税的单位和个人。任何单位或个人，只要缴纳增值税或者消费税中的一种，就必须同时缴纳城市维护建设税。施工企业从事建筑、安装、修缮、装饰等业务，是增值税的纳税人，而施工企业从事工业生产，其所属预制构件厂、车间将预制构件用于企业所承包的工程等，按规定应当缴纳增值税，为增值税的纳税人。自然，施工企业也是城市维护建设税的纳税人。

另外，施工企业代扣代缴增值税的，也应当代扣代缴城市维护建设税。

自 2010 年 12 月 1 日起，对外商投资企业、外国企业及外籍个人（以下简称外资企业）征收城市维护建设税。

二、税率

根据《中华人民共和国城市维护建设税暂行条例》及其《实施细则》有关规定，城建税是根据城市维护建设资金的不同层次的需要而设计的，实行分区域的差别比例税率，即按纳税人所在城市、县城或镇等不同的行政区域分别规定不同的比例税率。具体规定如下。

（1）纳税人所在地在市区的，税率为 7%。这里称的“市”是指国务院批准市建制的城市，“市区”是指省人民政府批准的市辖区（含市郊）的区域范围。

（2）纳税人所在地在县城、镇的，税率为 5%。这里所称的“县城、镇”是指省人民政府批准的县城、县属镇（区级镇），县城、县属镇的范围按县人民政府批准的城镇区域范围。

（3）纳税人所在地不在市区、县城、县属镇的，税率为 1%。

纳税人在外地发生缴纳增值税、消费税的，按纳税发生地的适用税率计征城建税。

三、计税依据

城市维护建设税的计税依据，是指纳税人实际缴纳的增值税及消费税税额。纳税人违反增值税及消费税有关税法而加收的滞纳金和罚款，是税务机关对纳税人违法行为的经济制裁，不作为城市维护建设税的计税依据，但纳税人在被查补增值税和消费税被处以罚款时，应同时对其偷漏的城市维护建设税进行补税、征收滞纳金和罚款。

如果要免征或者减征增值税及消费税，也就要同时免征或者减征城市维护建设税。但对出口产品退还增值税、消费税的，不退还已缴纳的城市维护建设税。

自 2005 年 1 月 1 日起，经国家税务总局正式审核批准的当期免抵的增值税税额应纳入城市维护建设税和教育费附加的计征范围，分别按规定的税（费）率征收城市维护建设税和教育费附加。2005 年 1 月 1 日前，已按抵免的增值税税额征收的城市维护建设税和教育费附加不再退还，未征的不再补征。

四、应纳税额的计算

城市维护建设税应纳税额的计算比较简单，计税方法基本上与增值税、消费税一致，其计算公式如下：

应纳税额＝（实际缴纳增值税＋消费税）×适用税率

所以公式中的增值税部分还应加上生产企业出口货物实行免抵退税办法产生的免抵税额。如果当期有免抵税额，一般在生产企业免抵退汇总表中会有体现。

实行免抵退的生产企业的城建税计算公式如下：

应纳税额＝（增值税应纳税额＋当期免抵税额＋消费税）×适用税率

例 5-1：甲企业为增值税一般纳税人，2014 年 4 月接受某烟厂委托加工烟丝，甲企业自行提供烟叶的成本为 35000 元，代垫辅助材料 2000 元，发生加工支出 4000 元；甲企业当月允许抵扣的进项税额为 340 元，该月实际缴纳增值税 10500 元，实际缴纳消费税 18500 元，计算该企业应纳的城市维护建设税和教育费附加。（成本利润率 5%）

解析：（1）其应税消费品组价＝（35000＋2000＋4000）×（1＋5%）÷（1－30%）＝61500（元）

（2）甲企业应纳增值税＝61500×17%－340＝10115（元）

（3）应纳消费税＝61500×30%＝18450（元）

（4）应纳城建税＝（10115＋18450）×7%＝1999.55（元）

（5）应纳教育费附加＝（10115＋18450）×3%＝856.95（元）

五、税收优惠

城市维护建设税原则上不单独减免，但因城市维护建设税又具有附加性质，当主税发生减免时，城市维护建设税相应发生税收减免。城市维护建设税的税收减免具体包括以下几个方面。

（1）对出口产品退还增值税、消费税的，不退还已缴纳的城市维护建设税。

（2）海关对进口的产品代征的增值税、消费税，不征收城市维护建设税。

（3）对增值税、消费税实行先征后返、先征后退、即征即退办法的，除另有规定外，对随增值税、消费税附征的城市维护建设税，一律不予退（返）还。

（4）城市维护建设税按减免后实际缴纳的增值税、消费税额计征，即随增值税及消费税的减免而减免。

（5）为支持国家重大水利工程建设，对国家重大水利工程建设基金免征城市维护建设税。

六、纳税环节

城市维护建设税的纳税环节，是指《城市维护建设税暂行条例》规定的纳税人应当缴纳城市维护建设税的环节。城市维护建设税的纳税环节，实际就是纳税人缴纳增值税、消费税的环节。纳税人只要发生增值税及消费税的纳税义务，就要在同样的环节，分别计算缴纳城市维护建设税。

七、纳税地点

城市维护建设税以纳税人实际缴纳的增值税、消费税税额为计税依据，分别与增值税、消费税同时缴纳。所以，纳税人缴纳增值税、消费税的地点，就是该纳税人缴纳城市维护建设税的地点。但是，属于下列情况的，有关纳税地点的规定如下。

（1）代扣代缴、代收代缴增值税及消费税的单位和个人，同时也是城市维护建设税的代扣代缴、代收代缴义务人，其城市维护建设税的纳税地点在代扣代收地。

（2）跨省开采的油田，下属生产单位与核算单位不在一个省内的，其生产的原油，在油井所在地缴纳增值税，其应纳税款由核算单位按照各油井的产量规定税率，计算汇拨各油井缴纳。所以，各油井应纳的城市维护建设税，应由核算单位计算，随同增值税一并汇拨油井所在地，由油井在缴纳增值税的同时，一并缴纳城市维护建设税。

（3）对管道局输油部分的收入，由取得收入的各管道局于所在地缴纳增值税。所以，其应纳城市维护建设税，也应由取得收入的各管道局于所在地缴纳。

（4）对流动经营等无固定纳税地点的单位和个人，应随同增值税及消费税在经营地按适用税率缴纳。

八、纳税期限

由于城市维护建设税是由纳税人在缴纳增值税及消费税时同时缴纳的，所以其纳税期限分别与消费税、增值税纳税期限一致。

根据增值税法和消费税法规定，增值税、消费税纳税期限分别为 1 日、3 日、5 日、10 日、15 日或者 1 个月。增值税、消费税的纳税人的具体纳税期限，由主管税务机关根据纳税人应纳税额大小分别核定；不能按照固定期限纳税的，也可以按次纳税。

由于《城市维护建设税暂行条例》是 1994 年分税制前制定的，1994 年以后，增值税、消费税由国家税务局征收管理，而城市维护建设税由地方税务局征收管理，因此，在缴税入库的时间上不一定完全一致。

第二节　教育费附加和地方教育附加的有关规定

教育费附加和地方教育附加是对缴纳增值税、消费税的单位和个人，就其实际缴纳的税额为计算依据征收的一种附加费。

教育费附加是为了加快地方教育事业，扩大地方教育经费的资金而征收的一项专用基金。为了充分调动企、事业单位和其他各种社会力量办学的积极性，开辟多种渠道筹措经费，为此，国务院于 1986 年 4 月 28 日颁布了《征收教育费附加的暂行规定》，决定从同年 7 月 1 日开始在全国范围内征收教育费附加。教育费附加由教育行政部门统筹管理，主要用于实施义务教育。省、自治区、直辖市人民政府根据国务院的有关规定，可以决定开征用于教育的地方附加费，专款专用。

一、教育费附加和地方教育费附加的征收范围及计征依据

教育费附加和地方教育费附加对缴纳增值税、消费税的单位和个人征收，以其实际缴纳的增值税、消费税税额为计征依据（不包括加收的滞纳金和罚款），分别与增值税、消费税同时缴纳。

单位是指企业单位、事业单位、国家机关、军事单位、外资企业和社会团体，以及其他组织。个人是指个体经营者及其他个人，包括中国公民和外籍人员。

二、教育费附加和地方教育附加计征比率

国务院决定从2010年12月1日起，统一内外资企业和个人城市维护建设税和教育费附加制度，教育费附加统一按增值税、消费税实际缴纳税额的3%征收；地方教育附加统一按增值税、消费税实际缴纳税额的2%征收。

三、教育费附加和地方教育附加的计算

教育费附加和地方教育附加的计算公式如下：

应纳教育费附加＝（实际缴纳增值税额＋实际缴纳消费税额）×征收比率（3%或2%）

例5-2：广州市一家企业2015年3月实际缴纳增值税400000元，缴纳消费税200000元。计算该企业应缴纳的教育费附加和地方教育附加。

解析：应纳教育费附加＝（400000＋200000）×3%＝18000（元）

应纳地方教育附加＝（400000＋200000）×2%＝12000（元）

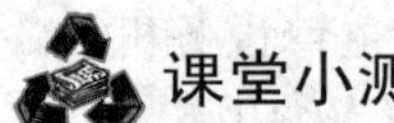

【单选题】某企业地处市区，2015年10月被税务机关查补增值税45000元、消费税25000元、所得税30000元；还被加收滞纳金20000元、被处罚款50000元。该企业应补缴城市维护建设税和教育费附加（　　）元。

A．5000　　B．7000　　C．8000　　D．10000

四、教育费附加和地方教育附加的减免规定

（1）对海关进口的产品征收的增值税、消费税，不征收教育费附加。

（2）对由于减免增值税、消费税而发生退税的，可以同时退还已征收的教育费附加。但对出口产品退还增值税、消费税的，不退还已征的教育费附加。

（3）对国家重大水利工程建设基金免征教育费附加。

（4）将免征教育费附加、地方教育附加、水利建设基金的范围，由现行按月纳税的月销售额或营业额不超过3万元（按季度纳税的季度销售额或营业额不超过9万元）的缴纳义务人，扩大到按月纳税的月销售额或营业额不超过10万元（按季度纳税的季度销售额或营业额不超过30万元）的缴纳义务人。

五、纳税申报

在中华人民共和国境内缴纳增值税、消费税的单位和个人应按有关规定及时办理纳税申报，并如实填写《城建税、教育费附加、地方教育附加税（费）申报表》，如表 5-1 所示。

表 5-1　城建税、教育费附加、地方教育附加税（费）申报表

税款所属期限：自　　年　　月　　日至　　年　　月　　日　　填表日期：年　　月　　日　　　金额单位：元至角分

纳税人识别号

纳税人信息	名　称							单位□　　个人□			
	登记注册类型						所属行业				
身份证号码					联系方式						
税费（种）	计税（费）依据					税率（征收率）	本期应纳税（费）额	本期减免税（费）额		本期已缴税（费）额	本期应补（退）税（费）额
	增值税		消费税	营业税	合计			减免性质代码	减免额		
	一般增值税	免抵税额									
	1	2	3	4	5＝1＋2＋3＋4	6	7＝5×6	8	9	10	11＝7－9－10
城建税											
教育费附加											
地方教育附加											
合计											
以下由纳税人填写：											
纳税人声明	此纳税申报表是根据《中华人民共和国城市维护建设税暂行条例》《国务院征收教育费附加的暂行规定》《财政部关于统一地方教育附加政策有关问题的通知》和国家有关税收规定填报的，是真实的、可靠的、完整的										
纳税人签章				代理人签章				代理人身份证号			
以下由税务机关人填写：											
受理人				受理日期	年　　月　　日			受理税务机关签章			

本表一式两份，一份纳税人留存，一份税务机关留存。

减免性质代码：减免性质代码按照国家税务总局制定下发的最新《减免性质及分类表》中的最细项减免性质代码填报。

第六章　关　税

关税法是指国家制定的调整关税征收与缴纳权利义务关系的法律规范。现行关税法律规范以全国人民代表大会于2013年6月修正颁布的《中华人民共和国海关法》（以下简称《海关法》）为法律依据，以国务院于2003年11月发布、2017年3月修订的《中华人民共和国进出口关税条例》，以及由国务院关税税则委员会审定并报国务院批准，作为条例组成部分的《中华人民共和国海关进出口税则》和《中华人民共和国海关入境旅客行李物品和个人邮递物品征收进口税办法》为基本法规，由负责关税政策制定和征收管理的主管部门依据基本法规拟定的管理办法和实施细则为主要内容。

第一节　关税概述

一、关税的概念

关税是世界各国普遍征收的一个税种，是指一国海关依法对进出境的货物或者物品征收的一种税。所谓“境”是指关境，又称“海关境域”或“关税领域”，是海关征收关税的领域，是执行统一海关法令的领土。一般情况下，一国的关境与其国境的范围是一致的，国境，是一个主权独立的国家行使主权的境域，包括国家的全部领土、领海、领空。但当某一国家在国境内设有自由区、自由港、保税区等，这些自由港、自由区及保税区不属于该国的关境范围之内，这部分地区被称为“关境以外的本国领土”，此时，关境小于国境。如我国的香港和澳门保持自由港地位，为我国单独的关税地区，即单独关境区。单独关境区是不完全适用该国海关法律、法规或实施单独海关管理制度的区域。相反，在缔结关税同盟的国家之间，相互不征收进出境货物的关税，只对来自或运往其他国家的货物进出共同关境时征收关税，这时关境包括了几个缔约国的领土，所包括的这一地区被称为“关境以内的外国领土”，关境则大于国境，如欧盟。

我国海关除征收关税外，还代征某些国内的税费，如代国家税务机关征收进口环节的增值税、消费税等，代交通部门征收船舶吨税等，这些税费都不是关税，而称为代征税。

关税的作用主要是增加财政收入，调节进出口产品和贸易，维护国家主权和保护本国企业的市场等。

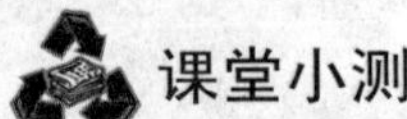

【单选题】当一个国家存在自由港、自由区时，该国国境（　　）关境。

A．大于　　B．等于　　C．小于　　D．无法比较

二、关税的分类

（一）按征收对象划分

按征收对象分类，关税可分为进口税、出口税和过境税 3 类。

（1）进口税，是海关对从关境外进口的货物、物品征收的一种关税。一般在进入关境时征收的，或在货物从海关保税仓库中转出，投入国内市场时征收，是关税中最基本的一种，也是保护本国市场和增加财政收入的一种主要手段。

（2）出口税，是海关对出口货物和物品所征收的关税。为了降低出口货物的成本，提高本国货物在国际市场上竞争能力，世界上大多数国家都不征收出口税。但有些国家为了限制本国某些产品或自然资源的输出，或为了保护本国生产、本国市场供应和增加财政收入，以及某些特定的需要，有些国家也征收出口税。我国现在仍对少数货物征收出口税。

（3）过境税，又称为通过税，是对外国经过本国国境运往另一国的货物所征收的关税。由于过境货物不进入该国市场，对本国生产没有任何影响，所征收的税率又很低，财政意义不大，大多数国家不征收过境税，只是在外国货物过境时，征收少量的印花费、签证费、统计费等。

（二）按征收方法划分

按征收方法的不同，关税分为从价关税、从量关税、复合关税、选择关税和滑动关税 5 类。

（1）从价关税，即依照进出口货物的完税价格为计税依据，根据一定比例的税率进行计征的关税。

（2）从量关税，即依照进出口货物数量的计量单位（如“吨”“箱”“百个”等）为计税依据，按每单位数量预先制定的应税额计征的关税。目前我国对原油、部分鸡产品、啤酒、胶卷进口分别以重量、容量、面积计征从量税。

（3）复合关税，是对某种进口商品同时使用从价和从量计征的一种计征关税的方法。目前我国对录像机、放像机、摄像机、数字照相机和摄录一体机实行复合税。

（4）选择关税，是对同一种货物在税则中规定从价、从量两种税率，在征收时选择其中征收税额较多的一种，以免因物价波动影响财政收入，也可以选择税额较少的一种标准计算关税。

（5）滑动关税，又称为滑准税。指对某种货物在税则中预先按该商品的价格规定几档税率。同一种货物当价格高时适用较低税率，价格低时适用较高税率。目的是使该物品的价格在国内市场上保持相对稳定。目前我国对进口棉花实行滑准税。

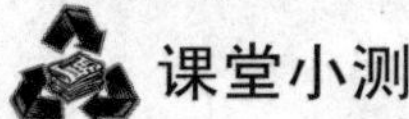

课堂小测

【判断题】我国对少数进口商品计征关税时所采用的滑准税实质上是一种特殊的从

价税。 （ ）

【单选题】1.（ ）是指对某种货物在税则中预先按照该商品的价格规定几档税率，价格高的该物品适用较低税率，价格低的该货物适用较高税率。目的是使该物品的价格在国内市场上保持稳定。

A．反倾销税 B．复合关税 C．滑动关税 D．歧视关税

【单选题】2．根据进出口商品价格的变动而税率相应增减的进出口关税属于（ ）。

A．从价税 B．从量税 C．滑准税 D．复合税

【多选题】按征税方法分类，关税分为（ ）。

A．从量税 B．从价税 C．核定税 D．复合计税

（三）按关税的征收目的划分

按关税的征收目的不同，可以分为财政关税和保护关税2类。

（1）财政关税，又称收入关税，是以增加财政收入为主要目的而课征的一种关税。财政关税的税率一般比保护关税低，否则将阻碍国际贸易的发展，达不到增加财政收入的目的。随着世界经济的发展，财政关税的意义逐渐减低，而被保护关税所代替。

（2）保护关税，是以保护本国经济发展为主要目的而课征的一种关税。保护关税一般是进口税，税率较高，有的高达百分之几百。通过征收高额进口税，使进口商品成本增高，从而削弱它在进口国市场的竞争能力，甚至阻碍其进口，以达到保护本国经济发展的目的。

保护关税是实现一个国家对外贸易政策的重要措施之一。

三、特别关税

特别关税包括报复性关税、反倾销税、反补贴税及保障性关税。征收特别关税的货物、适用国别、税率、期限和征收办法，由国务院关税税则委员会决定，海关总署负责实施。

课堂小测

【判断题】1．世贸组织成员中的任何成员对原产于我国的货物征收歧视性关税的，我国对原产于该成员的进口货物征收报复性关税。 （ ）

【判断题】2．征收特别关税的货物、适用国别、税率、期限和征收办法，由国家税务总局和海关总署共同决定。 （ ）

【单选题】任何国家或者地区对其进口的原产于我国的货物征收歧视性关税或者给予其他歧视性待遇的，我国对原产于该国家或者地区的进口货物征收（ ）。

A．保障性关税 B．报复性关税 C．反倾销税 D．反补贴税

第二节 关税的内容

一、征收对象

关税的征收对象是准许进出口的货物和进出境物品。进出口的货物是指贸易性的进出口商品，即输入或者输出关境，用于境内市场或者境外市场销售的商品。进出境物品，是指允许进出境的非贸易性物品，包括旅客为其进出境旅行或者居留的需要而携运的行李和物品、为馈赠目的而携运进出境的物品、个人邮递物品、各种运输工具上的服务人员携带进出境的自用物品和其他物品。

进口货物的收货人、出口货物的发货人、进出境物品的所有人，对于应当缴纳关税的货物、物品应当按照规定进行申报，并缴纳关税，不得逃避海关监管，偷逃关税。

课堂小测

【单选题】下列不属于关税征税对象的是（ ）。

A．从国外进口的设备　　B．入境旅客随身携带的行李物品

C．企业出口的设备　　D．国家禁止出口的物品

【多选题】下列各项中，属于关税征税对象的是（ ）。

A．贸易性商品

B．个人邮寄物品

C．入境旅客随身携带的行李和物品

D．馈赠物品或以其他方式进入国境的个人物品

二、纳税义务人

进口货物的收货人、出口货物的发货人、进出境物品的所有人，是关税的纳税义务人。进出口货物的收、发货人是依法取得对外贸易经营权，并进口或者出口货物的法人或者其他社会团体。进出境物品的所有人包括该物品的所有人和推定为所有人的人。一般情况下，对于携带进境的物品，推定其携带人为所有人；对分离运输的行李，推定相应的进出境旅客为所有人；对以邮递方式进境的物品，推定其收件人为所有人；以邮递或其他运输方式出境的物品，推定其寄件人或托运人为所有人。

课堂小测

【多选题】1．下列各项中，属于关税法定纳税义务人的有（ ）。

A．进口货物的收货人　　B．进口货物的代理人

C．出口货物的发货人　　D．出口货物的代理人

【多选题】2．进境物品的纳税义务人是指（ ）。

A．携带物品进境的入境人员　　B．进境邮递物品的收件人
C．以其他方式进口物品的收件人　D．进境物品的邮寄人

三、关税的税则、税目

关税税则又称海关税则。它是一国对进出口商品计征关税的规章和对进出口的应税与免税商品加以系统分类的一览表。海关凭以征收关税，是关税政策的具体体现。

关税税则一般包括两个部分：一部分是海关课征关税的规章条例及说明；另一部分是关税税目税率表。关税税目税率表主要包括税则号列（简称税号）、货品分类目录、税率 3 部分。

1985 年我国采用《海关合作理事会商品分类目录》，重新制订进出口税则，共设 21 类、99 章、1011 个四位数编码税则号列，其下又设 2 级子目，共有税目 2208 个。税则仍沿用进出口合一体例，设最低、普通 2 栏税率。1992 年我国又制定并实施了以《协调制度》为基础的新税则，在《协调制度》6 位数编码的基础上加列 1827 个 7 位数子目和 300 个 8 位数子目，税则实际 8 位税目 6265 个。1996 年世界海关组织对《协调制度》目录做了修订。我国也据此制订了 1996 年税则，新税则号列共有 8 位税目 6549 个，于同年 4 月 1 日起实施。1997 年税则共有 8 位税目 6633 个，于 10 月 1 日实施。从 2001 年起，新调整的税则税目由 7062 个增加至 8547 个。

1998 年 1 月 1 日起实施的《中华人民共和国海关进口税则》规定，进口商品的征税范围包括 21 大类、97 章，税则号列从 01.01～97.06 的全部货品。

自 1998 年 4 月 1 日开始实施的《中华人民共和国海关出口税则》列示了硅铁、铜丝、山羊绒、鳗鱼苗、栗、生漆、磷、苯等 36 种商品征收出口关税。

为适应科技进步，便利产业结构调整，加强进出口管理的需要，2016 年税则本国子目总数由 2015 年的 8285 个增至 8647，净增本国子目 9 个：金属锂、维生素 AD_3、胡萝卜素及类胡萝卜素、芳香族聚酰胺及其共聚物、半芳香族聚酰胺及其共聚物、塑料或皮制外底拖鞋、金刚石砂轮和已包装天然水。此外，根据世界海关组织对《协调制度》相关商品的最新解释，删除了我国对于硅胶的子目注释。

四、税率

（一）进口关税税率

1. 税率设置与适用

（1）最惠国暂定税率：在 2015 年实施的暂定税率基础上，增加对毛制上衣等商品实施暂定税率；降低太阳镜等商品暂定税率水平；调整电控柴油喷射装置及其零件等商品名称和范围；取消止回阀等商品暂定税率，恢复实施最惠国税率；提高喷气织机等商品暂定税率水平。

（2）协定税率及特惠税率：根据我国与有关国家或地区签署的贸易或关税优惠协定，对原产于冰岛的 27 个税目商品、原产于瑞士的 5923 个税目商品、原产于哥斯达黎加的 247 个税目商品、原产于秘鲁的 1802 个税目商品、原产于新西兰的 92 个税目商品实施进一步降税；增加对原产于我国香港、澳门特别行政区且已制定优惠原产地标准的各 2 个税目商品实施零关税。对原产于东盟成员国、亚太贸易协定其他成员国（孟加拉、印度、老挝、韩国、斯里兰卡）、巴基斯坦、新加坡、智利和我国台湾地区的商品继续实施协定税率，协定税率的商品范围和税率水平维持不变；对原产于埃塞俄比亚、贝宁、布隆迪等国家的商品继续实施特惠税率，特惠税率的商品范围和税率水平维持不变。

课堂小测

【单选题】适用原产于与我国共同适用最惠国待遇条款的 WTO 成员方的进口货物，或原产于与我国签订有相互给予最惠国待遇条款的双边贸易协定的国家或地区进口的货物，以及原产于我国境内的进口货物，对其采用的税率被称为（　　）。

A．最惠国税率　B．协定税率　C．定额税率　D．普通税率

2. 税率水平

近几年，我国为了适应对我贸易的发展，关税总水平将不断降低，关税税率结构将进一步完善。进口商品的税率结构主要体现为产品加工程度越深，关税税率越高，即在不可再生性资源、一般资源性产品及原材料、半成品、制成品中，不可再生性资源税率较低，制成品税率较高。

从 2010 年起，我国已全部履行加入世贸组织的降税承诺。2016 年最惠国税率继续保持不变。2016 年共实施进口暂定税率商品 787 项，比 2015 年 749 项净增加 38 项。平均税率约为 3.19%，相对于最惠国税率，优惠幅度为 39%。

3. 税率计征办法

目前我国对进口商品基本上实行从价税，从 1997 年 7 月 1 日起，对部分产品实行从量税、复合税和滑准税。

（二）出口关税税率

我国出口税则为一栏税率，即出口税率。国家仅对少数资源性产品及易于竞相杀价、盲目进口、需要规范出口秩序的半制成品征收出口关税。

2016 年 1 月 1 日起，征收出口关税的产品共 213 项，去除出口暂定税率为 0%的商品，实际征收出口关税的税号共 103 个。主要是各类金属非金属矿砂、煤炭、钢坯、化肥、纸浆等资源、能源和高耗能产品，除了钾肥出口税率（30%或 600 元/吨）不变，出口关税率为 3%～20%。

第三节 完税价格与应纳税额的计算

一、关税完税价格

关税的计税依据为完税价格。

《海关法》规定，进出口货物的完税价格，由海关以该货物的成交价格为基础审查确定。成交价不能确定时，完税价格由海关依法估定。

（一）一般进口货物的完税价格

以海关审定的成交价格为基础的到岸价格作为完税价格。该成交价格是一般贸易下进口货物的买方为购买该货物向卖方实际支付或应当支付的价格。该到岸价格包括货价加上货物运抵我国输入地点起卸前的包装费、运费、保险费和其他劳务等费用。在进口货物的完税价格中，还应包括为了在境内生产、制造、使用、出版或者发行的目的而向境外支付的与该进口货物有关的专利、商标、著作，以及专有技术、计算机软件和资料等费用。

纳税义务人向海关申报的价格并不一定等于完税价格，只有经过海关审定并接受的申报价格才能作为完税价格。

课堂小测

【单选题】1. 根据《海关法》规定，进出口货物的完税价格，由海关以进出口货物的（　　）为基础审定完税价格。

A. 到岸价格　　B. 申报价格　　C. 实际成交价格　D. 离岸价格

【单选题】2. 下列项目中，不应计入进口货物完税价格的有（　　）。

A. 机器设备进口后的安装费用

B. 运抵我国境内起卸前的保险费

C. 卖方从买方对该货物进口后转售所得中获得的收益

D. 买方支付的特许权使用费

（二）出口货物的完税价格

出口货物的完税价格，由海关以该货物向境外销售的成交价格为基础审查确定，并应包括货物运至我国境内输出地点装载前的运输及其相关费用、保险费，但其中包含的出口关税税额，应当扣除。

出口货物的成交价格，是指该货物出口销售到我国境外时买方向卖方实付或应付的价格。出口货物的成交价格中含有支付给境外的佣金的，如果单独列明，应当扣除。

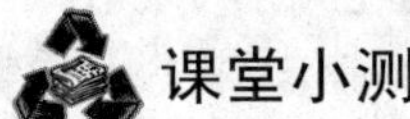

【多选题】出口货物离岸价格可扣除（　　），作为出口关税的完税价格。

A．出口关税
B．包含在成交价格中的单独列明支付给境外的佣金
C．售价中包含的离境口岸至境外口岸之间的运输费用
D．出口货物国内段运输、保险费、杂费等

二、计税方法

（一）从价税应纳税额的计算方法

从价税应纳税额的计算公式如下：
关税税额＝应税进出口货物数量×单位完税价格×适用税率
　　　　＝进出口货物完税价格×适用税率

例 6-1：某位于市区的外贸公司 2008 年进口一批货物，到岸价 120000 欧元，另支付包装费 4050 欧元，港口到厂区公路运费 2000 元人民币，取得国际货物运输发票。当期欧元与人民币汇率 1∶8，关税税率 28%。计算进口环节应纳关税税额。

解析：进口环节应纳关税＝（120000＋4050）×8×28%＝277872（元）

例 6-2：某进出口公司从美国进口一批货物，该批货物的美国离岸价格为 600 万元，运抵我国关境内输入地点起卸前的包装费、运输费、保险费和其他劳务费用共计 55 万元，支付货物运抵境内输入地点之后的运输费用 7 万元，技术服务费 4 万元。海关核定该批货物适用的进口关税税率为 10%。请计算该进出口公司应纳的进口关税。

解析：应纳关税税额＝（600＋55）×10%＝65.5（万元）

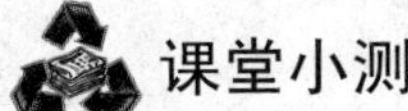
课堂小测

【计算题】某公司从英国进口某种货物，当地正常批发价格折合人民币 760000 元，运抵我国输入地支付包装费折合人民币 8000 元，运费折合人民币 67000 元，保险费折合人民币 7000 元。假设该进口货物关税税率为 70%。试计算该进口货物的应纳关税税额。

（二）从量税应纳税额的计算方法

从量税应纳税额的计算公式如下：

关税税额＝应税进口货物数量×关税单位税额

例 6-3：从法国进口啤酒 300 万升，假设进口关税的税率为 7.50 元/升。请计算进口啤酒应纳的进口关税。

解析：应纳税额＝300×7.50＝2250（万元）

（三）复合税应纳税额的计算方法

复合税应纳税额的计算公式如下：

关税税额＝应税进口货物数量×关税单位税额＋应税进口货物数量×单位完税价格×适用税率

我国目前实行的复合税都是先计征从量税，再计征从价税。

例 6-4：某企业 2016 年 7 月进口原产于美国的投影仪 20 台，该批投影仪单价为每台 2500 美元（人民币外汇牌价 1∶8.27），运费及保险费共 6 万元。已知投影仪关税税率为：每台完税价格低于或等于 2000 美元，执行单一从价税，税率为 30%；每台完税价格高于 2000 美元，每台征收从量税，税额 4482 元，加上 3%从价税。试计算该企业应纳的关税。

解析：应纳关税税额＝（2500×20×8.27＋60000）×3%＋20×4482＝103845（元）

（四）滑准税应纳税额的计算方法

滑准税应纳税额的计算公式如下：

关税税额＝应税进（出）口货物数量×单位完税价格×滑准税税率

例 6-5：上海某进出口公司从美国进口货物一批，货物以离岸价格成交，成交价折合人民币为 1410 万元（包括单独计价并经海关审查属实的向境外采购代理人支付的买方佣金 10 万元，但不包括使用该货物而向境外支付的软件费 50 万元，向卖方支付的佣金 15 万元），另支付货物运抵我国上海港的运费、保险费等 35 万元。假设该货物适用关税税率为 20%，增值税税率为 17%，消费税税率为 10%。要求：请分别计算该公司应纳关税、消费税和增值税。

解析：关税完税价格＝1410＋50＋15－10＋35＝1500（万元）

进口环节关税＝1500×20%＝300（万元）

进口消费税组成计税价格＝（1500＋300）÷（1－10%）＝2000（万元）

进口环节海关代征消费税＝2000×10%＝200（万元）

进口增值税组成计税价格＝1500＋300＋200＝2000（万元）

进口环节海关代征增值税＝2000×17%＝340（万元）

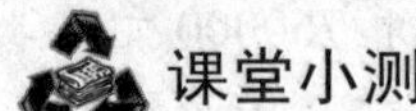

课堂小测

【计算题】某商场于 2012 年 2 月进口一批化妆品。该批货物在国外的买价 120 万元，货物运抵我国入关前发生的运输费、保险费和其他费用分别为 10 万元、6 万元、4 万元。货物报关后，该商场按规定缴纳了进口环节的增值税和消费税并取得了海关开具的缴款书。从海关将化妆品运往商场所在地发生运输费用 5 万元（有合法的运费发票），该批化妆品当月在国内全部销售，取得不含销售额 520 万元（假定化妆品进口关税税率 20%，增值税税率 17%，消费税税率 30%）。

要求：计算该批化妆品进口环节应缴纳的关税、增值税、消费税和国内销售环节应缴纳的增值税。

第四节 税收优惠

关税减免是对某些纳税人和征税对象给予鼓励和照顾的一种特殊调节手段。正是有了这一手段，使关税政策工作兼顾了普遍性和特殊性、原则性和灵活性。因此，关税减免是贯彻国家关税政策的一项重要措施。关税减免分为法定减免税、特定减免税和临时减免税。根据《海关法》规定，除法定减免税外的其他减免税均由国务院决定。

一、法定减免税

法定减免税是税法中明确列出的减税或免税。符合税法规定可予减免税的进出口货物，纳税义务人无须提出申请，海关可按规定直接予以减免税。海关对法定减免税货物一般不进行后续管理。

下列货物、物品予以减免关税。

（1）关税税额在人民币 50 元以下的一票货物，可免征关税。

（2）无商业价值的广告品和货样，可免征关税。

（3）外国政府、国际组织无偿赠送的物资，可免征关税。

（4）进出境运输工具装载的途中必需的燃料、物料和饮食用品，可予以免征关税。

（5）经海关核准暂时进境或者暂时出境，并在 6 个月内复运出境或者复运进境的货样、展览品、施工机械、工程车辆、工程船舶、供安装设备时使用的仪器和工具、电视或者电影摄制器械、盛装货物的容器，以及剧团服装道具，在货物收发货人向海关缴纳相当于税款的保证金或者提供担保后，可予暂时免税。

（6）对为境外厂商加工、装配成品和为制造外销产品而进口的原料、辅料、零部件、配件和包装物料，按照实际加工出口的成品数量免征进口关税。或对进口料件先征进口关税，再按出口成品数量予以退税。

（7）因故退还的中国出口货物，经海关审查属实，可予免征进口关税，但已征收的出口关税不予退还。

（8）因故退还的境外进口货物，经海关审查属实，可予免征出口关税，但已征收的进口关税不予退还。

（9）进口货物如有以下情形，经海关查明属实，可酌情减免进口关税。

① 在境外运输中或在起卸时，遭受损坏或者损失的。

② 起卸后海关放行前，因不可抗力遭受损坏或者损失的。

③ 海关查验时已经破漏、损坏或者腐烂，经证明不是保管不慎造成的。

（10）无代价抵偿货物，即进口货物在征税放行后，发现货物残损、短少或品质不良、而由国外承运人、发货人或保险公司免费补偿或更换的同类货物，可以免税。但有残损或质量问题的原进口货物如未退运国外，其进口的无代价抵偿货物应照章征税。

（11）我国缔结或者参加的国际条约规定减征、免征关税的货物、物品，按照规定予以减免关税。

（12）法律规定减征、免征的其他货物。

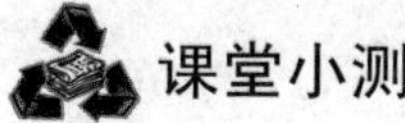

课堂小测

【单选题】1．以下进口的货物，海关可以酌情减免关税的是（　　）。

A．进口 1 年内在境内使用的货样　B．为制造外销产品而进口的原材料

C．在境外运输途中遭受损坏的物品　D．外国政府赠送的物

【单选题】2．我国关税法规，减免进出口关税的权限属于（　　）。

A．中央　　　　B．地方　　　　C．省　　　　D．市

【单选题】3．根据税法规定，一张票据上应税货物的关税税额在人民币（　　）元以下的，可以免征关税。

A．10　　　　B．30　　　　C．50　　　　D．100

【单选题】4．下列各项中，符合关税法定免税规定的是（　　）。

A．保税区进出口的基建物资和生产用车辆

B．边境贸易进出口的基建物资和生产用车辆

C．关税税款在人民币100元的一票货物

D．经海关核准进口的无商业价值的广告品和货样

【多选题】1．法定免纳关税的进口货物有（　　）。

A．进口科教用品　　　　B．保税区出口货物

C．无商业价值的广告品和货样　　　　D．无代价抵偿物

【多选题】2．下列进口货物，海关可以酌情减免关税的有（　　）。

A．在境外运输途中或者起卸时，遭受损坏或者损失的货物

B．起卸后海关放行前，因不可抗力遭受损坏或者损失的货物

C．海关查验时已经破漏、损坏或者腐烂，经查为保管不慎的货物

D．因不可抗力，缴税确有困难的纳税人进口的货物

二、特定减免税

特定减免税也称政策性减免税。在法定减免税之外，国家按照国际通行规则和我国实际情况，制定发布的有关进出口货物减免关税的政策，称为特定或政策性减免税。特定减免税货物一般有地区、企业和用途的限制，海关需要进行后续管理，也需要进行减免税统计。如直接用于科学研究或教学的科教用品、符合规定的残疾人专用品、扶贫、慈善性公益性的捐赠物资、加工贸易产品（加工装配和补偿贸易、进料加工）、边境贸易进口物资（边民互市贸易和边境小额贸易）、保税区进出口货物、出口加工区进出口货物、进口设备，以及特定行业或用途的减免税政策等。

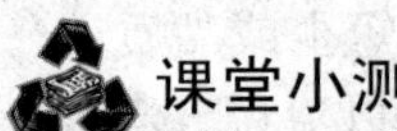

【单选题】下列进口货物可以同时免征进口关税、增值税的是（　　）。

A．学校不以营利为目的进口的，直接用于科学研究或教学的用品

B．进口的残疾人个人专用品

C．境外捐赠人无偿捐赠给我国各级政府，直接用于扶贫事业的进口物资

D．康复机构直接进口的残疾人专用品

【多选题】在法定减免税之外，国家按照国际通行规则和我国的实际情况，制定发布的有关进出口货物减免关税的政策，称为特定或政策性减免税。下列货物属于特定减免税的有（　　）。

A．残疾人专用品　　　　B．境外捐赠用于扶贫、慈善性捐赠物资

C．出口加工区进出口货物　　　　D．无商业价格的广告品和货样

三、临时减免税

临时减免税是指以上法定和特定减免税以外的其他减免税，即由国务院根据《海关法》对某个单位、某类商品、某个项目或某批进出口货物的特殊情况给予特别照顾，一案一批，专文下达的减免税。

我国已加入世界贸易组织，为遵循统一、规范、公平、公开的原则，有利于统一税法、公平税赋、平等竞争，国家严格控制减免税，一般不办理个案临时性减免税，对特定减免税也在逐步规范、清理，对不符合国际惯例的税收优惠政策将逐步予以废止。

第五节 征收管理

一、关税缴纳

进口货物应自运输工具申报进境之日起 14 日内，出口货物在货物运抵海关监管区后装货的 24 小时以前，应由进出口货物的纳税义务人向货物进（出）境地海关申报，海关根据税则归类和完税价格计算应缴纳的关税和进口环节代征税，并填发税款缴款书。纳税义务人应当自海关填发税款缴款书之日起 15 日内，向指定银行缴纳税款。如关税缴纳期限的最后 1 日是周末或法定节假日，则关税缴纳期限顺延至周末或法定节假日过后的第 1 个工作日。为方便纳税义务人，经申请且海关同意，进（出）口货物的纳税义务人可以在设有海关的指运地（启运地）办理海关申报、纳税手续。

关税纳税义务人因不可抗力或者在国家税收政策调整的情形下，不能按期缴纳税款的，经海关总署批准，可以延期缴纳税款，但最长不得超过 6 个月。

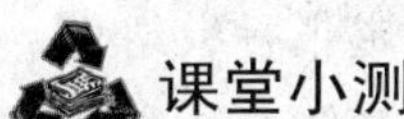

课堂小测

【单选题】关税纳税义务人因不可抗力或者在国家税收政策调整的情形下，不能按期缴纳税款的，经海关总署批准，可以延期缴纳税款，但最多不得超过（　　）个月。

A．3　　B．6　　C．9　　D．12

二、关税的强制执行

纳税义务人未在关税缴纳期限内缴纳税款，即构成关税滞纳。为保证海关征收关税决定的有效执行和国家财政收入的及时入库，《海关法》赋予海关对滞纳关税的纳税义务人强制执行的权利。强制措施主要有 2 类：征收关税滞纳金及强制征收。

1. 征收关税滞纳金

滞纳金自关税缴纳期限届满滞纳之日起，至纳税义务人缴纳关税之日止，按滞纳税款万分之五的比例按日征收，周末或法定节假日不予扣除。关税滞纳金起征点为 50 元。具体计算公式如下：

关税滞纳金金额＝滞纳关税税额×滞纳金征收比率（0.5‰）×滞纳天数纳税

例 6-6：某进出口公司 2014 年从 A 国进口货物一批，成交价（离岸价）折合人民币 9000 万元（包括单独计价并经海关审查属实的货物进口后装配调试费用 60 万元，向境外采购代理人支付的买方佣金 50 万元）。另支付运费 180 万元，保险费 90 万元。货物运抵我国口岸后，该公司在未经批准缓税的情况下，于海关填发税款缴纳证的次日起第 20 天才缴纳税款。假设该货物适用的关税税率为 100%，增值税税率为 17%，消费税税率为 5%。要求：请分别计算该公司应缴的关税、关税滞纳金、消费税和增值税。

解析：（1）应缴纳的关税：

① 关税完税价格＝离岸价－装配调试费用－买方佣金＋运费＋保险费＝9000－60－50＋180＋90＝9160（万元）

② 关税＝关税完税价格×关税税率＝9160×100%＝9160（万元）

（2）应缴纳的关税滞纳金＝应缴关税税款×0.5‰×滞纳天数＝9160×0.5‰×（20－15）＝22.9（万元）

（3）应缴纳的消费税：

① 组成计税价格＝（关税完税价格＋关税）÷（1－消费税税率）＝（9160＋9160）÷（1－5%）＝19284.21（万元）

② 消费税＝组成计税价格×消费税税率＝19284.21×5%＝964.21（万元）

（4）应缴纳的增值税：

① 组成计税价格＝关税完税价格＋关税＋消费税＝9160＋9160＋964.21＝19284.21（万元）

② 增值税＝组成计税价格×增值税税率＝19284.21×17%＝3278.32（万元）

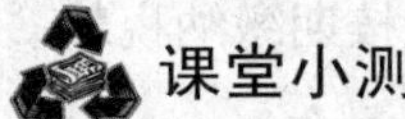

课堂小测

【多选题】义务人应当自海关填发税款缴款书之日起（　　）内向指定银行缴纳税款。纳税义务人未按期缴纳税款的，从滞纳税款之日起，按日加收滞纳税款（　　）的滞纳金。

A．7 日　　B．万分之三　　C．15 日　　D．万分之五

【计算题】某外贸公司 3 月 1 日进口一批应税消费品，该批货物的货价为 350 万元人民币，支付途中运输费 40 万元，保险费 10 万元；关税税率 10%，消费税率 30%，增值税率 17%。3 月 1 日海关填了税款缴纳证，但该公司 3 月 30 日才一次缴清关税（增值税、消费税已在规定日期缴清）。请分别计算关税、消费税、增值税和滞纳金。

2. 强制征收

如纳税义务人自海关填发缴款书之日起 3 个月仍未缴纳税款，经海关关长批准，海关可以采取强制扣缴、变价抵缴等强制措施。强制扣缴即海关从纳税义务人在开户银行或者其他金融机构的存款中直接扣缴税款。变价抵缴即海关将应税货物依法变卖，以变卖所得抵缴税款。

课堂小测

【多选题】关税的强制执行措施包括（ ）。

A．征收关税滞纳金　　B．处以应纳关税税额 2～3 倍罚款

C．强制扣缴　　D．变价抵税

三、关税退还

关税退还是关税纳税义务人按海关核定的税额缴纳关税后，因某种原因的出现，海关将实际征收多于应当征收的税额（称为溢征关税）退还给原纳税义务人的一种行政行为。根据《海关法》规定，海关多征的税款，海关发现后应当立即退还。

根据规定，进出口货物的纳税义务人，如遇下列情况之一，可自缴纳税款之日起 1 年内，书面声明理由，连同原纳税收据向海关申请退税，并加算同期活期存款利息，逾期不予受理。

（1）因海关误征，多纳税款的。

（2）海关核准免验进口的货物，在完税后，发现有短卸情况，经海关审查认可的。

（3）已征出口关税的货物，因故未装运出口，申报退关，经海关查验属实的。

对已征出口关税的出口货物和已征进口关税的进口货物，因货物品种或规格原因复运进境或出境的，经海关查验属实的，也应退还已征关税。

课堂小测

【多选题】按照关税的有关规定，进出口货物的收发货人或他们的代理人，可以自缴纳税款之日起 1 年内，书面声明理由，申请退还关税。下列各项中，经海关确定可申请退税的有（ ）。

A．因海关误征，多缴纳税款的

B．海关核准免验进口的货物，在完税后发现有短缺的

C．已征收出口关税的货物，因故未装运出口的

D．已征收出口关税的货物，因故发生退货的

四、关税补征和追征

补征和追征是海关在关税纳税义务人按海关核定的税额缴纳关税后，发现实际征收少于应当征收的税额（称为短征关税）时，责令纳税义务人补缴所差税款的一种行政行为。

（1）关税补征，是非因纳税人违反海关规定造成的少征或漏征关税，关税补征期为缴纳税款或货物放行之日起 1 年内。

（2）关税追征，是因纳税人违反海关规定造成少征或漏征关税，关税追征期为自纳税人应缴纳税款之日起 3 年内，并按少征或者漏征税款加收万分之五的滞纳金。

课堂小测

【判断题】1．按海关现行规定，因收发货人或者他们的代理人违反规定而造成的少

征或漏征的税款，海关应当自纳税人缴纳税款或者货物放行之日起1年内，向收货人或者他们的代理人追征。（ ）

【判断题】2. 进出口货物完税后，如发现少征或者漏征关税税款，海关应当自缴纳税款或者货物放行之日起1年内，向收发货人或者他们的代理人补征。（ ）

【单选题】因收发货人或者他们的代理人违反规定而造成的少征或漏征的税款，自纳税义务应缴纳税之日起，海关在（ ）年内可以追征。

A. 1 B. 2 C. 3 D. 5

【多选题】关税征收管理规定中，关于补征和追征的期限为（ ）。

A. 补征期1年内 B. 追征期5年内

C. 补征期2年内 D. 追征期3年内

五、关税纳税争议

在关税的征收和缴纳过程中，纳税义务人同海关发生纳税争议时，《海关法》第64条的规定为：应当缴纳税款，并可以申请行政复议；税务当事人对复议决定仍不服的，可以依法向人民法院提起诉讼。这项法律规定中所明确的行政复议，是一种海关行政复议。申请复议时，应当在规定期限内按海关核定的税额缴纳关税，逾期则构成滞纳，海关有权按规定采取强制执行措施。

纳税争议的申诉程序：纳税义务人自海关填发税款书之日起30日内，向原征税海关的上一级海关书面申请复议。逾期申请复议的，海关不予受理。海关应当收到复议申请之日起60日内做出复议决定，并以复议决定书的形式正式答复纳税义务人；纳税义务人对海关复议决定仍然不服的，可以自收到复议决定书之日起15日内，向人民法院提起诉讼。

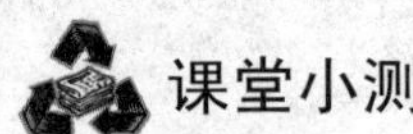

【判断题】在纳税义务人同海关发生纳税争议时，可以向海关申请复议，对有争议的应纳税款可以缓纳。（ ）

第六节 行邮物品进口税

一、行邮物品进口税的概念

行邮物品进口税简称“行邮税”，是海关对入境旅客行李物品和个人邮递物品征收的一种进口税。其中包含了代征的增值税、消费税，故也是对个人非贸易性入境物品征收的进口关税和进口工商税收的总称。

二、行邮税的征税对象

行邮税的征税对象包括入境旅客、运输工具、服务人员携带的应税行李物品、个人邮递物品、馈赠物品，以及其他方式入境的个人自用物品等，简称进口物品。对进口物品采取单独制定征税规定的办法，主要是因为这些物品数量零星，品种繁杂，涉及面广，政策性强。虽然行邮税在关税总收入中所占比重很低，但该进口物品绝大部分是国家严格限制进口的产品，对其征税具有重要的意义。

三、行邮税的纳税人

行邮税的纳税人是指携带应税个人自用物品的入境旅客及运输工具、服务人员进口邮件的收件人，以及以其他方式进口应税个人自用物品的收件人。纳税人可以自行办理纳税手续，也可以委托他人代办。受委托人应当遵守税法的各项规定。对国家限制出口，需征收出口关税的商品，进境旅客用自带外汇购买，由我国内单位代办托运出境者，也应照章征收出口关税。行邮税的纳税义务人，应当在物品放行前缴纳税款。

四、行邮税的税率

（1）2016 年 4 月 8 日前的行邮税税率共有 4 级：10%、20%、30%、50%。按照国家政策，对人民生活必需品或需用品制定了较低的税率，对奢侈品制定了较高的税率。

① 书刊、影片、录音录像带、金银及其制品、计算机、摄录机、相机等信息产品、食品、饮料、手袋、钱包、奶粉、儿童安全座椅等为 10%。

② 纺织品、电视摄像机、其他电器、自行车、手表（10000 元以下）、钟表及配件和附件为 20%。

③ 高尔夫球及球具、高档手表（10000 元以上）为 30%。

④ 烟、酒、化妆品为 50%。

（2）2016 年 4 月 8 日后新的行邮税率改为只有 3 档：15%、30%、60%。其中，15%税率对应最惠国税率为零的商品；60%税率对应征收消费税的高档消费品；其他商品执行 30%税率。

① 书籍、刊物、教育专用电影片、金银及其制品、计算机、视频摄录一体机、数字照相机等信息技术产品、食品、饮料、家具、游戏品、节日或其他娱乐用品为 15%。

② 运动用品（不含高尔夫球及球具）、钓鱼用品、纺织品及其制成品、电视摄像机及其他电器用品、自行车、手表（10000 元以下）、钟表及配件和附件等为 30%。

③ 烟、酒、化妆品、高尔夫球及球具、高档手表（10000 元以上）、贵重首饰及珠宝玉石、香水为 60%。

五、行邮税计征办法

行邮税的征收办法采取从价征税，完税价格由海关参照该项物品的境内正常零售价格，以及该物品的到岸价格核定。应纳税额的计算公式如下：

$$应纳税额=单位完税价格\times物品数量\times适用税率$$

行邮税，由海关按照填发税款缴纳证当日有效的税率及完税价格计算征收。纳税人应当在海关放行个人自用物品之前缴清税款。

六、行邮税的税收政策

（1）个人携带行李物品免税额 5000 元，超过部分按新行邮税标准征税。对不可分割的单件物品，全额征税。

（2）跨境电商零售进口商品不再按行邮税征收，而是在购物限值内按照货物征收关税和进口环节增值税、消费税，税率可以享受七折优惠。单次交易限值为 2000 元，个人年度交易限值为 2 万元。

第七章 资 源 税 制

资源税法是指国家制定的用以调整资源税征收与缴纳之间权利及义务关系的法律规范。我国现行资源税法的基本规范，是2011年9月30日国务院公布的《中华人民共和国资源税暂行条例》（以下简称《资源税暂行条例》）及2011年10月28日财政部、国家税务总局公布的《中华人民共和国资源税暂行条例实施细则》（以下简称《资源税暂行条例实施细则》）。

第一节 资 源 税

一、资源税概述

（一）资源税的概念

资源税是对在中华人民共和国领域及管辖海域从事应税矿产品开采和生产盐的单位和个人课征的一种税。

（二）资源税的特点

1. 征税范围较窄

自然资源是生产资料或生活资料的天然来源，它包括的范围很广，如矿产资源、土地资源、水资源、动植物资源等。目前我国的资源税征税范围较窄，仅选择了部分级差收入差异较大，资源较为普遍，易于征收管理的矿产品和盐列为征税范围。随着我国经济的快速发展，对自然资源的合理利用和有效保护将越来越重要，因此，资源税的征税范围应逐步扩大。我国资源税征税范围包括矿产品和盐两大类。

2. 实行差别税额从量或从价征收

我国现行资源税实行从量定额或从价定率征收，分别以应税产品的销售额乘以纳税人具体适用的比例税率或者以应税产品的销售数量乘以纳税人具体适用的定额税率计算，实施“级差调节”的原则。级差调节是运用资源税对因资源贮存状况、开采条件、资源优劣、地理位置等客观存在的差别而产生的资源级差收入，通过实施差别乘客标准进行调节。资源条件好的，税率、税额高一些；资源条件差的，税率、税额低一些。

3. 实行源泉课征

不论采掘或生产单位是否属于独立核算，资源税均规定在采掘或生产地源泉控制征收，这样既照顾了采掘地的利益，又避免了税款的流失。这与其他税种由独立核算的单位统一缴纳不同。

二、资源税的内容

（一）纳税人、扣缴义务人

1. 纳税人

资源税的纳税义务人是指在中华人民共和国领域及管辖海域开采应税矿产品或者生产盐的单位和个人。

单位是指国有企业、集体企业、私营企业、股份制企业、其他企业和行政单位、事业单位、军事单位、社会团体及其他单位；个人是指个体经营者和其他个人；其他单位和其他个人包括外商投资企业、外国企业及外籍人员。

自2011年11月1日起，中外合作开采石油、天然气的中外企业原本缴纳的矿区使用费统一改为缴纳资源税。

资源税进口不征，出口不退。

2. 扣缴义务人

独立矿山、联合企业和其他收购未税矿产品的单位为资源税的扣缴义务人。

《资源税暂行条例》把收购未税矿产品的单位规定为资源税的扣缴义务人，是为了加强资源税的征管。主要适应税源小、零散、不定期开采、易漏税等情况，税务机关认为不易控管，由扣缴义务人在收购时代扣代缴未税矿产品为宜。上述所称独立矿山，是指只有采矿或只有采矿和选矿，独立核算，自负盈亏的单位，其生产的原矿和精矿主要用于对外销售。所称联合企业，是指采矿、选矿、冶炼（或加工）连续生产的企业或采矿、冶炼（或加工）连续生产的企业，其采矿单位一般是该企业的二级或二级以下核算单位。

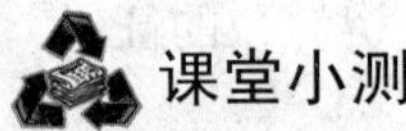

【多选题】下列各项中，属于资源税纳税义务人的有（　　）。

A．进口盐的外贸企业　　B．开采原煤的私营企业

C．生产盐的外商投资企业　　D．中外合作开采石油的企业

（二）征税范围

资源税的征税范围应当包括一切开发和利用的国有资源，但考虑到我国开征资源税还缺乏经验，所以资源税暂行条例本着纳入征税范围的资源必须是具有商品属性，即具有使用价值和交换价值的原则，只将原油、天然气、煤炭、其他非金属矿原矿、黑色金属矿原矿、有色金属矿原矿和盐列入了征税范围。水资源等由于价格及征管经验等因素，暂未列入征税范围。这样，属于资源税征税范围的资源就可以分为矿产品和盐两大类。

（三）税目

资源税税目包括7大类，在7个税目下面又设有若干个子目。现行资源税的税目及子目主要是根据资源税应税产品和纳税人开采资源的行业特点设置的。

（1）原油，是指开采的天然原油，不包括人造石油。

（2）天然气，是指专门开采或与原油同时开采的天然气，煤矿生产的天然气暂不征税。

（3）煤炭，是指原煤，不包括洗煤、选煤及其他煤炭制品。

（4）其他非金属矿原矿，是指除上列产品和井矿盐以外的非金属矿原矿。

（5）黑色金属矿原矿包括铁矿石、锰矿石和铬矿石等。

（6）有色金属矿原矿包括铜矿石、铅锌矿是、锡矿石等。

（7）盐包括固体盐、液体盐。固体盐包括海盐、湖盐原盐和井矿盐。液体盐是指卤水。

纳税人在开采主矿产品的过程中伴采的其他应税矿产品，凡未单独规定适用税额的，一律按主矿产品或视同主矿产品税目征收资源税。

未列举名称的其他非金属矿原矿和其他有色金属矿原矿，由省、自治区、直辖市人民政府决定征收或暂缓征收资源税，并报财政部和国家税务总局备案。

（四）税率

自2011年11月1日起，原油和天然气由从量定额改为从价定率征收资源税，2014年12月1日起实施煤炭资源税从价计征，稀土、钨、钼资源税由从量定额计征改为从价定率计征。自此，资源税采取从价定率或者从量定额的办法计征。具体税率如表7-1所示。

表7-1 2015年资源税税率表

<table>
<tr><th colspan="2">税目</th><th>税率</th></tr>
<tr><td colspan="2">一、原油</td><td>销售额的5%～10%</td></tr>
<tr><td colspan="2">二、天然气</td><td>销售额的5%～10%</td></tr>
<tr><td colspan="2">三、煤炭</td><td>焦煤：每吨8～20元；
其他：每吨0.3～5元</td></tr>
<tr><td rowspan="2">四、其他非金属矿原矿</td><td>普通非金属矿原矿</td><td>每吨或者每立方米0.5～20元</td></tr>
<tr><td>贵重非金属矿原矿</td><td>每千克或者每克拉0.5～20元</td></tr>
<tr><td colspan="2">五、黑色金属矿原矿</td><td>每吨2～30元</td></tr>
<tr><td rowspan="2">六、有色金属矿原矿</td><td>稀土矿</td><td>每吨0.4～60元</td></tr>
<tr><td>其他有色金属矿原矿</td><td>每吨0.4～30元</td></tr>
<tr><td rowspan="2">七、盐</td><td>固体盐</td><td>每吨10～60元</td></tr>
<tr><td>液体盐</td><td>每吨2～10元</td></tr>
</table>

轻稀土按地区执行不同的适用税率，其中，内蒙古为11.5%、四川为9.5%、山东为7.5%。

中重稀土资源税适用税率为27%。

钨资源税适用税率为6.5%。

钼资源税适用税率为11%。

财政部于2006年5月10日发布《关于全面推进资源税改革的通知》，明确资源税改革的主要内容，包括扩大资源税征收范围，开展水资源税改革试点工作；实施矿产资源税从价计征改革；全面清理涉及矿产资源的收费；合理确定资源税税率水平；加强矿产资源税收优惠政策管理，提高资源综合利用效率等。通知指出，此次资源税从价计征改革及水资源税改革试点，自2016年7月1日起实施。

1. 扩大资源税征收范围

（1）开展水资源税改革试点工作。先在河北省开展水资源税试点，采取水资源费改税方式，将地表水和地下水纳入征税范围，实行从量定额计征，对高耗水行业、超计划用水，以及在地下水超采地区取用地下水，适当提高税额标准，正常生产生活用水维持原有负担水平不变。在总结试点经验基础上，财政部、国家税务总局将选择其他地区逐步扩大试点范围，条件成熟后在全国推开。

（2）逐步将其他自然资源纳入征收范围。鉴于森林、草场、滩涂等资源在各地区的市场开发利用情况不尽相同，对其全面开征资源税条件尚不成熟，此次改革不在全国范围统一规定对森林、草场、滩涂等资源征税。各省、自治区、直辖市（以下统称省级）人民政府可以结合本地实际，根据森林、草场、滩涂等资源开发利用情况提出征收资源税的具体方案建议，报国务院批准后实施。

2. 实施矿产资源税从价计征改革

（1）对《资源税税目税率幅度表》中列举名称的21种资源品目和未列举名称的其他金属矿实行从价计征，计税依据由原矿销售量调整为原矿、精矿（或原矿加工品）、氯化钠初级产品或金锭的销售额。列举名称的21种资源品目包括：铁矿、金矿、铜矿、铝土矿、铅锌矿、镍矿、锡矿、石墨、硅藻土、高岭土、萤石、石灰石、硫铁矿、磷矿、氯化钾、硫酸钾、井矿盐、湖盐、提取地下卤水晒制的盐、煤层（成）气、海盐。税率为1%～15%。

（2）对经营分散、多为现金交易且难以控管的黏土、砂石，按照便利征管原则，仍实行从量定额计征。

（3）对《资源税税目税率幅度表》中未列举名称的其他非金属矿产品，按照从价计征为主、从量计征为辅的原则，由省级人民政府确定计征方式。

三、资源税的计税依据

（一）从价定率征收的计税依据——销售额

销售额为纳税人销售应税产品（原油、天然气）向购买方收取的全部价款和价外费用（如违约金、优质费等），但不包括收取的增值税销项税额。

价外费用，包括价外向购买方收取的手续费、补贴、基金、集资费、返还利润、奖励金、违约金、滞纳金、延期付款利息、赔偿金、代收款项、代垫款项、包装费、包装物出租金、储备费、优质费、运输装卸费，以及其他各种性质的价外收费。但下列项目不包括在内。

（1）同时符合以下条件代为收取的政府性基金或者行政事业性收费：由国务院或者财政部批准设立的政府性基金，由国务院或者省级人民政府及其财政、价格主管部门批准设立的行政事业性收费；收取时开具省级以上财政部门印制的财政票据；所收款项全额上缴财政。

（2）以委托方名义开具发票代委托方收取的款项。

（二）从量定额征收的计税依据——销售数量

（1）基本规定：销售数量包括纳税人开采或者生产应税产品的实际销售数量和视同销售的自用数量。

（2）纳税人不能准确提供应税产品销售数量的，以应税产品的产量或者主管税务机关确定的折算比换算成的数量为计征资源税的销售数量。

（3）纳税人在资源税纳税申报时，除财政部、国家税务总局另有规定外，应当将其应税和减免税项目分别计算和报送。

（4）对于连续加工前无法正确计算原煤移送使用量的煤炭：按加工产品的综合回收率还原成原煤数量。

（5）金属和非金属矿产品原矿：因无法准确掌握纳税人移送使用原矿数量的，可将其精矿按选矿比折算成原矿数量，以此作为课税数量，其计算公式如下：

选矿比＝精矿数量/耗用原矿数量

（6）纳税人以自产的液体盐加工固体盐，按固体盐税额征税，以加工的固体盐数量为课税数量。纳税人以外购的液体盐加工成固体盐，其加工固体盐所耗用液体盐的已纳税额准予抵扣。

四、资源税应纳税额的计算

（1）实行从价定率征收的，根据应税产品的销售额和规定的税率计算应纳税额，具体公式如下：

应纳税额＝（不含增值税）销售额×税率

例 7-1：某油田 2014 年 3 月销售原油 20000 吨，开具增值税专用发票取得销售额 10000 万元、增值税额 1700 万元，按《资源税税目税率表》的规定，其适用的税率为 8%。请计算该油田 3 月应缴纳的资源税。

解析：应纳资源税＝10000×8%＝800（万元）

纳税人申报的应税产品销售额明显偏低并且无正当理由的、有视同销售应税产品行为而无销售额的，除财政部、国家税务总局另有规定外，按下列顺序确定其销售额：按纳税人最近时期同类产品的平均销售价格确定；按其他纳税人最近时期同类产品的平均销售价格确定；按组成计税价格确定。

组成计税价格的计算公式如下：

组成计税价格＝成本×（1＋成本利润率）÷（1－税率）

公式中的成本是指应税产品的实际生产成本。公式中的成本利润率由省、自治区、直辖市税务机关确定。

例 7-2：某企业将境内开采的原油 200 吨交由关联企业对外销售，该企业原油平均每吨含增值税销售价格 6435 元，关联企业对外含增值税销售额每吨 6552 元，当月全部销售，该企业原油资源税税率 5%，该企业就该业务应缴纳多少资源税。

解析：应纳资源税＝6552×200÷（1＋17%）×5%＝56000（元）

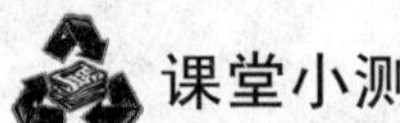
课堂小测

【单选题】1．纳税人将其开采的从价计征资源税的应税产品直接出口的，应（　　）。

A．免征资源税

B．按其同类资源平均销售价格计算销售额征收资源税

C．按其同类资源最高销售价格计算销售额征收资源税

D．按其离岸价格（不含增值税）计算销售额征收资源税

【单选题】2．根据资源税规定，纳税人既有对外销售应税产品，又有将应税产品自用于除连续生产应税产品以外的其他方面的，对自用应税产品，移送时应纳资源税的销售额是该产品的（　　）。

A．成本价　　B．最低价　　C．最高价　　D．平均价

【单选题】3．某油气田开采企业 2012 年 9 月开采天然气 300 万立方米，开采成本为 400 万元，全部销售给关联企业，价格明显偏低并且无正当理由。当地无同类天然气售价，主管税务机关确定的成本利润率为 10%，则该油气田企业当月应纳资源税（　　）万元。（天然气资源税税率 5%）

A．2　　B．20　　C．22　　D．23.16

（2）实行从量定额征收的，根据应税产品的课税数量和规定的单位税额计算应纳税额，具体计算公式如下：

应纳税额＝课税数量×单位税额

所称课税数量，包括纳税人开采或者生产应税产品的实际销售数量和视同销售的自用数量。

纳税人不能准确提供应税产品销售数量或移送使用数量的，以应税产品的产量或主管税务机关确定的折算比换算成的数量为课税数量。

金属和非金属矿产品原矿。因无法准确掌握纳税人移送使用原矿数量的，可将其精矿按选矿比折算成原矿数量作为课税数量。

例 7-3：某矿山开采企业在开采锌矿过程中伴采锰矿石。2009 年 7 月开采锌矿石 400 万吨、锰矿石 15 万吨。本月销售提炼的锰精矿 40 万吨，选矿比为 20%；销售锌、锰矿石原矿 300 万吨，锌矿石和锰矿石销售时未分别核算。该矿山 2009 年 7 月应缴纳资源税多少万元。（该矿山资源税单位税额：锌矿 10 元/吨，锰矿 2 元/吨）

解析：该矿山 2009 年 7 月应缴纳的资源税＝40÷20%×2＋300×10＝3400（万元）

课堂小测

【单选题】1. 某采矿企业 2013 年 12 月开采锡矿石 50000 吨，销售锡矿原矿 40000 吨、锡矿精矿 100 吨，选矿比为 1∶15，锡矿石资源税适用税额 0.6 元/吨。该企业 12 月份应纳资源税（　　）元。

A. 24900　　B. 17430　　C. 24060　　D. 16842

【单选题】2. 某钨矿企业 2013 年 12 月共开采钨矿石原矿 80000 吨，直接对外销售钨矿石原矿 40000 吨，销售以部分钨矿石原矿入选的精矿 9000 吨，选矿比为 40%。钨矿石资源税税额 8 元/吨。该企业 12 月份应缴纳资源税（　　）元。

A. 320000　　B. 392000　　C. 640000　　D. 500000

五、资源税的税收优惠

（一）减免税项目

（1）开采原油过程中用于加热、修井的原油免税。

（2）纳税人开采或者生产应税产品过程中，因意外事故或者自然灾害等原因遭受重大损失的，由省、自治区、直辖市人民政府酌情决定减税或者免税。

（3）铁矿石资源税减按 80%征收。

（4）尾矿再利用不征收资源税。

（5）对地面抽采煤层气（煤矿瓦斯）暂不征收资源税。

（6）对符合条件的采用充填开采方式采出的矿产资源，资源税减征 50%；对符合条件的衰竭期矿山开采的矿产资源，资源税减征 30%。具体认定条件由财政部、国家税务总局规定。

（二）出口应税产品不退（免）资源税的规定

资源税规定仅对在中国境内开采或生产应税产品的单位和个人征收，进口应税资源产品不缴纳资源税。由于对进口应税产品不征收资源税，相应地，对出口应税产品也不免征或退还已纳资源税。

六、资源税的征收管理

（一）纳税义务发生时间

（1）纳税人采取分期收款结算方式的，其纳税义务发生时间为销售合同规定的收款日期的当天。

（2）纳税人采取预收货款结算方式的，其纳税义务发生时间为发出应税产品的当天。

（3）纳税人采取其他结算方式的，其纳税义务发生时间为收讫销售款或者取得索取销售款凭据的当天。

（4）纳税人自产自用应税产品的纳税义务发生时间，为移送使用应税产品的当天。

（5）扣缴义务人代扣代缴税款的纳税义务发生时间，为支付首笔货款或首次开具支付货款凭据的当天。

（二）纳税地点——开采或生产所在地主管税务机关

（1）凡是缴纳资源税的纳税人，都应当向应税产品开采或者生产地主管税务机关缴纳。

（2）如果纳税人应纳的资源税属于跨省开采，其下属生产单位与核算单位不在同一省、自治区、直辖市的，对其开采的矿产品一律在开采地纳税。

（3）扣缴义务人代扣代缴的资源税，也应当向收购地主管税务机关缴纳。

（三）纳税期限

（1）资源税的纳税期限为1日、3日、5日、10日、15日或者1个月，纳税人的纳税期限由主管税务机关根据实际情况具体核定。不能按固定期限计算纳税的，可以按次计算纳税。

（2）纳税人以1个月为一期纳税的，自期满之日起10日内申报纳税；以1日、3日、5日、10日或者15日为一期纳税的，自期满之日起5日内预缴税款，于次月1日起10日内申报纳税并结清上月税款。

第二节　城镇土地使用税

城镇土地使用税法是指国家调整城镇土地使用税征收与缴纳权利及义务关系的法律关系。现行城镇土地使用税法的基本规范，是2006年12月31日国务院修改并颁布的《中华人民共和国城镇土地使用税暂行条例》（简称《城镇土地使用税暂行条例》），2013年12月4日国务院第三十二次常务会议对该条例做了部分修改（2013年12月7日起实施）。

一、城镇土地使用税概述

（一）城镇土地使用税的概念

城镇土地使用税是以开征范围的土地为征税对象，以实际占用的土地面积为计税标准，按规定税额对拥有土地使用权的单位和个人征收的一种资源税。

（二）城镇土地使用税的特点

1. 对占用土地的行为征税

根据有关法律规定，城镇土地的所有权归国家，单位和个人对占用的土地只有使用权而无所有权。因此，现行的城镇土地使用税实质上是对占用或者使用土地的行为的征税。

2. 征税对象是国有土地

城市的土地属于国家所有。农村和城市郊区的土地，除由法律规定属于国家所有的以外，属于集体所有；宅基地和自留地、自留山，也属于集体所有。国家为了公共利益的需要，可以依照法律规定对土地实行征收或者征用并给予补偿。

3. 征税范围有所限定

城镇土地使用税的征税范围是：城市、县城、建制镇和工矿区内属于国家所有和集体所有的土地，不包括农村集体所有的土地。

4. 实行差别幅度税额

开征土地使用税主要目的之一，就是调节土地级差收入。地理位置的好坏是影响企业运输成本、流通费用高低，进而影响企业利润率高低的重要因素之一。实行差别幅度税额，将土地的级差收入纳入国家财政，不仅有利于理顺国家和土地使用者的分配关系，也为企业公平竞争创造了条件。因此，对不同城镇适用不同的税额，对同一城镇的不同地段，根据市政建设状况和经济繁荣程度来确定高低不等的税额。

课堂小测

【多选题】下列各项中，属于城镇土地使用税特点的有（　　）。

A．对占用土地的行为征税　　B．征税对象是土地
C．征税范围有所限定　　D．兼有凭证税和行为税性质
E．实行差别幅度税额

二、城镇土地使用税的内容

（一）纳税义务人

凡在城市、县城、建制镇、工矿区范围内使用土地的单位和个人，为城镇土地使用税的纳税义务人。具体规定如下。

（1）拥有土地使用权的单位和个人，为纳税义务人。

（2）拥有土地使用权的单位和个人不在土地所在地的，其土地的实际使用人和代管人为纳税义务人。

（3）土地使用权未确定或权属纠纷未解决的，其实际使用人为纳税义务人。

（4）土地使用权共有的，共有各方都是纳税义务人，由共有各方分别纳税。

课堂小测

【多选题】城镇土地使用税的纳税人通常包括有（　　）。

A．拥有土地使用权的单位和个人

B．土地使用权出租的，承租人为纳税人

C．土地使用权未确定或权属纠纷未解决的，其实际使用人为纳税义务人

D．土地使用权共有的，共有各方都是纳税义务人，由共有各方分别纳税

（二）征收范围

城镇土地使用税的征税范围是税法规定的纳税区域内的土地。凡在城市、县城、建制镇、工矿区范围内的土地，不论是国家所有的土地，还是集体所有的土地，都属于城镇土地使用税的征税范围。

城市是指经国务院批准设立的市，包括市区和郊区。县城是指县人民政府所在地，即县人民政府所在的城镇。建制镇是指经省、自治区、直辖市人民政府批准设立的建制镇，即镇人民政府所在地。工矿区是指工商业比较发达，人口比较集中，符合国务院规定的建制镇标准，但尚未设立镇建制的大中型工矿企业所在地。工矿区须经省、自治区、直辖市人民政府批准。

城市、县城、建制镇、工矿区的具体征税范围，由各省、自治区、直辖市人民政府划定。

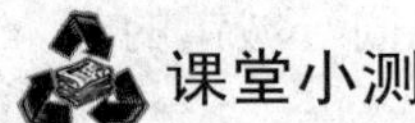

【多选题】下列属于城镇土地使用税纳税人的是（　　）。

A．位于市区拥有土地使用权的外商投资企业

B．位于郊区的内资企业

C．城市共有土地的企业

D．城市、县城、建制镇和工矿区外的工矿企业

（三）税率

城镇土地使用税采用定额税率，即采用有幅度的差别税额，按大、中、小城市和县城、建制镇、工矿区分别规定每平方米土地使用税年应纳税额。具体标准如表 7-2 所示。

表 7-2　城镇土地使用税税率表

级别	人口（人）	每平方米税额（元）
大城市	50 万以上	1.5～30
中等城市	20 万～50 万	1.2～24
小城市	20 万以下	0.9～18
县城、建制镇、工矿区		0.6～12

城镇土地使用税单位税额有较大差别。最高与最低税额之间相差 50 倍，同一地区最高与最低税额之间相差 20 倍。各省、自治区、直辖市人民政府可根据市政建设情况和经济繁荣程度在规定税额幅度内，确定所辖地区的适用税额幅度。经济落后地区，土地使用税的适用税额标准可适当降低，但降低额不得超过上述规定最低税额的 30%。经济发达地区的适用税额标准可以适当提高，但须报财政部批准。

三、城镇土地使用税应纳税额的计算

（一）计税依据

按照规定，土地使用税以纳税人实际占用的土地面积为计税依据，计量标准为每平方米。

土地面积是指由省、自治区、直辖市人民政府确定的单位组织测定的土地面积。尚未组织测量，但纳税人持有政府部门核发的土地使用证书的，以证书确认的土地面积为准；尚未核发土地使用权证书的，应当由纳税人据实申报土地面积，并据以纳税，待核发土地使用权证书后再做调整。

课堂小测

【单选题】城镇土地使用税的计税依据是（　　）。

A. 建筑面积　B. 实际占用土地面积　C. 使用面积　D. 居住面积

（二）应纳税额的计算

土地使用税按纳税人实际占用的土地面积，依照规定的税额计算征收。其计算公式如下：

年应纳土地使用税税额＝实际占用的土地面积（平方米）×单位适用税额

同一土地的土地使用权由几方共有的，由共有各方按照各自实际使用的土地面积的比例，分别计算其应缴纳的城镇土地使用税。

例 7-4：武泰钢材进出口公司占用土地面积为 1500 平方米，每平方米年税额为 6 元。请计算其全年应纳的土地使用税税额。

解析：应纳城镇土地使用税税额＝1500×6＝9000（元）

四、城镇土地使用税的税收优惠

（一）《城镇土地使用税暂行条例》或其他法规中规定的统一免税项目

（1）国家机关、人民团体、军队自用的土地。

（2）由国家财政部门拨付事业经费的单位自用的土地。

（3）宗教寺庙、公园、名胜古迹自用的土地。

（4）市政街道、广场、绿化地带等公共用地。

（5）直接用于农、林、牧、渔业的生产用地。

（6）经批准开山填海整治的土地和改造的废弃土地，从使用的月份起免缴土地使用税 5～10 年。

（7）对非营利性医疗机构、疾病控制机构和妇幼保健机构等卫生机构自用的土地，免征城镇土地使用税。

（8）企业办的学校、医院、托儿所、幼儿园，其用地能与企业其他用地明确区分的，免征城镇土地使用税。

（9）免税单位无偿使用纳税单位的土地（如公安、海关等单位使用铁路、民航等单位的土地），免征城镇土地使用税。纳税单位无偿使用免税单位的土地，纳税单位应照章缴纳城镇土地使用税。纳税单位与免税单位共同使用、共有使用权土地上的多层建筑，对纳税单位可按其占用的建筑面积占建筑总面积的比例计征城镇土地使用税。

（10）对行使国家行政管理职能的中国人民银行总行（含国家外汇管理局）所属分支机构自用的土地，免征城镇土地使用税。

（11）政策性减免税照顾。

重点包括以下几条。

① 对企业厂区以外的公共绿化用地和向社会开放的公园用地，暂免征收城镇土地使用税。

② 机场飞行区用地免税；机场道路分为场内、场外道路，场外道路用地免征城镇土地使用税，场内道路用地依照规定征收土地使用税。

③ 在城镇土地使用税征收范围内经营采摘、观光农业的单位和个人，其直接用于采摘、观光的种植、养殖、饲养的土地，根据《中华人民共和国城镇土地使用税暂行条例》第6条中“直接用于农、林、牧、渔业的生产用地”规定，免征城镇土地使用税。

④ 对核电站的核岛、常规岛、辅助厂房和通信设施用地（不包括地下线路用地），生活、办公用地按规定征收城镇土地使用税，其他用地免征城镇土地使用税。对核电站应税土地在基建期内减半征收城镇土地使用税。

⑤ 对专门经营农产品的农产品批发市场、农贸市场使用的土地，暂免征收城镇土地使用税。

⑥ 对物流企业自有的（包括自用和出租）大宗商品仓储设施用地，减按适用税额的50%计征城镇土地使用税。

（二）由省、自治区、直辖市地方税务局确定减免的土地使用税

（1）个人所有的居住房屋及院落用地。

（2）房产管理部门在房租调整改革前经租的居民住房用地。

（3）免税单位职工家属的宿舍用地。

（4）集体和个人办的各类学校、医院、托儿所、幼儿园用地。

（5）向居民供热并向居民收取采暖费的供热企业暂免征收土地使用税。对既向居民供热，又向非居民供热的企业，可按向居民供热收取的采暖费收入占企业总收入的比例划分征免税界限；对于兼营供热的企业，可按向居民供热收取的采暖费收入占其生产经营总收入的比例划分征免税界限。

（6）对在一个纳税年度内月平均实际安置残疾人就业人数占单位在职职工总数的比例高于25%（含25%）且实际安置残疾人人数高于10人（含10人）的单位，可减征或免征该年度城镇土地使用税。具体减免税比例及管理办法由省、自治区、直辖市财税主管部门确定。

五、征收管理

（一）纳税期限

城镇土地使用税实行按年计算、分期缴纳的征收办法，具体纳税期限由省、自治区、直辖市人民政府确定。纳税人可分别按月、季或半年等不同的期限缴纳。

（二）纳税义务时间

（1）新征用的耕地，自批准征用之日起满1年时开始缴纳土地使用税。

（2）新征用的非耕地，自批准征用次月起缴纳土地使用税。

（3）购置新建商品房，自房屋交付使用之次月起计征房产税和城镇土地使用税。

（4）购置存量房，自办理房屋权权属转移、变更登记手续，房地产权属登记机关签发房屋权属证书之次月起计征房产税和城镇土地使用税。

（5）出租、出借房产，自交付出租、出借房产之次月起计征房产税和城镇土地使用税。

（6）以出让或转让方式有偿取得土地使用权的，应由受让方从合同约定交付土地时间的次月起缴纳城镇土地使用税；合同未约定交付土地时间的，由受让方从合同签订的次月起缴纳城镇土地使用税。

（7）自2009年1月1日起，纳税人因土地的权利发生变化而依法终止城镇土地使用税纳税义务的，其应纳税款的计算应截止到土地权利发生变化的当月末。

（三）纳税地点

土地使用税由土地所在的税务机关征收。土地管理机关应当向土地所在地的税务机关提供土地使用权属资料。纳税人使用的土地不属于同一省（自治区、直辖市）管辖范围的，应由纳税人分别向土地所在地的税务机关缴纳；在同一省（自治区、直辖市）管辖范围内，纳税人跨地区使用的土地，其纳税地点由省、自治区、直辖市税务机关确定。

课堂小测

【多选题】下列关于城镇土地使用税征收管理的说法，正确的有（　）。

A．纳税人使用的土地不在同一省、自治区、直辖市管辖的，由纳税人分别向土地所在地的税务机关缴纳土地使用税

B．纳税人使用的土地在同一省、自治区、直辖市范围内，但跨地区使用的，其纳税地点由省、自治区、直辖市人民政府确定

C．纳税人新征用的耕地，自批准征用之日起满1年时开始计算缴纳土地使用税

D．纳税人新征用的非耕地，自批准征用次月起缴纳土地使用税

第三节 土地增值税

土地增值税法是指国家制定的调整土地增值税征收与缴纳之间权利及义务关系的法律规范。现行土地增值税法的基本规范，是 2011 年 1 月 8 日，国务院修订发布的《中华人民共和国土地增值税暂行条例》（以下简称《土地增值税暂行条例》）。

一、土地增值税概述

（一）土地增值税的概念

土地增值税是对有偿转让国有土地使用权及地上建筑物和其他附着物产权，并取得增值性收入的单位和个人所征收的一种税。

（二）土地增值税的特点

1. 以转让房地产取得的增值额为征税对象

我国的土地增值税属于“土地转移增值”的类型，将土地、房屋的转让收入合并征收。作为征税对象的增值额，是纳税人转让房地产的收入减除税法规定准予扣除项目金额后的余额。

2. 征税面比较广

凡在我国境内转让房地产并取得收入的单位和个人，除税法规定免税的外，均应依照税法规定缴纳土地增值税。换而言之，凡发生应税行为的单位和个人，不论其经济性质，也不分内、外资企业或中、外籍人员，无论专营或兼营层地产业务，均有缴纳土地增值税的义务。

3. 采用扣除法和评估法计算增值额

土地增值税在计算方法上考虑我国实际情况，以纳税人转让房地产取得的收入，减除法定扣除项目金额后的余额作为计税依据。对旧房及建筑物的转让，以及对纳税人转让房地产申报不实、成交价格偏低的，则采用评估价格法确定增值额，计征土地增值税。

4. 实行超率累进税率

土地增值税的税率是以转让房地产的增值率高低为依据，按照累进原则设计的，实行分级计税。增值率高的，适用税率高，多纳税；增值率低的，税率低，少纳税，税收负担较为合理，便于体现国家政策。

5. 实行按期和按次征收相结合

土地增值税在房地产发生转让的环节，区别情况分别实行按期和按次征收。对于房地产开发企业房地产交易频繁的，按期汇总征收；对于其他纳税人，则实行按次征收，每发生一次转让行为，就应根据每次取得的增值额征一次税。

二、土地增值税的内容

（一）纳税义务人

1. 纳税人

纳税人是指转让国有土地使用权、地上建筑物及其附着物并取得收入的单位和个人。单位是指各类企业单位、事业单位、国家机关和社会团体及其他组织。个人包括个体经营者。只要有偿转让房地产，都是土地增值税的纳税人。

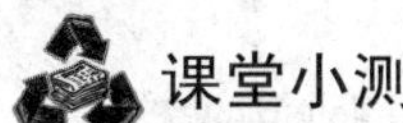

课堂小测

【单选题】土地增值税是在房地产的（　　）环节征收的。

A. 出租　　B. 转让　　C. 使用　　D. 建设

（二）征税范围

1. 征税范围的一般规定

（1）土地增值税只对转让国有土地使用权的行为征税，对出让国有土地使用权的不征税（国有土地使用权出让交契税）。

（2）土地增值税既对转让土地使用权的行为征税，也对转让地上建筑物及其他附着物产权的行为征税。

地上的建筑物，是指建于土地上的一切建筑物，包括地上、地下的各种附属设施。附着物，是指附着于土地上的不能移动或一经移动即遭损坏的物品。

（3）土地增值税只对有偿转让的房地产征税，对以继承、赠与等方式无偿转让的房地产，不予征税。

2. 征税范围的具体和特殊规定

（1）出售：包括转让国有土地使用权、转让地上建筑物及其附着物产权及存量房地产的买卖。

（2）房地产继承、赠与。

① 房地产的继承。这种行为虽然发生了房地产的权属变更，但作为房地产产权、土地使用权的原所有人（即被继承人）并没有因为权属变更而取得任何收入。因此，这种房地产的继承不属于土地增值税的征税范围。

② 房地产赠与。这里所说的赠与不属于土地增值税的征税范围只限于下面这两种情况：第一，房产所有人，土地使用权所有人将房屋产权，土地使用权赠与直系亲属或承担直接赡养义务人的。第二，房产所有人，土地使用权所有人通过中国境内非营利的

社会团体，国家机关将房屋产权，土地使用权赠与教育，民政和其他社会福利，公益事业的。

上述社会团体是指中国青少年发展基金会、希望工程基金会、宋庆龄基金会、减灾委员会、中国红十字会、中国残疾人联合会、全国老年基金会、老区促进会，以及经民政部门批准成立的其他非营利的公益性组织。

其他方式的赠与（非公益性赠与）要交土地增值税。

（3）以房地产投资、联营：以房地产进行投资、联营的，投资、联营的一方以土地（房地产）作价入股进行投资或作为联营条件，将房地产转让到所投资、联营的企业中时，暂免征收入地增值税；对投资、联营企业将上述房地产再转让的，应征收土地增值税。

但投资、联营的企业从事房地产开发的，或者房地产开发企业以其建造的商品房进行投资和联营的，应当征收土地增值税。

（4）房地产开发企业将开发的部分房地产转为企业自用或用于出租等商业用途产权未发生转移的不征税，产权转移的要交土地增值税。

（5）房地产交换：单位之间以房地产与另一方的房地产进行交换的要交土地增值税；个人之间互换自用居住房地产，免征土地增值税。

（6）合作建房：对于一方出地，一方出资金，双方合作建房，建成后按比例分房自用，暂免征收土地增值税；建成后转让的，应征收土地增值税。

（7）房地产的出租：指房产所有者或土地使用者，将房产或土地使用权租赁给承租人使用，由承租人向出租人支付租金的行为。房地产企业虽然取得了收入，但没有发生房产产权、土地使用权的转让，因此，不属于土地增值税的征税范围。

（8）房地产抵押：指房产所有者或土地使用者作为债务人或第三人向债权人提供不动产作为清偿债务的担保而不转移权属的法律行为。这种情况下房产的产权、土地使用权在抵押期间并没有发生权属的变更，因此对房地产的抵押，在抵押期间不征收土地增值税。

（9）其他。

① 企业兼并转让房地产，在企业兼并中，对被兼并企业将房地产转让到兼并企业中的，免征收土地增值税。

② 房地产的代建行为，是指房地产开发公司代客户进行房地产的开发，开发完成后向客户收取代建收入的行为。对于房地产开发公司而言，虽然取得了收入，但没有发生房地产权属的转移，其收入属于劳务收性质，故不在土地增值税的征税范围内。

③ 房地产的重新评估，按照财政部门的规定，国有企业在清产核资时对房地产进行重新评估而产生的评估增值，因其既没有发生房地产权属的转移，房产产权、土地使用权人也未取得收入，所以不属于土地增值税的征税范围。

（10）土地使用者处置土地使用权，土地使用者转让、抵押或置换土地。无论其是否取得了该土地的使用权属证书，无论其在转让、抵押或置换土地过程中是否与对方当事人办理了土地使用权属证书变更登记手续，只要土地使用者享有占用、使用收益或处分该土地的权利，具有合同等到证据表明其实质转让、抵押或置换了土地并取得了相应的经济利益，土地使用者及其对方当事人就应当依照税法规定缴纳营业税、土地增值税和契税等。

课堂小测

【单选题】下列各项中，应当征收土地增值税的是（　　）。

A．公司与公司之间互换房产　　B．房地产开发公司为客户代建房产

C．兼并企业从被兼并企业取得房产　　D．双方合作建房按比例分配房产后自用

【多选题】根据土地增值税法的规定，下列各项中，属于土地增值税征收范围的有（　　）。

A．国有土地使用权的出让　　B．房地产的出租

C．房地产的交换

D．一方出地，一方出资金，双方合作建房，建成后转让的

（三）税率

土地增值税实行 4 级超率累进税率，具体税率如表 7-3 所示。

表 7-3　土地增值税四级超率累进税率表

级数	增值额与扣除项目金额的比率	税率（%）	速算扣除系数（%）
1	不超过 50%的部分	30	0
2	超过 50%至 100%的部分	40	5
3	超过 100%至 200%的部分	50	15
4	超过 200%的部分	60	35

课堂小测

【单选题】1．下列各项中，采用累进税率计算应纳税额的有（　　）。

A．企业所得税　　B．个人所得税　　C．土地增值税　　D．车辆购置税

【单选题】2．选择土地增值税适用税率的依据是（　　）。

A．转让房地产的收入额与扣除项目金额之比

B．增值额与转让房地产的收入额之比

C．增值额与扣除项目金额之比

D．扣除项目金额与增值额之比

三、土地增值税的计税依据

土地增值税的计税依据为转让房地产所取得的增值额。增值额是指纳税人转让房地产所取得的收入减去税法规定的扣除项目金额后的余额。其计算公式如下：

增值额＝转让房地产取得的收入－允许扣除项目金额

（一）转让房地产取得的收入

纳税人转让房地产取得的收入（不含增值税），包括转让房地产的全部价款及有关

的经济收益。从收入的形式来看，包括货币收入、实物收入和其他收入。

（二）扣除项目金额的确定

1. 取得土地使用权所支付的金额

（1）取得土地使用权所支付的金额，包括纳税人为取得土地使用权所支付的地价款。具体形式有 3 种。

① 以出让方式取得土地使用权的，为支付的土地出让金。

② 以行政划拨方式取得土地使用权的，为转让土地使用权时按规定补缴的出让金。

③ 以转让方式取得土地使用权的，为支付的地价款。

（2）纳税人在取得土地使用权时按国家统一规定缴纳的有关费用。

纳税人在取得土地使用权过程中，按国家统一规定缴纳的有关登记、过户手续费。房地产开发企业为取得土地使用权所支付的契税，应视同“按国家统一规定交纳的有关费用”，计入“取得土地使用权所支付的金额”中扣除。

2. 房地产开发成本

房地产开发成本是指纳税人开发项目实际发生的成本，包括土地的征用及拆迁补偿费、前期工程费、建筑安装工程费、基础设施费、公共配套设施费、开发间接费用等。

3. 房地产开发费用

房地产开发费用是指与房地产开发项目有关的销售费用、管理费用和财务费用。它不是按照纳税人实际发生额进行扣除的。

① 财务费用中的利息支出，凡能够按转让房地产项目计算分摊并提供金融机构证明的，允许据实扣除，但最高不能超过按商业银行同类同期贷款利率计算的金额。其他房地产开发费用，在按照“取得土地使用权所支付的金额”与“房地产开发成本”金额之和的 5%以内计算扣除。

② 凡不能按转让房地产项目计算分摊利息支出或不能提供金融机构证明的，房地产开发费用在按“取得土地使用权所支付的金额”与“房地产开发成本”金额之和的 10%以内计算扣除。

全部使用自有资金，没有利息支出的，按照以上方法扣除。

③ 房地产开发企业既向金融机构借款，又有其他借款的，其房地产开发费用计算扣除时不能同时适用①②项所述两种办法。

④ 土地增值税清算时，已经计入房地产开发成本的利息支出，应调整至财务费用中计算扣除。

4. 与转让房地产有关的税金

具体包括转让房地产时缴纳的城市维护建设税、印花税及教育费附加。

（1）房地产开发企业：城建税、教育费附加。

（2）非房地产开发企业：城建税、教育费附加、印花税。

（3）外商投资房地产开发企业的税金不含城市维护建设税和教育费附加。

（4）个人转让二手房地产，其在购入环节缴纳的契税，包含在评估价格中，不得再行扣除。

5. 财政部确定的其他扣除项目

（1）只适用从事房地产开发的纳税人，其他纳税人不适用。

（2）对从事房地产开发的纳税人可按取得土地使用权所支付的金额和房地产开发成本计算的金额之和，加计20%扣除。

6. 旧房及建筑物的评估价格

（1）纳税人转让旧房的，应按房屋及建筑物的评估价格、取得土地使用权所支付的地价款或出让金和按国家统一规定缴纳的有关费用和转让环节缴纳的税金作为扣除项目金额计征土地增值税。

（2）旧房及建筑物的评估价格是指在转让已使用的房屋及建筑物时，由政府批准设立的房地产评估机构评定的重置成本价乘以成新度折扣率后的价格，评估价格需经当地地税机关确认。

（3）纳税人转让旧房及建筑物，凡不能取得评估价格，但能提供购房发票的，经当地税务部门确认，可按发票所载金额并从购买年度起至转让年度止每年加计 5%计算，对于纳税人购房时缴纳的契税，凡能够提供契税完税凭证的，准予作为“与转让房地产有关的税金”予以扣除，但不作为加计 5%的基数。

（三）按房地产评估价格计算征税的规定

纳税人有下列情形之一的，按房地产评估价格计算征收土地增值税。

（1）隐瞒、虚报房地产成交价格的。

（2）提供扣除项目金额不实的。

（3）转让房地产的成交价格低于房地产评估价格，又无正当理由的。

（4）非直接销售和自用房地产，房地产开发企业将开发产品用于职工福利、奖励、对外投资、分配给股东或投资人、抵偿债务、换取其他单位和个人的非货币性资产等，发生所有权转移时应视同销售房地产，其收入按下列方法和顺序确认。

① 按本企业在同一地区、同一年度销售的同类房地产的平均价格确定。

② 由主管税务机关参照当地当年、同类房地产的市场价格或评估价值确定。

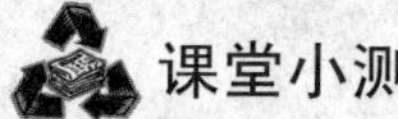

课堂小测

【单选题】土地增值税的纳税人隐瞒、虚报房地产成交价格的，按照（　　）计算征收。

A．最高一档税率　　B．扣除项目金额不得扣除的原则

C．成交价格加倍，扣除项目金额减半的办法　　D．房地产评估价格

【多选题】纳税人转让旧房，在计算土地增值额时，允许扣除的项目有（　　）。

A．转让环节缴纳给国家的各项税费

B．经税务机关确认的房屋及建筑物的评估价格

C．当期发生的管理费用、财务费用和销售费用

D．取得土地使用权所支付的价款和按国家规定缴纳的有关税费

四、土地增值税应纳税额的计算

根据《土地增值税暂行条例》的规定，土地增值税按照纳税人转让房地产所取得的增值额和规定的税率计算征收。土地增值税的计算公式如下：

应纳税额＝∑（每级距的土地增值额×适用税率）

或

应纳税额＝增值额×税率－扣除项目金额×速算扣除系数

例 7-5：假定某房地产开发公司转让商品房一栋，取得收入总额为 1000 万元，应扣除的购买土地的金额、开发成本的金额、开发费用的金额、相关税金的金额、其他扣除金额合计为 400 万元。请计算该房地产开发公司应缴纳的土地增值税。

解析：（1）增值额＝1000－400＝600（万元）

（2）增值额与扣除项目金额的比率＝600÷400＝150%

（3）应缴纳土地增值税＝600×50%－400×15%＝240（万元）

例 7-6：某房地产开发公司出售一幢写字楼，收入总额为 10000 万元。开发该写字楼有关支出为：支付地价款及各种费用 1000 万元；房地产开发成本 3000 万元；财务费用中的利息支出为 500 万元（可按转让项目计算分摊并提供金融机构证明），但其中有 50 万元属加罚的利息；转让环节缴纳的有关税费共计为 555 万元；该单位所在地政府规定的其他房地产开发费用计算扣除比例为 5%。计算该房地产开发公司应纳的土地增值税。

解析：（1）取得土地使用权支付的地价未及有关费用为 1000 万元

（2）房地产开发成本为 3000 万元

（3）房地产开发费用＝500－50＋（1000＋3000）×5%＝650（万元）

（4）允许扣除的税费为 555 万元

（5）从事房地产开发的纳税人加计扣除 20%

加计扣除额＝（1000＋3000）×20%＝800（万元）

（6）允许扣除的项目金额合计＝1000＋3000＋650＋555＋800＝6005（万元）

（7）增值额＝10000－6005＝3995（万元）

（8）增值率＝3995÷6005×100%＝67%

（9）应纳税额＝3995×40%－6005×5%＝1297.75（万元）

例 7-7：某工业企业转让一幢 20 世纪 90 年代建造的厂房，当时造价 100 万元，无偿取得土地使用权。如果按现行市场价的材料、人工费计算，建造同样的房子需 600 万元，该房子为 7 成新，按 500 万元出售，支付有关税费计 27.5 万元。计算企业转让旧房应缴纳的土地增值税税额。

解析：（1）评估价格＝600×70%＝420（万元）

（2）允许扣除的税金 27.5 万元

（3）扣除项目金额合计＝420＋27.5＝447.5（万元）

（4）增值额＝500－447.5＝52.5（万元）

（5）增值率＝52.5÷447.5×100%＝12%

（6）应纳税额＝52.5×30%＝15.75（万元）

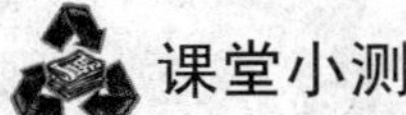

课堂小测

【单选题】1．2010 年某房地产开发公司销售其新建商品房一幢，取得销售收入 1.4 亿元，已知该公司支付与商品房相关的土地使用权费及开发成本合计为 4800 万元；该公司没有按房地产项目计算分摊银行借款利息；该商品房所在地的省政府规定计征土地增值税时房地产开发费用扣除比例为 10%；销售商品房缴纳的有关税金 770 万元。该公司销售该商品房应缴纳的土地增值税为（　　）万元。

A．2256.5　　B．2445.5　　C．3070.5　　D．3080.5

【单选题】2．某房地产开发公司转让 5 年前购入的一块土地，取得转让收入 1800 万元，该土地购进价 1200 万元，取得土地使用权时缴纳相关税费 40 万元，转让该土地时缴纳相关税费 35 万元。该房地产开发公司转让土地应缴纳土地增值税（　　）万元。

A．73.5　　B．150　　C．157.5　　D．300

五、土地增值税的税收优惠

（1）法定免税。有下列情形之一的，免征土地增值税。

① 纳税人建造普通标准住宅出售，增值额未超过扣除项目金额 20%。

② 因国家建设需要依法征用、收回的房地产。

（2）转让房地产免税。因城市规划、国家建设的需要而搬迁，由纳税人自行转让原房地产的，经税务机关审核，免征土地增值税

（3）个人销售住房：2008 年 11 月 1 日起，对居民个人销售住房一律免征收土地增值税。

（4）对于一方出地，一方出资金，双方合作建房，建成后按比例分房自用的，暂免征收土地增值税；建成后转让的，应征收土地增值税。

（5）在企业兼并中，对被兼并企业将房地产转让到兼并企业中的，暂免征收土地增值税。

（6）房产所有人、土地使用权所有人通过中国境内非营利社会团体、国家机关将房屋产权、土地使用权赠与教育、民政和其他社会福利、公益事业的，不征收土地增值税。

（7）对个人之间互换自有居住用房地产的，经当地税务机关核实，可以免征土地增值税。

（8）企事业单位、社会团体，以及其他组织转让旧房作为廉租住房、经济适用住房房源且增值额未超过扣除项目金额 20%的，免征土地增值税。

（9）由政府为受灾居民组织建设的安居房免征城镇土地使用税，转让时免征土地增

值税。

（10）企事业单位、社会团体，以及其他组织转让旧房作为改造安置住房房源且增值额未超过扣除项目金额20%的，免征土地增值税。

（11）对企事业单位、社会团体，以及其他组织转让旧房作为公租房房源，且增值额未超过扣除项目金额20%的，免征土地增值税。

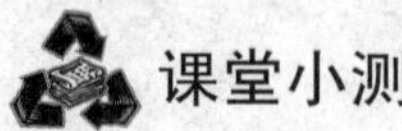

课堂小测

【单选题】下列项目中，属于土地增值税免税范围的是（　　）。

A．建造普通标准住宅出售，增值额超过扣除项目金额之和20%的

B．个人之间互换自有居住用房地产的

C．非房地产开发企业对外投资（投资于房地产开发企业）的房产

D．企事业单位转让旧房

六、土地增值税的征收管理

（一）纳税义务发生时间

（1）签订转让房地产合同。纳税人与当事人签订转让房地产合同之日为纳税义务发生时间。

（2）法院判决或裁定。法院在进行民事判决、民事裁定、民事调解过程中，判决或裁定房地产所有权转移，土地增值税纳税义务发生时间以判决书、裁定书、民事调解书确定的权属转移时间为准。

（3）仲裁机构裁决。依法设立的仲裁机构裁决房地产权属转移，土地增值税纳税义务发生时间以仲裁书明确的权属转移时间为准。

（二）纳税地点——房地产所在地主管税务机关

土地增值税的纳税人应向房地产所在地主管税务机关办理纳税申报，并在税务机关核定的期限内缴纳土地增值税。这里所说的“房地产所在地”，是指房地产的坐落地。纳税人转让的房地产坐落在2个或2个以上的地区的，应按房地产所在地分别申报纳税。

在实际工作中，纳税地点的确定又可分为以下两种情况。

（1）纳税人是法人的，当转让的房地产坐落地与机构所在地或经营所在地一致时，则向办理税务登记的原管辖税务机关申报纳税即可；如果转让的房地产坐落地与其机构所在地或经营所在地不一致时，则应向房地产坐落地所管辖的税务机关申报纳税。

（2）纳税人是自然人的，当转让的房地产坐落地与其居住地一致时，则向其居住地税务机关申报纳税；当转让的房地产坐落地与其居住地不一致时，向办理过户手续所在地税务机关申报纳税。

（三）纳税期限

土地增值税的纳税人应于转让房地产合同签订之日起7日内到房地产所在地的税务

机关办理纳税申报，并向税务机关提交房屋及建筑物产权、土地使用权证书、土地转让和房产买卖合同、房地产评估报告，以及其他与转让房地产有关的资料。

如果纳税人经常发生房地产转让，难以在每次转让以后申报缴纳土地增值税，可以按月或者按转让房地产所在省（自治区、直辖市和计划单列市）地方税务局规定的期限申报纳税。纳税人选择定期申报方式的，应当向转让房地产所在地的地方税务机关备案。定期申报方式确定以后，1 年以内不得变更。

纳税人在项目全部竣工结算以前转让房地产取得的收入，由于各种原因无法据实计算土地增值税的，可以按照所在省（自治区、直辖市）地方税务局的规定预征税款，待项目全部竣工、办理结算以后清算，多退少补。具体办法由各省、自治区和直辖市地方税务局根据当地的情况制定。

纳税人应按照税务机关核定的税额及规定的期限缴纳土地增值税。

纳税人没有依法缴纳土地增值税，土地管理部门、房产管理部门可以拒办权属变更手续。

第八章 财产税制

第一节 房产税

房产税法是指国家制定的调整房产税征收与缴纳之间权利及义务关系的法律规范。现行房产税法的基本规范，是1986年9月15日，国务院正式发布了《中华人民共和国房产税暂行条例》(以下简称《房产税暂行条例》)，从1986年10月1日开始实施。2011年1月8日，我国对该条例的部分内容进行了修订。

一、房产税概述

(一)房产税的概念

房产税是以房屋为征税对象，按房屋的计税余值或租金收入为计税依据，向产权所有人征收的一种财产税。

所谓房产，是指有屋面和围护结构，能够遮风避雨，可供人们在其中生产、学习、工作、娱乐、居住或储藏物资的场所。但独立于房屋的建筑物如围墙、暖房、水塔、烟囱、室外游泳池等不属于房产。但室内游泳池属于房产。

(二)房产税的特点

1. 房产税属于财产税中的个别财产税，其征税对象只是房屋

根据征收范围和课征方式的不同，财产税可分为一般财产税和个别财产税。一般财产税也称“综合财产税”，是对纳税人拥有的各类财产实行综合课征的税收。个别财产税也称特别财产税或特种财产税，是对纳税人拥有或支配的某种特定财产单独课征的一种财产税。如对土地征收的地产税或土地税，对房屋征收的房产税，对土地和房屋合并征收的房地产税等都属于个别财产税。

2. 征收范围限于城镇的经营性房屋

房产税的征税范围是城市、县城、建制镇和工矿区内的房屋，不包括农村。这主要是为了减轻农民的负担。因为农村的房屋，除了农副业生产用房之外，大部分是农民居住用房。不把农村房屋纳入房产税征税范围，有利于农业发展，繁荣农村经济，促进社会稳定。

3. 区别房屋的经营使用方式规定征税办法

拥有房屋的单位和个人，可以将房屋用于经营自用，又可以把房屋用于出租、出典。

房产税根据纳税人经营形式不同，对自用的按房产计税余值征收，对出租房屋按租金收入征税，使征税办法符合纳税人的经营特点，便于平衡税收负担和征收管理。

二、房产税的内容

（一）纳税义务人

房产税是以房屋为征税对象，按照房屋的计税余值或租金收入，向产权所有人征收的一种财产税。房产税以在征税范围内的房屋产权所有人为纳税人。具体规定如下。

（1）产权属于国家所有的，由经营管理的单位缴纳。

（2）产权属于集体和个人所有的，由集体单位和个人缴纳。

（3）产权出典的，由承典人缴纳。

【提示】所谓的产权出典，是指产权所有人将房屋、生产资料等的产权，在一定期限内典当给其他人使用，而取得资金的一种融资业务。由于在房屋出典期间，产权所有人已无权支配房屋，因此，税法规定由对房屋具有支配权的承典人作为纳税人。

（4）产权所有人、承典人不在房产所在地的，或者产权未确定及租典纠纷未解决的，由房产代管人或者使用人缴纳。

注意以下几点。

① 纳税单位和个人无租使用房产管理部门免税单位及纳税单位的房产，应由使用人代为缴纳房产税。

② 2009 年 1 月 1 日起，外商投资企业和外国企业缴纳房产税。

③ 房地产开发企业建造的商品房，在出售前，不征收房产税，但对出售前房地产开发企业已使用或出租、出借的商品房应按规定征收房产税。

课堂小测

【多选题】下列各项中，符合房产税暂行条例规定的有（　　）。

A．将房屋产权出典的，承典人为纳税人

B．将房屋产权出典的，产权所有人为纳税人

C．房屋产权未确定的，房屋代管人或使用人为纳税人

D．产权所有人不在房产所在地的，房产代管人或使用人为纳税人

（二）征税范围

房产税的征税范围为：城市、县城、建制镇和工矿区。具体规定如下。

（1）城市是指经国务院批准设立的市。

（2）县城是指县人民政府所在地。

（3）建制镇是指经省、自治区、直辖市人民政府批准设立的建制镇。

（4）工矿区是指工商业比较发达，人口比较集中，符合国务院规定的建制镇标准，但尚未设立镇建制的大中型工矿企业所在地。开征房产税的工矿区须经省、自治区、直辖市人民政府批准。

（三）税率和计税依据

房产税适用于企业和个人，房产税的计税依据采用从价计征和从租计征，具体规定如下。

1. 从价计征

对经营自用的房屋，以房产的计税余值作为计税依据。年税率为 1.2%。

所谓计税余值，是指依照税法规定按房产原值一次减除 10%～30%的扣除比例后的余值。各地扣除比例由当地省、自治区、直辖市人民政府确定。如果没有房产原值作为依据，将由房产所在地的税务机关参考同类房产核定。

（1）房产原值：纳税人按会计制度规定，在“固定资产”账簿中记载的房屋原价，包括应当缴纳房产税，但未在该账户中记载的房产。

对按照房产原值计税的房产，无论会计上如何核算，房产原值均应包含地价，包括为取得土地使用权支付的价款、开发土地发生的成本费用等。宗地容积率低于 0.5 的，按房产建筑面积的 2 倍计算土地面积并据此确定计入房产原值的地价。

（2）应包括与房屋不可分割的各种附属设备或一般不单独计算价值的配套设施。如暖气、照明、通风等设备；电力、电讯、给水排水、电梯等。无论会计核算中是否单独记账与核算，均应并入原值计税。

（3）纳税人对原有房屋进行改建、扩建的，要相应增加房屋的原值。对于更换房屋附属设备和配套设施的，在将其价值计入房产原值时，可扣减原来相应设备和设施的价值；对附属设备和配套设施中易损坏、需要经常更换的零配件，更新后不再计入房产原值。

2. 从租计征

对于出租的房屋，以租金收入为计税依据。年税率为 12%。

自 2008 年 3 月 1 日起，对个人出租住房，按 4%的税率征收房产税。

① 如果是以劳务或者其他形式为报酬抵付房租收入的，应根据当地同类房产的租金水平，确定一个标准租金额从租计征。

② 对出租房产，约定免收租金期限的，在免收租金期间由产权所有人按照房产余值缴纳房产税。

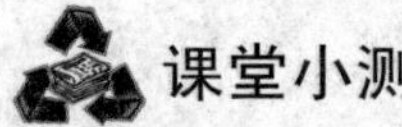

【单选题】房产税的计税依据是（　　）。

A．房产原值　　B．房产余值　　C．房产净值　　D．房产市价

三、房产税应纳税额的计算

1. 从价计征的应纳税额的计算

从价计征是按房产的原值减掉一定的比例后的余值计征，其计算公式如下：

全年应纳税额＝应税房产原值×（1－扣除比例）×1.2%

例 8-1：某企业的经营用房用值为 5000 万元，按照当地规定允许减除 30%。请计算其应纳房产税税额。

解析：应纳税额＝5000×（1－30%）×1.2%＝42（万元）

2. 从租计征的应纳税额的计算

从租计征是按房产的租金收入计征，其计算公式如下：

全年应纳税额＝租金收入×12%（个人为 4%）

例 8-2：某公司出租房屋 10 间，年租金收入为 300000 元。请计算其应纳房产税税额。

解析：应纳税额＝300000×12%＝36000（元）

四、房产税的税收优惠

（1）国家机关、人民团体、军队自用的房产免征房产税。但对出租房产，以及非自身业务使用的生产、营业用房，不属于免税范围。

（2）由国家财政部门拨付事业经费的单位（全额或差额预算管理的事业单位），本身业务范围内使用的房产免征房产税。对于其所属的附属工厂、商店、招待所等不属单位公务、业务的用房，应照章纳税。

（3）宗教寺庙、公园、名胜古迹自用的房产免征房产税。但宗教寺庙、公园、名胜古迹中附设的营业单位，如影剧院、饮食部、茶社、照相馆等所使用的房产及出租的房产，不属于免税范围，应照章纳税。

（4）个人所有非营业用的房产免征房产税。对个人拥有的营业用房或者出租的房产，不属于免税房产，应照章纳税。

（5）经财政部批准免税的其他房产。

① 对非营利性医疗机构、疾病控制机构和妇幼保健机构等卫生机构自用的房产，免征房产税。

② 从 2001 年 1 月 1 日起，对按政府规定价格出租的公有住房和廉租住房，包括企业和自收自支的事业单位向职工出租的单位自有住房，房管部门向居民出租的公有住房，落实私房政策中带户发还产权并以政府规定租金标准向居民出租的私有住房等，暂免征收房产税。

③ 经营公租房的租金收入，免征房产税。公共租赁住房经营管理单位应单独核算公共租赁住房的租金收入，未单独核算的，不得享受免征房产税收优惠政策。

课堂小测

【多选题】免纳房产税的房产包括（　　）。

A．国家机关、人民团体、军队的房产　B．个人所有非营业用的房产

C．宗教寺庙、公园、名胜古迹的房产　D．经财政部批准免税的其他房产

五、房产税的征收管理

（一）纳税义务时间

（1）将原有房产用于生产经营的，纳税义务发生时间从生产经营之月起。

（2）自建房屋用于生产经营的，纳税义务发生时间从建成之日的次月起。

（3）委托施工企业建设的房屋的，纳税义务发生时间从办理验收手续之次月起。

（4）纳税人购置新建商品房的，纳税义务发生时间自房屋交付使用之次月起。

（5）购置存量房的，纳税义务发生时间自办理房屋权属转移，登记机关签发房屋权属证书之次月起。

（6）纳税人出租、出借房产的，纳税义务发生时间自交付出租、出借房产之次月起。

（7）房地产开发企业自用、出租、出借本企业建造商品房的，纳税义务发生时间自房屋使用或交付之次月起。

（8）自 2009 年 1 月 1 日起，纳税人因房产的实物或权利状态发生变化而依法终止房产税纳税义务的，其应纳税款的计算应截止到房产的实物或权利状态发生变化的当月末。

（二）纳税期限

房产税实行按年计算，分期缴纳的征收办法。具体纳税期限由省、自治区、直辖市人民政府确定。

（三）纳税地点

房产税在房产所在地缴纳。房产不在同一地方的纳税人，应按房产的坐落地点分别向房产所在地的税务机关纳税。

课堂小测

【单选题】1. 房产税按（　　）方式缴纳。

A. 按年征收，分期缴纳　　B. 按季征收，分期缴纳

C. 按月征收，分期缴纳　　D. 由省、自治区、直辖市人民政府规定

【单选题】2. 房产税由房产所在地的（　　）负责征收。

A. 财政机关　B. 国家税务局　C. 地方税务局　D. 其他机关

第二节　车　船　税

车船税法是指国家制定的用以调整车船税征收与缴纳权利义务关系的法律规范。现行车船税法的基本规范，是由中华人民共和国第十一届全国人民代表大会常务委员会第十九次会议于 2011 年 2 月 25 日通过了《中华人民共和国车船税法》（以下简称《车船税法》），自 2012 年 1 月 1 日起施行。

一、车船税的概述

（一）车船税的概念

车船税是对在中华人民共和国境内应税的车辆、船舶（以下简称车船）的所有人或者管理人征收的一种税。

（二）车船税的特点

1. 兼有财产税和行为税的性质

车船税对纳税人拥有并使用的车船征税，对纳税人拥有但闲置不用的车船不征税。从这个意义上讲，车船税兼有财产税和行为税共同的性质。

2. 具有单项财产税的特点

车船税的征税对象仅限于车船类运输工具，所以属于单项财产税。

3. 实行分类、分级（项）定额税率

车船税首先划分车辆与船舶，规定它们各自的定额税率。车辆税采用分类、分项税额，即对不同类别和不同项目的车辆规定了最高年税额和最低税额，以适应我国各地经济发展不平衡，车辆种类繁多、大小不同的实际情况。船舶税实行分类、分级固定税额，即对不同类别、不同吨位的船舶，规定全国统一的固定税额，以适应船舶航程长、流动大的特点，保持全国税负的大体均衡。

4. 实行源泉控管

车船税由从事机动车交通事故责任强制保险业务的保险机构代收代缴。

二、车船税的基本内容

（一）纳税义务人

在中华人民共和国境内属于《车船税法》所附《车船税税目税额表》规定的车辆、船舶的所有人或者管理人，为车船税的纳税人，应当依照《车船税法》缴纳车船税。

（1）“管理人”是指对车船具有管理权或使用权，不具有所有权的单位和个人。

（2）从事机动车第三者责任强制保险业务的保险机构为机动车车船税的扣缴义务人，应当依法代收代缴车船税。

（3）上述机动车车船税的扣缴义务人依法代收代缴车船税时，纳税人不得拒绝。

（二）征收范围

车船税的征税范围是指在中华人民共和国境内属于《车船税法》所附《车船税税目

税额表》规定的车辆、船舶。车辆、船舶的含义如下。

（1）依法应当在车船管理部门登记的机动车辆和船舶。

（2）依法不需要在车船管理部门登记、在单位内部场所行驶或者作业的机动车辆和船舶。

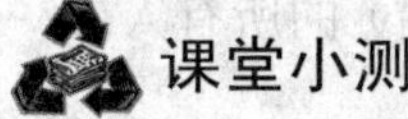

课堂小测

【多选题】车船税的车辆、船舶是指（　　）。

A．依法应当在车船管理部门登记的机动车辆和船舶

B．依法不需要在车船管理部门登记、在单位内部场所行驶的机动车辆

C．依法不需要在车船管理部门登记、在单位内部场所作业的车辆和船舶

D．依法不需要在车船管理部门登记、在单位内部场所作业的机动车辆

（三）税目与税率

《车船税税目税额表》中车辆、船舶的税目适用范围由财政部、国家税务总局参照国家相关标准确定。

车辆的具体适用税额由省、自治区、直辖市人民政府依照《车船税税目税额表》规定的税额幅度和国务院的规定确定，报国务院备案。

车船税采用定额税率，即对征税的车船规定单位固定税额。

（1）机动船舶，以净吨位每吨为单位计税。

（2）游艇，以艇身长度每米为计税单位游艇艇身长度是指游艇的总长。

由于车辆与船舶的行驶情况不同，车船税的税额也有所不同（见表 8-1）。

表 8-1　车船税税目、税额表

	目录	计税单位	年基准税额（元）	备注
乘用车［按发动机汽缸容量（排气量）分档］	1.0 升（含）以下的	每辆	60～360	核定载客人数 9 人（含）以下
	1.0 升以上至 1.6 升（含）的		300～540	
	1.6 升以上至 2.0 升（含）的		360～660	
	2.0 升以上至 2.5 升（含）的		660～1200	
	2.5 升以上至 3.0 升（含）的		1200～2400	
	3.0 升以上至 4.0 升（含）的		2400～3600	
	4.0 升以上的		3600～5400	
商用车	客车	每辆	480～1440	核定载客人数 9 人以上，包括电车
	货车	整备质量每吨	16～120	（1）包括半挂牵引车、三轮汽车和低速载货汽车等 （2）挂车按照货车税额的 50%计算
其他车辆	专用作业车	整备质量每吨	16～120	不包括拖拉机
	轮式专用机械车	整备质量每吨	16～120	
摩托车		每辆	36～180	
船舶	机动船舶	净吨位每吨	3～6	拖船、非机动驳船分别按照机动船舶税额的 50%计算
	游艇	艇身长度每米	600～2000	

（1）机动船舶具体适用税额如下。

① 净吨位不超过 200 吨的，每吨 3 元。

② 净吨位超过 200 吨但不超过 2000 吨的，每吨 4 元。

③ 净吨位超过 2000 吨但不超过 10000 吨的，每吨 5 元。

④ 净吨位超过 10000 吨的，每吨 6 元。

拖船按照发动机功率每 1 千瓦折合净吨位 0.67 吨计算征收车船税。

（2）游艇具体适用税额如下。

① 艇身长度不超过 10 米的，每米 600 元。

② 艇身长度超过 10 米但不超过 18 米的，每米 900 元。

③ 艇身长度超过 18 米但不超过 30 米的，每米 1300 元。

④ 艇身长度超过 30 米的，每米 2000 元。

⑤ 辅助动力帆艇，每米 600 元。

（3）车船税法及其实施条例涉及的整备质量、净吨位、艇身长度等计税单位，有尾数的一律按照含尾数的计税单位据实计算车船税应纳税额。计算得出的应纳税额小数点后超过两位的可四舍五入保留两位小数。

（4）乘用车以车辆登记管理部门核发的机动车登记证书或者行驶证书所载的排气量毫升数确定税额区间。

三、车船税应纳税额的计算与代收代缴

按照纳税地点所在地的省、自治区、直辖市人民政府确定的具体适用税额缴纳车船税车船税由地方税务机关负责征收。

1. 购置新车船的税额计算

购置的新车船，购置当年的应纳税额自纳税义务发生的当月起按月计算。计算公式如下：

$$应纳税额=（年应纳税额\div 12）\times 应纳税月份数$$

2. 被盗抢车船的税额计算

（1）在一个纳税年度内，已完税的车船被盗抢、报废、灭失的，纳税人可以凭有关管理机关出具的证明和完税凭证，向纳税所在地的主管税务机关申请退还自被盗抢、报废、灭失月份起至该纳税年度终了期间的税款。

（2）已办理退税的被盗抢车船失而复得的，纳税人应当从公安机关出具相关证明的当月起计算缴纳车船税。

3. 已缴纳车船税的车船在同一纳税年度内办理转让过户的税额计算

已缴纳车船税的车船在同一纳税年度内办理转让过户的，不另纳税，也不退税。

例 8-3：甲企业属于增值税一般纳税人，11 月购买机动船舶 1 艘，净吨位 210 吨；非机动驳船 1 艘，净吨位 200 吨；发动机功率 500 千瓦的拖船 1 艘。计算该企业当年应

缴纳的车船税。（其他资料：当地机动船舶的车船税计税标准为：净吨位小于或者等于200吨的，每吨3元；净吨位201～2000吨的，每吨4元）

解析：拖船按照发动机功率每1千瓦折合净吨位0.67吨计算征收车船税；

拖船和非机动驳船分别按相同净吨位机动船舶税额的50%计征车船税；

机动船舶应缴纳车船税＝210×4÷12×2＝140（元）

非机动驳船应缴纳车船税＝200×3×50%÷12×2＝50（元）

拖船应缴纳车船税＝500×0.67×4×50%÷12×2＝111.67（元）

该企业当年业务应缴纳的车船税＝140＋50＋111.67＝301.67（元）

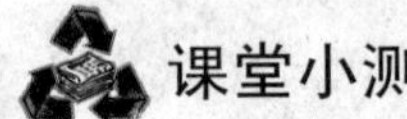

课堂小测

【单选题】某船运公司2013年度拥有旧机动船5艘，每艘净吨位1500吨；拥有拖船4艘，每艘发动机功率2240千瓦。2013年7月购置新机动船6艘，每艘净吨位3000吨。该公司船舶适用的车船税年税额为：净吨位201～2000吨的，每吨4元；净吨位2001～10000吨的，每吨5元。该公司2013年度应缴纳的车船税为（　　）元。

A．87006.4　　B．99006.4　　C．105006.4　　D．123006.4

四、税收优惠

（一）法定减免

（1）捕捞、养殖渔船。

（2）军队、武装警察部队专用的车船。

（3）警用车船。

（4）依照法律规定应当予以免税的外国驻华使领馆、国际组织驻华代表机构及其有关人员的车船。

（5）对节约能源、使用新能源的车船可以减征或者免征车船税；对受严重自然灾害影响纳税困难，以及有其他特殊原因确需减税、免税的，可以减征或者免征车船税。

（6）省、自治区、直辖市人民政府根据当地实际情况，可以对公共交通车船，农村居民拥有并主要在农村地区使用的摩托车、三轮汽车和低速载货汽车定期减征或者免征车船税。

（二）特定减免

（1）经批准临时入境的外国车船和香港特别行政区、澳门特别行政区、台湾地区的车船，不征收车船税。

（2）按照有关规定已经缴纳船舶吨税的机动船舶，自《车船税法》实施之日起5年内免征车船税。

（3）依法不需要在车船登记管理部门登记的机场、港口、铁路站场内部行驶或作业的车船，自《车船税法》实施之日起5年内免征车船税。

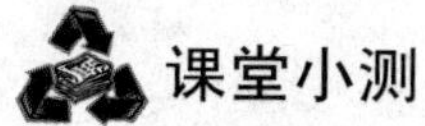

课堂小测

【单选题】下列选项中，应该缴纳车船税的是（　　）。

A．救护车　B．军队专用车辆　C．警用车船　D．企业班车

五、征收管理

（一）纳税义务时间

车船税纳税义务发生时间为取得车船所有权或者管理权的当月，可分为3种情况。

（1）车船税的纳税义务发生时间，应为车船管理部门核发的车船登记证书或者行驶证书所记载日期的当月。

（2）纳税人未按照规定到车船管理部门办理应税车船登记手续的，以车船购置发票所载开具时间的当月作为车船税的纳税义务发生时间。

（3）对未办理车船登记手续且无法提供车船购置发票的，由主管地方税务机关核定纳税义务发生时间。

（二）纳税期限

车船税按年申报，分月计算，一次性缴纳。纳税年度为公历1月1日至12月31日。车船税按年申报缴纳。具体纳税申报期限由省、自治区、直辖市人民政府规定。

（三）纳税地点

车船税的纳税地点为车船的登记地或者车船税扣缴义务人所在地。依法不需要办理登记的车船，车船税的纳税地点为车船所有人或者管理人所在地。

扣缴义务人代收代缴车船税的，纳税地点为扣缴义务人所在地。

纳税人自行申报缴纳车船税的，纳税地点为车船登记地的主管税务机关所在地。

依法不需要办理登记的车船，纳税地点为车船所有人或者管理人主管税务机关所在地。

课堂小测

【单选题】依法需要办理登记的车船，纳税人自行申报缴纳车船税的，其纳税地点是（　　）。

A．车船的使用地　B．车船的登记地

C．纳税人机构所在地　D．车船的购买地

第三节　契　税

契税法是指国家制定的用以调整契税征收与缴纳之间权利及义务关系的法律规范。现行契税法的基本规范，是1997年7月7日国务院正式颁布并于同年10月1日开始施

行的《中华人民共和国契税暂行条例》。

一、契税概述

（一）契税的概念

契税是以在中华人民共和国境内转移土地、房屋权属为征税对象，向产权承受人征收的一种财产税。

（二）契税的特点

1. 契税属于财产转移税

契税以发生转移的不动产，即土地和房屋为征税对象，具有财产转移课税性质。土地、房屋产权未发生转移的，不征契税。

2. 契税由财产承受人缴纳

一般税种都确定销售者为纳税人，即卖方纳税。契税则属于土地、房屋产权发生交易过程中的财产税，由承受人纳税，即买方纳税。对买方征税的主要目的，在于承认不动产转移生效，承受人纳税以后，便可拥有转移过来的不动产产权或使用权，法律保护纳税人的合法权益。一般实行先缴纳税款，后办理产权证书。

二、契税的基本内容

（一）纳税义务人

契税的纳税人，是指在我国境内转移土地、房屋权属，承受（获得）的单位和个人。

这里所说的"承受"，是指以受让、购买、受赠、交换等方式取得土地、房屋权属的行为。土地、房屋权属是指土地使用权和房屋所有权。境内是指中华人民共和国实际税收行政管辖范围内。土地、房屋权属是指土地使用权和房屋所有权。单位是指企业单位、事业单位、国家机关、军事单位和社会团体，以及其他组织。个人是指个体经营者及其他个人，包括中国公民和外籍人员。

（二）征税范围

契税以在我国境内转移土地、房屋权属的行为作为征税对象。土地、房屋权属未发生转移的，不征收契税。契税的征税范围具体包括：

1. 国有土地使用权出让（土地一级市场）

国有土地使用权出让是指土地使用者向国家交付土地使用权出让费用，国家将国有土地使用权在一定年限内让与土地使用者的行为。

国有土地使用权出让，受让者应向国家缴纳出让金，以出让金为依据计算缴纳契税。

不得因减免土地出让金而减免契税。

2. 土地使用权转让（土地二级市场）

土地使用的转让是指土地使用者以出售、赠与、交换或者其他方式将土地使用权转移给其他单位和个人的行为。土地使用权的转让不包括农村集体土地承包经营权的转移。

3. 房屋买卖

即以货币为媒介，出卖者向购买者过渡房产所有权的交易行为。以下几种特殊情况，视同买卖房屋。

（1）以房产抵债或实物交换房屋。

（2）以房产做投资或做股权转让。

这种交易业务属房屋产权转移，应根据国家房地产管理的有关规定，办理房屋产权交易和产权变更登记手续，视同房屋买卖，由产权承受方按契税税率计算缴纳契税。

以自有房产做股投入本人独资经营的企业，免纳契税。

（3）买房拆料或翻建新房，应照章征收契税。

4. 房屋赠与

房屋赠与是指房屋产权所有人将房屋无偿转让给他人所有。房屋的受赠人缴纳契税。

5. 房屋交换

房屋交换是指房屋所有者之间互相交换房屋的行为。

6. 特殊情况，视同转移

（1）以土地、房屋权属作价投资、入股。

（2）以土地、房屋权属抵债。

（3）以获奖方式承受土地、房屋权属。

（4）以预购方式或者预付集资建房款方式承受土地、房屋权属。

（5）土地使用权 受让人通过完成土地使用权转让方约定的投资额度或投资特定项目，以此获取低价转让或无偿赠与的土地使用权的。

（6）公司增资扩股中，对以土地、房屋权属作价入股或作为出资投入企业的，征收契税。

（7）企业破产清算期间，对非债权人承受破产企业土地、房屋权属的，征收契税。

【提示】企业破产清算期间，债权人承受破产企业土地、房屋权属的，免征契税。土地、房屋权属的典当、继承、分拆（分割）、出租、抵押，不属于契税的征税范围。

课堂小测

【单选题】以下应缴纳契税的是（　　）。

A．以高级轿车换取房屋　　B．购买高级轿车

C．取得国家划拨的土地　　D．等价交换土地使用权

【多选题】视同土地使用权转让、房屋买卖或者房屋赠与征收契税的特殊方式包括（　　）。

A．以土地、房屋权属作价投资、入股

B．以获奖方式承受土地、房屋权属

C．以预购方式或者预付集资建房款方式承受土地、房屋权属

D．以土地、房屋权属抵债

（三）税率

契税实行税率为3%～5%的幅度税率。实施幅度税率是主要考虑到我国经济发展的不平衡，各地经济差别较大的实际情况。因此，契税的适用税率，由省、自治区、直辖市人民政府在规定的幅度内按照本地区的实际情况确定，并报财政部和国家税务总局备案。

对个人购买90平方米及以下普通住房，且该住房属于家庭（成员范围包括购房人、配偶，以及未成年子女，下同）唯一住房的，减按1%税率征收契税；对于人购买90平方米以上144平方米以下的普通住房，且该住房属于家庭唯一住房的，减按1.5%税率征收契税；其他房产则一律按照3%计算缴纳契税。

2016年2月下旬，财政部就联合国税总局、住建部发布《关于调整房地产交易环节契税营业税优惠政策的通知》，主要内容如下：

（1）将个人购买90平方米以上家庭唯一住房的契税征收税率统一调整为1.5%，而不再区分为1.5%和3%。

（2）将对于个人购买家庭第2套改善性住房，房屋面积为90平方米及以下的，减按1%的税率征收契税；面积为90平方米以上的，减按2%的税率征收契税，但北京、上海、广州、深圳4个城市暂不实行这一条新政。

三、契税应纳税额的计算

（一）计税依据

契税的计税依据为不动产的价格。具体内容如下。

（1）国有土地使用权出让、土地使用权出售、房屋买卖，为成交价格为计税依据。

（2）土地使用权赠与、房屋赠与，由征收机关参照土地使用权出售、房屋买卖的市场价格核定。

（3）土地使用权交换、房屋交换，为所交换的土地使用权、房屋的价格的差额。土地使用权、房屋的成交价格明显低于市场价格并且无正当理由的，或者所交换土地使用

权、房屋的价格的差额明显不合理并且无正当理由的，由征收机关参照市场价格核定。

（4）以划拨方式取得土地使用权的，经批准转让房地产时，应由房地产转让者补缴契税。其计税依据为补缴的土地使用权出让费用或者土地收益。

（5）房屋附属设施征收契税的依据。

① 采取分期付款方式购买房屋附属设施土地使用权、房屋所有权的，应按合同规定的总价款计征契税。

② 承受的房屋附属设施权属如为单独计价的，按照当地确定的适用税率征收契税；如与房屋统一计价的，适用与房屋相同的契税税率。

（6）个人无偿赠与不动产行为（法定继承人除外），应对受赠人全额征收契税。在缴纳契税时，纳税人须提交经税务机关审核并签字盖章的《个人无偿赠与不动产登记表》，税务机关（或其他征收机关）应在纳税人的契税完税凭证上加盖“个人无偿赠与”印章，在《个人无偿赠与不动产登记表》中签字并将该表格留存。

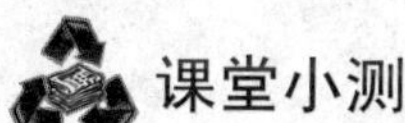

【多选题】计征契税的计税依据有（　　）。

A．房地产的成交价格　　B．房地产的租金

C．房地产的市场价格　　D．房地产交换时的价格差额

（二）应纳税额的计算

契税采用比例税率。当计税依据确定以后，应纳税额的计算比较简单。应纳税额的计算公式为：

应纳税额＝计税依据×税率

例 8-4：2015 年 6 月，张某以 100 万元的价格购置了一套两室一厅住房，同时将其原有的一套一室一厅住房出售给李某，成交价格为 70 万元，已知当地契税的税率为 3%。根据契税法律制度的规定，张某和李某分别应纳多少契税？

解析：契税由房屋权属的承受人缴纳。

张某购置新住房应缴纳契税＝100×3%＝3（万元）

李某购置张某原有住房应缴纳契税＝70×3%＝2.1（万元）

例 8-5：居民乙因拖欠居民甲 180 万元的款项无力偿还，2010 年 6 月经当地有关部门调解，以房产抵偿该笔债务，居民甲因此取得该房产的产权并支付给居民乙差价款 20 万元。假定当地省政府规定的契税税率为 5%。则居民甲应纳多少契税？

解析：契税的纳税人为承受房产权利的人，所以应该是居民甲缴纳契税。由于该房产是用 180 万元债权外加 20 万元款项构成，故计税依据视为 200 万元。

居民甲应纳契税＝（180＋20）×5%＝10（万元）

例 8-6：重庆李某 2014 年购买 150 平方米、总价 300 万元的首套住房，则应纳多少契税？

解析：应纳契税＝300×3%＝9（万元）

例 8-7：重庆李某 2016 年 5 月购买 150 平方米、总价 300 万元的首套住房，则应纳

多少契税？

解析：应纳契税＝300×1.5%＝4.5（万元）

课堂小测

【单选题】1. A、B 单位互换经营性用房，A 换到的房屋价格为 490 万元，B 换到的房屋价格为 600 万元，当地契税税率为 3%，则应缴纳的契税是（　　）。

A. A 缴纳 14.7 万元　　B. A 缴纳 3.3 万元

C. B 缴纳 18 万元　　D. B 缴纳 3.3 万元

【单选题】2. 某企业破产清算时，其房地产评估价值为 4000 万元，其中以价值 3000 万元的房地产抵偿债务，将价值 1000 万元的房地产进行拍卖，拍卖收入 1200 万元。债权人获得房地产后，与他人进行房屋交换，取得额外补偿 500 万元。当事人各方应缴纳契税合计（　　）万元。（适用契税税率 3%）

A. 15　　B. 36　　C. 51　　D. 126

四、契税的税收优惠

（一）一般规定

（1）国家机关、事业单位、社会团体、军事单位承受土地、房屋用于办公、教学、医疗、科研和军事设施的，免征契税。

（2）城镇职工按规定第一次购买公有住房，免征契税。

（3）因不可抗力灭失住房而重新购买住房的，酌情减免。不可抗力是指自然灾害、战争等不能预见、不可避免，并不能克服的客观情况。

（4）土地、房屋被县级以上人民政府征用、占用后，重新承受土地、房屋权属的，由省级人民政府确定是否减免。

（5）承受荒山、荒沟、荒丘、荒滩土地使用权，并用于农、林、牧、渔业生产的，免征契税。

（6）经外交部确认，依照中国有关法律规定，以及中国缔结或参加的双边和多边条约或协定，应当予以免税的外国驻华使馆、领事馆、联合国驻华机构及其外交代表、领事官员和其他外交人员承受土地、房屋权属。

（二）特殊规定

1. 企业公司制改造

非公司制企业，按照《中华人民共和国公司法》的规定，整体改建为有限责任公司（含国有独资公司）或股份有限公司，或者有限责任公司整体改建为股份有限公司的，对改建后的公司承受原企业土地、房屋权属，免征契税。

非公司制国有独资企业或国有独资有限责任公司，以其部分资产与他人组建新公司，且该国有独资企业（公司）在新设公司中所占股份超过 50%的，对新设公司承受该国有独资企业（公司）的土地、房屋权属，免征契税。

2. 企业股权重组

在股权转让中，单位、个人承受企业股权，企业土地、房屋权属不发生转移，不征收契税。

国有、集体企业实施“企业股份合作制改造”，由职工买断企业产权，或向其职工转让部分产权，或者通过其职工投资增资扩股，将原企业改造为股份合作制企业的，对改造后的股份合作制企业承受原企业的土地、房屋权属，免征契税。

为进一步支持国有企业改制重组，国有控股公司投资组建新公司有关契税政策规定如下。

（1）对国有控股公司以部分资产投资组建新公司，且该国有控股公司占新公司股份85%以上的，对新公司承受该国有控股公司土地、房屋权属免征契税。上述所称国有控股公司，是指国家出资额占有限责任公司资本总额50%以上，或国有股份占股份有限公司股本总额50%以上的国有控股公司。

（2）以出让方式承受原国有控股公司土地使用权的，不属于本规定的范围。

3. 企业合并

2个或2个以上的企业，依据法律规定、合同约定；合并改建为一个企业，对其合并后的企业承受原合并各方的土地、房屋权属，免征契税。

4. 企业分立

企业依照法律规定、合同约定分设为2个或2个以上投资主体相同的企业，对派生方、新设方承受原企业土地、房屋权属，不征收契税。

5. 房屋附属设施

对于承受与房屋相关的附属设施（包括停车位、汽车库、自行车库、顶层阁楼，以及储藏室，下同）所有权或土地使用权的行为，按照契税法律、法规的规定征收契税；对于不涉及土地使用权和房屋所有权转移变动的，不征收契税。

6. 继承土地、房屋权属

对于《中华人民共和国继承法》（以下简称《继承法》）规定的法定继承人（包括配偶、子女、父母、兄弟姐妹、祖父母、外祖父母）继承土地、房屋权属，不征契税。

按照《继承法》规定，非法定继承人根据遗嘱承受死者生前的土地、房屋权属，属于赠与行为，应征收契税。

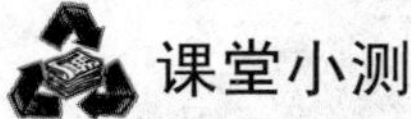

【单选题】下列各项中，应征收契税的是（　　）。

A. 法定继承人承受房屋权属

B．企业以行政划拨方式取得土地使用权
C．承包者获得农村集体土地承包经营权
D．运动员因成绩突出获得国家奖励的住房

五、契税的征收管理

（一）纳税义务时间

契税的纳税义务发生时间是纳税人签订土地、房屋权属转移合同的当天，或者纳税人取得其他具有土地、房屋权属转移合同性质凭证的当天。

（二）纳税期限

纳税人应当自纳税义务发生之日起 10 日内，向土地、房屋所在地的契税征收机关办理纳税申报，并在契税征收机关核定的期限内缴纳税款。

（三）纳税地点

契税在土地、房屋所在地的征收机关缴纳。

（四）征收管理

纳税人办理纳税事宜后，征收机关应向纳税人开具契税完税凭证。纳税人持契税完税凭证和其他规定的文件材料，依法向土地管理部门、房产管理部门办理有关土地、房屋的权属变更登记手续。土地管理部门和房产管理部门应向契税征收机关提供有关资料，并协助契税征收机关依法征收契税。

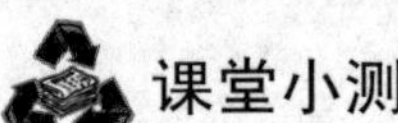

【判断题】纳税人在签订土地、房屋权属转移合同的当天为纳税义务发生时间。（　　）

【单选题】契税的纳税义务发生时间是（　　）。

A．签订土地、房屋权属转移合同或合同性质凭证的当天
B．签订土地、房屋权属转移合同或合同性质凭证的 7 日内
C．签订土地、房屋权属转移合同或合同性质凭证的 10 日内
D．签订土地、房屋权属转移合同或合同性质凭证的 30 日内

第九章 行为税制

第一节 印 花 税

印花税法是指国家制定的用以调整印花税征收与缴纳之间权利及义务关系的法律规范。印花税法的基本规范，是 1988 年国务院颁布并实施的《中华人民共和国印花税暂行条例》（以下简称《印花税暂行条例》）及《中华人民共和国印花税暂行条例施行细则》（以下简称《施行细则》）。《印花税暂行条例》于 2011 年修订并实施。

一、印花税概述

（一）印花税的概念

印花税是对经济活动和经济交往中书立、领受的应税经济凭证所征收的一种税。因纳税人主要是通过在应税凭证上粘贴印花税票来完成纳税义务，故名印花税。

印花税始创于 1624 年的荷兰，是一个比较古老的税种。其设计者的良苦用心在于：一是大家在日常生活中使用票据凭证等文件很多，一旦征税，税源将很大；二是人们对文件的法律效力的追求，认为文件经政府盖印后，就成为合法凭证，在诉讼时可得到法律保障，因而乐于接受。

（二）印花税的特点

同其他税种相比较，印花税不论是在性质上，还是在征税方法上，都具有不同于其他税种的特点，这些特点如下。

1. 兼有凭证税和行为税性质

印花税是对单位和个人书立、领受的应税凭证征收的一种税，具有凭证税性质。另外，任何一种应税经济凭证反映的都是某种特定的经济行为，因此，对凭证征税，实质上是对经济行为的课税。

2. 征税范围广泛

印花税的征税对象包括了经济活动和经济交往中的各种应税凭证。凡书立和领受这些凭证的单位和个人都要缴纳印花税，其征税范围是极其广泛的。

3. 税收负担比较轻

印花税与其他税种相比较，税率要低得多，其税负较轻，具有广集资金，积少成多的财政效应。

4. 由纳税人自行完成纳税义务

纳税人通过自行计算、购买和粘贴印花税票的方法完成纳税义务，并在印花税票和凭证的骑缝处自行盖戳注销或画销。

二、印花税的内容

（一）纳税义务人

在中国境内书立、使用、领受印花税法所列举的凭证，并应依法履行纳税义务的单位和个人。

单位和个人，是指国内各类企业、事业、机关、团体、部队，以及中外合资企业、合作企业、外资企业、外国公司企业和其他经济组织及其在华机构等单位和个人。

根据书立，领受应税凭证的不同，其纳税人可分别称为立合同人、立据人、立账簿人、领受人、使用人和各类电子应税凭证的签订人。对合同、书据等凡是由两方或两方以上当事人共同书立的，其当事人各方都是纳税义务人。对营业账簿和权利、许可证照，立账簿人和领受人为纳税义务人，对委托第三者代为签订的合同，当事人的代理人应负责贴花，代理人为纳税义务人。具体规定如下。

1. 立合同人

立合同人指合同的当事人。所谓当事人，是指对凭证有直接权利义务关系的单位和个人，即合同的甲方、乙方。不包括合同的担保人、证人、鉴定人。

2. 立据人

立据人指产权转移书据的纳税人，是土地、房屋权属转移过程中买卖双方的当事人。

3. 立账簿人

立账簿人指营业账簿的纳税人，是设立并使用营业账簿的单位和个人。

4. 领受人

领受人指权利、许可证照的纳税人，是领取或接受并持有该项凭证的单位和个人。如土地使用证、房产证等证件上记载的产权所有人。

5. 使用人

使用人指在国外书立、领受，但在国内使用的应税凭证的当事人。

6. 各类电子应税凭证的签订人

各类电子应税凭证的签订人指以电子形式签订的各类应税凭证的当事人。

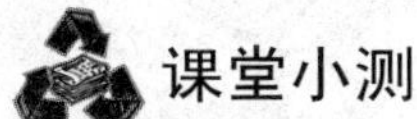

课堂小测

【多选题】关于印花税的纳税义务人，下列表述正确的有（ ）。

A．建立账簿的以立账簿人为纳税人

B．订立财产转移书据的以立据人为纳税人

C．书立经济合同的以合同各方当事人为纳税人

D．在国外书立凭证转国内使用的以使用人为纳税人

E．领取权利许可证照的以授予证照的当事人为纳税人

（二）征税范围

现行印花税只对印花税条例列举的凭证征收，没有列举的凭证不征税。具体征税范围如下。

1. 购销合同

具体包括供应、预购、采购、购销结合及协作、调剂、补偿、易货等合同；还包括各出版单位与发行单位（不包括订阅单位和个人）之间订立的图书、报刊、音像征订凭证。

对纳税人以电子形式签订的各类应税凭证按规定征收印花税。

对发电厂与电网之间、电网与电网之间（国家电网公司系统、南方电网公司系统内部各级电网互供电量除外）签订的购售电合同按购销合同征收印花税。电网与用户之间签订的供用电合同不属于印花税列举征税的凭证，不征印花税。（生活缴费凭证，不同于电网之间经济合同）

2. 加工承揽合同

具体包括加工、定做、修缮、印刷、广告、测绘、测试等合同。

3. 建设工程勘察设计合同

具体包括勘察、设计合同的总包合同、分包合同和转包合同。

4. 建筑安装工程承包合同

具体包括建筑、安装工程承包合同的总包合同、分包合同和转包合同。

5. 财产租赁合同

具体包括租赁房屋、船舶、飞机、机动车辆、机械、器具、设备等合同；还包括企业、个人出租门店、柜台等所签订的合同，但不包括企业与主管部门签订的租赁承包合同。

6. 货物运输合同

具体包括民用航空、铁路运输、海上运输、公路运输和联运合同，以及作为合同使

用的单据。

7. 仓储保管合同

具体包括仓储、保管合同或作为合同使用的仓单、栈单（入库单）。对某些使用不规范的凭证不便计税的，可就其结算单据作为计税贴花的凭证。

8. 借款合同

具体包括银行及其他金融组织和借款人（不包括银行同业拆借）所签订的合同（包括融资租赁合同），以及只填开借据并作为合同使用、取得银行借款的借据。

9. 财产保险合同

具体包括财产、责任、保证、信用保险合同，以及作为合同使用的单据。财产保险合同，分为企业财产保险、机动车辆保险、货物运输保险、家族财产保险和农牧业保险五大类。“家庭财产两全保险”属于家庭财产保险性质，其合同在财产保险合同之列，照章纳税。

10. 技术合同

具体包括技术开发、转让、咨询、服务等合同。

（1）技术转让合同包括专利申请转让、非专利技术转让所书立的合同，但不包括专利权转让、专利实施许可所书立的合同。

① 专利申请转让合同，是指转让方将其就特定的发明创造申请专利的权利移交受让方，受让方支付约定价款所订立的合同。

② 非专利技术转让合同，是指转让方将拥有的非专利技术成果提供给受让方，明确相互间非专利技术成果使用权、转让权，受让方支付约定使用费所订立的合同。

（2）技术咨询合同，是当事人就有关项目的分析、论证、预测和调查订立的技术合同。但一般的法律、会计、审计等方面的咨询不属于技术咨询，其所书立合同不贴印花。

（3）技术服务合同，是当事人一方委托另一方解决有关特定技术问题，如改进产品结构、提高产品质量等提出实施方案，实施所订立的技术合同，包括技术服务合同、技术培训合同和技术中介合同。但不包括以常规手段或者为生产经营目的进行一般加工、修理、修缮、广告、印刷、测绘人、标准化测试，以及勘察、设计等所书立的合同。

11. 产权转移书据

我国印花税税目中的产权转移书据，包括财产所有权、版权、商标专用权、专利权、专有技术使用权等转移书据和专利实施许可合同、土地使用权出让合同、土地使用权转让合同、商品房销售合同等权利转移合同。

产权转移书据，是指单位和个人产权的买卖、继承、赠与、交换、分割等所立的书据。“财产所有权”转移数据的征收范围，是指政府管理机关登记注册的动产、不动产所有权转移所立的书据，以及企业股权转让所立的书据，并包括个人无偿赠送不动产所签订的“个人无偿赠与不动产登记表”。当纳税人完税后，税务机关（或其他征收机关）应在纳税人印花税完税凭证上加盖“个人无偿赠与印章”。

① 专利权转让合同，是指专利权人作为转让方将其发明创造专利的所有权或持有权移交受让方，受让方支付约定价款所订立的合同。

② 专利实施许可合同，是指专利权人或者其授权的人作为转让方许可受让方在约定的范围内实施专利，受让方支付约定使用费所订立的合同。

12. 营业账簿

印花税税目中的营业账簿归属于财务会计账簿，是按照财务会计制度的要求设置的，反映生产经营活动的账册。按照营业账簿反映的内容不同，在税目中分为记载资金的账簿（简称资金账簿）和其他营业账簿，以便分别采用按金额计税和按件计税两种计税方法。

（1）资金账簿，是反映生产经营单位“实收资本”和“资本公积”金额增减变化的账簿。

（2）其他营业账簿，是反映除资金资产以外的其他生产经营活动内容的账簿，即除资金账簿以外的归属于财务会计体系的生产经营用账册。

（3）有关“营业账簿”征免范围应明确的若干个问题。

① 纳入征税范围的营业账簿，不按账簿人是否属于经济组织（工商企业单位、工商业户）来划定范围，而是按账簿的经济用途来确定征免界限。

② 其他营业账簿包括日记账簿和各明细分类账簿。

③ 对采用一级核算形式的单位，只就财会部门设置的账簿贴花；采用分级核算形式的，除财会部门的账簿应贴花之外，财会部门设置在其他部门和车间的明细分类账，亦应按规定贴花。

④ 车间、门市部、仓库设置的不属于会计核算范围或虽属会计核算范围，但不记载金额的登记簿、统计簿、台账等，不贴印花。

⑤ 对会计核算采用单页表式记载资金活动情况，以表代账的，在未形成账簿（账册）前，暂不贴花，待装订成册时，按册贴花。

⑥ 对有经营收入的事业单位，凡属由国家财政部门拨付事业经费，实行差额预算管理的单位，其记载经营业务的账簿，按其他账簿定额贴花，不记载经营业务的账簿不贴花；凡属经费来源实行自收自支的单位，对其营业账簿应就记载资金的账簿和其他账簿分别按规定贴花。

⑦ 跨地区经营的分支机构使用的营业账簿，应由各分支机构在其所在地缴纳印花税。对上级单位核拨资金的分支机构，其记载资金的账簿按核拨的账面资金的数额计税贴花；对上级单位不核拨资金的分支机构，只就其他账簿按定额贴花。

⑧ 兼并国有、集体企业单位的，对并入单位的资产，凡已按资金总额贴花，接收单位对并入的资金可不再贴花。

⑨ 企业发生分立、合并和联营等变更后，凡按规定办理法人登记的新企业所设立的资金账簿，应于启用时，按规定贴花；凡不需重新进行法人登记的企业，其原有资金

账簿已贴印花继续有效。

13．权利、许可证照

权利、许可证照包括“四证一照”，即政府部门发给的房屋产权证、工商营业执照、商标注册证、专利证、土地使用证。

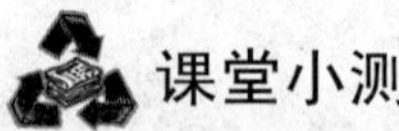

【单选题】下列合同中，应按照“财产租赁合同”征收印花税的是（　　）。

A．企业与个体工商户签订的租赁合同

B．企业与主管部门签订的租赁承包合同

C．企业与金融机构签订的融资租赁合同

D．房地产管理部门与个人签订的生活居住用房租赁合同

（三）税率

印花税的税率设计，遵循税负从轻、共同负担的原则。凭证的当事人，即对凭证有直接权利与义务关系的单位和个人均应就其所持的凭证依法纳税。

印花税的税率包括比例税率和定额税率，具体税率如表 9-1 所示。

表 9-1　2016 年印花税税目税率表

编号	税目	范围	税率	纳税人	说明
1	购销合同	包括供应、预购、采购、购销结合及协作、调剂、补偿、易货等合同	按购销金额 0.3‰贴花	立合同人	
2	加工承揽合同	包括加工、定做、修缮、修理、印刷、广告、测绘、测试等合同	按加工或承揽收入 0.5‰贴花	立合同人	
3	建设工程勘察设计合同	包括勘察、设计合同	按收取费用 0.5‰贴花	立合同人	
4	建筑安装工程承包合同	包括建筑、安装工程承包合同	按承包金额 0.3‰贴花	立合同人	
5	财产租赁合同	包括租赁房屋、船舶、飞机、机动车辆、机械、器具、设备等	按租赁金额 1‰贴花。税额不足 1 元的按 1 元贴花	立合同人	
6	货物运输合同	包括民用航空、铁路运输、海上运输、内河运输、公路运输和联运合同	按运输收取的费用 0.5‰贴花	立合同人	单据作为合同使用的，按合同贴花
7	仓储保管合同	包括仓储、保管合同	按仓储收取的保管费用 1‰贴花	立合同人	仓单或栈单作为合同使用的，按合同贴花
8	借款合同	银行及其他金融组织和借款人（不包括银行同业拆借）所签订的借款合同	按借款金额 0.05‰贴花	立合同人	单据作为合同使用的，按合同贴花
9	财产保险合同	包括财产、责任、保证、信用等保险合同	按保险费收入 1‰贴花	立合同人	单据作为合同使用的，按合同贴花

续表

编号	税目	范围	税率	纳税人	说明
10	技术合同	包括技术开发、转让、咨询、服务等合同	按所载金额 0.3‰贴花	立合同人	
11	产权转移书据	包括财产所有权和版权、商标专用权、专利权、专有技术使用权等转移书据	按所载金额 0.5‰贴花	立据人	
12	营业账簿	生产经营用账册	记载资金的账簿，按实收资本和资本公积合计金额 0.5‰贴花。其他账簿按件贴花 5 元	立账簿人	
13	权利、许可证照	包括政府部门发给的房屋产权证、工商营业执照、商标注册证、专利证、土地使用证	按件贴花 5 元	领受人	

1. 比例税率

在印花税的 13 个税目中，各类合同及具有合同性质的凭证（含以电子形式签订的各类应税凭证）、产权转移书据、营业账簿中记载资金的账簿，适用比例税率。

印花税的比例税率分为 4 个档次：分别是 0.05‰、0.3‰、0.5‰、1‰。

2. 定额税率

在印花税的 13 个税目中，“营业账簿”税目中的其他账簿和“权利、许可证照”，适用定额税率，均为按件贴花，税额为 5 元。

课堂小测

【单选题】根据税收法律制度的规定，下列各项中，规定了比例税率和定额税率两种税率形式的税种有（　　）。

A．印花税　　B．契税　　C．增值税　　D．房产税

三、计税依据

1. 计税依据一般规定

（1）购销合同的计税依据为购销金额，不得做任何扣除，特别是调剂合同和易货合同，均应包括调剂、易货的全额。

【解释】在商品购销活动中，采用以货换货方式进行商品交易签订的合同，是反映既购又销双重经济行为的合同。对此，应按合同所载的购、销合计金额计税贴花。合同未列明金额的，应按合同所载购、销数量，依照国家牌价或者市场价格计算应纳税额。

（2）加工承揽合同的计税依据是加工或承揽收入的金额。具体规定包括如下几点。

① 受托方提供原材料及辅料，并收取加工费且分别注明的，原材料和辅料按购销合同计税贴花，加工费按加工承揽合同计税贴花。（定做合同）

② 合同未分别记载原辅料及加工费金额的，一律就全部金额按加工承揽合同计税贴花。前提条件是受托方提供原材料及辅料，并收取加工费。

③ 委托方提供原材料，受托方收取加工费及提供辅料，双方就加工费及辅料费按加工承揽合同计算贴花。

（3）建设工程勘察设计合同的计税依据为勘察、设计收取的费用（即勘察、设计收入）。

（4）建筑安装工程承包合同的计税依据为承包金额，不得剔除任何费用。如果施工单位将自己承包的建筑项目再分包或转包给其他施工单位，其所签订的分包或转包合同，仍应按所载金额另行贴花。

（5）财产租赁合同的计税依据为租赁金额（即租金收入）。

【解释】注意计算两点：一是税额超过 1 角不足 1 元的按照 1 元贴花。二是财产租赁合同只是规定月（天）租金标准，而不确定租期的，先定额 5 元贴花，实际结算时按实际金额计税，补贴印花。

（6）货物运输合同的计税依据为取得的运输费金额（即运费收入），不包括所运货物的金额、装卸费和保险费等。

（7）仓储保管合同的计税依据为仓储保管的费用（即保管费收入）。

（8）借款合同的计税依据为借款金额。

① 凡是一项信贷业务既签订借款合同，又一次或分次填开借据的，只以借款合同所载金额计税贴花；凡是只填开借据并作为合同使用的，应以借据所载金额计税，在借据上贴花。

② 借贷双方签订的流动资金周转性借款合同，一般按年（期）签订，规定最高限额，借款人在规定的期限和最高限额内随借随还。对这类合同只就其规定的最高额为计税依据，在签订时贴花一次，在限额内随借随还不签订新合同的，为方便征管，不再另贴印花。

③ 对借款方以财产做抵押，从贷款方取得抵押贷款的合同，应按借款合同贴花，在借款方因无力偿还借款而将抵押财产转移给贷款方时，应就双方书立的产权书据，按产权转移书据有关规定计税贴花。

④ 对银行及其他金融组织的融资租赁业务签订的融资租赁合同，应按合同所载租金总额，暂按借款合同计税。

（9）财产保险合同的计税依据为支付（收取）的保险费金额，不包括所保财产的金额。

（10）技术合同计税依据为合同所载的价款、报酬或使用费。

① 对技术开发合同，只就合同所载的报酬金额计税，研究开发经费不作为计税依据。单对合同约定按研究开发经费一定比例作为报酬的，应按一定比例的报酬金额贴花。

② 技术转让合同中的转让收入，是按销售收入的一定比例收取或按实现利润分成的，可在签订时先按定额 5 元贴花，以后结算再按实际金额计税，补贴印花。

（11）产权转移书据的计税依据为所载金额。

（12）营业账簿税目中记载资金的账簿的计税依据为“实收资本”与“资本公积”两项的合计金额。其他账簿的计税依据为应税凭证件数。

（13）权利、许可证照的计税依据为应税凭证件数。

2. 计税依据的特殊规定

（1）上述凭证以“金额”“收入”“费用”作为计税依据的，应当全额计税，不得做任何扣除。

（2）同一凭证，载有两个或两个以上经济事项而适用不同税目税率，如分别记载金额的，应分别计算应纳税额；未分别记载金额的，按税率高的计税贴花。

（3）按金额比例贴花的应税凭证，未标明金额的，应按照凭证所载数量及国家牌价计算金额；没有国家牌价的，按市场价格计算金额，然后按规定税率计算应纳税额。

（4）应税凭证所载金额为外国货币的，应按书立当日外汇牌价折合成人民币，计算应纳税额。

（5）应纳税额不足 1 角的，免纳印花税；1 角以上的，其税额尾数不满 5 分的不计，满 5 分的按 1 角计算。

（6）有些合同，在签订时无法确定计税金额，可在签订时先按定额 5 元贴花，以后结算时再按实际金额计税，补贴印花。

（7）应税合同在签订时纳税义务即已产生，不论合同是否兑现或是否按期兑现，均应贴花完税。

对已履行并贴花的合同，所载金额与合同履行后实际结算金额不一致的，只要双方未修改合同金额，一般不再办理完税手续。

（8）对有经营收入的事业单位，记载经营业务的账簿，按每件 5 元贴花完税。

（9）商品购销活动中，采用以货换货方式进行商品交易签订的合同，应按合同所载的购、销合计金额计税贴花。

（10）施工单位将自己承包的建设项目，分包或者转包给其他施工单位所签订的分包合同或者转包合同，应按新的分包或转包合同所载金额计算应纳税额。

（11）从 2008 年 9 月 19 日起，对证券交易印花税政策进行调整，由双边征收改为单边征收，即只对卖出方（或继承、赠与 A 股、B 股股权的出让方）征收证券（股票）交易印花税，对买入方（受让方）不再征税。税率仍保持 1‰。

（12）运输合同。

① 对国内各种形式的货物联运：凡在起运地统一结算全程运费的，应以全程运费作为计税依据，由起运地运费结算双方缴纳印花税；凡分程结算运费的，应以分程的运费作为计税依据，分别由办理运费结算的各方缴纳印花税。

② 对国际货运，凡由我国运输企业运输的，不论在我国境内、境外起运或中转分程运输，我国运输企业所持的一份运费结算凭证，均按本程运费计算应纳税额；托运方所持的一份运费结算凭证，按全程运费计算应纳税额。

由外国运输企业运输进出口货物的，外国运输企业所持的一份运费结算凭证免纳印花税。托运方所持的一份运费结算凭证应缴纳印花税。国际货运运费结算凭证在国外办理的，应在凭证转回我国境内时按规定缴纳印花税。

必须明确的是，印花税票为有价证券，票面金额以人民币为单位，分为 1 角、2 角、5 角、1 元、2 元、5 元、10 元、50 元、100 元 9 种。

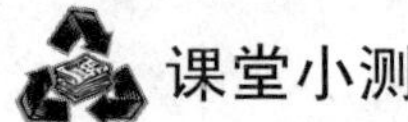

【多选题】下列项目中，符合印花税相关规定的有（　　）。

A．加工承揽合同的计税依据为加工或承揽收入的金额

B．财产租赁合同的计税依据为所租赁设备的金额

C．仓储保管合同的计税依据为所保管货物的金额

D．货物运输合同的计税依据为取得的运输费金额

E．建设工程设计合同的计税依据为设计收取的费用

四、印花税应纳税额的计算

（1）实行比例税率的凭证，计算公式如下：

应纳税额＝应税凭证计税金额×比例税率

（2）实行定额税率的凭证，计算公式如下：

应纳税额＝应税凭证件数×定额税率

（3）营业账簿中的计算。

① 记载资金的账簿，计算公式如下：

应纳税额＝（实收资本＋资本公积）×0.5‰

② 其他账簿按件贴花，每件 5 元。

例 9-1：某公司 2013 年底实收资本金额为 500 万元，资本公积为 100 万元，该公司 2013 年按规定缴纳了印花税。2014 年 3 月该公司减少资本公积 80 万元；2014 年 10 月该公司又增加资本公积 30 万元。问：2014 年该公司怎样缴纳印花税？

解析：根据上述规定，资金账簿印花税应根据“实收资本”与“资本公积”两项合计增加的部分金额，计算缴纳印花税。上述公司资本公积先减后增之后由于未超初始金额，不用补贴印花税。并且凡多贴印花税票者，不得申请退税或者抵用。

例 9-2：某企业 2014 年 2 月开业，领受房产权证、工商营业执照、商标注册证、土地使用证各一件；订立产品购销合同两份，所载金额为 140 万元；订立借款合同一份，所载金额为 40 万元。此外，企业的营业账簿中，“实收资本”账户载有资金 200 万元，其他账簿 5 本。2014 年 12 月底该企业“实收资本”所载资金增加为 250 万元。计算该企业 2 月份应纳印花税额和 12 月份应补纳印花税额。

解析：（1）企业领受权利、许可证照应纳税额＝4×5＝20（元）

（2）企业订立购销合同应纳税额＝1400000×0.0003＝420（元）

（3）企业订立借款合同应纳税款＝400000×0.00005＝20（元）

（4）企业营业账簿中“实收资本”应纳税额＝2000000×0.0005＝1000（元）

（5）企业其他营业账册应纳税额＝5×5＝25（元）

（6）2 月份企业应纳印花税税额＝20＋420＋20＋1000＋25＝1485（元）

（7）12 月份资金账簿应补纳印花税税额＝（2500000－2000000）×0.0005＝250（元）

例 9-3：大华建筑工程公司 2014 年 3 月份购入 6500 元印花税票备用，4 月份与甲单位签订了一份承包金额为 15000000 元的建筑工程承包合同；5 月份将其中 5000000

元的工程项目转包给了乙建筑公司，并签订了转包合同。计算大华公司应纳的印花税税额。

解析：4月份承包工程合同应纳税额=15000000×0.0003=4500（元）

5月份转包工程合同应纳税额=5000000×0.0003=1500（元）

课堂小测

【单选题】1．2013年1月，A企业向某公司出租闲置仓库，签订出租合同中注明的租金每月4万元，租期未定；接受某公司委托加工一批产品，签订的加工承揽合同中注明原材料由A企业提供，金额为200万元，另外收取加工费30万元；签订的运输合同中注明运费2万元、保管费5000元。该企业2013年1月应缴纳印花税（ ）元。

A．765 B．770 C．1165 D．1170

【单选题】2．某建筑公司与甲企业签订一份建筑承包合同，合同金额6000万元。施工期间，该建筑公司又将其中价值800万元的安装工程转包给乙企业，并签订转包合同。该建筑公司上述合同应缴纳印花税（ ）万元。

A．1.79 B．1.80 C．2.03 D．2.04

【单选题】3．某企业2012年资金账簿记载实收资本400万元，2012年已经计税贴花，2013年资金账簿记载实收资本为600万元、资本公积20万元，2013年新启用其他账簿10本。该企业2013年应缴纳印花税（ ）元。

A．1175 B．1150 C．1100 D．1225

五、印花税的税收优惠

（一）《印花税暂行条例》及《施行细则》规定下列情形免纳印花税

（1）已缴纳印花税的凭证的副本或者抄本免纳印花税。

（2）财产所有人将财产赠给政府、社会福利单位、学校所书立的书据免纳印花税。

（3）无息、贴息贷款合同免纳印花税。

（4）国家指定的收购部门与村民委员会，农民个人书立的农副产品收购合同免纳印花税。

（5）外国政府或者国际金融组织向我国政府及国家金融机构提供优惠贷款所书立的合同免纳印花税。

（二）按照有关税收文件规定，下列凭证、合同免纳印花税

（1）军事物资运输。凡附有军事运输命令或使用专用的军事物资运费结算凭证，免纳印花税。

（2）抢险救灾物资运输。凡附有县级以上（含县级）人民政府抢险救灾物资运输证明文件的运费结算凭证，免纳印花税。

（3）新建铁路的工程监管线运输。为新建铁路运输施工所需物料、使用工程监管线专用运输结算凭证，免纳印花税。

（4）国防科工委管辖的军工企业和科研单位，与军队、武警部队、公安、国家安全部为研制和提供军火武器（包括指挥、侦察通信装备，下同）所签订的合同免征印花税；国防科工委管辖的军工系统内各单位之间，为研制军火武器所签订的合同免征印花税。

（5）房地产管理部门与个人订立的房租合同，凡房屋属于用于生活居住的，暂免贴花。

（6）对于企业集团内具有平等法律地位的主体之间自愿订立、明确双方购销关系、据以供货和结算、具有合同性质的凭证，应按规定征收印花税。对于企业集团内部执行计划使用的、不具有合同性质的凭证，不征收印花税。

（7）对农民专业合作社与本社成员签订的农业产品和农业生产资料购销合同，免征印花税。

（8）对个人销售或购买住房暂免征收印花税。

（9）对与高校学生签订的学生公寓租赁合同，免征印花税。

（10）对个人出租、承租住房签订的租赁合同，免征印花税。

（11）对廉租住房、经济适用住房经营管理单位与廉租住房、经济适用住房相关的印花税，以及廉租住房承租人、经济适用住房购买人涉及的印花税予以免征。

开发商在经济适用住房、商品住房项目中配套建造廉租住房，在商品住房项目中配套建造经济适用住房，如能提供政府部门出具的相关材料，可按廉租住房、经济适用住房建筑面积占总建筑面积的比例免征开发商应缴纳的印花税。

（12）对财产所有人将财产赠给学校所立的书据，免征印花税。

课堂小测

【多选题】下列凭证免征印花税的有（　　）。

A. 非银行金融机构之间的借款合同

B. 企业因改制签订的产权转移书据

C. 机构购买封闭式证券投资基金交易合同

D. 个人与房地产管理部门签订用于经营性活动的房屋租赁合同

E. 由外国运输企业运输进出口货物的，运输企业所持的运费结算凭证

六、印花税的征收管理

（一）纳税方法

印花税的纳税办法，根据税额大小、贴花次数，以及税收征收管理的需要，分别采用以下几种纳税办法。

1. 自行贴花

这种办法，一般适用应税凭证较少或贴花次数较少的纳税人。纳税人自行计算应纳税额，自行购买印花税票，自行一次贴足印花税票并加以注销或划销，纳税义务才算全部履行完毕。

对于已贴花的凭证，修改后所载金额增加的，其增加部分应当补贴印花税票，但多贴印花税票者，不得申请退税或者抵用。

2. 汇贴或汇缴

这种办法，一般适用应纳税额较大或者贴花次数频繁的纳税人。

汇贴，指的是当一份凭证应纳税额超过 500 元时，应向税务机关申请填写缴款书或者完税凭证，将其中一联粘贴在凭证上或者由税务凭证上加注完税标记代替贴花。

汇缴，指的是同一种类应税凭证需要频繁贴花的，纳税人可以根据实际情况自行决定是否采用汇总缴纳印花税的方式，汇总缴纳的期限，由当地税务机关确定，但最长不得超过 1 个月。缴纳方式一经选定，1 年内不得改变。

3. 委托代征办法

这一办法主要是通过税务机关的委托，经由发放或者办理应纳税凭证的单位代为征收印花税税款。税务机关应与代征单位签订代征委托书，并按代售金额 5%的比例支付代售手续费。

（二）纳税义务时间（纳税环节）

应纳税凭证应当于书立或者领受时贴花。书立或者领受时贴花，是指在合同的签订时、书据的立据时、账簿的启用时和证照的领受时贴花。如果合同是在国外签订，并且不便在国外贴花的，应在将合同带入境内时办理贴花纳税手续。印花税实行自报自缴，如果发生应缴纳印花税行为时，应按上述规定自行贴花。

（三）纳税地点

印花税一般实行就地纳税。

（1）在全国性商品物资订货会（包括展销会、交易会等）上所签合同应当缴纳的印花税，由纳税人回其所在地后即时办理贴花完税手续。对此类合同的贴花完税情况，各地税务机关要加强监督检查，并相应建立必要的纳税管理办法。

（2）对地方主办、不涉及省际关系的订货会、展销会上所签合同的印花税纳税地点，由各省、自治区、直辖市税务局自行确定。

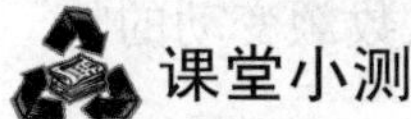

课堂小测

【单选题】纳税人采用按期汇总纳税方式缴纳印花税，应事先告知主管税务机关，缴纳方式一经选定，（　　）年内不得改变。

A. 1　　B. 2　　C. 3　　D. 10

【多选题】下列关于印花税征收管理的表述中，正确的有（　　）。

A. 印花税一般实行就地纳税

B. 对中国银行记载资金的账簿需要缴纳印花税的，凡一次贴花数额较大，难以承受的，经当地税务机关批准，可在 3 年内分次贴花

C．采用按期汇总缴纳印花税的纳税人应向税务机关提出申请，经税务机关核准发给许可证后，按税务机关确定的限期（最长不超过1个月）汇总计算纳税

D．印花税票可以委托单位或个人代售，并由税务机关付给5%的手续费

E．对借款合同的应纳税额不足1角的，免贴印花

第二节　车辆购置税

车辆购置税法是指国家制定的用以调整车辆购置税征收与缴纳权利义务关系的法律规范。现行车辆购置税法的基本规范，是国务院于2000年10月22日通过并于2001年1月1日起施行的《中华人民共和国车辆购置税暂行条例》（以下简称《车辆购置税暂行条例》）。

一、车辆购置税的概述

（一）车辆购置税的概念

车辆购置税是以在中国境内购置规定的车辆为课税对象，在特定的环节向车辆购置者征收的一种税。就其性质而言，属于直接税的范畴。

（二）车辆购置税的特点

1. 征收范围单一

作为财产税的车辆购置税，是以购置的特定车辆为课税对象，而不是对所有的财产或消费财产征税，范围窄，是一种特种财产税。

2. 征收环节单一

车辆购置税实行一次课征制，它不是在生产、经营和消费的每一环节实行道道征收，而只是在退出流通进入消费领域的特定环节一次征收。

3. 税率单一

车辆购置税只确定一个统一比例税率征收，税率具有不随课税对象数额变动的特点，计征简便、负担稳定，有利于依法治税。

4. 征收方法单一

车辆购置税根据纳税人购置应税车辆的计税价格实行从价计征，以价格为计税标准，课税与价值直接发生关系，价值高者多征税，价值低者少征税。

5. 征税具有特定目的

车辆购置税具有专门用途，由中央财政根据国家交通建设投资计划，统筹安排。这种特定目的的税收，可以保证国家财政支出的需要，既有利于统筹合理地安排资金，又有利于保证特定事业和建设支出的需要。

6. 价外征收，税负不发生转嫁

车辆购置税的计税依据中不包含车辆购置税税额，车辆购置税税额是附加在价格之外的，且纳税人即为负税人，税负不发生转嫁。

二、车辆购置税的基本内容

（一）纳税义务人

车辆购置税的纳税人是指在我国境内购置应税车辆的单位和个人。购置行为包括以下几种。

（1）购买使用行为（包括购买自用的国产应税车辆和购买自用的进口应税车辆）。

（2）进口使用行为。

（3）受赠使用行为。

（4）自产自用行为。

（5）获奖使用行为。

（6）拍卖、抵债、走私、罚没等方式取得并使用的行为。

上述行为都属于车辆购置税的应税行为。

单位是指企业单位、事业单位、国家机关、军事单位和社会团体及其他组织。个人是指个体经营者及其他个人，包括中国公民和外籍人员。

课堂小测

【单选题】1. 根据《车辆购置税暂行条例》的规定，下列人员中属于车辆购置税纳税义务人的是（　　）。

A. 应税车辆的赠与者　　B. 应税车辆的购买者

C. 自产车辆的销售者　　D. 应税车辆的出口者

【单选题】2. 根据《车辆购置税暂行条例》规定，下列行为属于车辆购置税应税行为的有（　　）。

A. 应税车辆的购买使用行为　　B. 应税车辆的销售行为

C. 自产自用应税车辆的行为　　D. 以获奖方式取得并自用应税车辆的行为

（二）征收范围

车辆购置税以列举的车辆作为征税对象，未列举的车辆不纳税。其征税范围包括汽车、摩托车、电车、挂车、农用运输车，具体规定如下：

1. 汽车

包括各类汽车。

2. 摩托车

（1）轻便摩托车：最高设计时速不大于 50km/h，发动机汽缸总排量不大于 $50cm^3$ 的 2 个或者 3 个车轮的机动车。

（2）二轮摩托车：最高设计车速大于 50km/h，或者发动机汽缸总排量大于 $50cm^3$ 的 2 个车轮的机动车。

（3）三轮摩托车：最高设计车速大于 50km/h，或者发动机汽缸总排量大于 $50cm^3$，空车重量不大于 400kg 的 3 个车轮的机动车。

3. 电车

（1）无轨电车：以电车为动力，由专用输电电缆线供电的轮式公共车辆。

（2）有轨电车：以电能为动力，在轨道上行驶的公共车辆。

4. 挂车

（1）全挂车：无动力设备，独立承载，由牵引车辆牵引行驶的车辆。

（2）半挂车：无动力设备，与牵引车辆共同承载，由牵引车辆牵引行驶的车辆。

5. 农用运输车

（1）三轮农用运输车：柴油发动机，功率不大于 7.4kW，载重量不大于 500kg，最高车速不大于 40km/h 的 3 个车轮的机动车。

（2）四轮农用运输车：柴油发动机，功率不大于 28kW，载重量不大于 1500kg，最高车速不大于 50km/h 的 4 个车轮的机动车。

课堂小测

【单选题】按照《车辆购置税暂行条例》的规定，下列车辆不属于车辆购置税征收范围的是（　　）。

A．挂车　　B．电车　　C．农用运输车　　D．防汛部门专用车

（三）税率

车辆购置税实行统一比例税率，税率为 10%。

自 2017 年 1 月 1 日起至 12 月 31 日止，对购置 1.6 升及以下排量的乘用车减按 7.5%的税率征收车辆购置税。自 2018 年 1 月 1 日起，恢复按 10%的法定税率征收车辆购置税。

（四）计税依据

由于应税车辆购置的来源不同，计税价格的组成也就不一样。车辆购置税的计税依据有以下几种情况。

1. 购买自用应税车辆计税依据的确定

纳税人购买自用的应税车辆的计税依据为纳税人购买应税车辆而支付给销售者的全部价款和价外费用（不包括增值税税款）。

价外费用是指销售方向购买方收取的基金、手续费、保管费、装饰费、工具件费等各种性质的价外收费，但不包括代办保险费、代收牌照费、代收购置税。

使用委托方票据收取，受托方只履行代收义务的款项，一般不应并入计税价格计税。

2. 进口自用应税车辆计税依据的确定

纳税人进口自用的应税车辆以组成计税价格为计税依据。

3. 其他自用应税车辆计税依据的确定

纳税人自产、受赠、获奖和以其他方式取得并自用的应税车辆的计税价格，按购置该型号车辆的价格确认，不能取得购置价格的，则由主管税务机关参照国家税务总局规定相同类型应税车辆的最低计税价格核定。

4. 以最低计税价格为计税依据的确定

现行政策规定："纳税人购买自用或者进口自用应税车辆，申报的计税价格低于同类型应税车辆的最低计税价格，又无正当理由的，按照最低计税价格征收车辆购置税。"

最低计税价格由国家税务总局依据全国市场的平均销售价格制定。几种特殊情形应税车辆的最低计税价格规定如下。

（1）纳车辆购置税并办理了登记注册手续的车辆，底盘（车架）发生更换，其计税依据按最新核发的同类型新车最低计税价格的70%计算。

（2）免税、减税条件消失的车辆，其计税依据的确定方法如下：

计税依据＝同类型新车最低计税价格×［1－（已使用年限×10%）］×100%

其中，规定使用年限按 10 年计算；超过使用年限的车辆，计税依据为零，不再征收车辆购置税。未满 1 年的应税车辆计税依据为最新核发的同类型车辆最低计税价格。

（3）国家税务总局未核定最低计税价格的车辆，计税依据为已核定同类型车辆的最低计税价格。

（4）进口旧车、不可抗力因素导致受损的车辆、库存超过 3 年的车辆、行驶 8 万千米以上的试验车辆、国家税务总局规定的其他车辆，凡纳税人能出具有效证明的，计税依据为纳税人提供的统一发票或有效凭证注明的计税价格。

5. 已使用未完税车辆计税依据的确定

对于国家授权的执法部门没收的走私车辆、被司法机关和行政执法部门依法没收并拍卖的车辆，其库存（或使用）年限超过 3 年或行驶里程超过 8 万千米以上的，主管税务机关依据纳税人提供的统一发票或有效证明注明的价格确定计税依据。

6. 车辆购置税计税依据使用统一货币单位计量

纳税人以外汇结算应税车辆价款的，按照申报纳税之日中国人民银行公布的人民币基准汇价，折合成人民币计算应纳税额。

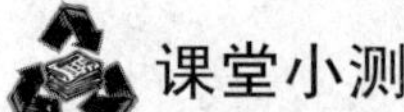

【单选题】1. 下列关于车辆购置税的说法，正确的是（　　）。

A. 纳税人购买自用应税车辆，申报的计税价格低于最低计税价格，一律按最低计税价格计税

B. 免税条件消失的车辆，使用未满 1 年的，视同使用 1 年

C. 对国家税务总局未核定最低计税价格的车辆，计税依据为已核定的同类型车辆最低计税价格

D. 纳税人以外币结算应税车辆价款的，按车辆购买日人民币基准汇价折合成人民币计算应纳税额

【单选题】2. 某汽车制造厂将自产轿车 10 辆向某汽车租赁公司进行投资，将自产轿车 3 辆转作本企业固定资产，将自产轿车 4 辆奖励给对企业发展有突出贡献的员工。该汽车制造厂应纳车辆购置税的计税依据为（　　）。

A. 投资作价　B. 轿车售价　C. 核定的最低计税价格　D. 核定的最高计税价格

三、车辆购置税应纳税额的计算

（一）购买自用应税车辆

车辆购置税实行从价定率的方法计算应纳税额，计算公式如下：

应纳税额＝计税依据×税率

由于应税车辆的来源、应税行为的发生及计税依据组成的不同，因而，车辆购置税应纳税额的计算方法也有区别。

购买自用应税车辆应纳税额的计算公式如下：

计税价格＝含增值税的销售价格÷（1＋增值税税率或征收率）

例 9-4：李某从某汽车公司购买一台国产私家车 234000 万元（含增值税），手续费 3000 元，车辆装饰费 1300 元，另支付代收临时牌照费 550 元，代收保险费 1000 元。请计算李某应纳车辆购置税为多少。

解析：应纳税额＝（234000＋3000＋1300）÷（1＋17%）×10%＝20367.52（元）

（二）进口自用应税车辆

纳税人进口自用的应税车辆应纳税额的计算公式如下：

组成计税价格＝关税完税价格＋关税＋消费税

或

组成计税价格＝（关税完税价格＋关税）÷（1－消费税税率）

例 9-5：吴某 2006 年 1 月 8 日进口一辆小轿车，到岸价格 400000 元，已知关税税率 50%，消费税税率 8%，请计算吴某应纳的车辆购置税。

解析：应纳关税＝关税价格×关税税率＝400000×50%＝200000（元）

计税价格＝关税完税价格＋关税＋消费税＝（关税完税价格＋关税）÷（1－消费税税率）＝（400000＋200000）÷（1－8%）＝652173.91（元）

应纳税额＝652173.91×10%＝65217.39（元）

（三）其他自用应税车辆

例 9-6：某汽车制造厂将自产的一辆某型号的小汽车，用于本厂管理部门服务，该公司在办理车辆上牌前，出具该车的发票，注明金额 65000 元，并按此金额向主管税务机关申报纳税。经审核，国家税务总局对该车同类型车辆核定的最低计税价格为 80000 元。计算该车应纳车辆购置税。

解析：应纳税额＝80000×10%＝8000（元）

（四）以最低计税价格为计税依据的确定

例 9-7：某公司 2011 年购进的一辆汽车，2012 年 12 月因交通事故更换底盘，国家税务总局核定的同型号新车最低计税价格为 260000 元。计算该汽车应纳车辆购置税。

解析：应纳车辆购置税＝260000×70%×10%＝18200（元）

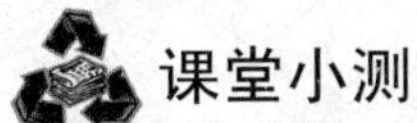

课堂小测

【单选题】某 4S 店 2012 年 11 月进口 9 辆商务车，海关核定的关税计税价格为 40 万元/辆，当月销售 4 辆，2 辆作为样车放置在展厅待售，1 辆公司自用。该 4S 店应纳车辆购置税（　　）万元。（商务车关税税率为 25%，消费税税率 12%）

A．5.48　　B．5.60　　C．5.68　　D．17.04

【计算题】李某购买一台国产私家车 150000 元，手续费 10000 元，包装费 6000 万元，请计算李某应纳的车辆购置税。

四、税收优惠

（一）车辆购置税减免税规定

我国车辆购置税实行法定减免，具体规定如下。

（1）外国驻华使馆、领事馆和国际组织驻华机构及其外交人员自用车辆免税。

（2）中国人民解放军和中国人民武装警察部队列入军队武器装备订货计划的车辆

免税。

（3）设有固定装置的非运输车辆免税。

（4）有国务院规定的其他免税或减税情形的，按照规定免税或减税。

① 防汛部门和森林消防等部门购置的由指定厂家生产的指定型号的用于指挥、检查、调度、报汛（警）、联络的设有固定装置的车辆。

② 回国服务的留学人员用现汇购买 1 辆个人自用国产小汽车。

③ 长期来华定居专家进口的 1 辆自用小汽车。

（5）对城市公交企业自 2012 年 1 月 1 日至 2015 年 12 月 31 日购置的公共汽电车辆，免征车辆购置税。

（6）自 2004 年 10 月 1 日起，对农用三轮运输车免征车辆购置税。

（二）车辆购置税的退税

（1）公安机关车辆管理机构不予办理车辆登记注册手续的，凭公安机关车辆管理机构出具的证明办理退税手续。

（2）因质量等原因发生退回所购车辆的，凭经销商的退货证明办理退税手续。

课堂小测

【多选题】下列车辆，免征车辆购置税的有（　　）。

A．防汛部门专用指挥车　　B．森林消防专用指挥车

C．1.6 升及以下排量乘用车　　D．外国驻华使馆自用车辆

E．回国服务的留学人员用现汇购买的 1 辆个人自用国产小汽车

五、征收管理

（一）纳税环节

车辆购置税以应税车辆为课税对象，其征税环节选择在使用环节（即最终消费环节）。具体而言，纳税人应当在向公安机关等车辆管理机构办理车辆登记注册手续前，缴纳车辆购置税。即车辆购置税在应税车辆上牌登记注册前的使用环节征收。

车辆购置税选择单一环节，实行一次课征制度，购置已征车辆购置税的车辆，不再征收车辆购置税。但减税、免税条件消失的车辆，即减税、免税车辆因转让、改制后改变了原减、免税前提条件的，就不再属于免税、减税范围，应按规定缴纳车辆购置税。

（二）纳税期限

纳税人购买自用应税车辆的，应自购买之日起 60 日内申报纳税；进口自用应税车辆的，应自进口之日起 60 日内申报纳税；自产、受赠、获奖或者以其他方式取得并自用应税车辆的，应当自取得之日起 60 日内申报纳税。

免税车辆因转让、改变用途等原因，其免税条件消失的，纳税人应在免税条件消失之日起 60 日内到主管税务机关重新申报纳税。

购买之日，是指《机动车销售统一发票》（以下简称统一发票）或者其他有效凭证的开具日期。

进口之日，是指《海关进口增值税专用缴款书》或者其他有效凭证的开具日期。

取得之日，是指合同、法律文书或者其他有效凭证的生效或者开具日期。

（三）纳税地点

纳税人购置应税车辆的，需要办理车辆登记注册手续的，向车辆登记注册地的主管税务机关办理纳税申报；不需要办理车辆登记注册手续的纳税人，向纳税人所在地的主管税务机关办理纳税申报。车辆登记注册地是指车辆的上牌落籍地或落户地。

（四）车辆购置税的退税制度

1. 已经缴纳车辆购置税的车辆，发生下列情形之一的可申请退税

（1）因质量原因，车辆被退回生产企业或者经销商的。

（2）应当办理车辆登记注册的车辆，公安机关车辆管理机构不予办理车辆登记注册的。

2. 退税款的计算

（1）因质量原因，车辆被退回生产企业或者经销商的，自纳税人办理纳税申报之日起，按已缴税款每满 1 年扣减 10%计算退税额。未满 1 年的按已缴税款额退税。

（2）对公安机关车辆管理机构不予办理车辆登记注册子续的车辆，退还全部已缴税款。

车辆购置税的征税环节为购置应税车辆之后、办理车辆登记注册之前。车辆购置税实行一次性征收制度，购置已征车辆购置税的车辆，不再重复征收车辆购置税。

课堂小测

【单选题】车辆购置税的纳税环节是（　　）。

A. 销售和使用环节　B. 生产环节　C. 零售环节　D. 登记注册前的使用环节

【多选题】关于车辆购置税的纳税地点，下列说法中正确的有（　　）。

A. 购置需要办理车辆登记注册手续的应税车辆，纳税地点是纳税人所在地

B. 购置需要办理车辆登记注册手续的应税车辆，应当向购买地主管税务机关申报纳税

C. 购置需要办理车辆登记注册手续的应税车辆，纳税地点是车辆上牌落籍地

D. 购置不需要办理登记注册手续的应税车辆，应当向纳税人所在地主管税务机关申报纳税

第十章　企业所得税

第一节　所得税及企业所得税概述

一、所得税的定义

所得税是以纳税人的所得额为征收对象所征收的一种税。所得额是指纳税人在一定期间内通过生产、经营等取得的可用货币计量的收入，扣除为取得这些收入所需各种耗费后的净额。

二、所得税的特点

1. 所得税是对纳税人的所得额征税，量能负税，税负公平

所得税的征税对象是纳税人的所得额，是纳税人在一定时期内获得的总收入依法扣除了各项成本费用和损失后的余额，即纯收入或净所得额。由于所得额在一定程度上代表了纳税人的纳税能力，因此，对所得额征税的所得税，能符合量能负税的原则，多得多征，少得少征，无所得不征，税负比较公平合理。

2. 所得税属于直接税，税负一般不能转嫁

所得税是对纳税人的所得征税，纳税人和税负人是一致的，税负一般不容转嫁。对收入分配的调节功能强，而对市场机制的正常运行干扰少。

3. 征管复杂

所得税的应纳税所得额的计算涉及一定时期成本、费用的归集与分摊，要按照税法规定调整某些项目，所以所得税征管难度较大，但也能促使纳税人建立健全会计制度。

三、所得税的种类

所得税制是以所得税各税种组成的税收制度，是随着社会经济的发展而产生和发展的。目前西方经济发达国家，所得税制比较健全，在国家整个税制中占主要地位。我国所得税税制包括的主要税种有企业所得税、个人所得税等。

企业所得税法，是指国家制定的用以调整企业所得税征收与缴纳之间权利及义务关系的法律规范。现行企业所得税法的基本规范，是 2017 年 2 月 24 日第十二届全国人民代表大会常务委员会第二十六次会议通过的《中华人民共和国企业所得税法》（以下简称《企业所得税法》）和 2007 年 11 月 28 日国务院第一百九十七次常务会议通过的《中

华人民共和国企业所得税法实施条例》（以下简称《企业所得税法实施条例》）。

四、企业所得税的概念

企业所得税是以企业取得的生产经营所得和其他所得为征税对象所征收的一种税。它是规范和处理国家参与企业利润分配的重要形式，是目前中国主体税种之一。

五、企业所得税的特点

1. 征税范围广

企业所得税以企业所得为征税对象，具有征收上的广泛性。

2. 以应纳税所得额为计税依据

应纳税所得额既不等于企业实现的会计利润总额，也不是销售额或营业额，而是企业每一纳税年度的收入总额减除不征税收入、免税收入、各项允许扣除的项目金额，以及允许弥补的以前年度亏损后的余额。

3. 征税以量能负担为原则

纳税人所得多的，多纳税；所得少的，少纳税；无所得的，不纳税。这充分体现了公平原则。

4. 实行按年计征，分期缴纳，年终汇算清缴的征收方法

企业所得税征收分月或分季预缴，年终汇算清缴，与会计年度及核算期限一致，这有利于税收的征收管理和企业核算期间的一致性。

第二节　纳税义务人、征税对象和税率

一、纳税义务人

企业所得税的纳税义务人，是指在中华人民共和国境内的企业和其他取得收入的组织（以下统称企业）。除个人独资企业、合伙企业不适用企业所得税法外，凡在我国境内的企业和其他取得收入的组织均为企业所得税的纳税人，依法缴纳企业所得税。

根据企业纳税义务范围的宽窄分类，企业所得税的纳税人分为居民企业和非居民企业。

（一）居民企业

居民企业，是指依法在中国境内成立，或者依照外国（地区）法律成立但实际管理机构在中国境内的企业。所谓依法在中国境内成立的企业，包括依照中国法律、行政法规在中国境内成立的企业、事业单位、社会团体，以及其他取得收入的组织。所谓依照外国（地区）法律成立的企业，包括依照外国（地区）法律成立的企业和其他取得收入

的组织。所谓实际管理机构，是对企业的生产经营、人员、账务、财产等实施实质性全面管理和控制的机构，如联想集团，收购了美国 IBM 的个人计算机业务部，它的实际管理机构在中国，那么这个美国 IBM 的个人计算机业务部就是中国居民企业。

（二）非居民企业

非居民企业，是指依照外国（地区）法律成立且实际管理机构不在中国境内，但在中国境内设立机构、场所的，或者在中国境内未设立机构、场所，但有来源于中国境内所得的企业。

上述所称的机构、场所，是指在中国境内从事生产经营活动的机构、场所，具体如下。

（1）管理机构、营业机构、办事机构。

（2）工厂、农场、开采自然资源的场所。

（3）提供劳务的场所。

（4）从事建筑、安装、装配、修理、勘探等工程作业的场所。

（5）其他从事生产经营活动的机构、场所。

非居民企业委托营业代理人在中国境内从事生产经营活动的，包括委托单位或者个人经常代其签订合同，或者储存、交付货物等，该营业代理人视为非居民企业在中国境内设立的机构、场所，如中央电视台租赁美国的泛美卫星公司的卫星线路，让中央电视台的节目能覆盖到东南亚和非洲国家，央视付给泛美公司费用，那么泛美公司就是我国的非居民纳税人。

课堂小测

【判断题】某非居民企业委托某自然人在中国境内经常代其储存、交付货物，该自然人应视为该非居民企业在中国境内设立的机构、场所。（　　）

【单选题】1. 我国确定居民企业和非居民企业的办法是（　　）。

A. 登记注册地　B. 实际管理机构地　C. 总机构所在地

D. 登记注册地与实际管理机构地相结合　E. 登记注册地与总机构所在地相结合

【单选题】2. 根据企业所得税法的规定，下列是企业所得税纳税人的是（　　）。

A. 个体工商户　B. 个人独资企业　C. 合伙企业　D. 非居民企业

【单选题】3. 根据企业所得税法的规定，下列关于居民企业和非居民企业的说法，正确的是（　　）。

A. 只有依照中国法律成立的企业才是居民企业

B. 依照外国法律成立，实际管理机构在中国境内的企业是非居民企业

C. 在境外成立的企业都是非居民企业

D. 在中国境内设立机构、场所且在境外成立其实际管理机构不在中国境内的企业是非居民企业

【多选题】1. 下列实行独立经济核算的企业或组织中，不可能成为企业所得税的纳税人的有（　　）。

A．联营企业　　　　　　　　　　B．个人合伙企业

C．个人独资企业　　　　　　　　D．股份制企业

【多选题】2．根据企业所得税法的规定，下列各项中，属于企业所得税纳税人的是（　　）。

A．在外国成立但实际管理机构在中国境内的企业

B．在中国境内成立的外商独资企业

C．在中国境内成立的个人独资企业

D．在中国境内未设立机构、场所，但有来源于中国境内所得的企业

【多选题】3．《企业所得税法》第 2 条所称实际管理机构，是指对企业的（　　）等实施实质性全面管理和控制的机构。

A．生产经营　　B．人员　　C．账务　　D．财产

【多选题】4．按现行所得税法规定，居民企业可以是（　　）。

A．在北京市工商局登记注册的企业

B．在美国注册但实际管理机构在北京的企业

C．在美国注册的企业设在北京的办事处

D．在北京市注册但在中东开展工程承包的企业

【多选题】5．非居民企业在中国境内设立从事生产经营活动的机构、场所包括（　　）。

A．提供劳务的场所　　　　　　　B．办事机构

C．在中国境内从事生产经营活动的营业代理人

D．来华人员居住地　　　　　　　E．农场

二、征税对象

企业所得税的征税对象是指企业的生产经营所得、其他所得和清算所得。具体包括销售货物所得、提供劳务所得、转让财产所得、股息红利等权益性投资所得、利息所得、租金所得、特许权使用费所得、接受捐赠所得和其他所得。

（一）征税对象确定的原则

确定企业的一项所得是否属于征税对象，要遵循以下原则。

（1）必须是有合法来源的所得，即企业的所得必须是国家法律允许并保护的。企业从事非法行为取得的所得不构成企业所得税的征税对象。

（2）应纳税所得是扣除成本、费用后的纯收益。企业取得任何一项所得，都必然要有相应的消耗和支出，只有企业取得的所得扣除为取得这些所得而发生的成本费用支出后的余额，才是企业所得税的应纳税所得额。

（3）企业所得税的应纳税所得额必须是实物或货币所得。各种荣誉性的、心理上的、知识性的、体能上的所得均不是应纳税所得。

（4）企业所得税的应纳税所得包括来源于中国境内、境外的所得。按照居民税收管理辖权原则，凡中国居民企业应就其来源于境内、境外的所得缴纳企业所得税。但为了

避免重复征税，对居民企业在境外已纳的所得税款可以抵扣。

（二）居民企业的征税对象

居民企业应就来源于中国境内、境外的所得作为征税对象。具体包括销售货物所得、提供劳务所得、转让财产所得、股息红利等权益性投资所得、利息所得、租金所得、特许权使用费所得、接受捐赠所得和其他所得。

举例：联想集团收购了美国 IBM 的个人计算机业务部之后，这个个人计算机业务部生产经营地在境外，这些境外的生产经营收入虽然不是来源于中国境内的收入，但也必须向中国税务机关承担它的纳税义务。

（三）非居民企业的征税对象

非居民企业在中国境内设立机构、场所的，应当就其所设机构、场所取得的来源于中国境内的所得，以及发生在中国境外但与其所设机构、场所有实际联系的所得，缴纳企业所得税。非居民企业在中国境内未设立机构、场所的，或者虽设立机构、场所但取得的所得与其所设机构、场所没有实际联系的，应当就其来源于中国境内的所得缴纳企业所得税。

上述所称实际联系，是指非居民企业在中国境内设立的机构、场所拥有的据以取得所得的股权、债权，以及拥有、管理、控制据以取得所得的财产。

举例：美国泛美卫星公司既没有在中国设立机构，也没有设立场所，但由于中央电视台租赁其卫星线路并支付费用，它这部分收入来自中国，作为中国的非居民，它必须就这项来源于中国境内的收入在中国纳税。

（四）所得来源的确定

（1）销售货物所得，按照交易活动发生地确定。

（2）提供劳务所得，按照劳务发生地确定。

（3）转让财产所得，具体包括不动产转让所得按照不动产所在地确定；动产转让所得按照转让动产的企业或者机构、场所所在地确定；权益性投资资产转让所得按照被投资企业所在地确定。

（4）股息、红利等权益性投资所得，按照分配所得的企业所在地确定。

（5）利息所得、租金所得、特许权使用费所得，按照负担、支付所得的企业或者机构、场所所在地确定，或者按照负担、支付所得的个人的住所地确定。

（6）其他所得，由国务院财政、税务主管部门确定。

课堂小测

【判断题】1. 动产转让所得应按照转让动产的企业或者机构、场所所在地，确定是否为取得来源于中国境内所得。（　　）

【判断题】2. 居民企业承担无限纳税义务，非居民企业承担有限纳税义务。（　　）

【单选题】依据企业所得税法的规定，下列各项中按负担所得的所在地确定所得来源地的是（ ）。

A．销售货物所得账　　B．权益性投资所得

C．动产转让所得　　D．特许权使用费所得

【多选题】1．下列关于企业所得税所得来源地确定的表述，错误的有（ ）。

A．销售货物，按照交易活动发生地

B．提供劳务，按照支付所得的企业所在地

C．动产转让，按照购买动产的企业或者机构、场所所在地

D．权益性投资资产转让，按照投资企业所在地

【多选题】2．下列各项中，关于企业所得税所得来源的确定，正确的有（ ）。

A．销售货物所得按照交易活动发生地确定

B．提供劳务所得按照劳务报酬支付地确定

C．权益性投资资产转让所得按照被投资企业所在地确定

D．特许权使用费所得按负担、支付所得的企业所在地确定

E．不动产转让所得按照转让不动产的企业或者机构、场所所在地确定

三、企业所得税税率

（一）基本税率为25%

（1）居民企业应当就其来源于中国境内、境外的所得，按照25%的税率征收企业所得税。

（2）非居民企业在中国境内设立机构、场所的，其所设机构、场所取得的来源于中国境内的所得，以及发生在中国境外但与其所设机构、场所有实际联系的所得，按照25%征收企业所得税。

（二）低税率为20%

非居民企业在中国境内未设立机构、场所的，或者虽设立机构、场所但取得的所得与其设机构、场所没有实际联系的，其来源于中国境内的所得，按照20%的税率预提企业所得税。但实际征税时适用10%的税率。

（三）企业所得税照顾性税率

（1）符合条件的小型微利企业，减按20%的税率征收企业所得税。

（2）国家需要重点扶持的高新技术企业，减按15%的税率征收企业所得税。

课堂小测

【单选题】1．符合条件的小型微利企业，减按（ ）的税率征收企业所得税。

A．20%　　B．15%　　C．25%　　D．18%

【单选题】2．按照企业所得税法和实施条例规定，下列有关企业所得税税率说法不正确的是（ ）。

A．居民企业适用税率为25%

B．国家重点扶持的高新技术企业减按15%的税率征税

C．符合条件的小型微利企业适用税率为20%

D．未在中国境内设立机构、场所的非居民企业，取得中国境内的所得适用税率为15%

【单选题】3．根据企业所得税法的规定，企业所得税税率说法正确的是（　　）。

A．企业所得税基本税率20%

B．企业所得税法实行地区差别比例税率

C．国家重点扶持的高新技术企业适用10%的企业所得税税率

D．在中国境内未设立机构场所的非居民企业可以适用企业所得税的低税率计算缴纳所得税

【单选题】4．根据企业所得税法的规定，非居民企业取得的来源于中国境内的所得，适用25%税率的是（　　）。

A．在中国境内未设立机构、场所的非居民企业

B．在中国境内虽设立机构、场所但取得的所得与其机构场所没有实际联系的非居民企业

C．在中国境内设立机构、场所且取得的所得与其机构场所有实际联系的非居民企业

D．所有的非居民企业

【单选题】5．美国通用公司在中国设立办事处，其来源于中国境内的所得缴纳企业所得税的适用税率是（　　）。

A．25%　　B．20%　　C．15%　　D．10%

【多选题】《企业所得税法》中规定的企业所得税税率有（　　）。

A．25%　　B．18%　　C．20%　　D．33%

第三节　应纳税所得额的计算

应纳税所得额是企业所得税的计税依据，按照企业所得税法的规定，应纳税所得额为企业每一个纳税年度的收入总额，减除不征税收入、免税收入、各项扣除，以及允许弥补的以前年度亏损后的余额。基本公式如下：

应纳税所得额＝收入总额－不征税收入－免税收入
－各项扣除－允许弥补的以前年度亏损

企业应纳税所得额的计算以权责发生制为原则，属于当期的收入和费用，不论款项是否收付，均作为当期的收入和费用；不属于当期的收入和费用，即使款项已经在当期收付，均不作为当期的收入和费用。企业所得税条例和国务院财政、税务主管部门另有规定的除外。

一、收入总额的确定

企业的收入总额包括以货币形式和非货币形式从各种来源取得的收入。具体包括销

售货物收入，提供劳务收入，转让财产收入，股息、红利等权益性投资收益，利息收入，租金收入，特许权使用费收入，接受捐赠收入，其他收入。

企业取得收入的货币形式，包括现金、存款、应收账款、应收票据、准备持有至到期的债券投资，以及债务的豁免等。纳税人以非货币形式取得的收入，包括固定资产、生物资产、无形资产、股权投资、存货、不准备持有至到期的债券投资、劳务，以及有关权益等，这些非货币资产应当按照公允价值确定收入额，公允价值是指按照市场价格确定的价值。

（一）一般收入的确认

（1）销售货物收入，是指企业销售商品、产品、原材料、包装物、低值易耗品，以及其他存货取得的收入。

（2）提供劳务收入，是指企业从事建筑安装、修理修配、交通运输、仓储租赁、金融保险、邮电通信、咨询经纪、文化体育、科学研究、技术服务、教育培训、餐饮住宿、中介代理、卫生保健、社区服务、旅游、娱乐、加工，以及其他劳务服务活动取得的收入。

（3）转让财产收入，是指企业转让固定资产、生物资产、无形资产、股权、债权等财产取得的收入。

（4）股息、红利等权益性投资收益，是指企业因权益性投资从被投资方取得的收入。股息、红利等权益性投资收益，除国务院财政、税务主管部门另有规定外，按照被投资方做出利润分配决定的日期确认收入的实现。

（5）利息收入，是指企业将资金提供他人使用但不构成权益性投资，或者因他人占用本企业资金取得的收入，包括存款利息、贷款利息、欠款利息等收入。利息收入，按照合同约定的债务人应付利息的日期确认收入的实现。

（6）租金收入，是指企业提供固定资产、包装物或者其他有形资产的使用权取得的收入。租金收入，按照合同约定的承租人应付租金的日期确认收入的实现。

（7）特许权使用费收入，是指企业提供专利权、非专利技术、商标权、著作权，以及其他特许权的使用权取得的收入。特许权用用费收入，按照合同约定的特许权使用人应付特许权使用费的日期确认收入的实现。

（8）接受捐赠收入，是指企业接受的来自其他企业、组织或者个人无偿给予的货币性资产、非货币性资产。接受捐赠收入，按照实际收到捐赠资产的日期确认收入的实现。

（9）其他收入，是指企业取得的除上述收入外的其他收入，包括企业资产溢余收入、逾期未退包装物押金收入、确实无法偿付的应付款项、已作坏账损失处理后又收回的应收款项、债务重组收入、补贴收入、违约金收入、汇兑收益等。

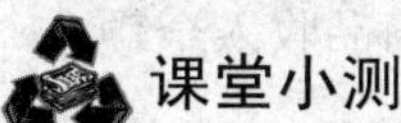

课堂小测

【单选题】某企业 2008 年 12 月接受捐赠设备一台，收到的增值税专用发票上注明价款 10 万元，增值税 1.7 万元，企业另支付运输费用 0.8 万元，该项受赠资产应确认的收入为（　　）万元。

A．10 B．11.7 C．12.5 D．10.8

【多选题】1．以下属于企业所得税货币形式收入的包括（ ）。

A．应收票据 B．准备持有到期的债券投资

C．债务的豁免 D．不准备持有到期的债券投资

【多选题】2．企业按照公允价值确定收入的收入形式包括（ ）。

A．债务的豁免 B．股权投资

C．劳务 D．不准备持有到期的债券投资

【多选题】3．根据企业所得税法的规定，下列收入的确认正确的是（ ）。

A．权益性投资收益，按照投资方取得投资收益的日期确认收入的实现

B．利息收入，按照合同约定的债务人应付利息的日期确认收入的实现

C．租金收入，按照实际收取租金的日期确认收入的实现

D．特许权使用费收入，按照合同约定的特许权使用人应付特许权使用费的日期确认收入的实现

（二）特殊收入的确认

（1）以分期收款方式销售货物的，按照合同约定的收款日期确认收入的实现。

（2）企业受托加工制造大型机械设备、船舶、飞机等，以及从事建筑、安装、装配工程业务或者提供劳务等，持续时间超过 12 个月的，按照纳税年度内完工进度或者完成的工作量确认收入的实现。

（3）采取产品分成方式取得收入的，按照企业分得产品的时间确认收入的实现，其收入额按照产品的公允价值确定。

产品分成，即多家企业在合作进行生产经营的过程中，合作各方对合作生产出的产品按照约定进行分配，并以此作为生产经营收入。

（4）企业发生非货币性资产交换，以及将货物、财产、劳务用于捐赠、偿债、赞助、集资、广告、样品、职工福利和进行利润分配等用途，应当视同销售货物、转让财产和提供劳务，但国务院财政、税务主管部门另有规定的除外。

（5）采用售后回购方式销售商品的，销售的商品按售价确认收入，回购的商品作为购进商品处理。

（6）销售商品以旧换新的，销售商品应当按照销售商品收入确认收入，回收的商品作为购进商品处理。

（7）企业为促进商品销售而在商品价格上给予的价格优惠属于商业折扣，商品销售涉及商业折扣的，应当按照扣除商业折扣后的金额确定销售商品收入金额。

债权人为鼓励债务人在规定的期限内付款而向债务人提供的债务扣除属于现金折扣，销售商品涉及现金折扣的，应当按扣除现金折扣前的金额确定销售商品收入金额，现金折扣在实际发生时作为财务费用扣除。

企业因售出商品的质量不合格等原因而在售价上给予的减让属于销售折让；企业因售出商品质量、品种不符合要求等原因而发生的退货属于销售退回。企业已经确认销售收入的售出商品发生销售折让和销售退回，应当在发生当期冲减当期商品收入。

（8）企业以买一赠一等方式组合销售本企业商品的，不属于捐赠，应将总的销售金额按各项商品的公允价值的比例来分摊各项的销售收入。

如：买A赠送B，A的不含税价格为2000元/台，B的不含税价格为100元/台，在增值税上属于视同销售，销项税为（2000＋100）×17%；在所得税上，不按视同销售，B产品的100元不缴纳所得税，买一赠一，实际上收到2000元的不含税价，需要把2000元分解，属于A的收入为2 000×2 000÷（2000＋100），属于B收入的为2000×100÷（2000＋100），对应2种产品的成本可以扣除，最后总收入为2000元。

课堂小测

【判断题】企业受托加工制造大型机械设备、船舶、飞机，以及从事建筑、安装、装配工程业务或者提供其他劳务等，持续时间超过12个月的，按照纳税年度内完工进度或者完成的工作量确认收入的实现。（ ）

【单选题】根据企业所得税法的规定，下列关于特殊收入的确认说法不正确的是（ ）。

A．采取产品分成方式取得收入的，按照企业分得产品的日期确认收入的实现

B．企业从事建筑、安装、装配工程业务，持续时间超过12个月的，按照纳税年度内完成的工作量确认收入的实现

C．以分期收款方式销售货物的，按照合同约定的收款日期确认收入的实现

D．采取产品分成方式取得收入的，其收入额按照产品的成本确定

【多选题】企业发生非货币性资产交换，以及将货物、财产、劳务用于（ ）等用途的，应当视同销售货物、转让财产或者提供劳务，但国务院财政、税务主管部门另有规定的除外。

A．捐赠 B．偿债 C．赞助 D．集资 E．广告 F．样品
G．工程 H．职工福利或者利润分配

（三）处置资产收入的确认

（1）企业发生下列情形的处置资产，除将资产转移至境外以外，由于资产所有权属在形式和实质上均不发生改变，可作为内部处置资产，不视同销售确认收入：将资产用于生产、制造、加工另一产品；改变资产形状、结构或性能；改变资产用途（如自建商品房转为自用或经营）；将资产在总机构及其分支机构之间转移；上述两种或两种以上情形的混合；其他不改变资产所有权属的用途。

（2）企业将资产移送他人的下列情形，因资产所有权属已发生改变而不属于内部处置资产，应按规定视同销售确定收入：用于市场推广或销售；用于交际应酬；用于职工奖励或福利；用于股息分配；用于对外捐赠；其他改变资产所有权属的用途。

属于自制的资产，按同类资产同期对外售价确定销售收入；属于外购的资产，可按购入时的价格确定销售收入。

二、不征税收入和免税收入

国家为了扶持和鼓励某些特殊的纳税人和特定的项目，或者避免因征税影响企业的正常经营，对企业取得的某些收入予以不征税或免税的特殊政策，以减轻企业的负担，促进经济的协调发展。或准予抵扣应纳税所得额，或者是对专项用途的资金作为非税收入处理，减轻企业的税负，增加企业可用资金。

（一）不征税收入

（1）财政拨款，是指各级人民政府对纳入预算管理的事业单位、社会团体等组织拨付的财政资金，但国务院和国务院财政、税务主管部门另有规定的除外。

（2）依法收取并纳入财政管理的行政事业性收费、政府性基金。行政事业性收费是指依照法律法规等有关规定，按照国务院规定程序批准，在实施社会公共管理，以及在向公民、法人或者其他组织提供特定公共服务过程中，向特定对象收取并纳入财政管理的费用。政府性基金，是指企业依照法律、行政法规等有关规定，代政府收取的具有专项用途的财政资金。

（3）国务院规定的其他不征税收入，是指企业取得的，由国务院财政、税务主管部门规定专项用途并经国务院批准的财政性资金。财政性资金，是指企业取得的来源于政府及其有关部门的财政补助、补贴、贷款贴息，以及其他各类财政专项资金，包括直接减免的增值税和即征即退、先征后退、先征后返的各种税收，但不包括企业按规定取得的出口退税款。

课堂小测

【多选题】1．下列收入属于企业所得税应税收入的有（　　）。

A．转让财产收入　　B．财政拨款收入

C．租金收入　　D．接受捐赠收入

【多选题】2．收入总额中的下列收入为不征税收入的有（　　）。

A．财政拨款

B．依法收取并纳入财政管理的行政事业性收费

C．国家税务总局规定的其他不征税收入

D．依法收取并纳入财政管理的政府性基金

（二）免税收入

（1）国债利息收入，是指企业持有国务院财政部门发行的国债取得的利息收入。

（2）符合条件的居民企业之间的股息、红利等权益性收益，是指居民企业直接投资于其他居民企业取得的投资收益。

（3）在中国境内设立机构、场所的非居民企业从居民企业取得与该机构、场所有实际联系的股息、红利等权益性投资收益。以上收益都不包括连续持有居民企业公开发行并上市流通的股票不足 12 个月取得的投资收益。

（4）符合条件的非营利组织的收入，但不包括非营利组织从事营利性活动取得的收入。

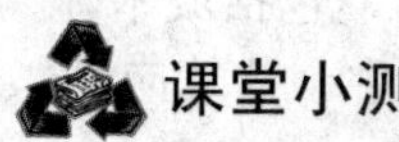

【单选题】下列各项是企业所得税应税收入的是（　　）。

A．国债利息收入

B．银行存款利息收入

C．符合条件的非营利组织的收入

D．符合条件的居民企业之间的股息、红利等权益性投资收益

【多选题】1．企业取得的下列收入，属于企业所得税免税收入的有（　　）。

A．国债利息收入

B．金融债券的利息收入

C．居民企业直接投资于其他居民企业取得的投资收益

D．在中国境内设立机构、场所的非居民企业连续持有居民企业公开发行并上市流通的股票1年以上取得的投资收益

【多选题】2．企业的下列收入为免税收入（　　）。

A．国债利息收入

B．居民企业之间的股息、红利等权益性投资收益

C．在中国境内设立机构、场所的非居民企业从居民企业取得与该机构、场所有实际联系的股息、红利等权益性投资收益

D．非营利组织的收入

三、准予扣除的项目

（一）扣除项目应遵循的原则

企业申报的扣除项目和金额要真实、合法。所谓真实是指能提供证明有关支出确属已经实际发生；合法是指符合国家税法的规定，若其他法规规定与税收法规规定不一致，应以税收法规的规定为标准。除税收法规另有规定外，税前扣除一般应遵循以下原则。

（1）权责发生制原则，是指企业费用应在发生的所属期扣除，而不是在实际支付时确认扣除。

（2）配比性原则，是指企业发生的费用应当与收入配比扣除，不得提前或滞后申报扣除。

（3）相关性原则，是指企业可扣除的费用从性质或根源上必须与取得的收入直接相关。与取得应税收入无关的支出不得扣除，如担保支出。

（4）确定性原则，是指纳税人可扣除费用无论何时支付，其金额必须是确定的。

（5）合理性原则，是指纳税人可扣除费用的计算和分配方法应符合一般的经营常规和会计惯例。

（二）扣除项目的范围

企业所得税法规定，企业实际发生的与取得收入有关的、合理的支出，包括成本、费用、税金、损失和其他支出，准予在计算应纳税所得额时扣除。在实际中，计算应纳税所得额时应注意以下内容。

（1）企业发生的支出应当区分为收益性支出和资本性支出。收益性支出在发生当期直接扣除；资本性支出应当分期扣除或者计入有关资产成本，不得在发生当期直接扣除。

（2）企业的不征税收入用于支出所形成的费用或者财产，不得扣除或者计算对应的折旧、摊销扣除。

（3）除另有规定外，企业实际发生的成本、费用、税金、损失和其他支出，不得重复扣除。

① 成本，指企业在生产经营活动中发生的销售成本、销货成本、业务支出，以及其他耗费，即企业销售商品、提供劳务、转让固定资产、无形资产的成本。

② 费用，是指企业每一个纳税年度为生产、经营商品和提供劳务等所发生的销售费用、管理费用和财务费用。已经计入成本的有关费用除外。

③ 税金，是指企业发生的除企业所得税和允许抵扣的增值税以外的企业缴纳的各项税金及其附加。

④ 损失，是指企业在生产经营活动的固定资产和存货的盘亏、毁损、报废损失，转让财产损失，坏账损失，自然灾害等不抗力因素造成的损失，以及其他损失。企业发生的损失，减除责任人赔偿和保险赔款后的余额，依照国务院财政、税务主管部门的规定扣除。企业已经作为损失处理的资产，在以后纳税年度又全部收回或者部分收回时，应当计入当期收入。

⑤ 其他支出，是指除上述以外，企业在生产经营活动中发生的与生产经营活动有关的合理的支出。

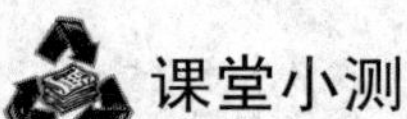

课堂小测

【单选题】在计算应纳税所得额时，不允许作为税金项目从收入总额中扣除的流转税金是（　　）。

A．增值税　　B．消费税　　C．营业税　　D．关税

【计算题】1．某企业的产品生产成本 800 元/件，生产出 20000 件，在生产过程中发生了其他费用 40000 元，销售成本 1000 元/件，销售 18000 件。计算税前扣除成本为多少。

【计算题】2．2011 年，市区一个生产小轿车的企业，出售自产小轿车 1000 辆，每辆的含税价格是 17.55 万元，增值税 17%，消费税 12%；出售给职工 40 辆，成本价收回 400 万元（成本 10 万元/辆），请列出上述业务的各种应纳税费及可扣除的税费。

（三）准予扣除项目及标准

1. 工资、薪金

企业发生的合理的工资、薪金支出，准予扣除。工资、薪金，是指企业每一纳税年

度支付给在本企业任职或者受雇的员工的所有现金形式或者非现金形式的劳动报酬，包括基本工资、奖金、津贴、补贴、年终加薪、加班工资，以及与员工任职或者受雇有关的其他支出。

相关优惠政策：《企业所得税法实施条例》第 96 条规定，企业安置残疾人员的，按实际支付给残疾职工工资的 100%加计扣除。

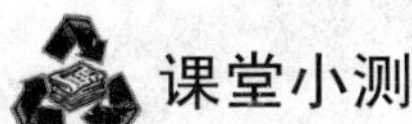

课堂小测

【计算题】2009 年，某工厂适用企业所得税税率 25%。该工厂共有职工 50 人，其中残疾人 30 人，共计发放工资 120 万元（假设所有人工资水平相同）。除工资外，职工没有任何收入，企业也没有发放任何福利。请计算工资、薪金税前扣除总额为多少。

2. 职工福利费、工会经费、职工教育经费

企业发生的职工福利费、工会经费、职工教育经费，按标准扣除，未超过标准的按实际数扣除，超过标准的只能按标准扣除。

（1）企业发生的职工福利费支出，不超过工资薪金总额 14%的部分准予扣除。

（2）企业拨缴的工会经费，不超过工资薪金总额 2%的部分准予扣除。

（3）除国务院财政、税务主管部门另有规定外，企业发生的职工教育经费支出，不超过工资薪金总额 2.5%的部分准予扣除，超过部分准予结转以后纳税年度扣除。

例 10-1：某企业 2012 年为本企业员工支付工资 200 万元、奖金 50 万元、地区补贴 50 万元、员工人寿保险 15 万元，该企业当年计算税前扣除的职工福利费 50 万元、工会经费 8 万元、职工教育经费 4 万元，请判断该企业三项费用是否符合扣除标准。

解析：工资总额＝200＋50＋50＝300（万元）

职工福利费税前扣除限额＝300×14%＝42（万元）

实际发生 50 万元，超过的 8 万元不能扣除。

工会经费税前扣除限额＝300×2%＝6（万元）

实际发生 8 万元，超过的 2 万元不能扣除。

职工教育经费税前扣除限额＝300×2.5%＝7.5（万元）

实际发生 4 万元，未超过标准，可按实际发生额扣除。

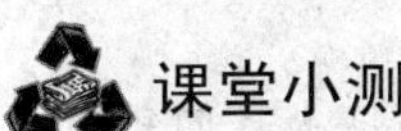

课堂小测

【计算题】某企业已计入成本、费用中的全年实发工资总额为 400 万元（属于合理限度的范围），实际发生的职工工会经费 6 万元、职工福利费 60 万元、职工教育经费 15 万元。计算企业“三项经费”可扣除限额，以及纳税调整金额。

3. 社会保险费

（1）企业按照国务院有关主管部门或者省级人民政府规定的范围和标准缴纳的“五险一金”，即基本养老保险费、基本医疗保险费、失业保险费、工伤保险费、生育保险费等基本社会保险费和住房公积金，准予扣除。

（2）企业为投资者或者职工支付的补充养老保险费、补充医疗保险费，在国务院财政、税务主管部门规定的范围和标准内（分别在不超过职工工资总额5%标准内的部分），准予扣除；超过的部分，不予扣除。企业依照国家有关规定为特殊工种职工支付的人身安全保险费和符合国务院财政、税务主管部门规定可以扣除的商业保险费准予扣除。

（3）企业参加财产保险，按照规定缴纳的保险费，准予扣除。企业为投资者或者职工支付的商业保险费，不得扣除。

课堂小测

【多选题】下列保险费可企业所得税前扣除的有（　　）。

A．企业为职工支付的商业保险费

B．企业为投资者支付的补充养老保险

C．企业参加财产保险，按规定缴纳的保险费

D．企业按国家有关规定为特殊工种职工支付的人身安全保险费

4. 利息费用

企业在生产、经营活动中发生的利息费用，按下列规定扣除。

（1）非金融企业向金融企业借款的利息支出、金融企业的各项存款利息支出和同业拆借利息支出、企业经批准发行债券的利息支出可据实扣除。

（2）非金融企业向非金融企业借款的利息支出，不超过按照金融企业同期同类贷款利率计算的数额的部分可据实扣除，超过部分不许扣除。

5. 借款费用

（1）企业在生产经营活动中发生的合理的不需要资本化的借款费用，准予扣除。

（2）企业为购置、建造固定资产、无形资产和经过12个月以上的建造才能达到预定可销售状态的存货发生借款的，在有关资产购置、建造期间发生的合理的借款费用，应当作为资本性支出计入有关资产的成本；有关资产交付使用后发生的借款利息，可以发生当期扣除。

课堂小测

【计算题】某企业2011年“财务费用”账户列支350万元，其中：4月1日向银行借款500万元用于厂房扩建，借款期限1年，当年向银行支付了3个季度的借款利息22.5万元。该厂房8月31日竣工结算并交付使用。6月1日为弥补流动资金不足，经批准向其他企业融资100万元，借款期限1年，年利率12%，按月付息，本年实际支付利息7万元。请计算该企业所得税允许扣除的财务费用为多少？

6. 汇兑损失

企业在货币交易中，以及纳税年度终了时将人民币以外的货币性资产、负债按照期末即期人民币汇率中间价折算为人民币时产生的汇兑损失，除已经计入有关资产成本，

以及与向所有者进行利润分配相关的部分外，准予扣除。

7. 业务招待费

企业发生的与生产经营有关的业务招待费支出，按照实际发生额的60%扣除，但最高不得超过当年销售（营业）收入的5‰。销售（营业）收入包括销售货物收入、劳务收入、出租财产收入、转让无形资产使用权收入（非所有权）、视同销售收入等，不包括营业外收入。

例 10-2：某企业2013年销售收入5000万元，当年实际发生业务招待费50万元，该企业当年允许扣除的业务招待费是多少？

解析：按实际发生额的60%的计算：50×60%＝30（万元）

按销售收入的5‰计算：5000×5‰＝25（万元）

取其相对较小数扣除，因此当年可扣除的业务招待费为25万元。

课堂小测

【单选题】下列各项中，能作为业务招待费税前扣除限额计提依据的是（　　）。

A．转让无形资产使用权的收入

B．因债权人原因确实无法支付的应付款项

C．转让无形资产所有权的收入

D．出售固定资产的收入

【计算题】某企业2012年发生了以下业务：

（1）全年直接销售彩电取得销售收入8000万元（不含换取原材料的部分）。

（2）2月，企业将自产的一批彩电换取A公司原材料，市场价值为200万元，成本为130万元，企业已做销售账务处理，换取的原材料价值200万元，双方均开具了专用发票。

（3）企业接受捐赠原材料一批，价值100万元并取得捐赠方开具的增值税专用发票，进项税额17万元，该项捐赠收入企业已计入营业外收入核算。

（4）1月1日，企业将闲置的办公室出租给B公司，全年收取租金120万元。

（5）企业全年发生的销售费用为1800万元（其中广告费为1500万元），管理费用为800万元（其中业务招待费为90万元）。

（6）对外转让彩电的先进生产技术所有权，取得收入700万元，相配比的成本、费用为100万元（收入、成本、费用均独立核算）。

要求：计算业务招待费纳税调整金额。

8. 广告费和业务宣传费

企业发生的符合条件的广告费和业务宣传费支出，除国务院财政、税务主管部门另有规定外，不超过当年销售（营业）收入的15%的部分，可据实扣除；超过部分可无限期向以后纳税年度结转。

例 10-3：某企业2012年销售收入5000万元，当年实际发生广告费800万元，该企业当年可在税前列支的广告费是多少？

解析：2012年扣除限额＝5000×15%＝750（万元）

本年只能扣除750万元，尚余50万元可留于以后纳税年度扣除。

假定2013年销售收入6000万元，实际发生广告费300万元，则

2013年扣除限额＝6000×15%＝900（万元）

2013年实际发生的广告费300万元可以扣除，上年未扣完的50万元本年可补扣。但注意只能在本年度扣除限额内补扣。

课堂小测

【单选题】某企业2008年销售收入6000万元，发生广告费900万元和业务宣传费200万元；2009年销售收入10000万元，发生广告费1200万元，业务宣传费200万元，2009年该企业可税前扣除的广告费和业务宣传费为（　　）万元。

A．800　　B．1200　　C．1400　　D．1500

【多选题】允许结转以后年度于企业所得税前扣除的费用有（　　）。

A．业务招待费　　B．职工教育经费

C．广告费　　D．业务宣传费

【计算题】1．某制药厂2009年销售收入3000万元，发生现金折扣100万元；转让技术使用权收入200万元，广告费支出1000万元，业务宣传费40万元，请计算应纳税所得额时调整所得是多少。

【计算题】2．某工业企业2009年度实现产品销售收入8000万元，其中管理费用中列支的业务招待费40万元，销售费用中列支广告费180万元，业务宣传费50万元，税前会计利润总额为100万元。请计算该企业应纳所得额为多少。

9. 环境保护专项资金

企业依照法律、行政法规有关规定提取的用于环境保护、生态恢复等方面的专项资金准予扣除；上述专项资金提取后改变用途的，不得扣除。

10. 固定资产租赁费

（1）以经营租赁方式租入固定资产发生的租赁费支出，按照租赁期限均匀扣除。

（2）以融资租赁方式租入固定资产发生的租赁费支出，按照规定构成融资租入固定资产价值的部分应当提取折旧费用，分期扣除。租赁费支出不得扣除。

课堂小测

【单选题】某贸易公司2009年3月1日，以经营租赁方式租入固定资产使用，租期1年，按独立纳税人交易原则支付租金1.2万元；6月1日以融资租赁方式租入机器设备一台，租期2年，当年支付租金1.5万元。计算当年企业应纳税所得额时应扣除的租赁费用为（　　）万元。

A．1.0　　B．1.2　　C．1.5　　D．2.7

11. 劳动保护费

企业发生的合理的劳动保护支出，准予扣除。企业根据其工作性质和特点，由企业统一制作并要求员工工作时统一着装所发生的工作服饰费用，可以作为企业合理的支出给予税前扣除。

12. 公益性捐赠

公益性捐赠，是指企业通过公益性社会团体或者县级（含县级）以上人民政府及其部门，用于《中华人民共和国公益事业捐赠法》规定的公益事业的捐赠。

企业发生的公益性捐赠支出，不超过年度利润总额12%的部分，准予扣除。年度利润总额，是指企业依照国家统一会计制度的规定计算的年度会计利润。

例 10-4：某企业收入 600 万元，可以扣除的成本为 300 万元，费用为 100 万元，税金为 40 万元；营业外支出 50 万元，其中公益性捐赠 40 万元。计算该企业的应纳税所得额。

解析：会计利润＝600－300－100－40－50＝110（万元）

公益性捐赠的扣除限额＝110×12%＝13.2（万元）

应纳税所得额＝110＋（40－13.2）＝136.8（万元）

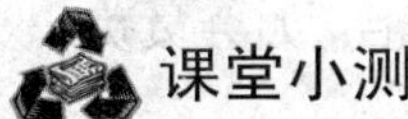

课堂小测

【单选题】1. 企业发生的公益性捐赠支出，在（　　）以内的部分，准予在计算应纳税所得额时扣除。

A. 年度应纳税所得额 3%　　　　B. 年度利润总额 3%

C. 年度利润总额 12%　　　　D. 年度应纳税所得额 12%

【单选题】2. 某企业 2009 年的年度利润为 40 万元，注册税务师核查，当年“营业外支出”账户中列支了通过当地教育部门和民政部门分别向农村义务教育的捐赠5万元、贫困山区的捐赠 10 万元。该企业 2009 年应缴纳的企业所得税为（　　）万元。

A. 13.20　　B. 12.55　　C. 10　　D. 16.50

【计算题】某企业年终汇算清缴，在对各项支出予以调整后，得出全年应纳税所得额为 1800 万元，并按此数额计算缴纳企业所得税 450 万元。但当税务机关核查时，发现该企业有一笔通过希望工程基金会捐赠的款项 300 万元已在营业外支出中列支，未作调整。已知该企业当年的会计利润为 1900 万元，请按税法对这项捐赠款给予调整并计算补缴所得税。

13. 有关资产转让费用

企业转让各类固定资产发生的费用，允许扣除。企业按规定计算的固定资产折旧费、无形资产和递延资产的摊销费，准予扣除。一般纳税人用于采集增值税专用发票抵扣联信息的扫描器具和计算机，属于防伪税控通用设备。按规定，对纳税人购置上述设备发生的费用，准予在当期计算缴纳所得税前一次性列支。

14. 总机构分摊费用

非居民企业在中国境内设立的机构、场所，就其中国境外总机构发生的与该机构、场所生产经营有关的费用，能够提供总机构出具的费用汇集范围、定额、分配依据和方法等证明文件，并合理分摊的，准予扣除。

15. 资产损失

企业当期发生的固定资产和流动资产盘亏或毁损净损失，由其提供清查盘存资料，经主管税务机关审核后，准予按减除责任人赔偿和保险款后的余额后扣除。企业因存货盘亏、毁损、报废等原因不得从销项税金中抵扣的进项税金，应视同企业财产损失，准予与企业存货损失一起在所得税前按规定扣除。

课堂小测

【计算题】某企业2008年发生意外事故，损失库存外购原材料32.79万元（含运费2.79万元），取得保险公司赔款8万，税前扣除的损失是多少？

16. 其他支出

企业依照有关法律、行政法规和国家有关税法规定准予扣除的其他项目，如会员费、会议费、差旅费、违约金、诉讼费用等。

17. 手续费及佣金支出

（1）企业发生与生产经营有关的手续费及佣金支出，不超过以下规定计算限额以内的部分，准予扣除；超过部分，不得扣除。

① 保险企业：财产保险企业按当年全部保费收入扣除退保金等后余额的15%（含本数，下同）计算限额；人身保险企业按当年全部保费收入扣除退保金等后余额的10%计算限额。

② 其他企业：按与具有合法经营资格中介服务机构或个人（不含交易双方及其雇员、代理人和代表人等）所签订服务协议或合同确认的收入金额的5%计算限额。

（2）除委托个人代理外，企业以现金等非转账方式支付的手续费及佣金不得在税前扣除。企业为发行权益性证券支付给有关证券承销机构的手续费及佣金不得在税前扣除。

（3）企业不得将手续费及佣金支出计入回扣、业务提成、返利、进场费等费用。

（4）从事代理服务、主营业务收入为手续费、佣金的企业（如证券、期货、保险代理等企业），其为取得该类收入而实际发生的营业成本（包括手续费及佣金支出），准予在缴纳企业所得税前据实扣除。

（5）企业支付的手续费及佣金不得直接冲减服务协议或合同金额，并如实入账。

（6）企业应当如实向当地主管税务机关提供当年手续费及佣金计算分配表和其他相关资料，并依法取得合法真实凭证。

四、不得扣除的项目

（1）向投资者支付的股息、红利等权益性投资收益款项。

（2）企业所得税税款。

（3）税收滞纳金，是指纳税人违反税收法规，被税务机关处以的滞纳金。

（4）罚金、罚款和被没收财物的损失，是指纳税人违反国家有关法律、法规规定，被有关部门处以的罚款，以及被司法机关处以罚金和被没收财物。

（5）超过规定标准的捐赠支出。

（6）赞助支出，是指企业发生的与生产经营活动无关的各种非广告性质的赞助支出。

（7）未经核定的准备金支出，指不符合国务院财政、税务主管部门规定的各项资产减值准备、风险准备等准备金支出。

（8）企业之间支付的管理费、企业内营业机构之间支付的租金和特许权使用费，以及非银行企业内营业机构之间支付的利息，不得扣除。

（9）与取得收入无关的其他支出。

五、亏损弥补

（1）亏损，是指企业依照《企业所得税法》及《企业所得税法实施条例》的规定，将每一纳税年度的收入总额减除不征税收入和各项扣除后小于零的数额。按照规定，纳税人发生年度亏损的，可以用下一纳税年度的所得弥补；下一纳税年度的所得不足弥补的，可以逐年延续弥补，但是延续弥补期最长不得超过5年。5年内不论是盈利或亏损，都作为实际弥补期限计算。而且，企业在汇总计算缴纳企业所得税时，其境外营业机构的亏损不得抵减境内营业机构的盈利。

（2）企业筹办期间不计算为亏损年度，企业自开始生产经营的年度，为开始计算企业损益的年度。企业从事生产经营之前进行筹办活动期间发生筹办费用支出，不得计算为当期的亏损，企业可以在开始经营之日的当年一次性扣除，也可以按照新税法有关长期待摊费用的处理规定处理，但一经选定，不得改变。

例 10-5：某小型微利企业经主管税务机关核定，2009年年度亏损40万元，2010年盈利55万元。该企业2010年度应缴纳的企业所得税为多少万元？

解析：按规定，2009年的亏损可以用2010年的盈利弥补，2010年弥补后还有余额15万元，须按照规定计算缴纳企业所得税；符合条件的小型微利企业所得税税率减按20%。

该企业2010年应纳企业所得税＝（55－40）×20%＝3（万元）

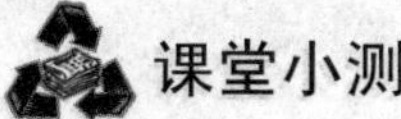

课堂小测

【判断题】如果一个企业既有应税项目，又有免税项目，其应税项目发生亏损时，按照企业所得税法有关规定可以结转以后年度弥补的亏损，应该是冲抵免税项目所得后的余额。 （ ）

【计算题】某企业于2008年年初开业，开业10年来获利情况如表10-1所示（单位：

万元）。

表 10-1 某企业 2008～2017 年获利情况

年度	2008	2009	2010	2011	2012	2013	2014	2015	2016	2017
获利	−20	−10	5	−5	−10	10	20	25	30	40

要求：

（1）判断企业那些年度不缴纳所得税。

（2）计算该企业哪些年度缴纳企业所得税，各年度应纳企业所得税税额分别是多少。

六、非居民企业应纳税所得额的确定

非居民企业在中国境内未设立机构、场所的，或者虽设立机构、场所但取得的所得与其所设机构、场所没有实际联系的，应当就来源于中国境内的所得缴纳企业所得税，按照下列方法计算应纳税所得额。

（1）股息、红利等权益性投资收益和利息、租金、特许权使用费所得，以收入全额为应纳税所得额。

（2）转让财产所得，以收入全额减除财产净值后的余额为应纳税所得额。

（3）其他所得，参照前两项规定的方法计算应纳税所得额。

课堂小测

【多选题】在中国境内未设立机构、场所的非居民企业从中国境内取得的下列所得，应按收入全额计算征收企业所得税的有（　　）。

A．股息　　B．转让财产所得　　C．租金　　D．特许权使用费

第四节　资产的税务处理

企业的各项资产包括固定资产、生物资产、无形资产、长期待摊费用、投资资产、存货等，均以历史成本为计税基础。历史成本，是指企业取得该项资产时实际发生的支出。企业持有各项资产期间资产增值或者减值，除国务院财政、税务主管部门规定可以确认损益外，不得调整该资产的计税基础。

一、固定资产的税务处理

固定资产是指企业为生产产品、提供劳务、出租或经营管理而持有的、使用时间超过 12 个月（不含 12 个月）的非货币性长期资产，包括房屋、建筑物、机器、机械、运输工具，以及其他与生产经营有关的设备、器具、工具等。

（一）固定资产计税基础

（1）外购的固定资产，以购买价款和支付的相关税费，以及直接归属于使该资产达到预定用途发生的其他支出为计税基础。

（2）自行建造的固定资产，以竣工结算前发生的支出为计税基础。企业固定资产投

入使用后，由于工程款项尚未结清未取得全额发票的，可暂按合同规定的金额计入固定资产计税基础计提折旧，待发票取得后进行调整。但该项调整应在固定资产投入使用后12个月内进行。

（3）融资租入的固定资产，以租赁合同约定的付款总额和承租人在签订租赁合同过程中发生的相关费用为计税基础，租赁合同未约定付款总额的，以该资产的公允价值和承租人在签订租赁合同过程中发生的相关费用为计税基础。

（4）盘盈的固定资产，以同类固定资产的重置完全价值为计税基础。

（5）通过捐赠、投资、非货币性资产交换、债务重组等方式取得的固定资产，以该资产的公允价值和支付的相关税费为计税基础。

（6）改建的固定资产，除已足额提取折旧的固定资产和租入的固定资产以外的其他固定资产，以改建过程中发生的改建支出增加计税基础。

（二）固定资产折旧的范围

在计算应纳税所得额时，企业按照规定计算的固定资产折旧，准予扣除。下列固定资产不得计算折旧扣除：

（1）房屋、建筑物以外未投入使用的固定资产。

（2）以经营租赁方式租入的固定资产。

（3）以融资租赁方式租出的固定资产。

（4）已足额提取折旧仍继续使用的固定资产。

（5）与经营活动无关的固定资产。

（6）单独估价作为固定资产入账的土地。

（7）其他不得计算折旧扣除的固定资产。

课堂小测

【单选题】可以提取折旧的固定资产是（　　）。

A．经营租赁方式租出的固定资产　　B．以融资租赁方式租出的固定资产

C．未使用的固定资产（机器设备）　　D．单独估价作为固定资产入账的土地

【多选题】下列固定资产不得计算折旧扣除的有（　　）。

A．未投入使用的固定资产　　B．以经营租赁方式租入的固定资产

C．以融资租赁方式租出的固定资产　　D．已足额提取折旧仍继续使用的固定资产

（三）固定资产折旧的计提方法

（1）企业应当自固定资产投入使用月份的次月起计算折旧；停止使用的固定资产，应当自停止使用月份的次月起停止计算折旧。

（2）企业应当根据固定资产的性质和使用情况，合理确定固定资产的预计净残值。固定资产的预计净残值一经确定，不得变更。

（3）固定资产按照直线法计算的折旧，准予扣除。

（四）固定资产折旧的计提年限

除国务院财政、税务主管部门另有规定外，固定资产计算折旧的最低年限如下。

（1）房屋、建筑物，为20年。

（2）飞机、火车、轮船、机器、机械和其他生产设备，为10年。

（3）与生产经营活动有关的器具、工具、家具等，为5年。

（4）飞机、火车、轮船以外的运输工具，为4年。

（5）电子设备，为3年。

（五）固定资产折旧的企业所得税处理

（1）企业固定资产会计折旧年限如果短于税法规定的最低折旧年限，其按会计折旧年限计提的折旧高于按税法规定的最低折旧年限计提的折旧部分，应调增当期应纳税所得额；企业固定资产会计折旧年限已期满且会计折旧已提足，但税法规定的最低折旧年限尚未到期且税收折旧尚未足额扣除，其未足额扣除部分准予在剩余的税收折旧年限继续按规定扣除。

（2）企业固定资产会计折旧年限如果长于税法规定的最低折旧年限，其折旧应按会计折旧年限计算扣除，税法另有规定除外。

（3）企业按会计规定提取的固定资产减值准备，不得税前扣除，其折旧仍按税法确定的固定资产计税基础计算扣除。

（4）企业按照税法规定实行加速折旧，其按加速折旧办法计算的折旧额可以全额在税前扣除。

（5）石油天然气开采企业在计提油气资产折耗（折旧）时，由于会计与税法规定计算方法不同导致的折耗（折旧）差异，应按税法规定进行纳税调整。

课堂小测

【计算题】2008年4月20日购进1台机械设备，购入成本90万元，当月投入使用。按税法规定该设备按直线法折旧，期限为10年，残值率5%，企业将设备购入成本一次性计入费用在税前做了扣除。企业当年会计利润为170万元。请计算企业此项业务应当调整的纳税所得额。

二、生物资产的税务处理

生物资产，是指有生命的动物和植物。生物资产分为消耗性生物资产、生产性生物资产和公益性生物资产。

消耗性生物资产，是指为出售而持有的，或在将来收获为农产品的生物资产，包括生长中的农田作物、蔬菜、用材林，以及存栏待售的牲畜等。生产性生物资产是指企业为产出农产品、提供劳务或出租等目的的持有的生物资产，包括经济林、薪炭林、产畜和役畜等。公益性生物资产，是指以防护、环境保护为主要目的的生物资产，包括防风固沙林、水土保持林和水源涵养林等。

（一）生物资产的计税基础

生产性生物资产按照以下方法确定计税基础。

（1）外购的生产性生物资产，以购买价款和支付的相关税费为计税基础。

（2）通过捐赠、投资、非货币性资产交换、债务重组等方式取得的生产性生物资产，以该资产的公允价值和支付的相关税费为计税基础。

（二）生物资产的折旧方法和年限

（1）生产性生物资产按照直线法计算的折旧，准予扣除。企业应当自生产性生物资产投入使用月份的次月起计算折旧；停止使用的生产性生物资产，应当自停止使用月份的次月起停止计算折旧。

企业应当根据生产性生物资产的性质和使用情况，合理确定生产性生物资产的预计净残值。生产性生物资产的预计净残值一经确定，不得变更。

（2）生产性生物资产计算折旧的最低年限如下：林木类生产性生物资产，为10年；畜类生产性生物资产，为3年。

三、无形资产的税务处理

无形资产是指企业为生产产品、提供劳务、出租或者经营管理而持有的、没有实物形态的非货币性长期资产，包括专利权、商标权、著作权、土地使用权、非专利技术、商誉等。

（一）无形资产的计税基础

（1）外购的无形资产，以购买价款和支付的相关税费，以及直接归属于使该资产达到预定用途发生的其他支出为计税基础。

（2）自行开发的无形资产，以开发过程中该资产符合资本化条件后至达到预定用途前发生的支出为计税基础。

（3）通过捐赠、投资、非货币性资产交换、债务重组等方式取得的无形资产，以该资产的公允价值和支付的相关税费为计税基础。

（二）无形资产摊销方法及年限

无形资产的摊销，采取直线法计算。无形资产的摊销年限不得低于10年。作为投资或者受让的无形资产，有关法律规定或者合同约定了使用年限的，可以按照规定或者约定的使用年限分期摊销。外购商誉的支出，在企业整体转让或者清算时，准予扣除。

（三）无形资产摊销的范围

在计算应纳税所得额时，企业按照规定计算的无形资产摊销费用，准予扣除。但下列无形资产不得计算摊销费用扣除。

（1）自行开发的支出已在计算应纳税所得额时扣除的无形资产。

（2）自创商誉。

（3）与经营活动无关的无形资产。

（4）其他不得计算摊销费用扣除的无形资产。

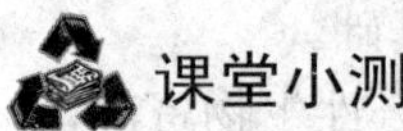

课堂小测

【单选题】不得计算摊销费用的无形资产是（　　）。

A. 自创商誉　　B. 接受捐赠的无形资产

C. 通过投资方式获得的无形资产　　D. 通过债务重组方式获得的无形资产

四、长期待摊费用的税务处理

长期待摊费用是指企业发生的应在 1 个年度以上或几个年度进行摊销的费用。在计算应纳税所得额时，企业发生的下列支出，按照规定摊销的，准予扣除。

（1）已足额提取折旧的固定资产的改建支出。按照固定资产预计尚可使用年限分期摊销。

（2）租入固定资产的改建支出（是指改变房屋或者建筑物结构、延长使用年限等发生的支出），按照合同约定的剩余租赁期限分期摊销。

（3）固定资产的大修理支出，按照固定资产尚可使用年限分期摊销。

固定资产的大修理支出，是指同时符合下列条件的支出：修理支出达到取得固定资产时的计税基础 50%以上；修理后固定资产的使用年限延长 2 年以上。

（4）其他应当作为长期待摊费用的支出。所称其他应当作为长期待摊费用的支出，自支出发生月份的次月起，分期摊销，摊销年限不得低于 3 年。长期待摊费用，包括企业在筹建期发生的开办费。

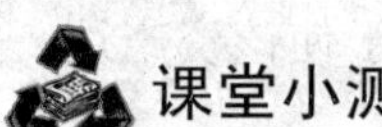

课堂小测

【单选题】税法规定其他长期待摊费用的摊销期限不得低于（　　）年。

A. 1　　B. 3　　C. 5　　D. 10

五、投资资产的账务处理

投资资产，是指企业对外进行权益性投资和债权性投资形成的资产。

（一）投资资产的成本

（1）通过支付现金方式取得的投资资产，以购买价款为成本。

（2）通过支付现金以外的方式取得的投资资产，以该资产的公允价值和支付的相关税费为成本。

（二）投资资产成本的扣除方法

企业对外投资期间，投资资产的成本在计算应纳税所得额时不得扣除。企业在转让或者处置投资资产时，投资资产的成本准予扣除。

六、存货的税务处理

存货是指企业持有以备出售的产品或商品、处在生产过程中的在产品、在生产或者提供劳务过程中耗用的材料和物料等。

（一）存货的计税基础

存货按照以下方法确定成本。

（1）通过支付现金方式取得的存货，以购买价款和支付的相关税费为成本。

（2）通过支付现金以外的方式取得的存货，以该存货的公允价值和支付的相关税费为成本。

（3）生产性生物资产收获的农产品，以产出或者采收过程中发生的材料费、人工费和分摊的间接费用等必要支出为成本。

（二）存货成本的计算方法

企业使用或者销售的存货的成本计算方法，可以在先进先出法、加权平均法、个别计价法中选用一种。计价方法一经选用，不得随意变更。

企业转让以上资产，在计算企业应纳税所得额时，资产的净值允许扣除。其中，资产的净值是指有关资产、财产的计税基础减除已经按照规定扣除的折旧、折耗、摊销、准备金等后的余额。

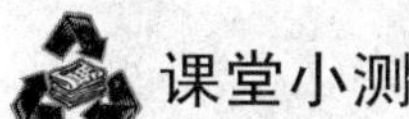 **课堂小测**

【多选题】企业使用或者销售的存货的成本计算方法，可以在（　　）中选用一种。计价方法一经选用，不得随意变更。

A．先进先出法　B．后进先出法　C．加权平均法　D．个别计价法

七、税法规定与会计规定差异处理

税法规定与会计规定差异的处理，是指企业在财务会计核算中与税法规定不一致的，应当依照税法规定予以调整。即企业在平时进行会计核算时，可以按照会计制度的有关规定进行账务处理，但是在申报纳税时，对税法规定和会计制度规定有差异的，要按照税法规定进行纳税调整。

根据相关规定，对企业依据财务会计制度规定，并实际在财务会计处理上已经确认的支出，凡没有超过《企业所得税法》和有关税收法规规定的税前扣除范围和标准的，可以按照企业实际会计处理时确认的支出，在企业所得税前扣除，计算其应纳税所得额。

（1）企业不能提供完整、准确的收入及成本、费用凭证，不能正确计算应纳税所得额的，由税务机关核定其应纳税所得额。

（2）企业依法清算时，以其清算终了后的清算所得为应纳税所得额，按规定缴纳企业所得税。所谓清算所得，是指企业的全部资产可变现价值或者交易价格减去资产净值、清算费用，以及相关税费等后的余额。

（3）企业应纳税所得额是根据税收法规计算出来的，它在数额上与依据财务会计制度计算的利润总额往往不一致。因此，税法规定：对企业按照有关财务会计规定计算的利润总额，要按照税法的规定进行必要的调整后，才能作为应纳税所得额计算缴纳所得税。

（4）自 2011 年 7 月 1 日起，企业当年度实际发生的相关成本、费用，由于各种原因未能及时取得该成本、费用的有效凭证，企业在预缴季度所得税时，可暂按账面发生金额进行核算；但在汇算清缴时，应补充提供该成本、费用的有效凭证。

第五节 税 收 优 惠

税收优惠是指国家对某一部分特定企业和课税对象给予减轻或免除税收负担的一种措施。税法规定的企业所得税的税收优惠方式主要包括免税、减税、加计扣除、加速折旧、减计收入、税额抵免等。

一、免税收入

（1）国债利息收入。

（2）符合条件的居民企业之间的股息、红利等权益性投资收益。

（3）在中国境内设立机构、场所的非居民企业从居民企业取得与该机构、场所有实际联系的股息、红利等权益性投资收益。

（4）符合条件的非营利组织的收入。

二、定期减免税

企业的下列所得可以免征、减征企业所得税。企业如果从事国家限制和禁止发展的项目，不得享受企业所得税优惠。

（一）从事农、林、牧、渔业项目的所得

企业从事农、林、牧、渔业项目的所得，包括免征和减征两部分。

1. 企业从事下列项目所得，免征企业所得税

（1）蔬菜、谷物、薯类、油类、豆类、棉花、麻类、糖类、水果、坚果的种植。

（2）农作物新品种的选育。

（3）中药材的种植。

（4）林木的培育和种植。

（5）牲畜、家禽的饲养。

（6）林产品的采集。

（7）灌溉、农产品初加工、兽医、农技推广、农机作业和维修等农、林、牧、渔服务业项目。

（8）远洋捕捞。

2. 企业从事下列项目的所得，减半征收企业所得税

（1）花卉、茶及其他饮料作物和香料作物的种植。

（2）海水养殖、内陆养殖。

课堂小测

【单选题】按照《企业所得税法》和《企业所得税法实施条例》规定，下列企业从事下列项目的所得减半征收企业所得税的是（　　）。

A．牲畜、家禽的饲养

B．灌溉、农产品初加工、兽医等农、林、牧、渔服务业项目

C．农作物新品种的选育

D．花卉、茶及其他饮料作物和香料作物的种植

【多选题】企业从事下列项目的所得，免征企业所得税（　　）。

A．蔬菜、谷物、薯类、油料、豆类的种植　　B．花卉、茶的种植

C．林木的培育和种植　　D．农产品初加工

（二）从事国家重点扶持的公共基础设施项目投资经营的所得

国家重点扶持的公共基础设施项目，是指《公共基础设施项目企业所得税优惠目录》规定的港口码头、机场、铁路、公路、电力、水利等项目。

（1）企业从事国家重点扶持公共基础设施项目的投资经营所得，从项目取得第1笔生产经营收入所属年度起，第1年至第3年免征企业所得税，第4年至第6年减半征收企业所得税。

（2）企业承包经营、承包建设和内部自建自用本条规定的项目，不得享受本条规定的企业所得税优惠。

（三）从事符合条件的环境环保、节能、节水项目的所得

（1）符合条件的环境保护、节能节水项目，包括污水处理、公共垃圾处理、沼气综合开发利用、节能减排技术改造、海水淡化等。

（2）企业从事环境保护、节能节水项目的所得，从项目取得第1笔生产经营收入所属年度起，第1年至第3年免征企业所得税，第4年至第6年减半征收企业所得税。

（3）以上规定享受减免税优惠的项目，在减免税期限内转让的，受让方自受让之日起，可以在剩余期限内享受规定的减免税优惠；减免税期限届满后转让的，受让方不得就该项目重复享受减免税优惠。

课堂小测

【多选题】可享受三免三减半优惠的项目有（　　）。

A．海水淡化　　B．沼气综合开发利用　　C．安全生产　　D．公共污水处理

（四）符合条件的技术转让收入所得

（1）符合条件的技术转让收入所得，是指一个纳税年度内，居民企业转让技术所有权所得在500万元以内（含）的部分免征企业所得税，超过500万元以上的部分，减半征收企业所得税。

（2）技术转让范围，包括居民企业转让专利技术、计算机软件著作权、集成电路布图设计权、植物新品种、生物医药新品种，以及财政部和国家税务总局确定的其他技术。

（3）技术转让应签订技术转让合同。

（4）技术出口应由有关部门按商务部、科技部发布的《中国禁止出口限制出口技术目录》进行审查。居民企业取得禁止出口和限制出口技术转让所得，不享受技术转让减免企业所得税优惠政策。

（5）居民企业从直接或间接持有股权之和达到100%的关联方取得的技术转让所得，不享受技术转让减免企业所得税优惠政策。

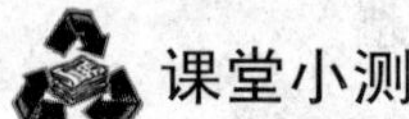

课堂小测

【单选题】1．符合条件的技术转让所得免征、减征企业所得税，是指一个纳税年度内，居民企业技术转让所得不超过（　　）万元的部分，免征企业所得税；超过的部分，减半征收企业所得税。

A．30　　B．100　　C．300　　D．500

【单选题】2．2009年，某居民企业收入总额为3000万元（其中不征税收入400万元，符合条件的技术转让收入900万元），各项成本、费用和税金等扣除金额合计1800万元（其中含技术转让准予扣除的金额200万元）。2009年该企业应缴纳企业所得税（　　）万元。

A．25　　B．50　　C．75　　D．100

三、降低税率

（1）符合下列条件的小型微利企业，减按20%的税率征收企业所得税。

① 小型微利企业认定：符合条件的小型微利企业，指从事国家非限制行业并同时符合以下条件的企业：工业企业，年度应纳税所得额不超过30万元，从业人数不超过100人，资产总额不超过3000万元；其他企业，年度应纳税所得额不超过30万元，从业人数不超过80人，资产总额不超过1000万元。上述“从业人数”和“资产总额”取年度平均数。仅就来源于我国所得负有我国纳税义务的非居民企业，不适用上述规定。

② 小型微利企业的优惠政策：自2015年1月1日至2017年12月31日，对年度应纳税所得额低于20万元（含20万元）的小型微利企业，其所得减按50%计入应纳税所得额，按20%的税率缴纳企业所得税。自2015年10月1日起至2017年12月31日，对年应纳税所得额在20万元到30万元（含30万元）之间的小型微利企业，其所得减按50%计入应纳税所得额，按20%的税率缴纳企业所得税。

【提示】自2017年1月1日至2019年12月31日，将小型微利企业年应纳税所得额上限由 30 万元提高到 50 万元，符合这一条件的小型微利企业所得减半计算应纳税所得额并按 20%优惠税率缴纳企业所得税。

（2）国家需要重点扶持的高新技术企业，减按 15%的税率征收企业所得税。

国家需要重点扶持的高新技术企业（包括电子信息技术、生物与新医药技术、航空航天技术、新材料技术、高技术服务业、新能源及节能技术、资源与环境技术、高新技术改造传统产业等），是指拥有核心自主知识产权，并同时符合一定条件的企业。

（3）非居民企业减免税：在中国境内未设立机构、场所的，或者虽设立机构、场所但取得的所得与其所设机构、场所没有实际联系的，其来源于中国境内的所得，减按 10%的税率征收企业所得税。下列收入可以免征所得税：

① 外国政府向中国政府提供贷款取得的利息所得。

② 国际金融组织向中国政府和居民企业提供优惠贷款取得的利息所得。

③ 经国务院批准的其他所得。

四、授权减免

民族自治地方的自治机关对本民族自治地方的企业应缴纳的企业所得税中属于地方分享的部分，可以决定减征或者免征。自治州、自治县决定减征或者免征的，须报省、自治区、直辖市人民政府批准。

所谓民族自治地方，是指依照《中华人民共和国民族区域自治法》的规定，实行民族自治的自治区，自治州、自治县。对民族自治区地方内国家限制和禁止行业的企业，不得减征或者免征企业所得税。

五、加计扣除

1. 开发新技术、新产品、新工艺发生的研究开发费用

所称研究开发费用的加计扣除，是指企业为开发新技术、新产品、新工艺发生的研究开发费用，未形成无形资产计入当期损益的，在按照规定据实扣除的基础上，按照研究开发费用的 50%加计扣除；形成无形资产的，按照无形资产成本的 150%摊销。

【提示】自 2017 年 1 月 1 日至 2019 年 12 月 31 日，将科技型中小企业开发新技术、新产品、新工艺的研发费用加计扣除比例由 50%提高到 75%。

2. 安置残疾人员及国家鼓励安置的其他就业人员所支付的工资

实际安置的每位残疾人每年可退还的增值税具体限额，由县级以上税务机关根据单位所在区县（含县级市、旗，下同）适用的经省（含自治区、直辖市、计划单列市）级人民政府批准的 6 倍确定，但最高不得超过每人每年 3.5 万元。

单位支付给残疾人的实际工资可在企业所得税前据实扣除，并可按支付给残疾人实际工资的 100%加计扣除。单位在执行上述工资加计扣除应纳税所得额办法的同时，可以享受其他企业所得税优惠政策。对单位按照前述规定取得的增值税退税，免征企业所

得税。

六、创投企业优惠

（1）创业投资企业从事国家需要重点扶持和鼓励的创业投资，可以按投资额的一定比例抵扣应纳税所得额。

（2）创业投资企业采取股权投资方式投资于未上市的中小高新技术企业 2 年以上（含 2 年）的，可以按照其对中小高新技术企业投资额的 70%在股权持有满 2 年的当年抵扣该创业投资企业的应纳税所得额。符合抵扣条件并在当年不足抵扣的，可以在以后纳税年度逐年延续抵扣。

中小高新技术企业是指职工人数不超过 500 人，年销售收入不超过 2 亿元，资产总额不超过 2 亿元的企业。

例如，乙企业 2009 年 1 月 1 日向某企业（未上市的中小高新技术企业）投资 200 万元，股权持有 3 年。则乙企业 2010 年年末可抵扣的应纳税所得额为 140 万元。

七、加速折旧优惠

（一）可以加速折旧的固定资产

企业的固定资产由于技术进步等原因，确需加速折旧的，可以缩短折旧年限或者采取加速折旧的方法。采取缩短折旧年限或者采取加速折旧的方法的固定资产，具体如下。

（1）由于技术进步，产品更新换代较快的固定资产。

（2）常年处于强震动、高腐蚀状态的固定资产。

采取缩短折旧年限方法的，最低折旧年限不得低于规定折旧年限的 60%；采取加速折旧方法的，可以采取双倍余额递减法或者年数总和法。

（二）加速折旧的特殊规定

（1）对指定 6 个行业的企业于 2014 年 1 月 1 日后新购进的固定资产，可缩短折旧年限或采取加速折旧的方法：生物药品制造业；专用设备制造业；铁路、船舶、航空航天和其他运输设备制造业；计算机、通信和其他电子设备制造业；仪器仪表制造业；信息传输、软件和信息技术服务业等。

（2）对所有行业企业：2014 年 1 月 1 日后新购进的专门用于研发的仪器、设备，单位价值不超过 100 万元的，允许一次性计入当期成本费用在计算应纳税所得额时扣除，不再分年度计算折旧；单位价值超过 100 万元的，可缩短折旧年限或采取加速折旧的方法。

（3）对所有行业企业：持有的单位价值不超过 5000 元的固定资产，允许一次性计入当期成本费用在计算应纳税所得额时扣除，不再分年度计算折旧。

（4）对轻工、纺织、机械、汽车 4 个领域重点行业的企业于 2015 年 1 月 1 日后新购进的固定资产，可由企业选择缩短折旧年限或采取加速折旧的方法。最低折旧年限不得低于《企业所得税法实施条例》规定折旧年限的60%；采取加速折旧方法的，可采取双倍余额递减法或者年数总和法。

对上述行业的小型微利企业于2015年1月1日后新购进的研发和生产经营共用的仪器、设备，单位价值不超过100万元的，允许一次性计入当期成本费用在计算应纳税所得额时扣除，不再分年度计算折旧；单位价值超过100万元的，可由企业选择缩短折旧年限或采取加速折旧的方法。

课堂小测

【多选题】依据《企业所得税》的相关规定，下列资产中，可采用加速折旧方法的有（　　）。

A. 常年处于强震动状态的固定资产

B. 常年处于高腐蚀状态的固定资产

C. 单独估价作为固定资产入账的土地

D. 由于技术进步原因产品更新换代较快的固定资产

八、减计收入优惠

企业综合利用资源，生产符合国家产业政策规定的产品所取得的收入，可以在计算应纳税所得额时减计收入。所称减计收入，是指企业以《资源综合利用企业所得税优惠目录》规定的资源作为主要原材料，生产国家非限制和禁止并符合国家和行业相关标准的产品取得的收入，减按90%计入收入总额。

上述所称原材料占生产产品材料的比例不得低于《资源综合利用企业所得税优惠目录》规定的标准。

课堂小测

【单选题】企业综合利用资源，生产符合国家产业政策规定的产品所取得的收入可以在计算应纳税所得额时（　　）收入。

A. 加倍　　B. 加成　　C. 加计　　D. 减计

九、税额抵免优惠

税额抵免，是指企业购置用于环境保护、节能节水、安全生产等专用设备的投资额，可以按一定比例实行税额抵免。

（1）企业购置并实际使用的节能节水专用设备、安全生产专用设备，其设备投资额的10%可从企业当年的应纳所得税额中抵免。当年不足抵免的，可以在以后5个纳税年度结转抵免。

（2）享受前款规定的企业所得税优惠的企业，应当实际购置并自身实际投入使用前款规定的专用设备；企业购置上述专用设备在5年内转让、出租的，应当停止享受企业所得税优惠，并补缴已经抵免的企业所得税税款。转让的受让方可以按照该专用设备投资额的10%抵免当年企业所得税应纳税额；当年应纳税额不足抵免的，可以在以后5个纳税年度结转抵免。

（3）企业同时从事适用不同企业所得税待遇的项目的，其优惠项目应当单独计算所得，并合理分摊企业的期间费用；没有单独计算的，不得享受企业所得税优惠。

（4）自2009年1月1日起，增值税一般纳税人购进固定资产发生的进项税额可从其销项税额中抵扣。如增值税进项税额允许抵扣，其专用设备投资额不再包括增值税进项税额；如增值税进项税额不允许抵扣，其专用设备投资额应为增值税专用发票上注明的价税合计金额。企业购买专用设备取得普通发票的，其专用设备投资额为普通发票上注明的金额。

课堂小测

【单选题】依据新企业所得税法的规定，企业购买专用设备的投资额可按一定比例实行税额抵免，该设备应符合的条件是（　　）。

A．用于创业投资　　B．用于综合利用资源

C．用于开发新产品　　D．用于环境保护

十、其他优惠

（1）对投资者从证券投资基金分配中取得的收入，暂不征收企业所得税。

（2）对企业取得的2009年及以后年度发行的地方政府债券利息所得，免征企业所得税。

第六节　应纳税额的计算

一、居民企业应纳税额的计算

居民企业应缴纳所得税税额等于应纳税所得额乘以适用税率，基本计算公式如下：

应纳税额＝应纳税所得额×适用税率－减免税额－抵免税额

从上述计算公式可以看出，应纳税额的多少，取决于应纳税所得额和适用税率两个因素。在实际工作中，应纳税所得额的计算一般有两种方法。

（一）直接计算法

在直接计算法下，企业每一纳税年度的收入总额减除不征税收入、免税收入、各项扣除，以及允许弥补的以前年度亏损后的余额为应纳税所得额。计算公式如下：

应纳税所得额＝收入总额－不征税收入－免税收入－各项扣除
－允许弥补的以前年度亏损

（二）间接计算法

在间接计算法下，是在会计利润总额的基础上加或减按照税法规定调整的项目金额

后，即为应纳税所得额。计算公式如下：

应纳税所得额＝会计利润总额±纳税调整项目金额

税收调整项目金额包括两方面内容：一是企业的财务会计处理和税收规定不一致应予调整的金额；二是企业按税法规定准予扣除的税收金额。

例 10-6：某企业为居民企业，2011 年发生经营业务如下：

（1）取得产品销售收入 4000 万元。

（2）发生产品销售成本 2600 万元。

（3）发生销售费用 770 万元（其中广告费 650 万元）；管理费用 480 万元（其中业务招待费 25 万元）；财务费用 60 万元。

（4）销售税金 160 万元（含增值税 120 万元）。

（5）营业外收入 80 万元，营业外支出 50 万元（含通过公益性社会团体向贫困山区捐款 30 万元，支付税收滞纳金 6 万元）。

（6）计入成本费用中的实发工资总额 200 万元。拨缴职工工会经费 5 万元、发生职工福利费 31 万元、发生职工教育经费 7 万元。

要求：计算该企业 2011 年度实际应纳的企业所得税。

解析：（1）会计利润总额＝4000＋80－2600－770－480－60－40－50＝80（万元）

（2）广告费和业务宣传费调增所得额＝650－4000×15%＝650－600＝50（万元）

（3）业务招待费调增所得额＝25－25×60%＝25－15＝10（万元）

注：4000×5‰＝20（万元）大于 25×60%＝15（万元）

（4）捐赠支出应调增所得额＝30－80×12%＝20.4（万元）

（5）工会经费就调增所得额＝5－200×2%＝1（万元）

（6）职工福利费应调增所得额＝31－200×14%＝3（万元）

（7）职工教育经费应调增所得额＝7－200×2.5%＝2（万元）

（8）应纳税所得额＝80＋50＋10＋20.4＋6＋1＋3＋2＝172.4（万元）

（9）2011 年应缴企业所得税＝172.4×25%＝43.1（万元）

例 10-7：2010 年年初，某工业企业向税务机关报送 2009 年度企业所得税纳税申报表，其中表中填报的销售收入 700 万元，减除成本、费用、税金后，利润总额为－2 万元（即亏损 2 万元），应纳税所得额也是－2 万元。税务机关经查账核实以下几项支出：

（1）企业职工 60 人，资产 2100 万元，全年实际发放工资总额 65 万元（经核实是合理的）。

（2）企业按工资总额提取并已列支的职工福利费、教育经费、工会经费共计 15.1 万元。

（3）企业全年并已全额列支的业务招待费 9 万元。

（4）年度内支付向其他企业拆借款 60 万元的利息计 4.8 万元，已列支，同期的银行贷款利率 6%。

（5）企业通过希望工程向贫困地区希望小学捐赠 10 万元，已列支。

请重新核查该企业年应纳税所得额及应纳所得税额。

解析：（1）超过规定标准的职工福利费、教育经费、工会经费应调增所得额＝151000－

650000×（2%＋14%＋2.5%）＝30750（元）

（2）超过标准列支的业务招待费就调增所得额＝90000－7000000×5‰＝55000（元）

注：90000×60%＝54000（元）大于 7000000×5‰＝35000（元）

（3）超过标准列支的利息支出应调增所得额＝48000－600000×6%＝12000（元）

（4）超过标准列支的捐赠支出应调增所得额＝100000－0＝100000（元）

（5）应纳税所得额＝－20000＋30750＋55000＋12000＋100000＝177750（元）

（6）2010 年应缴企业所得税＝177750×20%＝35550（元）

注：根据规定，该企业年度应纳税所得额不超过 30 万元，从业人数不超过 100 人，资产总额不超过 3000 万元的，符合小型微利企业标准，所以税率为 20%。

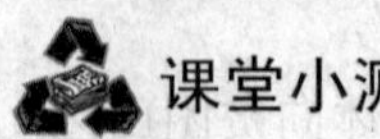

课堂小测

【计算题】某企业为居民企业，2011 年发生经营业务如下：

全年取得产品销售收入 5600 万元，发生产品销售成本 4000 万元；其他业务收入 800 万元，其他业务成本 694 万元；取得国债的利息收入 40 万元；缴纳非增值税销售税金及附加 300 万元；发生的管理费用 760 万元，其中新技术的研究开发费用 60 万元、业务招待费 70 万元；发生财务费用 200 万元；取得直接投资其他居民企业的权益性收益 34 万元（已在投资方所在地按 15%的税率缴纳所得税）；取得营业外收入 100 万元；发生营业外支出 250 万元（其中含公益捐赠 38 万元）。

要求：计算该企业 2011 年年度实际应纳的企业所得税。

二、应缴所得税税额的计算

企业所得税实行按年计征、分月或分季预缴、年终汇算清缴、多退少补的征收办法。

（一）平时预缴所得税税额的计算

1. 据实预缴

本月（季）预缴所得税税额＝实际利润累计额×税率－减免所得税税额－已累计预缴所得税税额

平时预缴时，实际利润累计额按会计制度核算的利润总额计算，暂不做纳税调整，待会计年度终了再做纳税调整。

2. 按照上一纳税年度应纳税所得额的平均额预缴

本月（季）预缴所得税税额＝上年全年应纳税所得额×1/12（或 1/4）×税率

（二）汇算清缴年度应纳所得税税额

企业所得税汇算清缴，是指纳税人在纳税年度终了后 5 个月内，依照有关税收法律、行规及其他有关规定，自行计算全年应纳税所得额和应纳所得税税额，然后根据月度或季度预缴所得税的数额，确定该年度应补或应退税额，并填写年度企业所得税纳税申报表，向主管税务机关办理年度企业所得税纳税申报，结清全年企业所得税税款的行为。计算成本公式如下：

应纳所得税税额＝全年应纳税所得额×税率

应补（退）所得税税额＝全年应纳所得税税额一月（季）已预缴所得税税额

例 10-8：大有公司按季预缴所得税，2011 年 1 至 4 季度已累计预缴所得税 100 万元，全年应纳税所得额为 500 万元，2012 年第 1 季度缴纳所得税 200 万元，2012 年 4 月进行汇算，并用银行存款补缴上年所得税。

解析：全年应缴所得税税额＝500×25%＝125（万元）

全年应补缴所得税税额＝125－100＝25（万元）

三、境外所得抵扣税额的计算

企业境外所得的税额扣除，是指国家对企业来自境外所得依法征收所得税时，允许企业将其已在境外缴纳的所得税税额从其应向本国缴纳的所得税税额中扣除。抵免限额为该项所得依照企业所得税法规定计算的应纳税额；超过抵免限额的部分，可以在以后 5 个年度内，用每年度抵免限额抵免当年应抵税额后的余额进行抵补。5 个年度，是指从企业取得的来源于中国境外的所得，已经在中国境外缴纳的企业所得税性质的税额超过抵免限额的当年的次年起连续 5 个纳税年度。

这种做法是避免国家间对同一所得重复征税的一项重要措施。它能保证对同一笔所得只征一次税；能比较彻底地消除国家间重复征税，平衡境外投资所得与境内投资所得的税负，有利于国际投资；有利于维护各国的税收政策管辖权和经济利益。

下列所得已在境外缴纳的所得税税额的，可以从其当期应纳税额中抵免。

（1）居民企业来源于中国境外的应税所得。

（2）非居民企业在中国境内设立机构、场所，取得发生在中国境外但与该机构、场所有实际联系的应税所得。

居民企业从其直接或者间接控制的外国企业分得的来源于中国境外的股息、红利等权益性投资收益，外国企业在境外实际缴纳的所得税税额中属于该项所得负担的部分，可以作为该居民企业的可抵免境外所得税税额，在企业所得税法规定的抵免限额内抵免。

上述所称直接控制，是指居民企业直接持有外国企业 20%以上股份。间接控制，是指居民企业以间接持股方式持有外国企业 20%以上股份，具体认定办法由国务院财政、税务主管部门另行制定。

企业在抵免企业所得税税额时，应当提供中国境外税务机关出具的税款所属年度的有关纳税凭证。抵免限额，是指企业来源于中国境外的所得，依照《企业所得税法实施条例》的规定计算的应纳税额。除国务院财政、税务主管部门另有规定外，该抵免限额应当分国（地区）不分项计算，计算公式式如下：

税收抵免限额＝境内、境外所得按税法计算的应纳税总额×来源于某国的所得额÷境内、境外所得总额注意：

第一，公式中的所得额总额是税前所得（含税所得）。要注意区分境外分回所得是税前所得还是税后所得，如果分回的是税后所得，可选用以下方法还原成税前所得：用分回的税后所得除以（1－境外税率）还原；用境外已纳税额加分回税后收益还原。

第二，该抵免限额公式可以简化，抵免限额＝来源于某国（地区）的应纳税所得额×25%

第三，将抵免限额与境外实际缴纳的税款对比，实际缴纳的税款大于抵免限额的不再征税，实际缴纳的税款小于抵免限额的，按差额补交所得税。

例 10-9：某企业 2008 年度境内应纳税所得额为 100 万元，适用 25%的企业所得税税率。另外，该企业分别在 A、B 两国设有分支机构（我国与 A、B 两国已经缔结避免双重征税协定），在 A 国分支机构的应纳税所得额为 50 万元，A 国税率为 20%；在 B 国的分支机构的应纳税所得额为 30 万元，B 国税率为 30%。假设该企业在 A、B 两国所得按我国税法计算的应纳税所得额和按 A、B 两国税法计算的应纳税所得额一致，两个分支机构在 A、B 两国分别缴纳了 10 万元和 9 万元的企业所得税。要求：计算该企业汇总时在我国应缴纳的企业所得税税额。

解析：（1）该企业按我国税法计算的境内、境外所得的应纳税额：

应纳税额＝（100＋50＋30）×25%＝45（万元）

（2）A、B 两国的扣除额：

A 国扣除限额＝45×［50÷（100＋50＋30）］＝12.5（万元）

B 国扣除限额＝45×［30÷（100＋50＋30）］＝7.5（万元）

在 A 国缴纳的所得税为 10 万元，低于扣除限额 12.5 万元，可全额扣除。

在 B 国缴纳的所得税为 9 万元，高于扣除限额 7.5 万元，其超过扣除限额的部分 1.5 万元当年不能扣除。

（3）汇总我国应缴纳的所得税＝45－10－7.5＝27.5（万元）

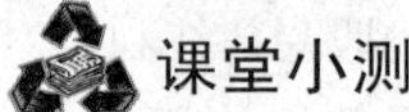

【单选题】某公司 2008 年度取得境内应纳税所得额 120 万元，取得境外投资的税后收益 59.5 万元。境外企业所得税税率为 20%，由于享受了 5%的税率优惠，实际缴纳了 15%的企业所得税。该公司 2008 年度在我国应缴纳企业所得税（　　）万元。

A．33.718　　B．34.375　　C．33.5　　D．37

【计算题】某企业在 2012 年境内所得为 850 万元，同期从境外取得所得 150 万元，境外实际交纳所得税 60 万元。计算该企业本年度应纳所得税额。

四、居民企业核定征收应纳税额的计算

为了加强企业所得税征收管理，规范核定征收企业所得税工作，保障国家税款及时足额入库，维护纳税人合法权益，根据《企业所得税法》及其《实施条例》、《税收征管法》及其《实施细则》的有关规定，核定征收企业所得税的有关规定如下。

（一）核定征收企业所得税的范围

本办法适用于居民企业纳税人，纳税人具有下列情形之一的，核定征收企业所得税。

（1）依照法律、行政法规的规定可以不设置账簿的。

（2）依照法律、行政法规的规定应当设置但未设置账簿的。

（3）擅自销毁账簿或者拒不提供纳税资料的。

（4）虽设置账簿，但账目混乱或者成本资料、收入凭证、费用凭证残缺不全，难以查账的。

（5）发生纳税义务，未按照规定的期限办理纳税申报，经税务机关责令限期申报，逾期仍不申报的。

（6）申报的计税依据明显偏低，又无正当理由的。

核定年度享受定期减免企业所得税优惠政策的（含福利企业）纳税人不得实行企业所得税核定征收方式。

（二）核定征收的办法

税务机关应根据纳税人具体情况，对核定征收所得税的纳税人，核定应税所得率或者核定应纳所得税额。

1. 具有下列情形之一的，核定其应税所得率

（1）能正确核算（查实）收入总额的，但不能正确核算（查实）成本费用总额的。

（2）能正确核算（查实）成本费用总额，但不能正确核算（查实）收入总额的。

（3）通过合理方法，能计算和推定纳税人收入总额或成本费用总额的。

纳税人不属于以上情形的，核定其应纳所得税额。

2. 税务机关采用下列方法核定征收企业所得税

（1）参照当地同类行业或者类似行业中经营规模和收入水平相近的纳税人的税负水平核定。

（2）按照应税收入额或成本费用支出额定率核定。

（3）按照耗用的原材料、燃料、动力等推算或测算核定。

（4）按照其他合理方法核定。

（三）核定征收的计算方法

采用应税所得率方式核定征收企业所得税的，应纳所得税额计算公式如下：

$$应纳税所得额=应税收入额\times应税所得率$$

$$应税收入额=收入总额-不征税收入-免税收入$$

$$应纳所得税额=应纳税所得额\times适用税率$$

或

$$应纳税所得额=成本（费用）支出额\div(1-应税所得率)\times应税所得率$$

应税所得率按表 10-2 规定的幅度标准确定。

表 10-2　应税所得率表

行业	应税所得率（%）
农、林、牧、渔业	3～10
制造业	5～15
批发和零售贸易业	4～15
交通运输业	7～15
建筑业	8～20
饮食业	8～25
娱乐业	15～30
其他行业	10～30

课堂小测

【单选题】某小型零售企业 2008 年度自行申报收入总额 250 万元，成本费用 258 万元，经营亏损 8 万元。经主管税务机关审核，发现其发生的成本费用真实，实现的收入无法确认，依据规定对其进行核定征收。假定应税所得率为 9%，则该小型零售企业 2008 年度应缴纳的企业所得税为（　　）万元。

A．5.10　　B．5.63　　C．5.81　　D．6.38

第七节　源 泉 扣 缴

一、扣缴义务人

（1）对非居民企业在中国境内未设立机构、场所的，或者虽设立机构、场所但取得的所得与其所设机构、场所没有实际联系的所得应缴纳的所得税，实行源泉扣缴，以支付人为扣缴义务人。税款由扣缴义务人在每次支付或者到期应支付时，从支付或者到期应支付的款项中扣缴。

所谓的支付人，是指依照有关法律规定或者合同约定对非居民企业直接负有支付相关款项义务的单位或者个人。

所谓的支付，包括现金支付、汇拨支付、转账支付和权益兑价支付等货币和非货币支付。

所谓的到期应支付款项，是指支付人按照权责发生制原则应计入相关成本、费用的应付款项。

（2）对非居民企业在中国境内取得工程作业和劳务所得应缴纳的所得税，税务机关可以指定工程价款或者劳务费的支付人为扣缴义务人。

二、扣缴方法

（1）扣缴义务人扣缴税款时，按前述第四节确定非居民企业应纳税所得额。

扣缴企业所得税应纳税额的计算公式如下：

扣缴企业所得税应纳税额＝应纳税所得额×实际征收率（10%）

（2）扣缴义务人未依法扣缴或者无法履行扣缴义务的，由纳税人在所得发生地缴纳。企业未依法缴纳的，税务机关可以从该企业在中国境内其他收入项目的支付人应付的款项中，追缴该企业的应纳税款。

（3）扣缴义务人每次代扣的税款，应当自代扣之日起7日内缴入国库，并向所在地的税务机关报送扣缴所得税报告表。

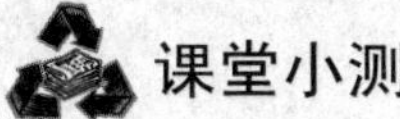课堂小测

【单选题】1.《企业所得税法》规定对非居民企业取得（　　），实行源泉扣缴。

A．境外劳务所得

B．经营所得

C．对非居民企业在中国境内未设立机构、场所的，或者虽设立机构、场所但取得的所得与其所设机构、场所有实际联系的所得

D．对非居民企业在中国境内未设立机构、场所的，或者虽设立机构、场所但取得的所得与其所设机构、场所没有实际联系的所得

【单选题】2．依据《企业所得税法》的规定，扣缴义务人每次代扣的企业所得税税款，缴入国库的期限是自代扣之日起（　　）日内。

A．3　　B．5　　C．7　　D．10

【单选题】3.依照《企业所得税法》第37条、第38条规定应当扣缴的所得税，扣缴义务人或者无法履行扣缴义务的，由纳税人在所得发生地缴纳。纳税人为依法缴纳的，税务机关可以从该纳税人在（　　）其他收入项目的支付人应付的款项中，追缴该纳税人的应纳税款。

A．中国境内　　B．中国境外　　C．中国境内、外　　D．中国香港

【计算题】某非居民企业在中国境内未设立机构、场所，但在上海拥有一房产，2008年获得房屋租金收入12万元。请问该非居民企业应该缴纳的预提所得税是多少。

第八节 征收管理

一、企业所得税的征收方式的确定

企业所得税征收方式鉴定工作每年进行一次，时间为当年的第1季度。当年新办企业应在领取税务登记证后3个月内鉴定完毕。根据纳税人情况分，企业所得税的征收方式主要有查账征收和核定征收，其中核定征收又分为核定应税所得率和核定应纳所得税额（定额征收）2种方式。企业所得税征收方式一经确定，一般在一个纳税年度内不做变更，但对鉴定为查账征收方式的纳税人，发现下列情形之一的，可随时调整为定额或定率征收方式征收企业所得税。

（1）纳税人不据实申报纳税，不按规定提供有关财务资料接受税务检的。

（2）在税务检查中，发现有情节严重的违反税法规定行为的。

对鉴定为定额或定率征收方式的企业，如能积极改进财务管理，建立健全账簿，规范财务核算，正确计算盈亏，依法办理纳税申报，达到查账征收方式的企业标准的，在次年鉴定时，可予以升级，鉴定为查账征收方式征收企业所得税。

二、企业所得税的纳税地点

（一）居民企业

（1）除税收法律、行政法规另有规定外，居民企业以企业登记注册地为纳税地点；但登记注册地在境外的，以实际管理机构所在地为纳税地点。

（2）居民企业在中国境内设立不具有法人资格的营业机构的，应当汇总计算并缴纳企业所得税。企业汇总计算并缴纳企业所得税时，应当统一核算应纳税所得额，具体办法由国务院财政、税务主管部门另行规定。

（二）非居民企业

（1）非居民企业在中国境内设立机构、场所的，应当就其所设机构、场所取得的来源于中国境内的所得，以及发生在中国境外但与其所设机构、场所有实际联系的所得，以机构、场所所在地为纳税地点。非居民企业在中国境内设立 2 个或者 2 个以上机构、场所的，经税务机关审核批准，可以选择由其主要机构、场所汇总缴纳企业所得税。主要机构、场所，应当同时符合下列条件。

① 对其他各机构、场所的生产经营活动负有监督管理责任。

② 设有完整的账簿、凭证，能够准确反映各机构、场所的收入、成本、费用和盈亏情况。

（2）非居民企业在中国境内未设立机构、场所的，或者虽设立机构、场所但取得的所得与其所设机构、场所没有实际联系的所得，以扣缴义务人所在地为纳税地点。

三、纳税期限

企业所得税实行按年计征、分月或分季预缴、年终汇算清缴，多退少补。

企业所得税的纳税年度，自公历 1 月 1 日起至 12 月 31 日止。企业在一个纳税年度中间开业，或者由于合并、关闭等原因终止经营活动，使该纳税年度的实际经营期不足 12 个月的，应当以其实际经营期为一个纳税年度。企业清算时，应当以清算期间作为一个纳税年度。

自年度终了之日起 5 个月内，向税务机关报送年度企业所得税申报表，并汇算清缴，结清应缴应退税款。

企业在年度中间终止经营活动的，应当自实际经营终止之日起 60 日内，向税务机关办理当期企业所得税汇算清缴。

四、纳税申报

（1）分月或者分季预缴企业所得税时，应当自月份或者季度终了之日起 15 日内，向税务机关报送预缴企业所得税纳税申报表，预缴税款。企业在报送企业所得税纳税申报表时，应当按照规定附送财务会计报告和其他有关资料。

① 企业分月或者分季预缴企业所得税时，应当按照月度或者季度的实际利润额预缴；按照月度或者季度的实际利润额预缴有困难的，可以按照上一纳税年度应纳税所得额的月度或者季度平均额预缴，或者按照经税务机关认可的其他方法预缴。预缴方法一经确定，该纳税年度内不得随意变更。

② 企业在纳税年度内无论盈利或者亏损，都应当依照企业所得税法规定的期限，向税务机关报送预缴企业所得税纳税申报表、年度企业所得税纳税申报表、财务会计报告和税务机关规定应当报送的其他有关资料。

③ 企业所得以人民币以外的货币计算的，预缴企业所得税时，应当按照月度或者季度最后一日的人民币汇率中间价，折合成人民币计算应纳税所得额。年度终了汇算清缴时，对已经按时月度或者季度预缴税款的，不再重新折合计算，只就该纳税年度内款未缴纳企业所得税的部分，按照纳税年度最后一日的人民币汇率中间价，折合成人民币计算应纳税所得额。

（2）企业应当自年度终了之日起 5 个月内，向税务机关报送年度企业所得税纳税申报表，并汇算清缴，结清应缴应退税款。

（3）企业在纳税年度中间终止经营活动的，应当自实际经营终止之日起 60 日内，向税务机关办理当期企业所得税汇算清缴。

（4）企业应当在办理注销登记前，就其清算所得向税务机关申报并依法缴纳企业所得税。

（5）扣缴义务人每次代扣的税款，应当自代扣之日起 7 日内缴入国库，并向所在地的税务机关报送扣缴企业所得税报告表。

五、合伙企业所得税的征收管理

（1）合伙企业以每一个合伙人为纳税义务人，合伙企业合伙人是自然人的，缴纳个人所得税；合伙人是法人的和其他组织的，缴纳企业所得税。

（2）合伙企业生产经营所得和其他所得采取“先分后税”的原则。

（3）合伙企业的合伙人是法人和其他组织的，合伙人在计算其缴纳企业所得税时，不得用合伙企业的亏损抵减其盈利。

具体的纳税申报表如表 10-3 所示。

表 10-3　中华人民共和国企业所得税月（季）度预缴纳税申报表（A 类，2015 年版）

税款所属期间：　　年　　月　　日至　　年　　月　　日

纳税人识别号：□□□□□□□□□□□□□□□□□□

纳税人名称：　　　　　　　　　　　　　　　　　　　　　　　　金额单位：人民币元（列至角分）

行次	项　　目		本期金额	累计金额
1	一、按照实际利润额预缴			
2	营业收入			
3	营业成本			
4	利润总额			
5	加：特定业务计算的应纳税所得额			
6	减：不征税收入和税基减免应纳税所得额（请填附表 1）			
7	固定资产加速折旧（扣除）调减额（请填附表 2）			
8	弥补以前年度亏损			
9	实际利润额（4 行+5 行−6 行−7 行−8 行）			
10	税率（25%）			
11	应纳所得税额（9 行×10 行）			
12	减：减免所得税额（请填附表 3）			
13	实际已预缴所得税额		——	
14	特定业务预缴（征）所得税额			
15	应补（退）所得税额（11 行−12 行−13 行−14 行）		——	
16	减：以前年度多缴在本期抵缴所得税额			
17	本月（季）实际应补（退）所得税额		——	
18	二、按照上一纳税年度应纳税所得额平均额预缴			
19	上一纳税年度应纳税所得额		——	
20	本月（季）应纳税所得额（19 行×1/4 或 1/12）			
21	税率（25%）			
22	本月（季）应纳所得税额（20 行×21 行）			
23	减：减免所得税额（请填附表 3）			
24	本月（季）实际应纳所得税额（22 行−23 行）			
25	三、按照税务机关确定的其他方法预缴			
26	本月（季）税务机关确定的预缴所得税额			
27	总分机构纳税人			
28	总机构	总机构分摊所得税额（15 行或 24 行或 26 行×总机构分摊预缴比例）		
29		财政集中分配所得税额		
30		分支机构分摊所得税额（15 行或 24 行或 26 行×分支机构分摊比例）		
31		其中：总机构独立生产经营部门应分摊所得税额		
32	分支机构	分配比例		
33		分配所得税额		
是否属于小型微利企业：		是 □	否 □	

谨声明：此纳税申报表是根据《中华人民共和国企业所得税法》《中华人民共和国企业所得税法实施条例》和国家有关税收规定填报的，是真实的、可靠的、完整的。

法定代表人（签字）：　　　　　　　　　　年　月　日

纳税人公章： 会计主管： 填表日期：　年　月　日	代理申报中介机构公章： 经办人： 经办人执业证件号码： 代理申报日期：　年　月　日	主管税务机关受理专用章： 受理人： 受理日期：　年　月　日

第十一章　个人所得税

个人所得税法是指国家制定的用以调整个人所得税征收与缴纳之间权利义务关系的法律规范。个人所得税的基本规范是1980年9月10日第五届全国人民代表大会第三次会议制定、1993年10月31日修改的《中华人民共和国个人所得税法》(以下简称《个人所得税法》)。现行的《个人所得税法》于2011年6月30日由第十一届全国人民代表大会常务委员会第二十一次会议修改并公布，自2011年9月1日起施行。

第一节　个人所得税概述

一、个人所得税的定义

个人所得税是以个人（自然人）取得的各项应税所得为征税对象而征收的一种税。应税所得包括现金、实物、有价证券和其他形式的经济利益。

二、个人所得税的特点

1. 采用分类所得税制

世界各国的个人所得税制根据计税方法的不同，大体可分为3种，包括分类所得税制、综合所得税制和混合所得税制，这3种税制各有所长。分类所得税制是将个人所得分别不同来源，设计不同税率和费用扣除标准，分别计算征收所得税。

我国现行个人所得税采取分类所得税制，即将个人取得的各项所得划分为11类，分项确定费用减除标准，分项规定税率，分项计税。实行分类课征制度，可以对不同来源的所得实行差别待遇，体现国家的政策，易采取源泉课征方法控制税源，防止税款偷逃，方便征纳双方。

2. 实行比例和累进2种税率计算税额

根据各类个人所得的不同性质和特点，我国现行个人所得税采用累进税率与比例税率2种税率形式。对工资、薪金所得，个体工商户生产、经营所得，对企事业单位的承包、承租经营所得，采用累进税率，实行量能负担，体现税负公平，合理调节收入分配；对劳务报酬、稿酬等其他所得，采用透明度较高的比例税率，实行等比负担，便于源泉扣缴税款。

3. 实行费用扣除和减免税较宽原则

世界各国的个人所得税均有费用扣除的规定，只是扣除的方法及额度不尽相同。我国本着费用扣除从宽从简的原则，采取定额扣除和定率扣除相结合的费用扣除方法。

4. 计算简便

我国个人所得税的费用扣除采取了确定总额进行扣除的方法，免去了对个人实际生活费用支出逐项计算的麻烦。而且各种所得项目实行分项扣除，分项定率，分项计税的方式，其费用扣除项目及方法易于掌握，计算简便，符合个人所得税税制从简的原则。

5. 采取源泉扣缴和自行申报的征收方法

个人所得税的征收方法有支付单位源泉扣缴和纳税人自行申报2种方法。根据税法规定，凡是可以在应税所得的支付环节扣缴个人所得税的，均由扣缴义务人履行代扣代缴义务。对于没有扣缴义务人的，以及个人在2处以上取得工资、薪金所得的，由纳税人自行申报纳税。此外，对其他不便于扣缴税款的，亦规定由纳税人自行申报纳税。

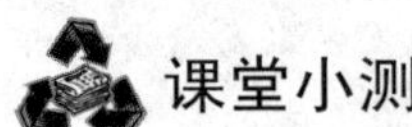

【单选题】我国目前个人所得税采用（　　）。

A．分类征收制　　B．综合征收制

C．混合征收制　　D．分类与综合相结合的模式

【多选题】1. 个人取得的应纳税所得，包括（　　）。

A．现金　　B．实物　　C．有价证券　　D．其他经济利益

【多选题】2. 个人所得税是世界各国普遍征收的一个税种，但各国的个人所得税规定有所不同。下列表述中属于我国现行个人所得税特点的有（　　）。

A．实行的是综合所得税制　　B．累进税率和比例税率并用

C．实行的是分类所得税制　　D．实行比例税率和超额累进税率

第二节　纳税义务人、征税范围和税率

一、个人所得税的纳税义务人

个人所得税的纳税义务人，包括中国公民、个体工商业户、个人独资企业、合伙企业投资者、在中国有所得的外籍人员（包括无国籍人员，下同）和香港、澳门、台湾同胞。上述纳税义务人依据住所和居住时间2个标准，区分为居民纳税人和非居民纳税人，分别承担不同的纳税义务。

（一）居民纳税人

根据《个人所得税法》规定，居民纳税人是指在中国境内有住所，或者无住所而在中国境内居住满1年的个人。居民纳税义务人负有无限纳税义务，即其所取得的应纳税所得，无论是来源于中国境内还是境外，都要在中国缴纳个人所得税。

所谓在中国境内有住所的个人，是指因户籍、家庭、经济利益关系，而在中国境内

习惯性居住的个人。这里所说的习惯性居住，是判定纳税义务人属于居民还是非居民的一个重要依据。它是指个人因学习、工作、探亲等原因消除之后，没有理由在其他地方继续居留时，所要回到的地方，而不是指实际居住或在某一个特定时期内的居住地。如一个纳税人因学习、工作、探亲等原因，原来是在中国境外居住，但是在此原因消除之后，如果必须回到中国境内居住的，则中国为该人的习惯性居住地。尽管该纳税义务人在一个纳税年度内，甚至连续几个纳税年度，都未在中国境内居住过1天，他仍然是中国居民纳税义务人，应就其来自全球的应纳税所得，向中国缴纳个人所得税。

在境内居住满1年，是指在一个纳税年度（即公历1月1日起至12月31日止，下同）内，在中国境内居住满365日。在计算居住天数时，对临时离境应视同在华居住，不扣减其在华居住的天数。临时离境是指在一个纳税年度内，一次不超过30日或者多次累计不超过90日的离境。综上所述，个人所得税的居民纳税人包括以下2类：

（1）在中国境内定居的中国公民和外国侨民。但不包括虽有中国国籍，却并没有在中国大陆定居，而是侨居海外的华侨和居住在香港、澳门、台湾的同胞。

（2）从公历1月1日起至12月31日止，居住在中国境内的外国人、海外侨胞和香港、澳门、台湾同胞。

例如：一个外籍人员从2008年11月起到中国境内的公司任职，在2009年纳税年度内，曾经在4月5日至10日离境回国，向总公司汇报工作，12月20日又离境回国过圣诞节。这2次的离境时间相加，并没有超过90日，一次也没有超过30日的标准，应视作临时离境，不扣减其在华居住天数。因此，该外籍人员应判定为我国2008年的非居民纳税人，2009年为居民纳税义务人。

（二）非居民纳税人

在中国境内无住所又不居住，或者无住所而在境内居住不满1年的个人，为非居民纳税人。非居民纳税人承担有限纳税义务，即仅就其来源于中国境内的所得，向中国缴纳个人所得税。在现实生活中，习惯性居住地不在中国境内的个人，只有外籍人员、华侨或香港、澳门、台湾同胞。因此，非居民纳税人，实际上只能是在一个纳税年度中，没有在中国境内居住，或者在中国境内居住不满1年的外籍人员、华侨或香港、澳门、台湾同胞。

例 11-1：在我国无住所的某外籍人员2007年5月3日来华工作，2008年9月30日结束工作离华，则该外籍人员是我国的居民纳税人还是非居民纳税人，为什么？

解析：该外籍人员是我国的非居民纳税人，因为该外籍人员在2007年和2008年两个纳税年度中都未在华居住满365日，则为我国非居民纳税人。

课堂小测

【判断题】在中国境内没有住所的外籍人员、华侨、港澳台同胞，为个人所得税的非居民纳税人。（　　）

【单选题】1. 根据个人所得税法律制度的规定，下列在中国境内无住所的人员中，属于中国居民纳税人的是（　　）。

A．外籍个人甲 2007 年 9 月 1 日入境，2008 年 10 月 1 日离境

B．外籍个人乙来华学习 180 天

C．外籍个人丙 2008 年 1 月 1 日入境，2008 年 12 月 31 日离境

D．外籍个人丁 2008 年 1 月 1 日入境，2008 年 11 月 20 日离境

【单选题】2．美国人约翰先生 2005 年 5 月 8 日来中国工作，2006 年 5 月 1 日回美国休假，2006 年 6 月 10 日又来中国，2006 年 8 月 25 日回美国，2007 年 3 月 15 日又来中国。则约翰先生（　　）。

A．2005 年度为居民纳税人，2006 年度为非居民纳税人

B．2005 年度为非居民纳税人，2006 年度为居民纳税人

C．2005 年度和 2006 年度均为居民纳税人

D．2005 年度和 2006 年度均为非居民纳税人

【多选题】1．根据个人所得税法律制度的规定，将个人所得税的纳税义务人区分为居民纳税人和非居民纳税人，依据的标准包括（　　）。

A．境内有无住所　　　　　　　　B．境内工作时间

C．取得收入的工作地　　　　　　D．境内居住时间

【多选题】2．下列各项中，属于个人所得税中居民纳税人的有（　　）。

A．在中国境内无住所，但一个纳税年度中在中国境内居住满 365 天的个人

B．在中国境内无住所且不居住的个人

C．在中国境内无住所，而在境内居住超过 90 天（或 183 天）不满 1 年的个人

D．在中国境内有住所的个人

E．在中国境内无住所，并在境内居住满 1 年不满 5 年的个人

（三）应纳税所得来源地的认定

纳税人取得的下列所得，不论支付地点是否在中国境内，均为来源于中国境内的所得，应按税法规定征税。

（1）个人因任职、受雇、履约等而在中国境内提供劳务取得的所得。

（2）个人将财产出租给承租人在中国境内使用而取得的所得。

（3）个人转让中国境内的房屋、建筑物、土地使用权等财产或者在中国境内转让其他财产取得的所得。

（4）个人提供或转让在中国境内使用的各种许可特许权取得的所得。

（5）从中国境内的公司、企业及其他经济组织或者个人取得的利息、股息、红利所得。

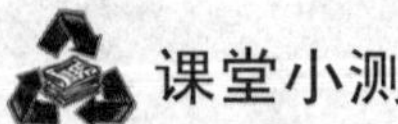

课堂小测

【多选题】1．一般来说，居民纳税人就其来源于中国境内、境外的所得缴纳个人所得税；非居民纳税人仅就来源于中国境内的所得缴纳个人所得税。下列收入中属于中国境内所得的有（　　）。

A．在中国境内任职，受雇而取得的工资、薪金所得

B．在中国境内提供各种劳务取得的劳务报酬所得

C．将财产出租给承租人在中国境外使用而取得的所得

D．转让中国境内的建筑物、土地使用权等财产取得的所得

E.来自中国境内企业的股息、红利

【多选题】2．某外籍个人受某外国公司委派于 2013 年 8 月开始赴中国担任其驻华代表处首席代表，截至 2013 年 12 月 31 日未离开中国。该外籍个人 2013 年取得的下列所得中，属于来源于中国境内所得的有（　　）。

A．9 月出席境内某经济论坛做主题发言取得的收入

B．因在中国任职而取得的由境外总公司发放的工资收入

C．10 月将其拥有的境外房产出租给中国一公司驻该国常设机构取得的租金收入

D．11 月将其拥有的专利技术许可一境外公司在大陆的分支机构使用取得的收入

二、个人所得税的征税范围

按应纳税所得的来源划分，我国现行个人所得税的应税项目，大致可以分为 11 个应税项目。

（一）工资、薪金所得

工资、薪金所得，是指个人因任职或者受雇而取得的工资、薪金、奖金、年终加薪、劳动分红、津贴、补贴，以及与任职或者受雇有关的其他所得。单位为个人购买的住房、汽车等，也应当计入工资、薪金所得缴纳个人所得税。

根据我国目前个人收入的构成情况，规定对于一些不属于工资、薪金性质的补贴、津贴或者不属于纳税人本人工资、薪金所得项目的收入，不予征收个人所得税。这些项目包括如下内容。

（1）独生子女补贴。

（2）执行公务员工资制度未纳入基本工资总额的补贴、津贴差额和家属成员的副食补贴。

（3）托儿补助费。

（4）差旅费津贴、误餐补助。

特别注释：

【解释 1】“年终加薪、劳动分红”不分种类和取得情况，一律按工资、薪金所得征税。年终加薪、劳动分红和一次取得年终奖金，原则上作为单独一个月工资薪金所得。

【解释 2】退休人员再任职取得的收入，在减除按税法规定的费用扣除标准后，按“工资、薪金所得”应税项目缴纳个人所得税。

【解释 3】个人因公务用车和通信制度改革而取得的公务用车、通信补贴收入，扣除一定标准的公务费用后，按照“工资、薪金”所得项目计征个人所得税。

【解释 4】出租汽车经营单位对出租驾驶员采取单车承包或承租方式运营，出租驾驶员从事客货营运取得的收入，按“工资、薪金所得”项目计征个人所得税。

【解释 5】城镇企业事业单位及其职工个人按照《失业保险条例》规定的比例，实际

缴付的失业保险费，均不计入职工个人当期工资、薪金收入，免予征收个人所得税；超过《失业保险条例》规定的比例缴付失业保险费的，应将其超过规定比例缴付的部分计入职工个人当期的工资、薪金收入，依法计征个人所得税。具备《失业保险条例》规定条件的失业人员，领取的失业保险金，免予征收个人所得税。

课堂小测

【判断题】1．企业以现金形式发放的住房补贴、医疗补贴应全额计入当期工资、薪金征收个人所得税。（ ）

【判断题】2．中秋节，公司为员工发放月饼，不应并入工资薪金代扣代缴个人所得税。（ ）

【判断题】3．纳税人（在中国境内无住所的个人除外）一次取得数月奖金或年终加薪，应将全部奖金或年终加薪同当月的工资、薪金合并计征个人所得税。（ ）

【单选题】1．根据个人所得税法律制度的规定，下列各项中，属于工资、薪金所得项目的是（ ）。

A．年终加薪　B．托儿补助费　C．独生子女补贴　D．差旅费津贴

【单选题】2．退休人员再任职取得的收入，在减除按税法规定的费用扣除标准后，按（ ）应税项目缴纳个人所得税。

A．工资、薪金所得　B．劳务报酬所得

C．个体工商户的生产、经营所得　D．偶然所得

【多选题】下列各项中，应当按照工资、薪金所得项目征收个人所得税的有（ ）。

A．股份分红　B．独生子女补贴　C．差旅费津贴

D．超过规定标准的误餐费　E．劳动分红

（二）个体工商户的经营所得

个体工商户的生产、经营所得包括如下几点。

（1）个体工商户从事工业、手工业、建筑业、交通运输业、商业、饮食业、服务业、修理业及其他行业取得的所得。

（2）个人经政府有关部门批准，取得执照，从事办学、医疗、咨询及其他有偿服务活动取得的所得。

（3）上述个体工商户和个人取得的与生产、经营有关的各项应税所得。

（4）个人因从事彩票代销业务而取得所得，应按照“个体工商户的生产、经营所得”项目计征个人所得税。

（5）从事个体出租车运营的出租车驾驶员取得的收入，按个体工商户的生产、经营所得项目缴纳个人所得税。

出租车属个人所有，但挂靠出租汽车经营单位或企事业单位，驾驶员向挂靠单位缴纳管理费的，或出租汽车经营单位将出租车所有权转移给驾驶员的，出租车驾驶员从事客货运营取得的收入，比照个体工商户的生产、经营所得项目征税。

（6）个体工商户和从事生产、经营的个人，取得与生产、经营活动无关的其他各项

应税所得，应分别按照其他应税项目的有关规定，计算征收个人所得税。如取得银行存款的利息所得、对外投资取得的股息所得，应按“股息、利息、红利”税目的规定单独计征个人所得税。

（7）个人独资企业、合伙企业的个人投资者以企业资金为本人、家庭成员及其相关人员支付与企业生产经营无关的消费性支出及购买汽车、住房等财产性支出，视为企业对个人投资者利润分配，并入投资者个人的生产经营所得，依照“个体工商户的生产经营所得”项目计征个人所得税。对企业其他人员取得的上述所得，按照“工资、薪金所得”项目计征个人所得税。

（8）其他个人从事个体工商业生产、经营取得的所得。

课堂小测

【单选题】1．个人因从事彩票代销业务而取得的所得，应按照（　　）税目缴纳个人所得税。

A．工资、薪金所得　　B．劳务报酬所得

C．个体工商户的生产、经营所得　　D．利息、股息、红利所得

【单选题】2．下列各项所得不能按个体工商户生产经营所得项目征税的是（　　）。

A．个人因从事彩票代销业务取得的所得　　B．个体工商户对外投资取得的股利

C．个人独资企业的投资者的所得　　D．私人开的诊所的所得

【多选题】下列各项中，应按“个体工商户生产、经营所得”项目征税的有（　　）。

A．个人开洗衣店而取得劳务所得

B．个人因专利权被侵害获得的经济赔偿所得

C．有限公司（非个人独资企业、合伙企业）的个人投资者以企业资本金为本人购买的汽车

D．个人独资企业的个人投资者以企业资金为本人购买的住房

E．出租汽车经营单位对出租车驾驶员采取单车承包或承租方式运营，出租车驾驶员从事客货运营取得的收入

（三）对企事业单位的承包经营、承租经营所得

对企事业单位的承包经营、承租经营所得是指个人承包经营、承租经营，以及转包、转租取得的所得。

承包、承租经营形式大体可分为2类。

（1）个人对企事业单位承包、承租经营后，工商登记改变为个体工商户，应按个体工商户的生产、经营所得项目征收个人所得税，不再征收企业所得税。

（2）个人对企事业单位承包、承租经营后，工商登记仍为企业的，不论其分配方式如何，均先按企业所得税的有关规定缴纳企业所得税，再根据承包人按承包合同取得的所得，依照个人所得税的有关规定缴纳个人所得税。具体包括以下几点。

① 承包、承租人对企业经营成果不拥有所有权，仅是按合同（协议）规定取得一定所得的，其所得按工资、薪金所得项目适用七级超额累进税率征税。

② 承包、承租人按合同（协议）的规定只向发包、出租方交纳一定费用后，企业经营成果归其所有的，其取得的所得，按照对企业承包、承租经营所得的五级超额累进税率征税。

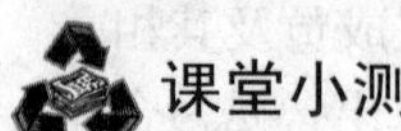

课堂小测

【单选题】承租人对企业经营成果不拥有所有权，仅是按合同（协议）规定取得一定所得的，其所得适用的征税税率是（　　）。

A．固定税率 20%　　　　B．三级超额累进税率

C．五级超额累进税率　　　　D．七级超额累进税率

【多选题】1．张某承包了一家餐厅，餐厅每年支付张某承包收入 10 万元，张某不参与分享经营成果；李某承包了一家国有招待所，承包合同规定每月支付李某工资 4000 元，还规定每年要上缴承包费 50 万元，其余经营成果归李某所有。则下列关于个人所得税的说法正确的有（　　）。

A．张某取得的承包收入按照工资、薪金项目征税

B．张某取得的承包收入按照对企事业单位承包、承租经营所得项目征税

C．李某取得的工资按照工资、薪金项目征税

D．李某取得的工资和承包收入都按照对企事业单位承包、承租经营所得项目征税

【多选题】2．下列项目中按工资、薪金所得征收个人所得税的有（　　）。

A．办理内退手续后至法定退休年龄之间从原单位取得的收入

B．挂靠出租车管理单位的拥有出租车所有权的个人从事客货运营取得的收入

C．对企业经营成果不拥有所有权的承租、承包人的所得

D．单位因雇员销售业绩组织的旅游支出

（四）劳务报酬所得

劳务报酬所得是指个人独立从事非雇佣的各种劳务所取得的所得。具体项目共 29 项，包括个人从事设计、装潢、安装、制图、化验、测试、医疗、法律、会计、咨询、讲学、新闻、广播、翻译、审稿、书画、雕刻、影视、录音、录像、演出、表演、广告、展览、技术服务、介绍服务、经纪服务、代办服务，以及其他劳务取得的所得。

以下规定也按劳务报酬所得征收个人所得税。

（1）个人担任董事职务且不在公司任职所取得的董事费收入。

（2）在校学生因参与勤工俭学活动取得的应税所得项目。

（3）自 2004 年 1 月 20 日起，对商品营销活动中，企业和单位对营销业绩突出的非雇员以培训班研讨会、工作考察等名义组织旅游活动、通过免收差旅费旅游费对个人实行的营销业绩奖励（包括实物、有价证券等），应根据所发生费用的全额作为营销人员当期的劳务收入所得，按“劳务报酬所得”征收个人所得税，并由提供上述费用的企业和单位代扣代缴。

（4）个人兼职取得的收入。

课堂小测

【单选题】1．对商品营销活动中，企业和单位对营销业绩突出的非雇员以培训班、研讨会、工作考察等名义组织旅游活动，通过免收差旅费、旅游费对个人实行的营销业绩奖励，应根据所发生费用的全额作为营销人员当期的劳务收入，按照（　　）项目征收个人所得税。

A．工资、薪金所得　　B．个体工商户的生产、经营所得
C．劳务报酬所得　　D．利息、股息、红利所得

【单选题】2．下列所得中，属于劳务报酬所得的是（　　）。

A．个人独立从事制图取得的所得　　B．教师为受雇任职学校讲课取得的所得
C．临时工为单位安装作业取得的所得　　D．雇员取得的年终劳动分红

【多选题】1．下列项目中，属于劳务报酬所得的有（　　）。

A．个人书画展卖取得的报酬
B．提供著作的版权而取得的报酬
C．将国外的作品翻译出版取得的报酬
D．高校教师受出版社委托进行审稿取得的报酬
E．个人转包、转租取得的所得

【多选题】2．下列个人所得按“劳务报酬所得”项目缴纳个人所得税的有（　　）。

A．外部董事的董事费收入　　B．个人兼职收入
C．教师自办培训班取得的收入　　D．员工退休再任职取得的收入
E．明星外出参加演唱会走穴的所得

（五）稿酬所得

稿酬所得是指个人因其作品以图书、报刊形式出版、发表而取得的所得。作品包括文学作品、书画作品、摄影作品，以及其他作品。作者去世后，财产继承人取得的遗作稿酬，也应征收个人所得税。

对出版单位的职员在本单位的刊物上发表作品、出版图书取得所得的有关规定如下。

(1) 任职、受雇于报纸、杂志等单位的记者、编辑等专业人员，因在本单位的报纸、杂志上发表作品取得的所得，属于因任职、受雇而取得的所得，应与其当月工资收入合并，按“工资、薪金所得”项目征收个人所得税。除上述专业人员以外，其他人员在本单位的报纸、杂志上发表作品取得的所得，应按“稿酬所得”项目征收个人所得税。

(2) 出版社的专业作者撰写、编写或翻译的作品，由本社以图书形式出版而取得的稿费收入，应按“稿酬所得”项目计算缴纳个人所得税。

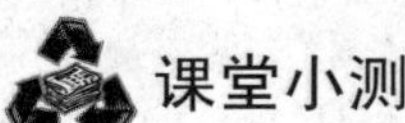

课堂小测

【单选题】1．下列属于稿酬所得的项目有（　　）。

A．记者在本单位刊物发表文章取得的报酬　　B．编辑在外单位兼职获得的报酬

C．将国外的作品翻译出版取得的报酬　　　D．民间艺人现场雕饰取得的所得

【单选题】2．某画家2013年8月将其精选的书画作品交由某出版社出版。从出版社取得报酬10万元。该笔报酬在缴纳个人所得税时适用的税目是（　　）。

A．工资薪金所得　　　B．劳务报酬所得

C．稿酬所得　　　D．特许权使用费所得

【多选题】下列收入中，应按照稿酬所得项目缴纳个人所得税的有（　　）。

A．出版社专业作者翻译作品后，由本社以图书形式出版而取得的收入

B．某作家将自己的文字作品手稿复印件公开拍卖取得的收入

C．报社记者在本单位的报刊上发表作品取得的收入

D．大学生为翻译公司翻译外文资料而取得的翻译收入

E．知名画家出版的人物画专辑

（六）特许权使用费所得

特许权使用费所得，是指个人提供专利权、商标权、著作权、非专利技术，以及其他特许权的使用权取得的所得。特许权使用费所得的其他规定如下。

（1）编剧从电视剧的制作单位取得的剧本使用费，不再区分剧本的使用方是否为其任职单位，统一按特许权使用费所得项目计征个人所得税。

（2）提供著作权的使用权取得的所得，不包括稿酬的所得（个人转让著作权免增值税）。

（3）对于作者将自己的文字作品手稿原件或复印件公开拍卖（竞价）取得的所得，属于提供著作权的使用所得，故应按特许权使用费所得项目征收个人所得税。

（4）个人取得特许权的经济赔偿收入，应按“特许权使用费所得”应税项目缴纳个人所得税，税款由支付赔款的单位或个人代扣代缴。

课堂小测

【单选题】下列各项中，不应按特许权使用费所得，征收个人所得税的是（　　）。

A．专利权　　B．著作权　　C．稿酬　　D．非专利技术

【多选题】某城市公民张先生为自由职业者，2011年10月取得以下收入中，属于劳务报酬的有（　　）。

A．为甲企业兼职促销员，因业绩突出甲企业提供免费丽江游

B．自己开设酒吧取得的收入

C．为出版社审稿取得收入

D．在杂志上发表摄影作品取得收入

E．为电视剧制作单位提供剧本取得的剧本使用费收入

（七）利息、股息、红利所得

利息、股息、红利所得是指个人拥有债权、股权而取得的利息、股息、红利所得。利息是指个人拥有债权而取得的利息，包括存款利息、贷款利息和各种债券的利息。股

息、红利是指个人拥有股权取得的股息、红利。按照一定的比率对每股发给的息金叫股息；公司、企业应分配的利润，按股份分配的叫红利。

利息、股息、红利所得的其他规定如下。

（1）利息所得：包括国债和国家发行的金融债券利息免税；个人储蓄存款利息，自2008年10月9日（含）起暂免征收个人所得税；个人取得教育储蓄存款利息所得，免征个人所得税。

（2）职工个人取得的量化资产：对职工个人以股份形式取得的仅作为分红依据，不拥有所有权的企业量化资产，不征收个人所得税；对职工个人以股份形式取得的企业量化资产参与企业分配而获得的股息、红利，应按“利息、股息、红利所得”项目征收个人所得税。

（3）除个人独资企业、合伙企业以外其他企业的个人投资者，以企业资金为本人、家庭成员及其相关人员支付与企业生产经营无关的消费性支出及购买汽车、住房等财产性支出，视为企业对个人投资者红利分配，依照“利息、股息、红利所得”项目计征个人所得税。企业的上述支出不允许在所得税前扣除。

（4）纳税年度内个人投资者从其投资企业（个人独资企业、合伙企业除外）借款，在该纳税年度终了后既不归还又未用于企业生产经营的，其未归还的借款可视为企业对个投资者的红利分配，依照“利息、股息、红利所得”项目计征个人所得税。

课堂小测

【多选题】1．下列利息收入中，不需缴纳个人所得税的有（　　）。

A．员工参加集资取得的利息　　　　B．2009年居民获得储蓄存款利息

C．国家发行的金融债券利息　　　　D．教育储蓄存款利息

E．个人按规定缴付住房公积金而存入银行账户取得的利息

【多选题】2．以下应按照利息、股息、红利项目征收个人所得税的有（　　）。

A．个人从上市公司得到的年底劳动分红

B．合伙企业的个人投资者以企业资金为本人购买住房

C．股份有限公司的个人投资者以企业资金为本人购买汽车

D．单位经批准向个人集资，个人取得的集资利息

E．个人利用业余时间写作获得的稿酬

（八）财产租赁所得

财产租赁所得，是指个人出租建筑物、土地使用权、机器设备、车船，以及其他财产取得的所得。

个人取得的财产转租收入，属于“财产租赁所得”的征税范围，由财产转租人缴纳个人所得税。在确认纳税义务人时，应以产权凭证为依据；对无产权凭证的，由主管税务机关根据实际情况确定。产权所有人死亡，在未办理产权继承手续期间，该财产出租而有租金收入的，以领取租金的个人为纳税义务人。

课堂小测

【单选题】1. 根据个人所得税法律制度的规定，下列个人所得中，应缴纳个人所得税的是（　　）。

A. 财产租赁所得　　B. 退休工资　　C. 保险赔偿　　D. 国债利息

【单选题】2. 个人出租建筑物、土地使用权、机器设备、车船，以及其他财产取得的所得为（　　）。

A. 财产转让所得　　B. 财产租赁所得　C. 偶然所得　　D. 特许权使用费所得

（九）财产转让所得

财产转让所得，是指个人转让有价证券、股权、建筑物、土地使用权、机器设备、车船，以及其他财产取得的所得。

对个人取得的各项财产转让所得，除股票转让所得外，都要征收个人所得税。具体规定如下。

（1）（境内A股、B股上市公司）股票转让所得，暂不征收个人所得税。

（2）量化资产股份转让：

① 集体所有制企业在改制为股份合作企业时，对职工个人以股份形式取得的拥有所有权的企业量化资产，暂缓征收个人所得税。

② 个人将股份转让时，就其转让收入额，减除个人取得该股份时实际支付的费用支出和合理转让费用后的余额，按财产转让所得征税。

（3）个人出售自有住房：

① 个人出售自有住房取得的所得应按照“财产转让所得”项目的有关规定确定。

② 对个人转让自用5年以上，并且是家庭唯一生活用房取得的所得，继续免征个人所得税。

（4）作者将自己的文字作品手稿原件或复印件拍卖取得的所得，按照“特许权使用费”所得项目缴纳个人所得税。个人拍卖别人作品手稿或个人拍卖除文字作品原稿及复印件外的其他财产，都应按照“财产转让所得”项目缴纳个人所得税。

课堂小测

【单选题】根据个人所得税法律制度的规定，个人转让房屋所得应适用的税目是（　　）。

A. 财产转让所得　　　　B. 特许权使用费所得

C. 偶然所得　　　　　　D. 劳务报酬所得

【多选题】1. 下列各项中，应计算缴纳个人所得税的有（　　）。

A. 职工个人以股份形式取得的不拥有所有权的企业量化资产

B. 职工个人以股份形式取得的拥有所有权的企业量化资产

C. 职工个人以股份形式取得的拥有所有权的企业量化资产，转让时所获得的收入

D. 职工个人以股份形式取得的以量化资产参与企业分配而获得的股息

【多选题】2．以下应按照财产转让所得项目征收个人所得税的有（　　）。

A．个人转让债券取得的所得

B．个人出版小说获得的收入

C．个人将其收藏的已故作家文字作品手稿拍卖取得的所得

D．个人将自己的文字作品手稿拍卖取得的所得

E．个人将自己的汽车转让取得的所得

（十）偶然所得

偶然所得，是指个人得奖、中奖、中彩，以及其他偶然性质的所得。偶然所得的其他规定包括如下几点。

（1）个人因参加企业的有奖销售活动而取得的赠品所得，应按照“偶然所得”项目计征个人所得税。

（2）个人取得单张有奖发票奖金所得不超过 800 元（含 800 元）的，暂免征收个人所得税；个人取得单张有奖发票奖金所得超过 800 元的，应全额按照《个人所得税法》规定的“偶然所得”项目征收个人所得税。

（3）偶然所得应缴纳的个人所得税税款，一律由发奖单位或机构代扣代缴。

（十一）经国务院财政部门确定征税的其他所得

除上述列举的各项个人应税所得外，其他确有必要征税的个人所得，由国务院财政部门确定。个人取得的所得，难以界定应纳税所得项目的，由主管税务机关确定。其他所得的其他规定如下。

（1）个人提供担保取得收入征收个人所得税。个人为单位或他人提供担保获得报酬，应按照个人所得税法规定的“其他所得”项目缴纳个人所得税，税款由支付所得的单位或个人代扣代缴。

（2）企业在年会、座谈会、庆典，以及其他活动中向本单位以外的个人赠送礼品，对个人取得的礼品所得，应按照个人所得税法规定的“其他所得”项目缴纳个人所得税。

课堂小测

【单选题】1．个人取得的下列所得中，按“其他所得”征收个人所得税是（　　）。

A．境外博彩所得　　B．为他人提供担保获得报酬

C．保险赔偿收入　　D．企业自然人股息

【单选题】2．部分单位和部门在年终总结、各种庆典、业务往来及其他活动中，为其他单位和部门的有关人员发放现金、实物或有价证券。对个人取得该项所得应（　　）。

A．按劳务报酬所得征收个人所得税　　B．不征收个人所得税

C．按偶然所得征收个人所得税　　D．按其他所得征收个人所得税

【单选题】3．经有关部门批准，王医生开办了一家私人诊所，其取得的医疗收入应按（　　）项目缴纳个人所得税。

A．工资、薪金所得　　B．劳务报酬所得

C．个体工商户的生产、经营所得　　　　D．其他所得

三、个人所得税的税率

个人所得税的应税项目和税率如表 11-1 所示。其中，工资、薪金所得适用税率见表 11-2，个体工商户的生产、经营所得和对企事业的承包、承租经营所得适用税率见表 11-3，劳务报酬所得适用税率见表 11-4。

表 11-1　个人所得税的应税项目和税率

<table>
<tr><th>项目</th><th>应税项目</th><th>税率</th></tr>
<tr><td>1</td><td>工资、薪金所得</td><td>3%～45%</td></tr>
<tr><td>2</td><td>个体工商户的生产、经营所得</td><td rowspan="2">5%～35%</td></tr>
<tr><td>3</td><td>对企事业单位的承包、承租经营所得</td></tr>
<tr><td>4</td><td>劳务报酬所得</td><td>20%，对劳务报酬所得一次收入畸高的，可以实行加成征收，具体由国务院规定</td></tr>
<tr><td>5</td><td>稿酬所得</td><td>20%，并按应纳税额减征 30%</td></tr>
<tr><td>6</td><td>特许权使用费所得</td><td rowspan="6">20%</td></tr>
<tr><td>7</td><td>利息、股息、红利所得</td></tr>
<tr><td>8</td><td>财产租赁所得</td></tr>
<tr><td>9</td><td>财产转让所得</td></tr>
<tr><td>10</td><td>偶然所得</td></tr>
<tr><td>11</td><td>经国务院财政部门确定征税的其他所得</td></tr>
</table>

注：对个人出租居民住用房取得的所得减按 10%的税率征收个人所得税。

表 11-2　工资、薪金所得适用税率

级数	全月应纳税所得额	税率（%）	速算扣除数
1	不超过 1500 元的	3	0
2	超过 1500 至 4500 元的部分	10	105
3	超过 4500 至 9000 元的部分	20	555
4	超过 9000 至 35000 元的部分	25	1005
5	超过 35000 至 55000 元的部分	30	2755
6	超过 55000 至 80000 元的部分	35	5505
7	超过 80000 元的部分	45	13505

注：本表所称全月应纳税所得额是指依照《中华人民共和国个人所得税法》第 6 条的规定，以每月收入额减除费用 3500 元及附加减除费用后的余额。

表 11-3　个体工商户的生产、经营所得和对企事业的承包、承租经营所得适用税率

级数	全月应纳税所得额	税率（%）	速算扣除数
1	不超过 15000 元的	5	0
2	超过 15000 至 30000 元的部分	10	750
3	超过 30000 至 60000 元的部分	20	3750
4	超过 60000 至 100000 元的部分	30	9750
5	超过 100000 元的部分	35	14750

注：本表所称全年应纳税所得额是指依照《中华人民共和国个人所得税法》第 6 条的规定，以每一纳税年度的收入总额减除成本、费用及损失后的余额。

表 11-4　劳务报酬所得适用税率

级数	全月应纳税所得额	税率（%）	速算扣除数
1	不超过 20000 元的	20	0
2	超过 20000 至 50000 元的部分	30	2000
3	超过 50000 元的部分	40	7000

注：本表所称每次应纳税所得额，是指每次收入额减除费用 800 元（每次收入额不超过 4000 元时）或者减除 20%的费用（每次收入额超过 4000 元时）后的余额。

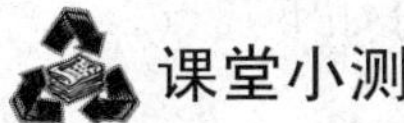

课堂小测

【多选题】1．以下各项所得适用累进税率形式的有（　　）。

A．工资薪金所得　　B．个体工商户生产经营所得

C．财产转让所得　　D．承包承租经营所得

【多选题】2．下列各项中，适用 5%～35%的五级超额累进税率征收个人所得税的有（　　）。

A．个体工商户的生产经营所得　　B．合伙企业的生产经营所得

C．个人独资企业的生产经营所得　　D．对企事业单位的承包经营、承租经营所得

【多选题】3．按照个人所得税法的规定，个人参加有奖储蓄取得的各种形式的中奖所得，应（　　）。

A．免予征税　　B．按利息、股息、红利所得项目征税

C．按偶然所得项目征税　　D．适用 20%税率，不减除任何费用

第三节　应纳税所得额的确定

由于个人所得税的应税项目不同，并且取得的某项所得所需费用也不相同，因此，计算个人应纳税所得额时，需按不同应税项目分项计算。以某项应税项目的收入额减去税法规定的该项费用减除标准后的余额为该项应纳税所得额。

一、每次收入的确定

《个人所得税法》对纳税义务人的征税方法包括以下几点。

① 按年计征：个体工商户和承包、承租经营所得。

② 按月计征：工资、薪金所得。

③ 按次计征：劳务报酬所得，稿酬所得，特许权使用费所得，利息、股息、红利所得、财产租赁所得，偶然所得和其他所得。在按次征收情况下，由于扣除费用依据每次应纳税所得额的大小，分别规定了定额和定率 2 种标准。

因此，无论是维护纳税义务人的合法权益方面来看，还是从避免税收漏洞，防止税款流失，保证国家税收收入方面来看，如何准确划分“次”，都是十分重要的。劳务报酬所得等 7 个项目的“次”，《个人所得税法实施条例》中做出了明确规定，具体如下。

（1）劳务报酬所得，根据不同劳务项目的特点，分别规定如下。

① 只有一次性收入的，以取得该项收入为一次，如从事设计、安装、装潢、制图、化验、测试等劳务，往往是接受客户的委托，按照客户的要求，完成1次劳务后取得收入，属于只有一次性收入，应以每次提供劳务后取得的收入为1次。

② 属于同一事项连续取得收入的，以1个月内取得的收入为1次，如某歌手与一卡拉OK厅签约，在1年内每天到卡拉OK厅演唱1次，每次演出后付酬100元。在计算其劳务报酬所得时，应视为同一事项的连续性收入，以其1个月内取得的收入为1次计算个人所得税，而不能以每天取得的收入为1次。

（2）稿酬所得，以每次出版、发表取得的收入为1次。具体又可细分如下几点。

① 同一作品再版所得，视为另一次稿酬所得征税。

② 同一作品先在报刊连载后出版（或相反），视为2次稿酬所得征税。即连载作为1次，出版又作为另一次。

③ 同一作品在报刊上连载取得的收入，以连载完所有收入合并为1次征税。

④ 同一作品在出版和发表时，以预付或分次支付稿酬，应合并计算为1次征税。

⑤ 同一作品因添加印数追加稿酬，应与以前出版、发表时取得的稿酬合并为一次征税。

（3）特许权使用费所得，以某项使用权的一次转让取得的收入为一次。即以每转让1次取得的收入为1次，如该次转让取得的收入是分笔支付收入的，则将各笔收入相加后为1次收入计征个人所得税。

（4）财产租赁所得，以1个月内取得的收入为1次。

（5）利息、股息、红利所得，以支付利息、股息、红利时取得的收入为1次。

（6）偶然所得，以每次收入为1次。

（7）其他所得，以每次收入为1次。

课堂小测

【单选题】1．下列应税项目中，以1个月为1次确定应纳税所得额的是（　　）。

A．劳务报酬所得　　B．特许权使用费所得

C．财产租赁所得　　D．财产转让所得

【单选题】2．某歌手与卡拉OK厅签约，2011年1年内每天到歌厅演唱1次。每次付酬100元，则对其征个人所得税应按（　　）。

A．每天　　B．每周　　C．每月　　D．每季

【多选题】1．以下项目作为一次性收入计缴个人所得税的有（　　）。

A．张某8月份在某单位讲课3次，即8月5日，8月15日和8月25日各讲1次课，每次取得讲课收入1000元

B．李某出书1本，出版社分2次支付稿酬，每次得稿酬5000元

C．吴某将住房出租10个月，共取得房租收入10000元

D．杨某1月份2次购买体育彩票分别获得2万元和5万元

E．陈某承揽一项设计劳务，工期半年，每月结算1次

【多选题】2．根据个人所得税法律制度的规定，下列各项中，按次计征个人所得税

的税目有（　　）。

A．特许权使用费所得　　B．利息、股息、红利、偶然所得

C．稿酬所得　　D．财产租赁所得

【多选题】3．下列说法正确的有（　　）。

A．同一作品再版取得的所得，应视为另一次稿酬所得计征个人所得税

B．某甲在报刊上连载文章，分次取得的收入，可分别缴纳所得税

C．某人将其发明的专利分别许可甲、乙、丙3人使用，所取得的收入应当合并计税

D．属于同一事项连续取得收入的，每月取得的收入均应分别缴纳所得税

二、费用减除标准

（一）工资薪金所得

工资薪金所得，以每月收入额减除费用3500元和三险一金等扣除标准后的余额为应纳税所得额。对在我国境内无住所而在我国境内取得工资、薪金所得的纳税义务人和在我国境内有住所而在境外取得工资、薪金所得的纳税义务人，可以根据其平均收入水平、生活水平，以及汇率变化情况确定附加减除费用，附加减除费用适用的范围和标准由国务院规定。

国务院在发布的《个人所得税法实施条例》中，对附加减除费用适用的范围和标准做了具体规定。

1. 附加减除费用适用的范围

（1）在中国境内的外商投资企业和外国企业中工作取得的工资、薪金所得的外籍人员。

（2）应聘在中国境内的企业、事业单位、社会团体、国家机关中工作取得工资、薪金所得的外籍专家。

（3）在中国境内有住所而在中国境外任职或者受雇取得的工资、薪金所得的个人。

（4）财政部确定的取得工资、薪金所得的其他人员，包括华侨和香港、澳门、台湾同胞参照上述附加减除费用标准执行。

2. 附加减除费用标准

上述适用范围内的人员每月工资、薪金所得在减除3500元费用的基础上，再减除1300元，即共可减除费用为4800元。

假定某中国公民在境内某公司任职，2012年1月的工资收入4200元，则该纳税义务人当月应纳税所得额为700（4200－3500）元。假定某外商投资企业中工作的美国专家，2012年2月份取得由该企业发放的工资收入10400元，则该美国专家当月应纳税所得额为5600（10400－4800）元。

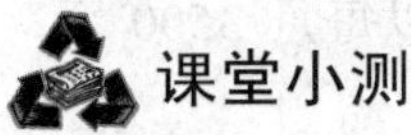

课堂小测

【单选题】《个人所得税法》中，规定不适用附加减除费用的是（　　）。

A．在外商投资企业和外国企业中工作取得工资、薪金的外籍人员

B．应聘在我国企事业单位、社会团体、国家机关中工作的外籍专家

C．在外商投资企业和外国企业中工作取得工资、薪金的中方雇员

D．华侨和港澳台同胞

（二）个体工商户的生产经营所得

个体工商户的生产经营所得，以个体工商户每一纳税年度收入总额减除成本、费用，以及损失后的余额为应纳税所得额。成本、费用是指其从事生产、经营所发生的各项直接支出和分配计入成本的间接费用，以及销售费用、管理费用和财务费用。所说的损失是指在生产、经营过程中所发生的各项营业外支出。

从事生产、经营的纳税义务人未提供完整、准确的纳税资料，不能正确计算应纳税所得额的，由主管税务机关核定其应纳税所得额，即所谓的核定征收。

个人独资企业的投资者以全部生产经营所得为应纳税所得额；合伙企业的投资者按照合伙企业的全部生产经营所得和合伙协议的分配比例，确定应纳税所得额，合伙协议没有约定分配比例的，以全部生产经营所得和合伙人数量平均计算每个投资者的应纳税所得额。

上述所称生产经营所得，包括企业分配给投资者个人的所得和企业当年留存的所得（利润）。具体规定如下。

（1）个体工商户业主的费用扣除标准统一确定为42000元/年，即3500元/月。投资者的工资不得在税前扣除。

（2）个体工商户向其从业人员实际支付的合理的工资、薪金支出，允许在税前据实扣除。

（3）个体工商户拨缴的工会经费、发生的职工福利费、职工教育经费支出分别在工资薪金总额2%、14%、2.5%的标准内据实扣除。

（4）个体工商户每一纳税年度发生的广告费和业务宣传费用不超过当年销售（营业）收入15%的部分，可据实扣除；超过部分，准予在以后纳税年度结转扣除。

（5）个体工商户每一纳税年度发生的与其生产经营业务直接相关的业务招待费支出，按照发生额的60%扣除，但最高不得超过当年销售（营业）收入的5‰。

（6）个体工商户在生产、经营期间借款利息支出，未超过中国人民银行规定的同类、同期贷款利率计算的数额部分，准予扣除。

（7）企业计提的各种准备金不得扣除。

个人独资企业与合伙企业比照此税目执行。

个体工商户、个人独资企业和合伙企业因在纳税年度中间开业、合并、注销及其他原因，导致该纳税年度的实际经营期不足1年的，对个体工商户业主、个人独资企业投资者和合伙企业自然人合伙人的生产经营所得计算个人所得税时，以其实际经营期为一个纳税年度。投资者本人的费用扣除标准，应按照其实际经营月份数，以每月3500元的减除标准确定。

课堂小测

【单选题】1. 按照个人所得税法的有关规定，计算个体户的应纳税所得额时，下列各项可以直接扣除的是（　　）。

A. 固定资产盘亏净损失　　B. 购置的价值为7万元的测试仪器

C. 个体户业主的工资　　D. 分配给投资者的股利

【单选题】2. 个人独资、合伙企业每一纳税年度发生的广告和业务宣传费用，不超过当年销售（营业）收入（　　）的部分，可以税前据实扣除。超过部分，准予在以后纳税年度内结转扣除。

A. 8.5%　　B. 15%　　C. 2.5%　　D. 5%

【多选题】下列有关个体工户计算缴纳个人所得税的表述，正确的有（　　）。

A. 向其从业人员实际支付的合理的工资、薪金支出，允许在税前据实扣除

B. 每一纳税年度发生的与其生产经营业务直接相关的业务招待费支出，按照发生额的50%扣除

C. 每一纳税年度发生的广告费和业务宣传费用不超过当年销售（营业）收入15%的部分，可据实扣除；超过部分，准予在以后纳税年度结转扣除

D. 个体工商户拨缴的工会经费支出在工资总额的2%的标准内据实扣除

（三）对企事业单位的承包、承租经营所得

对企事业单位的承包、承租经营所得，以每一纳税年度的收入总额，减除必要费用后的余额为应纳税所得额。每一纳税年度的收入总额是指纳税义务人按照经营、承租经营合同规定分得的经营利润（可扣除上缴的承包费）和工资、薪金性质的所得；所说的减除必要的费用是指按月减除3500元。

如假定2012年3月1日，某个人与某企事业单位签订承包合同经营招待所，承包期为4年。2012年招待所实现承包经营利润为150000元，按合同规定承包人每年应从承包经营利润中上缴承包费30000元。则该承包人2012年应纳税所得额为85000（150000－30000－3500×10）元。

（四）劳务报酬所得、稿酬所得、特许权使用费所得、财产租赁所得

劳务报酬所得、稿酬所得、特许权使用费所得、财产租赁所得这4项所得均实行定额或定率扣除，即每次收入额少于或等于4000元的，定额扣除800元；每次收入额多于4000元的，按收入额的20%定率扣除后的余额为应纳税所得额。

特别规定如下。

（1）财产租赁收入扣除费用包括税费、修缮费，以及法定扣除标准。税费是指在出租财产过程中缴纳的税金和教育费附加，纳税人可持完税（缴款）凭证，从其财产租赁收入中扣除。准予扣除的项目除了规定费用和有关税费外，还准予扣除能够提供有效、准确凭证，证明由纳税人负担的该项出租财产实际开支的修缮费用。允许扣除的修缮费每月以800元为限，1次扣除不完的，未扣完的余额可无限期向以后月份结转抵扣，直到扣完为

止。法定扣除标准为800元（月收入不超过4000元）或20%（月收入4000元以上）。

（2）个人将承租房屋转租取得的租金收入，属于个人所得税应税所得，应按“财产租赁所得”项目计算缴纳个人所得税。允许扣除的费用包括财产租赁过程中缴纳的税费；向出租方支付的租金；由纳税人负担的租赁财产实际开支的修缮费用按税法规定的费用标准扣除。

（3）个人按市场价格出租的居民住房取得的所得，自2001年1月1日起暂减按10%的税率征收个人所得税。

如：某歌星张某1次取得表演收入40000元，则其应纳税所得额为32000（40000－40000×20%）元。

某作家取得的稿酬收入3500元，则其应纳税所得额为2700（3500－800）元。

某纳税人出租住房，收取1个季度的租金6000元，则其每月应纳税所得额为1200（6000÷3－800）元。

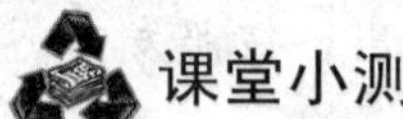

课堂小测

【计算题】1. 国内某作家创作的一部小说在报刊上连载3个月，第1个月支付稿酬3000元，第2个月支付稿酬4000元，第3个月支付稿酬5000元，则该作家应纳税所得额为多少？

【计算题】2. 刘某于2011年1月将其自有的面积为150平方米的4间房屋按市场价出租给张某居住。刘某每月取得租金收入2500元，全年租金收入30000元。则刘某每月应纳税所得额为多少？

（五）财产转让所得

财产转让所得，以转让财产的收入额减除财产原值和合理费用后的余额，为应纳税所得额。财产原值是指买入价及买入价时按照规定交纳的有关费用；合理费用是指卖出财产时按照规定支付的有关费用。个人转让住房所得和应纳个人所得税的计算具体规定如下。

（1）以实际成交价格为转让收入。

（2）纳税人可凭原购房合同、发票等有效凭证，经税务机关审核后，允许从其转让收入中减除房屋原值、转让住房过程中缴纳的税金及有关合理费用。

（3）纳税人未提供完整、准确的房屋原值凭证，不能正确计算房屋原值和应纳税额的，税务机关可根据《中华人民共和国税收征收管理法》的规定，对其实行核定征税。

（4）个人转让自用达5年以上并且是唯一的家庭居住用房取得的所得免征个人所得税。

如某个人建房一幢，造价360000元，支付其他费用50000元。该个人建成后将房屋出售，售价600000元，在售房过程中按规定支付交易费等相关费用35000元，则其应纳税所得额为155000（600000－360000－50000－35000）元。

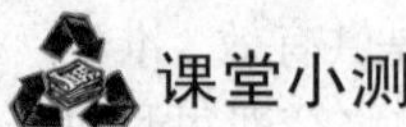

课堂小测

【计算题】某人于2012年建房一栋，造价40000元，支付有关费用2500元。1年后，该人转让房屋，售价 70000 元，在交易中支付有关费用 3000 元，请计算该人应纳税所得额为多少。

（六）利息、股息、红利所得，偶然所得和其他所得

利息、股息、红利所得，偶然所得和其他所得，以每次收入额为应纳税所得额，不得扣除任何费用。

课堂小测

【单选题】下列应税项目在计算应纳所得税额时，不采用定额费用扣除费用的有（　　）。

A．财产转让所得　　B．承包所得（不拥有所有权的承包方式）

C．设计费　　D．工资

【多选题】1．下列收入中，可以直接作为个人所得税应纳税所得额的有（　　）。

A．外币存款利息　　B．企业债券利息

C．出租房屋的租金　　D．超过 1 万元的体育彩票中奖所得

【多选题】2．根据个人所得税法律制度的规定，下列各项在计算应纳税所得额时，按照定额与定率相结合的方法扣除费用的有（　　）。

A．劳务报酬所得　　B．特许权使用费所得

C．企事业单位的承包、承租经营所得　　D．财产转让所得

【多选题】3．下列项目中计征个人所得税时，允许从总收入中减除费用 800 元的有（　　）。

A．承租、承包所得 50000 元　　B．外企中方雇员的工资、薪金所得 12000 元

C．提供咨询服务一次取得收入 2000 元　　D．出租房屋收入 3000 元

三、应纳税所得额的其他规定

（一）个人公益救济性捐赠支出的扣除

个人将其所得通过中国境内非营利的社会团体、国家机关向教育、公益事业和遭受严重自然灾害地区、贫困地区的捐赠，捐赠额不超过纳税义务人申报的应纳税所得额的 30%的部分，可以从其应纳税所得额中扣除。

例 11-2：陈某在参加商场的有奖销售过程中，中奖所得共计价值 20000 元。陈某领奖时告知商场，从中奖收入中拿出 4000 元通过教育部门向某希望小学捐赠。请计算陈某可扣除的费用限额为多少。

解析：捐赠扣除的限额＝20000×30%＝6000（元）

实际捐赠金额 4000 元<捐赠扣除的限额 6000 元，所以陈某的捐赠额可以全部从应纳税所得额中扣除。

课堂小测

【判断题】个人将其应税所得，全部用于公益救济性捐赠，将不承担缴纳所得税义务。（ ）

【单选题】税法规定个体户通过有关部门进行公益、救济性捐赠时，捐赠额不得超过其应纳税所得额的（ ）。

A．3% B．10% C．15% D．30%

【计算题】2014 年 12 月，王某为境内某企业提供咨询取得劳务报酬 40000 元，通过境内非营利性社会团体将其中 9000 元捐赠给贫困地区。

要求：计算王某上述所得可扣除的费用总额是多少？

（二）个人资助支出

个人的所得（不含偶然所得和经国务院财政部门确定征税的其他所得）用于对非关联的科研机构和高等学校校研究开发新产品、新技术、新工艺发生的研究开发经费的资助，经主管税务机关确定，可以全额在下月（工资、薪金所得）或下次（按次计征的所得）或当年（按年计征的所得）计征个人所得税时，从应纳税所得额中扣除，不足抵扣的，不得结转抵扣。

（三）个人取得的应纳税所得

具体包括现金、实物和有价证券。所得为实物的，应当按照取得的凭证上所注明的价格计算应纳税所得额；无凭证的实物或者凭证上所注明的价格明显偏低的，由主管税务机关参照当地的市场价格核定应纳税所得额。所得为有价证券的，由主管税务机关根据票面价格和市场价格核定应纳税所得额。

（四）单位为个人缴付的费用

按照国家规定，单位为个人缴付的基本养老保险、基本医疗保险、失业保险、住房公积金，从纳税义务人的应纳税所得额中扣除。

第四节 应纳税额的计算

一、工资、薪金所得应纳税额的计算

（一）一般计算

工资、薪金所得应纳税额的计算公式如下：

应纳税额＝应纳税所得额×适用税率－速算扣除

＝（每月工资、薪金收入额－3500 元或 4800 元）

×适用税率－速算扣除数

例 11-3：假定某纳税人 2012 年 5 月工资 4200 元，该纳税人不适用附加减除费用的规定。计算其当月应纳个人所得税税额。

解析：应纳税所得额＝4200－3500＝700（元）

应纳税额＝700×3%－0＝21（元）

例 11-4：假定某外商投资企业中工作的美国专家（假设为非居民纳税人），2012 年 5 月份取得由该企业发放的工资收入 10400 元人民币。请计算其应纳个人所得税税额。

解析：应纳税所得额＝10400－4800＝5600（元）

应纳税额＝5600×20%－555＝565（元）

例 11-5：小张在一家公司上班，月薪 4400 元，该公司为代扣代缴失业保险和住房公积金合计 400 元。请计算本月小张的应纳税所得额和应纳个人所得税税额分别是多少。

解析：应纳税所得额＝4400－400－3500＝500（元）

应纳税额＝500×3%－0＝15（元）

课堂小测

【计算题】1. 某银行工作人员 2012 年 9 月应发工资 4500 元，其中包括岗位津贴 680 元，所在单位发放的地方补贴 260 元，交纳社会统筹的养老保险 100 元，按月计提公积金 190 元，则该工作人员应纳的个人所得税税额为多少？

【计算题】2. 某职工 2015 年 1 月基本工资 3200 元、津贴 6000 元，因公出差取得差旅费津贴 420 元，按照所在省人民政府规定的比例提取并缴付的“五险一金”1455 元。单位代扣物业费 100 元。计算其 1 月应纳个人所得税额为多少。

【计算题】3. 假定某外商投资企业中工作的美国专家（假设为非居民纳税人），2008 年 5 月份取得由该企业发放的工资收入 20400 元人民币。请计算其应纳个人所得税税额。

（二）工资、薪金计税的几种特殊情况

1. 对个人取得全年一次性奖金所得的计税方法

全年一次性奖金是指行政机关、企事业单位等扣缴义务人根据其全年经济效益和对雇员全年工作业绩的综合考核情况，向雇员发放的一次性奖金。一次性奖金也包括年终加薪、实行年薪制和绩效工资办法的单位根据考核情况兑现的年薪和绩效工资。

纳税人取得全年一次性奖金，单独作为 1 个月工资、薪金所得计算纳税，由扣缴义务人发放时代扣代缴。

（1）先将雇员当月内取得的全年一次性奖金，除以 12 个月，按其商数确定适用税率和速算扣除数。如果在发放年终一次性奖金的当月，雇员当月工资薪金所得低于税法规定的费用扣除额，应将一次性奖金收入减去当月工资和法定扣除额的差额后的余额再确定适用的税率和速算扣除数。

（2）将雇员个人当月内取得的全年一次性奖金，按上述第 1 条确定的适用税率和速算扣除数计算征税，计算公式如下：

① 如果雇员当月工资薪金所得高于（或等于）税法规定的费用扣除额的。适用公

式为：

应纳税额＝雇员当月取得全年一次性奖金×适用税率－速算扣除数

② 如果雇员当月工资薪金所得低于税法规定的费用扣除额的，适用公式如下：

应纳税额＝（雇员当月取得全年一次性奖金－雇员当月工资薪金所得与费用扣除额的差额）×适用税率－速算扣除数

（3）在一个纳税年度内，对每一个纳税人，该计税办法只允许采用一次。

（4）实行年薪制和绩效工资的单位，个人取得年终兑现的年薪和绩效工资按上述第（2）条和第（3）条规定执行。

（5）雇员取得除全年一次性奖金以外的其他各种名目奖金，如半年奖、季度奖、加班奖、先进奖、考勤奖等，一律与当月工资、薪金收入合并，按税法规定缴纳个人所得税。

例 11-6：假定中国公民小李 2012 年在我国境内某公司任职，每月工资为 3800 元，12 月末又一次性领取年终奖金 60000 元。请计算小李取得年终奖金应缴纳的个人所得税。

解析：小李每月工资收入 3800 元高于扣除费用 3500 元，年终奖金按 12 个月分摊后，每月的奖金＝60000÷12＝5000（元），根据工资、薪金七级超额累进税率的规定，适用的税率和速算扣除数分别为 20%、555 元。

年终奖应缴纳个人所得税＝60000×20%－555＝11445（元）

例 11-7：刘某在 2012 年 1 月份取得单位发放的全年一次奖金 9000 元，取得当月工资收入 2900 元。计算刘某 1 月份取得的工资及全年一次性奖金收入应缴纳的个人所得税税额。

解析：刘某 1 月份取得的工资收入为 2900 元，低于费用扣除标准 3500 元，因此应纳税额为 0 元。

刘某 1 月份取得的全年一次性奖金按 12 个月分摊后，每月的奖金＝［9000－（3500－2900）］÷12＝700（元），根据工资、薪金七级超额累进税率的规定，适用的税率和速算扣除数分别为 3%、0 元。

全年一次性奖金应缴纳个人所得税＝［9000－（3500－2900）］×3%－0＝252（元）

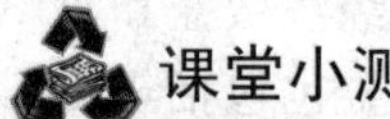

课堂小测

【计算题】1. 假定中国公民李某 2014 年在我国境内 1 至 12 月每月的工资为 3800 元，12 月 31 日又一次性领取年终含税奖金 30000 元。请计算李某 12 月份应缴纳的个人所得税。

【计算题】2. 中国公民王某为某文艺团体演员，2014 年 12 月取得本月工薪收入 6000 元，第 4 季度的奖金 4000 元。请计算王某 12 月份应缴纳的个人所得税。

2. 对纳税人在多处取得工资、薪金所得的计税方法

纳税人在多处取得工资、薪金所得，应当将其从各处取得的所得合并计算缴纳个人所得税。如果个人是兼职，取得的收入则应按照“劳务报酬所得”应税项目计算缴纳个人所得税。退休人员再任职取得的收入，在减按个人所得税法规定的费用扣除标准后，

按“工资、薪金所得”应税项目计算缴纳个人所得税。

例 11-8：某个人在 A 单位每月取得工资 2700 元，在 B 单位每月领取工资 2200 元，计算其应纳的个人所得税为多少。

解析：应税所得额＝（2700＋2200）－3500＝1400（元）

应纳税额＝1400×3%－0＝42（元）

课堂小测

【计算题】某纳税人 2012 年每月在 S 单位领取工资 3000 元，在 B 单位领取工资 3900 元，请计算其应纳的个人所得税税额。

3. *同时取得雇佣单位和派遣单位工资、薪金所得的计税方法*

在外商投资企业、外国企业和外国驻华机构工作的中方人员取得的工资、薪金收入，凡是由雇佣单位和派遣单位分别支付的，支付单位应按税法规定代扣代缴个人所得税。同时，按税法规定，纳税义务人应以每月全部工资、薪金收入减除规定费用后的余额为应纳税所得额。为了利于征管，对雇佣单位和派遣单位分别支付工资、薪金的，采取由支付者中的一方减除费用的办法，即由雇佣单位在支付工资、薪金时，按税法规定减除费用，计算扣缴个人所得税；派遣单位支付的工资、薪金不再减除费用，以支付金额直接确定适用税率，计算扣缴个人所得税。

上述纳税义务人，应持两处支付单位提供的原始明细工资、薪金单（书）和完税凭证原件，选择并固定到一地税务机关申报每月工资、薪金收入，汇算清缴其工资、薪金收入的个人所得税，多退少补。具体申报期限，由各省、自治区、直辖市税务机关确定。

例 11-9：张某为一外商投资企业雇佣的中方人员，2012 年 2 月，该外商投资企业支付给张某的薪金为 8000 元，同时，张某还收到其所在的派遣单位发给的工资 4000 元。计算外商投资企业及派遣单位代扣代缴个人所得税税额；计算张某应缴纳的个人所得税税额。

解析：（1）外商投资企业应为张某代扣代缴的个人所得税＝（8000－3500）×10%－105＝345（元）

（2）派遣单位应为张某代扣代缴的个人所得税＝4000×10%－105＝295（元）

（3）张某实际应缴的个人所得税＝（8000＋4000－3500）×20%－555＝1145（元）

（4）张某应补缴的个人所得税＝1145－（345＋295）＝505（元）

课堂小测

【计算题】中国公民王某就职于国内 A 上市公司，2014 年 1 月开始被 A 上市公司派遣到所属的某外商投资企业工作，合同期内作为该外商投资企业雇员，每月从该外商投资企业取得薪金 7500 元，同时每月取得派遣公司发给的工资 3900 元。

要求：（1）计算王某 1 月从外资企业取得收入时应由外资企业扣缴的个人所得税及应补缴的个人所得税。

（2）计算王某 1 月从派遣单位取得工资收入时应由派遣单位扣缴的个人所得税。

二、个体工商户的生产、经营所得应纳税额的计算

（一）个体工商户的生产、经营所得应纳税额的计算

个体工商户的生产、经营所得适用五级超额累进税率，以其应纳税所得额按适用税率计算应纳税额。其计算公式如下：

应纳税额＝应纳税所得额×适用税率－速算扣除数

＝（全年收入总额－成本、费用及损失）×适用税率－速算扣除数

实际经营期不足 1 年的，要转化为 1 年的应纳税所得额计算纳税。

由于个体工商户生产、经营所得的应纳税额实行按年计算、分月或分季预缴、年终汇算清缴、多退少补的方法，因此，在实际工作中，需要分别计算按月预缴税额和年终汇算清缴税额。其计算公式如下：

本月应预缴税额＝本月累计应纳税所得额×适用税率－速算扣除数

－上月累计已预缴税额

全年应纳税额＝全年应纳税所得额×适用税率－速算扣除数

汇算清缴税额＝全年应纳税额－全年累计已预缴税额

例 11-10：某小型运输公司系个体工商户，账证比较健全，2012 年 12 月取得营业额为 220000 元，准许扣除的当月成本、费用及相关税金共计为 170600 元。1～11 月累计应纳税所得额为 68400 元，1～11 月累计已预缴个人所得税为 13200 元。计算该个体工商户 2012 年度应补缴的个人所得税。

解析：全年应纳税所得额＝220000－170600＋68400＝117800（元）

全年应缴纳个人所得税＝117800×35%－14750＝26480（元）

该个体工商户 2012 年度应补缴的个人所得税＝26480－13200＝13280（元）

例 11-11：某个体工商业户 2012 年度经营及税务机关核定的相关资料如下：

（1）全年销售额 310000 元（不含增值税）。

（2）实际缴纳增值税 31000 元、城市维护建设税 2170 元、教育费附加 930 元、车船使用税 140 元、印花税 20 元。

（3）购进原材料成本 117600 元。

（4）企业管理费用 30000 元。

（5）业主每月的工资 1500 元，雇工 5 人每人每月工资 600 元。

（6）购进低值易耗品 2000 元，一次摊销。

（7）计提折旧 6000 元，无形资产摊销 20000 元。

（8）在经营中仓库被盗损失 10000 元，取得保险赔款 8000 元。

（9）年度中已预缴个人所得税额 2300 元。

计算该个体工商户，年终应补（退）个人所得税额。

解析：应纳税所得额＝310000－（2170＋930＋140＋20）－117600－30000－（42000＋600×5×12）－2000－6000－20000－（10000－8000）＝51140（元）

全年应纳个人所得税额＝51140×20%－3750＝6478（元）

年终应补个人所得税额＝6478－2300＝4178（元）

课堂小测

【单选题】1．王先生开办了一家副食品加工店，为个人独资企业。2009 年加工店的销售收入是 40 万元，允许扣除的支出 15 万元，实际发生业务招待费 8000 元。计算王先生应缴纳个人所得税时，允许扣除的业务招待费为（　　）元。

A．8000　　B．4800　　C．3200　　D．2000

【单选题】2．张某为熟食加工个体户，2013 年取得生产经营收入 20 万元，营业税金及附加 4.2 万元，生产经营成本为 18 万元（含购买一辆非经营用小汽车支出 8 万元）；另取得个人文物拍卖收入 30 万元，下列关于张某 2013 年个人所得税纳税事项的表述中，正确的是（　　）。

A．小汽车支出可以在税前扣除

B．生产经营所得应纳个人所得税的计税依据为 5.8 万元

C．文物拍卖所得按特许权使用费所得缴纳个人所得税

D．文物拍卖所得应并入生产经营所得一并缴纳个人所得税

【计算题】某个体运输户 2012 年有关经营数据资料如下：本年度耗用燃料费 250000 元，耗用轮胎费 11000 元，车辆保修费 25000 元，支付司机工资及福利费 24000 元，交纳养路费 13000 元，交纳车船税 4800 元，支付管理费 4000 元，行车事故损失 37500 元，获得保险公司赔款 20000 元，全年运输收入 52000 元，交纳营业税及附加 16800 元，营业外收入 40000 元，营业外支出 27000 元，本年已预缴所得税 14400 元。计算该个体户 2012 年应纳个人所得税税额。

（二）个人独资企业和合伙企业应纳个人所得税的计算

对个人独资企业和合伙企业生产经营所得，其个人所得税应纳税额的计算有以下 2 种方法。

（1）查账征税办法。凡实行查账征税办法的，生产、经营所得按照《个体工商户个人所得税计税办法（试行）》的规定确定。

（2）核定征收办法。核定征收方式，包括定额征收、核定应税所得率征收，以及其他合理的征收方式。

实行核定应税所得率征收方式的，应纳所得税额的计算公式如下：

应纳所得税额＝应纳税所得额×适用税率

应纳税所得额＝收入总额×应税所得率

＝成本费用支出额÷（1－应税所得率）×应税所得率

不同行业个人所得税应税所得率如表 11-5 所示。

表 11-5 不同行业个人所得税应税所得率

行业	应税所得率（%）
工业、交通运输业、商业	5～20
建筑业、房地产开发业	7～20
饮食服务业	7～25
娱乐业	20～40
其他行业	10～30

注：实行核定征税的投资者，不能享受个人所得税的优惠政策。

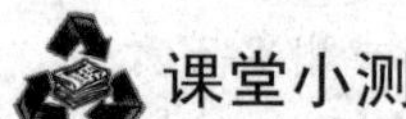

课堂小测

【单选题】1. 张某为熟食加工个体户，2013 年取得生产经营收入 20 万元，营业税金及附加 4.2 万元，生产经营成本为 18 万元（含购买一辆非经营用小汽车支出 8 万元）；另取得个人文物拍卖收入 30 万元，下列关于张某 2013 年个人所得税纳税事项的表述中，正确的是（　　）。

A. 小汽车支出可以在税前扣除

B. 生产经营所得应纳个人所得税的计税依据为 5.8 万元

C. 文物拍卖所得按特许权使用费所得缴纳个人所得税

D. 文物拍卖所得应并入生产经营所得一并缴纳个人所得税

【单选题】2. 王先生开办了一家副食品加工店，为个人独资企业。2009 年加工店的销售收入是 40 万元，允许扣除的支出 15 万元，实际发生业务招待费 8000 元。计算王先生应缴纳个人所得税时，允许扣除的业务招待费为（　　）元。

A. 8000　　B. 4800　　C. 3200　　D. 2000

【计算题】1. 某个人独资企业，2012 年全年销售收入 20 万元，销售成本和期间费用 8 万元，其中业务招待费 1 万元，投资者个人每月领取 3000 元工资。该个人独资企业 2012 年应纳的个人所得税为多少元？

【计算题】2. 某小型运输公司系个体工商户，账证比较健全，2012 年 12 月取得营业额为 220000 元，准许扣除的当月成本、费用及相关税金共计为 170600 元。1～11 月累计应纳税所得额为 68400 元，1～11 月累计已预缴个人所得税为 13200 元。计算该个体工商户 2012 年度应补缴的个人所得税。

三、承租、承包经营所得应纳税额的计算

承包、承租人对企业经营成果不拥有所有权，仅是按合同（协议）规定取得一定所得的，其所得按工资、薪金所得项目适用七级超额累进税率征税；承包、承租人按合同（协议）的规定只向发包、出租方缴纳一定费用后，企业经营成果归其所有的，按五级超额累进税率征税。

对企事业单位的承包经营、承租经营所得适用五级超额累进税率的，计算公式如下：

应纳税额＝应纳税所得额×适用税率－速算扣除数

＝（纳税年度收入总额－必要费用）×适用税率－速算扣除数

【提示】在 1 个纳税年度中，承包经营或者承租经营期限不足 1 年的，以其实际经营期为纳税年度。

例 11-12：假定 2012 年 3 月 1 日，某个人与事业单位签订承包合同经营招待所，承包期为 3 年。2012 年招待所实现承包经营利润 150000 元，按合同规定承包人每年应从承包经营利润中上缴承包费 30000 元。计算承包人 2012 年应纳个人所得税税额。

解析：2012 年应纳税所得额＝150000－30000－3500×10＝85000（元）

2012 年该承包人应纳个人所得税＝85000×30%－9750＝15750（元）

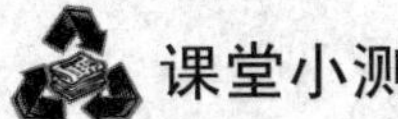

课堂小测

【计算题】2008 年 4 月 1 日起，张某承包一招待所，规定每月取得工资 2500 元，每季度取得奖金 1500 元，年终从企业所得税后利润中上缴承包费 50000 元，其余经营成果归张某所有。2008 年该招待所税后利润 95000 元，当年张某共缴纳多少元个人所得税？

四、劳务报酬所得应纳税额的计算

对劳务报酬所得，其个人所得税应纳税额的计算方法如下。

（1）每次收入≤4000 元的，计算公式如下：

应纳税额＝应纳税所得额×适用税率

＝（每次收入－800）×20%

（2）每次收入＞4000 元的，计算公式如下：

应纳税额＝应纳税所得额×适用税率－速算扣除数

＝每次收入额×（1－20%）×适用税率－速算扣除数

例 11-13：某女士一次取得劳务报酬 6000 元。请计算该女士的应纳税额是多少。

解析：应纳税所得额＝6000×（1－20%）＝4800（元）

应纳税额＝4800×20%＝960（元）

例 11-14：赵某 2012 年 8 月参加商业演出，取得一次性劳务报酬为 80000 元。计算赵某应纳的个人所得税税额。

解析：应纳税所得额＝80000×（1－20%）＝64000（元）

应纳税额＝64000×40%－7000＝18600（元）

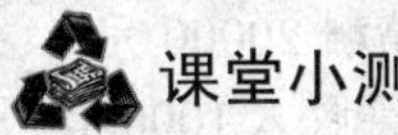

课堂小测

【判断题】王某为国内某大学的著名教授，他经常到全国各地进行演讲。7 月，他在某地就环保问题连续演讲 2 次，分别获演讲费 3000 元和 5000 元。因此，王某应缴个人所得税 1280 元。（ ）

【计算题】某演员王某进行演出，取得出场费 40000 元。请计算个人所得税。

（1）假如王某从其取得的出场费收入 40000 元中拿出 4000 元进行公益捐赠。请计算王某应纳税额。

（2）假如王某从其取得的出场费收入 40000 元中拿出 4000 元捐赠给某单位。请计算王某应纳税额。

五、稿酬所得应纳税额的计算

稿酬所得应纳税额的计算方法如下：

（1）每次收入≤4000 元的，计算公式如下：

应纳税额＝应纳税所得额×适用税率×（1－30%）

＝（每次收入－800）×20%×（1－30%）

（2）每次收入＞4000 元的，计算公式如下：

应纳税额＝应纳税所得额×适用税率×（1－30%）

＝每次收入额×（1－20%）×20%×（1－30%）

【提示】关于合作出书问题，纳税顺序为先分钱，后各自扣费用，再各自缴税。

例 11-15：某作家取得 1 次未扣除个人所得税的稿酬收入 20000 元。请计算其应缴纳的个人所得税税额。

解析：应纳税额＝20000×（1－20%）×20%×（1－30%）＝2240（元）

例 11-16：国内某作家的 1 篇小说在某日报上连载 2 个月，第 1 个月月末报社支付稿酬 2000 元；第 2 个月月末，报社支付稿酬 10000 元。请计算其应缴纳的个人所得税税额。

解析：应纳所得税额＝（2000＋10000）×（1－20%）＝9600（元）

应纳税额＝9600×20%×（1－30%）＝1344（元）

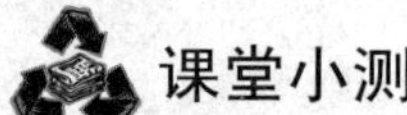

课堂小测

【单选题】1．作家马某 2007 年 2 月初在杂志上发表 1 篇小说，取得稿酬 3800 元，自 2 月 15 日起又将该小说在晚报上连载 10 天，每天稿酬 450 元。马某当月需缴纳个人所得税为（　　）元。

A．420　　B．924　　C．929.6　　D．1320

【单选题】2．王某的 1 篇论文被编入某论文集出版，取得稿酬 5000 元，当年因添加印数又取得追加笔稿酬 2000 元。上述王某所获稿酬应缴纳的个人所得税为（　　）元。

A．728　　B．784　　C．812　　D．868

【计算题】1．2008 年我国某作家出版 1 部长篇小说，2 月份收到预付稿酬 20000 元，4 月份小说正式出版又取得稿酬 20000 元；10 月份将小说手稿公开拍卖，取得收入 100000 元。要求：计算该作家上述所得在中国境内应缴纳的个人所得税税额。

【计算题】2．居住在市区的中国居民李某，为某中外合资企业的职员，7 月份，与同事杰克（外籍）合作出版了 1 本中外文化差异的书籍，共获得稿酬 56 000 元，李某与杰克事先约定按 6∶4 比例分配稿酬。计算李某稿酬所得应缴纳的个人所得税。

六、特许权使用费所得应纳税额的计算

特许权使用费所得应纳税额的计算方法如下：

（1）每次收入≤4000 元的，计算公式如下：

应纳税额＝应纳税所得额×适用税率

＝（每次收入－800）×20%

（2）每次收入＞4000 元的，计算公式如下：

应纳税额＝应纳税所得额×适用税率

＝每次收入额×（1－20%）×20%

例 11-17：张先生一次取得特许权使用费 3000 元，请问张先生应纳税额为多少？

解析：应纳税额＝（3000－800）×20%＝440（元）

课堂小测

【计算题】某人 2011 年取得特许权使用费收入 2 次，1 次收入为 3000 元，另 1 次收入为 4500 元。计算该人特许权使用费所得应纳的个人所得税。

七、利息、股息、红利所得应纳税额的计算

利息、股息、红利所得应纳税额的计算公式如下：

应纳税额＝应纳税所得额×适用税率＝每次收入额×20%

例 11-18：某人 1 次取得利息收入 2.6 万元。计算其应纳的个人所得税额。

解析：应纳税额＝2.6×20%＝0.52（万元）

课堂小测

【计算题】张某 2015 年 5 月份取得国债的利息 1200 元，取得 2013 年某省发行的地方政府债券的利息 560 元，取得某国内上市公司发行的公司债券利息 750 元。计算其应纳的个人所得税额。

八、财产租赁所得应纳税额的计算

财产租赁所得应纳税所得额的计算方法如下：

（1）每次（月）收入≤4000 元的，计算公式如下：

应纳税额＝应纳税所得额×20%

＝（每次收入额－准予扣除项目金额－修缮费用（800 元为限）－800）×20%

（2）每次收入＞4000 元的，计算公式如下：

应纳税额＝应纳税所得额×20%

＝［每次收入额－准予扣除项目金额－修缮费用（800 元为限）］×（1－20%）×20%

例 11-19：刘某于 2011 年 4 月将其自有的面积为 200 平方米的房屋按市场价出租给张某居住。刘某每月取得的租金收入 2500 元。计算刘某 2011 年应缴纳的个人所得税税额。

解析：每月应纳税额＝（2500－800）×10%＝170（元）

2011 年应纳的个人所得税税额＝170×9＝1530（元）

例 11-20：假定上述中，当月 5 月份因下水道堵塞找人修理，发生修理费用 500 元，有正式的维修收据。计算刘某 2011 年应缴纳的个人所得税税额。

解析：5 月份应纳税额＝（2500－500－800）×10%＝120（元）

2011 年应纳税额＝170×8＋120＝1480（元）

课堂小测

【单选题】张某出租自有居住用房，2009 年取得出租收入共 120000 元（每月 10000 元），相关税费共 9000 元（每月 750 元），没有发生相关修缮费用。计算此项业务张某应缴的个人所得税为（　　）元。

A．7770　　B．8880　　C．17760　　D．21840

【计算题】王某 2016 年 1 月份将市区内闲置的一处住房出租用于他人居住，租期 1 年，每月租金 2000 元（不含税），可提供实际缴纳增值税、城市维护建设税、教育费附加和房产税的完税凭证（房产税减按 4%的税率，假定其他税费忽略不计）。7 月发生漏雨修缮费 1000 元。计算其 7、8 月应纳个人所得税是多少？

九、财产转让所得应纳税额的计算

财产转让所得应纳税额的计算公式为

应纳税额＝应纳税所得额×20%＝（每次财产转让收入额－财产原值－合理费用）×20%

例 11-21：某个人建房 1 幢，造价为 360000 元，支付其他费用 50000 元。该个人建成后将其房屋出售，售价 600000 元，在售房过程中支付交易费等相关税费 35000 元，计算其应纳个人所得税税额。

解析：应纳税所得额＝600000－360000－50000－35000＝155000（元）

应纳税额＝155000×20%＝31000（元）

十、偶然所得应纳税额的计算

偶然所得应纳税额的计算公式为

应纳税额＝应纳税所得额×20%＝每次收入额×20%

例 11-22：陈某在参加商场的有奖销售过程中，中奖所得价值共计 20000 元。陈某领奖时告知商场，从中奖收入中拿出 4000 元通过教育部门向某希望小学捐赠。请按照规定计算商场代扣代缴个人所得税后，陈某实际可得中奖金额。

解析：根据税法有关规定，陈某的捐赠额可以全部从应纳税所得额中扣除（因为 20000×30%＝6000，大于实际捐赠金额 4000 元）。

应纳税所得额＝20000－4000＝16000（元）

应纳税额＝16000×20%＝3200（元）

陈某实际可得金额＝20000－4000－3200＝12800（元）

十一、其他所得应纳税额的计算

其他所得应纳税额的计算公式如下：

应纳税额＝应纳税所得额×适用税率＝每次收入额×20%

十二、应纳税额计算的特殊问题

1. 对在中国境内无住所（即外籍人员）的个人一次取得数月奖金或年终加薪、劳动分红的计算征税方法

对上述个人取得的奖金，可单独作为1个月的工资、薪金所得计算纳税。由于对每月的工资、薪金所得计税时已按月扣除了费用，因此，以上述奖金不再减除费用，全额作为应纳税所得额直接按适用税率计算应纳税款。上述个人应在取得奖金月份的次月7日内申报纳税。

2. 特定行业职工取得的工资、薪金所得的计税问题

为了照顾采掘业、远洋运输业、远洋捕捞业因季节、产量等因素的影响，职工的工资薪金收入呈现较大幅度波动的实际情况，对这3个特定行业的职工取得的工资、薪金所得，可按月预缴，年度终了后30日内，合计其全年工资、薪金所得，再按12个月平均并计算实际应纳的税款，多退少补。其公式表示如下：

应纳所得税额＝［（全年工资、薪金收入÷12－费用扣除标准）×税率－速算扣除数］×12

3. 个人取得公务交通、通讯补贴收入征税问题

个人因公务用车和通讯制度改革而取得的公务用车、通讯补贴收入，扣除一定标准的公务费用后，按照“工资、薪金”所得项目计征个人所得税。

4. 失业保险费（金）征税问题

城镇企业事业单位及其职工个人按照《失业保险条例》规定的比例，实际缴付的失业保险费，均不计入职工个人当期工资、薪金收入，免予征收个人所得税。超过《失业保险条例》规定的比例缴付失业保险费的，应将其超过规定比例缴付的部分计入职工个人当期的工资、薪金收入，依法计征个人所得税，税款由企业负责代扣代缴。

5. 企业改组改制过程中个人取得的量化资产征税问题

对职工个人以股份形式取得的量化资产仅作为分红依据，不拥有所有权的企业量化资产，不征收个人所得税。

对职工个人以股份形式取得的拥有所有权的企业量化资产，暂缓征收个人所得税；待个人将股份转让时，就其转让收入额，减除个人取得该股份时实际支付的费用支出和合理转让费用后的余额，按“财产转让所得”项目计征个人所得税。

对职工个人以股份形式取得的企业量化资产参与企业分配而获得的股息、红利、应按“利息、股息、红利”项目征收个人所得税。

6. 支付各种免税之外的保险金的征税方法

企业为员工支付各项免税之外的保险金，应在企业向保险公司缴付时并入员工当期的工资收入，按“工资、薪金”所得项目计征个人所得税，税款由企业负责代扣代缴。

7. 个人因与用人单位解除劳动关系而取得的一次性补偿收入征免税问题

（1）其收入在当地上年职工平均工资 3 倍数额以内的部分，免征个人所得税；超过 3 倍数额部分的一次性补偿收入，可视为 1 次取得数月的工资、薪金收入，允许在一定期限内平均计算。

（2）个人领取一次性补偿收入时，按照国家和地方政府规定的比例实际缴纳的住房公积金、医疗保险费、基本养老保险费、失业保险费可以计征其一次性补偿收入的个人所得税时予以扣除。

（3）企业按照国家有关法律规定宣告破产，企业职工从该破产企业取得的一次性安置收入，免征个人所得税。

8. 个人兼职和退休人员再任职取得收入个人所得税的征税方法

个人兼职取得的收入应按照“劳务报酬”所得应税项目缴纳个人所得税；退休人员再任职取得的收入，在减除按个人所得税法规定的费用扣除标准后，按“工资、薪金”所得应税项目缴纳个人所得税。

9. 个人取得拍卖收入征收个人所得税

（1）作者将自己的文字作品手稿原件或复印件拍卖取得的所得，按照“特许权使用费”所得项目计算缴纳个人所得税。

（2）个人拍卖除文字作品原稿及复印件外的其他财产，按照“财产转让所得”项目计算缴纳个人所得税。

（3）纳税人如不能提供合法、完整、准确的财产原值凭证，不能正确计算财产原值的：按转让收入额的 3%征收率计算缴纳个人所得税；拍卖品为经文物部门认定是海外回流文物的，按转让收入额的 2%征收率计算缴纳个人所得税。

10. 企业向个人支付不竞争款项的征税方法

企业向个人支付不竞争款项按偶然所得征收个人所得税。

11. 企业促销展业赠送礼品个人所得税的规定

（1）企业在销售商品（产品）和提供服务过程中向个人赠送礼品，属于下列情形之一的，不征收个人所得税。

① 企业通过价格折扣、折让方式向个人销售商品（产品）和提供服务。

② 企业在向个人销售商品（产品）和提供服务的同时给予赠品，如通信企业对个人购买手机赠话费、入网费，或者购话费赠手机等。

③ 企业对累积消费达到一定额度的个人按消费积分反馈礼品。

（2）企业向个人赠送礼品，属于下列情形之一的，取得该项所得的个人应依法缴纳个人所得税，税款由赠送礼品的企业代扣代缴。

① 企业在业务宣传、广告等活动中，随机向本单位以外的个人赠送礼品，取得该赠品的个人按其他所得适用20%税率全额征收个人所得税。

② 企业在年会、座谈会、庆典，以及其他活动中向本单位以外的个人赠送礼品，取得该礼品的个人按其他所得适用20%税率全额征收个人所得税。

③ 企业对累积消费达到一定额度的顾客，给予额外抽奖机会获取礼品的个人按偶然所得适用20%的税率全额征收个人所得税。

（3）企业赠送的礼品是自产产品（服务）的，按该产品（服务）的市场销售价格确定个人的应税所得；是外购商品（服务）的，按该商品（服务）的实际购置价格确定个人的应税所得。

12. 企业利用资金为股东个人购买汽车征收个人所得税问题

（1）企业为股东购买车辆并将车辆所有权办到股东个人名下，其实质为企业对股东进行了红利性质的实物分配，应按照“利息、股息、红利所得”项目征收个人所得税，但允许合理减除部分所得。

（2）企业为个人股东购买的车辆，不属于企业的资产，不得在企业所得税前扣除折旧。

13. 无偿赠送他人房产的个人所得税计算方法

按照现行税法规定，以下情形的房屋产权无偿赠与，对当事双方均不征收个人所得税。

（1）房屋产权所有人将房屋产权无偿赠与配偶、父母、子女、祖父母、外祖父母、孙子女、外孙子女、兄弟姐妹。

（2）房屋产权所有人将房屋产权无偿赠与对其承担直接抚养或者赡养义务的抚养人或者赡养人。

（3）房屋产权所有人死亡，依法取得房屋产权的法定继承人、遗嘱继承人或者受遗赠人。

除上述免税情形外，其他应税情形的赠与，应按规定计征个人所得税。

（1）对受赠人无偿受赠房屋计征个人所得税时，其应纳税所得额为房地产赠与合同上标明的赠与房屋价值减除赠与过程中受赠人支付的相关税费后的余额。赠与合同标明的房屋价值明显低于市场价格或房地产赠与合同未标明赠与房屋价值的，税务机关可依据受赠房屋的市场评估价格或采取其他合理方式确定受赠人的应纳税所得额。

（2）受赠人转让受赠房屋的，以其转让受赠房屋的收入减除原捐赠人取得该房屋的实际购置成本，以及赠与和转让过程中受赠人支付的相关税费后的余额为受赠人的应纳税所得额，依法计征个人所得税，受赠人的转让价格明显偏低且无正当理由的，税务机关可以以该房屋的市场评估价格或其他合理方式确定的价格核定其转让收入。

14. 关于沪港股票市场交易互联互通机制试点有关税收政策

（1）对于内地投资者：股票转让差价所得，自 2014 年 11 月 17 日起至 2017 年 11 月 16 日止，暂免征收个人所得税。通过沪港通从上市 H 股、非 H 股取得的股息红利，按照 20%的税率缴纳个人所得税。个人投资者在国外已缴纳的预提税，可持有效扣税凭证到中国结算的主管税务机关申请税收抵免。

（2）关于香港市场投资者：对香港市场投资者（包括企业和个人）投资上交所上市 A 股取得的转让差价所得，暂免征收所得税。对香港市场投资者（包括企业和个人）投资上交所上市 A 股取得的股息红利所得，暂不执行按持股时间实行差别化征税政策，由上市公司按照 10%的税率代扣所得税。

15. 自 2017 年 7 月 1 日起，将贸易健康保险个人所得税试点政策推广到全国范围实行

对个人购买相符规定的商业健康保险产品的支出，允许在当年（月）计算应纳税所得额时予以税前扣除，扣除限额为 2400 元/年（200 元/月）。单位统一为员工购置吻合划定的商业健康保险产品的支出，应分离计入员工个人工资薪金，视同个人购买，按上述限额予以扣除。2400 元/年（200 元/月）的限额扣除为个人所得税法规定减除费用标准之外的扣除。

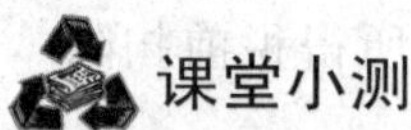

课堂小测

【计算题】1. 中国公民张某 2012 年 12 月取得以下收入：

（1）全年一次性奖金 21600 元（张某当月工资薪金所得高于税法规定的费用扣除额，并且已由单位代扣代个人所得税）。

（2）为某公司设计产品营销方案，取得一次性设计收入 18000 元。

（3）买福利彩票支出 500 元，取得一次性中奖收入 15000 元。

（4）股票转让所得 20000 元。

（5）让自用住房一套，取得转让收入 100 万元，支付转让税费 5 万元，该套住房购买价为 80 万元，购买时间为 2005 年 6 月份，并且是唯一的家庭生活用房。

要求：

（1）别说明张某当月各项收入是否应缴纳个人所得税。

（2）计算张某当月应缴纳的个人所得税税额。

【计算题】2. 中国公民孙某系自由职业者，2009 年收入情况如下：

（1）出版中篇小说一部，取得稿酬 50000 元，后因小说加印和报刊连载，分别取得出版社稿酬 10000 元和报社稿酬 3800 元。

（2）受托对一剧本进行审核，取得审稿收入 15000 元。

（3）临时担任会议翻译，取得收入 3000 元。

要求：计算孙某 2009 年应缴纳的个人所得税。

第五节　税收优惠政策

一、免征个人所得税的优惠

（1）省级人民政府、国务院部委和中国人民解放军军以上单位，以及外国组织颁发的科学、教育、技术、文化、卫生、体育、环境保护等方面的奖金。

（2）国债利息和国家发行的金融债券利息。

（3）按国家统一规定发给的补贴、津贴（中国科学院资深院士和中国工程院资深院士的特殊津贴每人每年 1 万元）。

（4）福利费、抚恤金、救济金。

（5）保险赔款。

（6）军人的转业费、复员费。

（7）离退休工资。

（8）驻华使馆、领事馆的人员的所得。

（9）中国政府参加的国际公约，以及签订的协议中规定免税的所得。

（10）政府符合条件的机构发放的见义勇为奖金。

（11）企业和个人按照省级以上人民政府规定的标准，以个人工资提取并缴付的社会保险（住房、医疗、失业、养老）免税。个人领取原提存的住房公积金、医疗保险金、基本养老保险金时，免予征收个人所得税。

（12）对工伤职工及近亲属按规定取得的工伤保险待遇，免征个人所得税。

（13）外籍个人以非现金形式或实报实销形式取得的住房补贴、伙食补贴、搬迁费、洗衣费。

（14）外籍个人按合理标准取得的境内、外出差补贴。

（15）外籍个人取得的探亲费、语言训练费、子女教育费等，经当地税务机关审核批准为合理的部分。

（16）个人举报、协查违法、犯罪而获得的奖金。

（17）个人办理代扣代缴税款的手续费。

（18）个人转让自用达 5 年以上并且是唯一的家庭居住用房取得的所得。

（19）对按《国务院关于高级专家离休退休若干问题的暂行规定》和《国务院办公厅关于杰出高级专家暂缓离休审批问题的通知》精神，达到离休、退休年龄，但确因工作需要，适当延长离休、退休年龄的高级专家，其在延长离休、退休期间的工资、薪金所得，视同退休工资、离休工资免征个人所得税。

（20）外籍个人从外商投资企业取得的股息、红利所得。

（21）凡符合条件的外籍专家取得的工资、薪金所得可免征个人所得税。

（22）股权分置改革中非流通股股东通过对价方式向流通股股东支付的股份、现金等收入，暂免征收流通股股东应缴纳的个人所得税。

（23）对被拆迁人按照国家有关城镇房屋拆迁管理办法规定的标准取得的拆迁补偿

款，免征个人所得税。

（24）对保险营销员的佣金。保险营销员的佣金由展业成本和劳务报酬构成包括：展业成本（佣金的 40%），免征个人所得税；劳务报酬部分，扣除实际缴纳的营业税及附加后，依照税法有关规定计算征收个人所得税。

（25）证券经纪人从证券公司取得的佣金收入按照“劳务报酬所得”项目缴纳个人所得税。证券经纪人的佣金由展业成本和劳务报酬构成包括：展业成本（佣金的 40%），免征个人所得税；劳务报酬部分，扣除实际缴纳的营业税及附加后，依照税法有关规定计算征收个人所得税。

（26）个人从公开市场取得上市公司股票的股息红利所得，根据持股期限分别按全额（1 个月以内，含 1 个月）、减按 50%（1 个月以下至 1 年，含 1 年）、减按 25%（1 年以上）计入应纳税所得额。

注：对个人购买福利彩票、赈灾彩票、体育彩票，一次中奖收入在 1 万元以下的（含 1 万元）暂免征收个人所得税；超过 1 万元的，全额征收个人所得税。

二、减征个人所得税的优惠

根据《个人所得税法》规定，有下列情况之一，经批准可以减征个人所得税。

（1）残疾、孤老人员和烈属的所得。

（2）因严重自然灾害造成重大损失的。

（3）其他经国务院财政部门批准减税的。

三、非居民纳税人的减免税优惠

（1）对在中国境内无住所，但在境内居住 1 年以上 5 年以下的个人，其来源于中国境外的所得，经主管税务机关批准，可以仅就由中国境内公司、企业及其他经济组织或者个人支付的部分缴纳个人所得税；居住超过 5 年的个人，从第 6 年起，应当就其来源于中国境内外的全部所得缴纳个人所得税。

① 个人在中国境内居住满 5 年，是指个人在中国境内连续居住满 5 年，即在连续 5 年中的每一纳税年度内均居住满 1 年。

② 个人在中国境内居住满 5 年后，从第 6 年起的以后年度中，凡在境内居住满 1 年的，应当就其来源于境内、境外的所得申报纳税；凡在境内居住不满 1 年的，则仅就该年内来源于境内的所得申报纳税。如该个人在第 6 年起以后的某一纳税年度内在境内居住不足 90 天，可以再次从居住满 1 年的年度起重新计算 5 年期限。

（2）对在中国境内无住所，但在一个纳税年度中在中国境内居住不超过 90 日的纳税人的减免税优惠：在中国境内无住所，但是在一个纳税年度中在中国境内连续或者累计居住不超过 90 日的个人，其来源于中国境内的所得，由境外雇主支付并且不由该雇主在中国境内的机构、场所负担的部分，免缴个人所得税。

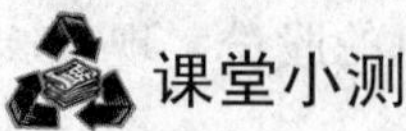

课堂小测

【判断题】在中国境内无住所、但在华居住满 5 年的个人，从第 6 年起的以后年度中，凡在境内居住满1年的，应当就其来源于境内、境外的所得申报纳税；凡在境内居住不满1年的，则仅就该年内来源于境内的所得申报纳税。（ ）

【单选题】1．根据个人所得税法律制度的规定，下列各项中，应当征收个人所得税的是（ ）。

A．个人举报犯罪行为而获得的奖金

B．个人购买赈灾彩票中奖1万元

C．国有企业职工因企业破产，从破产企业取得的一次性安置费

D．个人取得单张有奖发票奖金900元

【单选题】2．下列个人所得不应免纳个人所得税的是（ ）。

A．某体育明星在奥运会上获得1块金牌，回国后国家体育总局奖励20万元人民币

B．某科学家获得国务院特殊津贴每月200元人民币

C．某高校教师取得某项发明专利，学校奖励5万元人民币

D．李某新买的宝马车在某风景区停靠时，被山上落下的石头砸坏，保险公司赔付李某的6万元保险金

【单选题】3．李先生2012年3月购买体育彩票中得奖金15000元，他应缴纳个人所得税为（ ）。

A．免　　B．3000元　　C．1500元　　D．4500元

【多选题】1．根据个人所得税法律制度的规定，下列各项中，免征个人所得税的有（ ）。

A．离退休人员从社保部门提取的养老金

B．国债利息

C．个人取得的保险赔款

D．个人提取由单位和个人缴付的住房公积金

【多选题】2．某高校退休职工夏某2010年4月份取得的下列收入中，可以免交个人所得税的有（ ）。

A．工资2750元　　B．国债利息收入1100元

C．稿费1600元　　D．省政府颁发的环保奖20000元

【多选题】3．下列项目中，经批准可减征个人所得税的有（ ）。

A．通过民间科研协定来华工作的专家，取得的工资、薪金所得

B．烈属的所得

C．残疾人员取得的所得

D．因自然灾害遭受重大损失

E．达到离、退休年龄，但确因工作需要，适当延长离休、退休年龄的高级专家，延长离休、退休期间的工资薪金所得

【计算题】王某2014年2月购买某上市公司的股票10000股，该上市公司2013年度的利润方案为每10股送3股，并于2014年6月份实施，该股票的面值为每股1元。计算王某2014年6月份应纳的个人所得税额。

第六节　境外所得的税额扣除

在对纳税人的境外所得征税时，会存在其境外所得已在来源国家或者地区缴税的实际情况。基于国家之间对同一所得应避免双重征税的原则，我国在对纳税人的境外所得行使税收管辖权时，对该所得在境外已纳税额采取了分不同情况从应征税额中予以扣除的做法。

一、境外所得的税额扣除规定

税法规定，纳税人从中国境外取得的所得，准予其在应纳税额中扣除已在境外缴纳的个人所得税税额。但扣除额不得超过该纳税人境外所得按照我国税法规定计算的应纳税额。

二、扣除限额的计算公式

扣除限额的计算公式如下：

扣除限额＝来源于中国境外某国（地区）的（税前）应纳所得额×我国税率

纳税义务人在中国境外一个国家或者地区实际已经缴纳的个人所得税税额，低于依照上述规定计算出的该国家或者地区扣除限额的，应当在中国缴纳差额部分的税款；超过该国家或者地区扣除限额的，其超过部分不得在本纳税年度的应纳税额中扣除，但是可以在以后纳税年度的该国家或者地区扣除限额的余额中补扣，补扣期限最长不得超过5年。

纳税义务人依照税法的规定电请扣除已在境外缴纳的个人所得税税额时，应当提供境外税务机关填发的完税凭证原件。

例11-23：某纳税人在2010年纳税年度，从A、B两国取得应税收入。其中，在A国一公司任职，取得工资、薪金收入69600元（平均每月5800元），因提供1项专利技术使用权，一次性取得特许权使用费收入30000元，该两项收入在A国缴纳个人所得税5200元；因在B国出版著作，获得稿酬收入（版税）15000元，并在B国缴纳该项收入的个人所得税1720元。请计算该纳税人2010年纳税年度的境外所得应补缴多少个人所得税税额。

解析：

（1）A国所纳个人所得税的抵减：

① 工资、薪金所得：

每月应纳税额＝（5800－4800）×10%－25＝75（元）

全年应纳税额＝75×12＝900（元）

② 特许权使用费所得：

应纳税额＝30000×（1－20%）×20%＝4800（元）

③ 纳税人A国取得应补缴的个人所得税税额＝（900＋4800）－5200＝500（元）

（2）B 国所纳个人所得税的抵减：

① 稿酬所得：

应纳税额＝15000×（1－20%）×20%×（1－30%）＝1680（元）

② 纳税人 B 国所得实际缴纳的个人所得税 1720 元大于抵减限额 1680 元，因此，2010 纳税年度 B 国所得不需要补缴个人所得税，超出抵减限额的 40 元，不能在本年度扣除，但可在以后 5 个纳税年度的该国减除限额的余额中补减。

（3）综合上述计算结果，该纳税义务人在本纳税年度中的境外所得，应在中国补缴个人所得税 500 元。其在 B 国缴纳的个人所得税未抵减完的 40 元，可按我国税法规定的前提条件下补减。

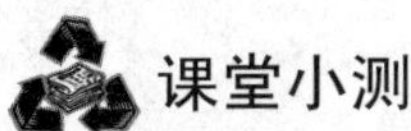

课堂小测

【单选题】2010 年中国公民李刚在英国取得劳务报酬收入 40000 元，按该国税法规定缴纳了个人所得税 6500 元；取得中奖所得 10000 元，按该国税法规定缴纳了个人所得税 3000 元。回国后，李刚应缴纳个人所得税（　　）元。

A．50　　B．100　　C．1000　　D．1100

【计算题】中国公民王某取得来源于美国的一项特许权使用费所得折合人民币 12 万元，以及一项股息所得折合人民币 8 万元，总计在美国缴纳税款折合人民币 2 万元；另外，还从日本取得一笔股息折合人民币 10 万元，被日本税务当局扣缴所得税 2.2 万元。王某能够向国内主管税务局提供全面的境外完税证明，且已证明属实。

要求：（1）计算境外税额扣除限额。

（2）计算在我国应当实际交纳的税款。

第七节 征收管理

个人所得税纳税的征收管理，按照《个人所得税法》《个人所得税代扣代缴暂行办法》和《中华人民共和国税收征收管理法》的规定：个人所得税，以所得人为纳税义务人，以支付所得的单位或者个人为扣缴义务人；在 2 处以上取得工资、薪金所得和没有扣缴义务人的，纳税义务人应当自行申报纳税。

一、征收方法

我国个人所得税实行以代扣代缴为主，自行申报为辅的征收方法。

（一）自行申报纳税

自行申报纳税，是由纳税人自行在税法规定的纳税期限内，向税务机关申报取得的应税所得项目和数额，如实填写个人所得税纳税申报表，并按照税法规定计算应纳税额，据此缴纳个人所得税的一种方法。

1. 自行申报纳税的纳税义务人

（1）自 2006 年 1 月 1 日起，年所得 12 万元以上的。

（2）从中国境内 2 处或者 2 处以上取得工资、薪金所得的。

（3）从中国境外取得所得的。

（4）取得应税所得，没有扣缴义务人的。

（5）国务院规定的其他情形。

其中，年所得 12 万元以上的纳税人，无论取得的各项所得是否已足额缴纳了个人所得税，均应当按照规定，于纳税年度终了后向主管税务机关办理纳税申报；同时需注意的是，年所得 12 万元以上的纳税人，不包括中国境内无住所，且在 1 个纳税年度中在中国境内居住不满 1 年的个人；从中国境外取得所得的纳税人，是指在中国境内有住所，或者无住所而在 1 个纳税年度中在中国境内居住满 1 年的个人。

课堂小测

【判断题】在两处以上取得工资薪金所得而没有扣缴义务人的，纳税人应当自行申报缴纳个人所得税。（　　）

【多选题】个人取得下列各项所得，必须自行申报纳税的是（　　）。

A．从 2 处或 2 处以上取得工资所得

B．取得应税所得，没有扣缴义务人的

C．取得一次性劳务报酬所得

D．取得应税所得，扣缴义务人未按规定的扣缴税款的

E．代扣代缴个人所得税的手续费

2. 自行申报纳税的内容

年所得 12 万元以上的纳税人，在纳税年度终了后，应当填写《个人所得税纳税申报表》（适用于年所得 12 万元以上的纳税人申报），并在办理纳税申报时报送主管税务机关，同时报送个人有效身份证件复印件，以及主管税务机关要求报送的其他有关资料。

（1）构成 12 万元的所得：包括现行个人所得税法规定征税的全部 11 项所得：工资、薪金所得、个体工商户生产经营所得、对企事业单位的承包承租经营所得、劳务、稿酬所得、特许权使用费所得、利息股息红利所得、财产租赁所得、财产转让所得、偶然所得、经国务院财政部门确定征税的其他所得。

（2）不包含在 12 万元中的所得：免税所得；可以免税的来源于中国境外的所得，如按照国家规定单位为个人缴付和个人缴付的基本养老保险费、基本医疗保险费、失业保险费、住房公积金。

3. 各项所得的年所得的计算方法

（1）工资、薪金所得。按照未减除费用及附加减除费用的收入额计算。

（2）劳务报酬所得、特许权使用费所得。不得减除纳税人在提供劳务或让渡特许权使用权过程中缴纳的有关税费。

（3）企业债券利息所得，全部视为纳税人实际取得所得年度的所得。

（4）财产租赁所得。不得减除纳税人在出租财产过程中缴纳的有关税费；对于纳税

人一次取得跨年度财产租赁所得的，全部视为实际取得所得年度的所得。

（5）股票转让所得。以 1 个纳税年度内，个人股票转让所得与损失盈亏相抵后的正数为申报所得数额，盈亏相抵为负数的，此项所得按“零”填写。

课堂小测

【单选题】年所得在 12 万元以上的个人自行申报纳税时，应当填写《个人所得税纳税申报表》，填写该表时应对各项所得计算年所得。下列关于年所得计算的表述中，正确的是（　　）。

A．股票转让所得不计算填报年所得

B．工资薪金所得按照已减除费用及附加费用后的收入额计算年所得

C．劳务报酬所得允许减除纳税人在提供劳务时缴纳的有关税费后计算年所得

D．纳税人一次取得跨年度财产租赁所得，应全部视为实际取得所得年度的所得

【多选题】年所得 12 万元以上的纳税人的年所得不包括（　　）。

A．每月减除费用 3500 元　　B．住房公积金

C．保险赔款　　D．国债利息收入

4. 自行申报纳税的纳税期限

（1）年所得 12 万元以上的纳税人：在纳税年度终了后 3 个月内向主管税务机关办理纳税申报。

（2）个体工商户和个人独资、合伙企业投资者取得的生产、经营所和应纳的税款，分月或分季预缴，纳税人在每月或每季度终了后 15 日内申报，年终 3 个月内汇算清缴，多退少补。

（3）年终一次性取得对企事业单位的承包、承租所得的，自取得所得之日起 30 日内办理纳税申报；在一个纳税年度内分次取得承包经营、承租经营所得的，在每次取得后的次月 15 日内申报预缴，年终 3 个月内汇算清缴，多退少补。

（4）从中国境外取得所得的纳税人，纳税年度终了后 30 日内向中国境内主管税务机关申报纳税。

（5）除以上规定的情形外，纳税人应在取得其他各项所得的须在次月 15 日内向主管税务机关申报所得并缴纳税款。

5. 自行申报纳税的申报方式

年所得 12 万元以上的纳税人可采取多种灵活的方式办理纳税申报，既可以在地税机关的网站上进行申报，邮寄申报，也可以直接到地税机关的办税服务厅进行申报，或者采取符合主管税务机关规定的其他方式申报。

根据相关规定，纳税人采取数据电文方式申报的，应当按照税务机关规定的期限和要求保存有关纸质资料；纳税人采取邮寄方式申报的，以邮政部门挂号信函收据作为申报凭据，以寄出的邮戳日期为实际申报日期。纳税人可以委托有税务代理资质的中介机构或者他人代为办理纳税申报。

6. 自行申报纳税的申报地点

（1）在中国境内有任职、受雇单位的，向任职、受雇单位所在地主管税务机关申报。

（2）在中国境内有两处或者两处以上任职、受雇单位的，选择并固定向其中一处单位所在地主管税务机关申报。

（3）在中国境内无任职、受雇单位，年所得项目中有个体工商户的生产、经营所得或者对企事业单位的承包经营、承租经营所得（以下统称生产、经营所得）的，向其中一处实际经营所在地主管税务机关申报。

（4）在中国境内无任职、受雇单位，年所得项目中无生产、经营所得的，向户籍所在地主管税务机关申报。在中国境内有户籍，但户籍所在地与中国境内经常居住地不一致的，选择并固定向其中一地主管税务机关申报。在中国境内没有户籍的，向中国境内经常居住地主管税务机关申报。

（5）其他所得的纳税人，纳税申报地点分别为：

① 从中国境外取得所得的，向中国境内户籍所在地主管税务机关申报。

② 个体工商户向实际经营所在地主管税务机关申报。

③ 个人独资、合伙企业投资者兴办 2 个或 2 个以上企业的，区分不同情形确定纳税申报地点：兴办的企业全部是个人独资性质的，分别向各企业的实际经营管理所在地主管税务机关申报；兴办的企业中含有合伙性质的，向经常居住地主管税务机关申报；兴办的企业中含有合伙性质，个人投资者经常居住地与其兴办企业的经营管理所在地不一致的，选择并固定向其参与兴办的某一合伙企业的经营管理所在地主管税务机关申报；除以上情形外，纳税人应当向取得所得所在地主管税务机关申报。

纳税人不得随意变更纳税申报地点，因特殊情况变更纳税申报的地点的，须报原主管税务机关备案。

课堂小测

【多选题】下列关于自行申报纳税的申报地点，说法正确的有（　　）。

A．在中国境内有任职、受雇单位的，向任职、受雇单位所在地主管税务机关申报

B．在中国境内有两处或者两处以上任职、受雇单位的，选择并固定向其中一处单位所在地主管税务机关申报

C．在中国境内无任职、受雇单位，年所得项目中无生产、经营所得的，向户籍所在地主管税务机关申报

D．个体工商户向实际经营所在地主管税务机关申报

（二）代扣代缴纳税

按照《个人所得税法》和《个人所得税代扣代缴暂行办法》的规定，凡支付个人应纳税所得的企业（公司）、事业单位、机关、社团组织、军队、驻华机构（不包括外国驻华使领馆和联合国及其他依法享有外交特权和豁免的国际组织驻华机构）、个体户等单位或者个人、为个人所得税的扣缴义务人。扣缴义务人向个人支付应纳税所得（包括

现金、实物和有价证券）时，不论纳税人是否属于本单位人员，均应代扣代缴其就应纳的个人所得税款，再将税款上缴国库，同时向税务机关报送扣缴个人所得税报告表。

1. 代扣代缴的范围

扣缴义务人向个人支付下列所得，应代扣代缴个人所得税：

（1）工资、薪金所得。

（2）对企事业单位的承包经营、承租经营所得。

（3）劳务报酬所得。

（4）稿酬所得。

（5）特许权使用费所得。

（6）利息、股息、红利所得。

（7）财产租赁所得。

（8）财产转让所得。

（9）偶然所得。

（10）经国务院财政部门确定征税的其他所得。

这里所说支付，包括现金支付、汇拨支付和转账支付和以有价证券、实物，以及其他形式的支付。

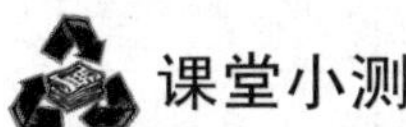

【单选题】下列所得项目中，不采用代扣代缴方式征收个人所得税的是（　　）。

A．工资、薪金所得　　B．劳务报酬所得

C．偶然所得　　D．个体工商户的生产经营所得

2. 扣缴义务人的义务及应承担的责任

（1）扣缴义务人在代扣税付款时，必须向纳税人开具税务机关统一印制的代扣代收税款凭证，并详细注明纳税人姓名、工作单位、家庭住址和居民住房址和居民身份证或护照号码（无上述证件的，可用其他能有效证明身份的证件）等个人情况。

（2）扣缴义务人对纳税人的应扣未扣的税款，其应纳税款仍然由纳税人缴纳，扣缴义务人应承担应扣未扣税款50%以上至3倍的罚款。

（3）扣缴义务人应设立代扣代缴税款账簿，正确反映个人所得税的扣缴情况，并如实填写《扣缴个人所得税报告表》及其他有关资料。

3. 代扣代缴期限

扣缴义务人每月所扣的税款，应当在次月15日内缴入国库，并向主管税务机关报送《扣缴个人所得税报告表》、代扣代收税款凭证和包括每一纳税人姓名、单位、职务、收入、税款等内容的支付个人收入明细表，以及税务机关要求报送的其他有关资料。

扣缴义务人因有特殊困难不能按期报送《扣缴个人所得税报告表》及其他有关资料的，经县级税务机关批准，可以延期申报。

【单选题】下列关于税款扣缴制度的表述中，正确的是（　　）。

A．代扣税款手续费可以由税务所统一办理退库手续

B．个人收到的个人所得税扣缴手续费，应计征个人所得税

C．对扣缴义务人未履行扣缴义务的，可处以应扣未扣税款50%以上3倍以下的罚款

D．扣缴义务人履行扣缴义务时，可从所扣缴的税款中减除扣缴手续费后再上缴税务机关

二、个人所得税纳税申报表

纳税人办理个人所得税应填写《个人所得税纳税申报表》，如表11-7所示。

表11-7　个人所得税纳税申报表

（适用于年所得12万元以上的纳税人申报）

所得年份：　　年　　　　　　　　　　　　　　　　　　　填表日期：　　年　　月　　日

金额单位：　　人民币元（列至角分）

<table>
<tr><td>纳税人姓名</td><td></td><td>国籍（地区）</td><td>中国</td><td>身份证照类型</td><td colspan="2">身份证</td><td>身份证照号码</td><td colspan="5">4</td></tr>
<tr><td>任职、受雇单位</td><td></td><td>任职受雇单位税务代码</td><td></td><td>任取受雇单位所属行业</td><td colspan="2">其他制造业</td><td>职务</td><td colspan="2"></td><td>职业</td><td colspan="2"></td></tr>
<tr><td>在华天数</td><td></td><td>境内有效联系地址</td><td colspan="4"></td><td>境内有效联系地址邮编</td><td colspan="2"></td><td>联系电话</td><td colspan="2"></td></tr>
<tr><td>此行由取得经营所得的纳税人填写</td><td>经营单位纳税人识别号</td><td colspan="2"></td><td colspan="3"></td><td>经营单位纳税人名称</td><td colspan="5"></td></tr>
<tr><td colspan="2" rowspan="2">所得项目</td><td colspan="3">年所得额</td><td rowspan="2">应纳税所得额</td><td rowspan="2">应纳税额</td><td rowspan="2">已缴（扣）税额</td><td rowspan="2">抵扣税额</td><td rowspan="2">减免税额</td><td rowspan="2">应补税额</td><td rowspan="2">应退税额</td><td rowspan="2">备注</td></tr>
<tr><td>境内</td><td>境外</td><td>合计</td></tr>
<tr><td colspan="2">1、工资、薪金所得</td><td></td><td></td><td>0.00</td><td></td><td>0.00</td><td></td><td></td><td></td><td>0.00</td><td></td><td></td></tr>
<tr><td colspan="2">2、个体工商户的生产、经营所得</td><td></td><td></td><td>0.00</td><td></td><td></td><td></td><td></td><td></td><td></td><td></td><td></td></tr>
<tr><td colspan="2">3、对企事业单位的承包经营、承租经营所得</td><td></td><td></td><td>0.00</td><td></td><td></td><td></td><td></td><td></td><td></td><td></td><td></td></tr>
<tr><td colspan="2">4、劳务报酬所得</td><td></td><td></td><td>0.00</td><td></td><td></td><td></td><td></td><td></td><td>0.00</td><td></td><td></td></tr>
<tr><td colspan="2">5、稿酬所得</td><td></td><td></td><td>0.00</td><td></td><td></td><td></td><td></td><td></td><td></td><td></td><td></td></tr>
<tr><td colspan="2">6、特许权使用费所得</td><td></td><td></td><td>0.00</td><td></td><td></td><td></td><td></td><td></td><td></td><td></td><td></td></tr>
<tr><td colspan="2">7、利息、股息、红利所得</td><td></td><td></td><td>0.00</td><td></td><td></td><td></td><td></td><td></td><td>0.00</td><td></td><td></td></tr>
<tr><td colspan="2">8、财产租赁所得</td><td></td><td></td><td>0.00</td><td></td><td></td><td></td><td></td><td></td><td></td><td></td><td></td></tr>
<tr><td colspan="2">9、财产转让所得</td><td></td><td></td><td>0.00</td><td></td><td></td><td></td><td></td><td></td><td></td><td></td><td></td></tr>
<tr><td colspan="2">其中：股票转让所得</td><td></td><td></td><td>0.00</td><td>—</td><td>—</td><td>—</td><td>—</td><td></td><td></td><td>—</td><td></td></tr>
<tr><td colspan="2">个人房屋转让所得</td><td></td><td></td><td>0.00</td><td></td><td></td><td></td><td></td><td></td><td></td><td></td><td></td></tr>
<tr><td colspan="2">10、偶然所得</td><td></td><td></td><td>0.00</td><td></td><td></td><td></td><td></td><td></td><td></td><td></td><td></td></tr>
<tr><td colspan="2">11、其他所得</td><td></td><td></td><td>0.00</td><td></td><td></td><td></td><td></td><td></td><td></td><td></td><td></td></tr>
<tr><td colspan="2">合　计</td><td></td><td></td><td>0.00</td><td>0.00</td><td>0.00</td><td>0.00</td><td></td><td></td><td>0.00</td><td></td><td></td></tr>
<tr><td colspan="13">我声明，此纳税申报表是根据《中华人民共和国个人所得税法》及有关法律、法规的规定填报的，我保证它是真实的、可靠的、完整的。
纳税人（签字）</td></tr>
<tr><td colspan="13">代理人（签章）：　　　　　　　　　　　　　　　　　　　　联系电话：</td></tr>
</table>

第十二章　税收征收管理

《中华人民共和国税收征收管理法》是为了加强税收征收管理，规范税收征收和缴纳行为，保障国家税收收入，保护纳税人的合法权益，促进经济和社会发展而制定的法律。其包括税收管理法及税收征收管理的有关法律、法规和规章。

《中华人民共和国税收征收管理法》由第七届全国人民代表大会常务委员会第二十七次会议于 1992 年 9 月 4 日通过，自 1993 年 1 月 1 日起施行。现行版本于 2015 年 4 月 24 日第十二届全国人民代表大会常务委员会第十四次会议修正。

第一节　税收征收管理法概述

一、税收征收管理的概念

税收征收管理是国家征税机关依据国家税收法律、行政法规的规定，按照统一的标准，通过一定的程序，对纳税人应纳税额组织入库的一种行政活动，是国家将税收政策贯彻实施到每个纳税人，有效地组织收入及时、足额入库的一系列活动的总称。

税收征收管理的依据是税收法规，包括实体法和程序法。税收实体法规定了每个税种的纳税人、征税对象等税收构成要素，如《企业所得税法》等。税收程序法是有关税务管理方面的法律，规定了如何去贯彻实施实体法，以保证其得以正确执行，如《中华人民共和国税收征收管理法》（以下简称《税收征管法》）和《中华人民共和国税收征收管理法实施细则》（以下简称《税收征管法实施细则》）。税收实体法和税收程序法共同构成税务机关进行税收征管的法律依据。

二、税收征收管理的内容

税收征收管理的内容主要包括管理服务、征收监控、税务稽查、税收法制和税务执行几个方面，具体理解如下。

（1）税收征收管理是税收行政执法，包括纳税人税务登记管理、申报纳税管理、减免缓税管理、稽查管理、行政处罚、行政复议等管理。

（2）税收征收管理是税收内部管理，即长期以来形成的从宏观经济管理需要出发而运用税收计划、税收会计、税务统计、税收票证等进行的内部管理活动。

税收征管是整个税收管理活动的中心环节，是实现税收管理目标，将潜在的税源变为现实的税收收入的手段，也是贯彻国家产业政策，指导、监督纳税人正确履行纳税义务，发挥税收作用的重要措施的基础性工作。

税收征管包括管理、征收和检查 3 个基本环节。管理是征收和检查的基础，征收是管理和检查的目的，检查是管理和征收的补充和保证。因此，管理、征收、检查三者形成一个相互联系，相互制约，相辅相成的有机整体，共同构成税收征管的主要内容。

三、税收征收管理法的适用范围

凡依法由税务机关征收的各种税收的征收管理，均适用税收征收管理法。

我国税收的征收机关包括税务机关、海关及财政等，税务机关征收各种工商税收，海关征收关税。《税收征管法》只适用于由税务机关征收的各种税收的征收管理。

增值税、消费税、企业所得税、个人所得税、资源税、城镇土地使用税、土地增值税、车船使用税、车辆购置税、房产税、印花税、城市维护建设税等税种的征收管理适用征管法。税收管理法的适用范围不包括耕地占用税、契税，海关代征的关税及代征的增值税和消费税及教育费附加。

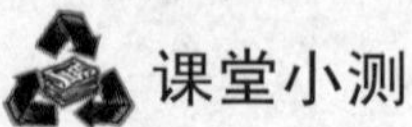

【单选题】下列税种中，不属于《税收征管法》适用范围的是（　　）。

A．所得税　　B．增值税　　C．耕地占用税　　D．土地增值税

第二节　税务管理

一、税务登记管理

税务登记管理是指税务机关根据税法规定，对纳税人的生产、经营活动进行登记管理的一项法定制度，也是纳税人依法履行纳税义务的法定手续。税务登记又称纳税登记，它是税务机关对纳税人实施税收管理的首要环节和基础工作，是征纳双方法律关系成立的依据和证明，也是纳税人必须依法履行的义务。

税务登记是整个税收征收管理的起点。

根据《税务登记管理办法》的规定，凡有法律、法规规定的应税收入、应税财产或应税行为的各类纳税人，均应当办理税务登记；扣缴义务人应当在发生扣缴义务时，到税务机关申报登记，领取扣缴税款凭证。

（一）开业税务登记

开业税务登记是指纳税人经由工商登记而设立或者依照法律、行政法规的规定成为法定纳税人之时，依法向税务机关办理的税务登记，通常简称为开业登记或税务登记。

1．开业税务登记的对象

（1）领取营业执照从事生产经营活动的纳税人，包括以下几点。

① 企业，包括国有、集体、私营企业、中外合资企业、外商独资企业，以及各种联营、联合、股份制企业等。

② 企业在外地设立的分支机构和从事生产经营的场所。

③ 个体工商户。

④ 从事生产经营的机关团体、部队、学校和其他事业单位。

（2）其他纳税人。对不从事生产经营活动，但依法负有纳税义务的单位和个人，除临时税收入或发生应税行为的，也应该按规定向税务机关办理税务登记。

2. 开业税务登记的时间和地点

（1）从事生产、经营的纳税人，应当自领取营业执照之日起 30 日内，向生产、经营地或者纳税义务发生地的主管税务机关申报办理税务登记，如实填写税务登记表，并按照税务机关的要求提供有关证件、资料。

（2）除上述以外的其他纳税人，除国家机关、个人和无固定生产、经营场所的流动性农村小商贩外，均应当自纳税义务发生之日起 30 日内，向纳税义务发生地税务机关申报办理税务登记，税务机关核发税务登记证及副本。

以下几种情况应比照开业登记办理。

① 扣缴义务人应当自扣缴义务发生之日起30日内，向所在地的主管税务机关申报办理扣缴税款登记，领取扣缴税款登记证件；税务机关对已办理税务登记的扣缴义务人，可以只在其税务登记证件上登记扣缴税款事项，不再发给扣缴税款登记证件。

② 跨地区的非独立核算分支机构应当自设立之日起30日内，向所在地税务机关办理注册税务登记。

③ 从事生产、经营的纳税人到外县（市）临时从事生产、经营活动的，应当持税务登记证副本和所在地税务机关填开的外出经营活动税收管理证明，向营业地税务机关报验登记，接受税务管理。从事生产、经营的纳税人外出经营，在同一地累计超过 180 天的，应当自期满之日起 30 日内，在营业地办理税务登记手续，税务机关核发临时税务登记证及副本。

④ 有独立的生产经营权、在财务上独立核算并定期向发包人或者出租人上交承包费或租金的承租人，应当自承租合同签订之日起 30 日内，向其承租业务发生地税务机关申报办理税务登记，税务机关核发临时税务登记证及副本。

⑤ 境外企业在中国境内承包建筑、安装、装配、勘探工程和提供劳务的，应当自项目合同或协议签订之日起 30 日内，向项目所在地税务机关申报办理税务登记，税务机关核发临时税务登记证及副本。

税务机关对纳税人税务登记地点发生争议的，由其共同的上级税务机关指定管辖。国家税务局（分局）、地方税务局（分局）之间对纳税人的税务登记发生争议的，由其上一级国家税务局、地方税务局共同协商解决。

3. 开业税务登记的程序

（1）税务登记的申请。办理税务登记是为了建立正常的征纳秩序，是纳税人履行纳税义务的第一步。为此，纳税人必须严格按照规定的期限，向当地主管税务机关及时申报办理税务登记手续，实事求是地填报登记项目，并如实回答税务机关提出的问题。纳税人所属的本县（市）以外的非独立经济核算的分支机构，除由总机构申报办理税务登记外，还应当自设立之日起 30 日内，向分支机构所在地税务机关申报办理注册税务登记。在申报办理税务登记时，纳税人应认真填写《税务登记表》。

（2）纳税人办理税务登记时应提供的证件、资料。

① 营业执照或其他核准执业证件及工商登记表，或其他核准执业登记表复印件。

② 有关机关、部门批准设立的文件。

③ 有关合同、章程、协议书。

④ 法定代表人和董事会成员名单。

⑤ 法定代表人（负责人）或业主居民身份证、护照或者其他证明身份的合法证件。

⑥ 组织机构统一代码证书。

⑦ 住所或经营场所证明。

⑧ 委托代理协议书复印件。

⑨ 属于享受税收优惠政策的企业，还应包括需要提供的相应证明、资料，税务机关需要的其他资料、证件。

企业在外地的分支机构或者从事生产、经营的场所，在办理税务登记时，还应当提供由总机构所在地税务机关出具的在外地设立分支机构的证明。

（3）税务登记表的种类、适用对象。

① 内资企业税务登记表。适用于核发税务登记证的国有企业、集体企业、股份合作企业、国有联营企业、集体联营企业、国有与集体联营企业、其他联营企业、国有独资公司、其他有限责任公司、股份有限公司、私营独资企业、私营合作企业、私营有限责任公司、私营股份有限公司、其他企业填用。

② 分支机构税务登记表。主要适用于核发注册税务登记证的各种类型企业的非独立核算分支机构填用。

③ 个体经营税务登记表。主要适用于核发税务登记证的个体工商户填用。

④ 其他单位税务登记表。主要适用于除工商行政管理机关外，其他部门批准登记核发税务登记证的纳税人。

⑤ 涉外企业税务登记表。主要适用于中外合资经营企业、合作经营企业和外国企业填用。

（4）税务登记表的受理、审核。

① 受理。税务机关对申请办理税务登记的单位和个人所提供的《申请税务登记报告书》，及要求报送的各种附列资料、证件进行查验，对手续完备、符合要求的，方可受理登记，并根据其经济类型发给相应的税务登记表。

② 审核。税务登记审核工作，既是税务机关税务登记工作的开始，也是税务登记管理工作的关键。为此，加强税务登记申请的审核就显得十分必要。通过税务登记申请的审核，可以发现应申报办理税务登记户数，实际办理税务登记户数，进而掌握申报办理税务登记户的行业构成等税务管理信息。

为此，税务机关对纳税人填报的《税务登记表》、提供的证件和资料，应当在收到之日起 30 日内审核完毕，符合规定的，予以登记；对不符合规定的不予登记，并应在 30 日内予以答复。

（5）税务登记证的核发。根据《税收征管法》第 15 条规定：“税务机关应当自收到申报之日起30日内审核并发给税务登记证件。”因此，税务机关对纳税人填报的税务登记表及附送资料、证件审核无误的，应在30日内发给税务登记证件。具体规定如下。

① 对从事生产、经营并经工商行政管理部门核发营业执照的纳税人，核发税务登记证及其副本。

② 对未取得营业执照或工商登记核发临时营业执照从事生产经营的纳税人，暂核发税务登记证及其副本，并在正副本右上角加盖“临时”章。

③ 对纳税人非独立核算的分支机构及非从事生产经营的纳税人（除临时取得应税收入或发生应税行为，以及只缴纳个人所得税、车船税的外），核发注册税务登记证及其副本。

④ 对外商投资企业、外国企业及外商投资企业分支机构，分别核发外商投资企业税务登记证及其副本、外国企业税务登记证及其副本、外商投资企业分支机构税务注册证及其副本。

对既没有税收纳税义务又不需领用收费（经营）票据的社会团体等，可以只登记不发证。

（二）变更、注销税务登记

变更税务登记，是纳税人税务登记内容发生重要变化时向税务机关申报办理的税务登记手续。注销税务登记，则是指纳税人税务登记内容发生了根本性变化，需终止履行纳税义务时向税务机关申报办理的税务登记手续。

1. 变更税务登记的范围及时间要求

（1）适用范围。纳税人办理税务登记后，如发生下列情形之一，应当办理变更税务登记：发生改变名称、改变法定代表人、改变经济性质或经济类型、改变住所和经营地点（不涉及主管税务机关变动的）、改变生产经营或经营方式、增减注册资金（资本人改变隶属关系、改变生产经营期限、改变或增减银行账号、改变生产经营权属，以及改变其他税务登记内容的。

（2）时间要求。纳税人税务登记内容发生变化的，应当自工商行政管理机关或者其他机关办理变更登记之日起 30 日内，持有关证件向原税务登记机关申报办理变更税务登记。

纳税人税务登记内容发生变化，不需要到工商行政管理机关或者其他机关办理变更登记的，应当自发生变化之日起 30 日内，持有关证件向原税务登记机关申报办理变更税务登记。

2. 变更税务登记的程序、方法

（1）申请。纳税人申请办理变更税务登记时，应向主管税务机关领取《税务登记变更表》，如实填写变更登记事项、变更登记前后的具体内容。

（2）提供相关证件、资料。

（3）税务登记变更表的内容。主要包括纳税人名称、变更项目、变更前内容、变更

后内容、上缴的证件情况。

（4）受理。税务机关对纳税人填报的表格及提交的附列资料、证件要进行认真审阅，在符合要求及资料证件提交齐全的情况下，予以受理。

（5）审核。主管税务机关对纳税人报送的已填登完毕的变更表及相关资料，进行分类审核。

（6）发证。对需变更税务登记证内容的，主管税务机关应收回原《税务登记证》（正、副本），按变更后的内容，重新制发《税务登记证》（正、副本）。

3. 注销税务登记的适用范围及时间要求

（1）适用范围。纳税人因经营期限届满而自动解散；企业由于改组、分立、合并等原因而被撤销；企业资不抵债而破产；纳税人住所、经营地址迁移而涉及改变原主管税务机关的；纳税人被工商行政管理部门吊销营业执照；纳税人依法终止履行纳税义务的其他情形。

（2）时间要求。纳税人发生解散、破产、撤销及其他情形，依法终止纳税义务的，应当在向工商行政管理机关办理注销登记前，持有关证件向原税务登记管理机关申报办理注销税务登记；按照规定不需要在工商管理机关办理注销登记的，应当自有关机关批准或者宣告终止之日起 15 日内，持有关证件向原税务登记管理机关申报办理注销税务登记。

纳税人因住所、生产、经营场所变动而涉及改变主管税务登记机关的，应当在向工商行政管理机关申请办理变更或注销登记前，或者住所、生产、经营场所变动前，向原税务登记机关申报办理注销税务登记，并在 30 日内向迁达地主管税务登记机关申报办理税务登记。

纳税人被工商行政管理机关吊销营业执照的，应当自营业执照被吊销之日起 15 日内，向原税务登记机关申报办理注销税务登记。

4. 注销税务登记的程序、方法

（1）纳税人办理注销税务登记时，应向原税务登记机关领取《注销税务登记申请审批表》，如实填写注销登记事项内容及原因。

（2）提供有关证件、资料。纳税人如实填写《注销税务登记申请审批表》，连同下列资料、证件报税务机关。

① 注销部门批文或董事会、职代会的决议及其他有关证明文件。

② 主管部门批文或董事会、职代会的决议及其他有关证明文件。

③ 营业执照被吊销的应提交工商机关发放的注销决定。

④ 主管税务机关原发往的税务登记证件（《税务登记证》）正、副本及登记表等）。

⑤ 其他有关资料。

（3）注销税务登记申请审批表的内容。由纳税人填写的项目主要包括纳税人名称（含分支机构名称）、注销原因、批准机关名称、批准文号及日期。

由税务机关填写的项目主要包括纳税人实际经营期限、纳税人已享受税收优惠、发票缴销情况、税款清缴情况、税务登记证件收回情况。

（4）受理。税务机关受理纳税人填写完毕的表格，审阅其填报内容是否符合要求，所附资料是否齐全后，督促纳税人做好下列事宜：纳税人持《注销税务登记申请审批表》、未经税务机关查验的发票和《发票领购簿》到发票管理环节申请办理发票缴销；发票管理环节按规定清票后，在《注销税务登记申请审批表》上签署发票缴销情况，同时将审批表返还纳税人。

纳税人在征收环节清缴税款；征收环节在纳税人缴纳税款后，在《注销税务登记申请审批表》上签署意见，同时将审批表返还纳税人。

（5）核实。纳税人持由上述环节签署意见后的审批表交登记管理环节；登记管理环节审核确认后，制发《税务文书领取通知书》给纳税人，同时填制《税务文书传递单》，并附《注销税务登记申请审批表》送稽查环节。

若稽查环节确定需对申请注销的纳税人进行实地稽查的，应在《税务文书传递单》上注明批复期限内稽查完毕，在《注销税务登记申请审批表》上签署税款清算情况，及时将《税务文书传递单》和《注销税务登记申请审批表》返还税务登记环节，登记部门在纳税人结清税款（包括滞纳金、罚款）后据以办理注销税务登记手续。

纳税人因生产、经营场所发生变化需改变主管税务登记机关的，在办理注销税务登记时，原税务登记机关在对其注销税务登记的同时，应向迁达地税务登记机关递交《纳税人迁移通知书》，并附《纳税人档案资料移交清单》，由迁达地税务登记机关重新办理税务登记。如遇纳税人已经或正在享受税收优惠待遇的，迁出地税务登记机关应当在《纳税人迁移通知书》上注明。

（三）停业、复业登记

实行定期定额征收方式的纳税人，在营业执照核准的经营期限内需要停业的，应当向税务机关提出停业登记，说明停业的理由、时间、停业前的纳税情况和发票的领、用、存情况，并如实填写申请停业登记表。税务机关经过审核（必要时可实地审查），应当责成申请停业的纳税人结清税款并收回税务登记证件、发票领购簿和发票，办理停业登记。纳税人停业期间发生纳税义务，应当及时向主管税务机关申报，依法补缴应纳税款。

纳税人应当于恢复生产、经营之前，向税务机关提出复业登记申请，经确认后，办理复业登记，领回或启用税务登记证件和发票领购簿及其领购的发票，纳入正常管理。

纳税人停业期满不能及时恢复生产、经营的，应当在停业期满前向税务机关提出延长停业登记。纳税人停业期满未按期复业又不申请延长停业的，税务机关应当视为已恢复营业，实施正常的税收征收管理。

（四）外出经营报验登记

（1）纳税人到外县（市）临时从事生产经营活动的，应当在外出生产经营以前，持税务登记证向主管税务机关申请开具《外出经营活动税收管理证明》（以下简称《外管证》）。

（2）税务机关按照一地一证的原则，核发《外管证》，《外管证》的有效期限一般为

30日，最长不得超过180天。

（3）纳税人应当在《外管证》注明地进行生产经营前向当地税务机关报验登记，并提交下列证件、资料：税务登记证件副本、《外管证》。

纳税人在《外管证》注明地销售货物的，除提交以上证件、资料外，应如实填写《外出经营货物报验单》，申报查验货物。

（4）纳税人外出经营活动结束，应当向经营地税务机关填报《外出经营活动情况申报表》，并结清税款、缴销发票。

（5）纳税人应当在《外管证》有效期届满后10日内，持《外管证》回原税务登记地税务机关办理《外管证》缴销手续。

（五）税务登记证的作用和管理

（1）税务登记证的作用。除按照规定不需要发给税务登记证件的外，纳税人办理下列事项时，必须持税务登记证件。

① 开立银行账户。

② 申请减税、免税、退税。

③ 申请办理延期申报、延期缴纳税款。

④ 领购发票。

⑤ 申请开具外出经营活动税收管理证明。

⑥ 办理停业、歇业。

⑦ 其他有关税务事项。

（2）税务登记证管理。

① 税务机关对税务登记证件实行定期验证和换证制度。纳税人应当在规定的期限内持有关证件到主管税务机关办理验证或者换证手续。

② 纳税人应当将税务登记证件正本在其生产、经营场所或者办公场所公开悬挂，接受税务机关检查。

③ 纳税人遗失税务登记证件的，应当在15日内书面报告主管税务机关，并登报声明作废。同时，凭报刊上刊登的遗失声明向主管税务机关申请补办税务登记证件。

（六）非正常户处理

（1）已办理税务登记的纳税人未按照规定的期限申报纳税，在税务机关责令其限期改正后，逾期不改正的，税务机关应当派员实地检查，查无下落并且无法强制其履行纳税义务的，由检查人员制作非正常户认定书，存入纳税人档案，税务机关暂停其税务登记证件、发票领购簿和发票的使用。

（2）纳税人被列入非正常户超过3个月的，税务机关可以宣布其税务登记证件失效，其应纳税款的追征仍按《税收征管法》及其《税收征管法实施细则》的规定执行。

二、账簿、凭证管理

账簿、凭证是会计核算的载体，建立规范与否，一方面是企业正确计算税款、自行申报提供的有力依据，也是税务机关检查企业纳税情况的依据，所以规范建立账簿意义重大。

（一）账簿、凭证管理

1. 关于对账簿、凭证设置的管理

（1）设置账簿的范围：《税收征管法》规定纳税人、扣缴义务人按照有关法律、行政法规和国务院财政、税务主管部门的规定设置账簿。

前款所称账簿，是指总账、明细账、日记账，以及其他辅助性账簿。总账、日记账应当采用订本式。

① 从事生产、经营的纳税人应当自领取营业执照或者发生纳税义务之日起15日内设置账簿。

② 扣缴义务人应当自税收法律、行政法规规定的扣缴义务发生之日起10日内，按照所代扣、代收的税种，分别设置代扣代缴、代收代缴税款账簿。

③ 对于生产经营规模小，确无建账能力的纳税人，可以聘请经批准从事会计代理业务的专业机构或者经税务机关认可的财会人员代为建账和办理财务业务；聘请上述机构或者税务机关认可的财务人员有实际困难的，经县以上税务机关批准，可以按照税务机关的规定，建立收支凭证粘贴薄、进货销货登记簿或者使用税控装置。

（2）对会计核算的要求，具体规定如下。

① 纳税人建立的会计电算化系统应当符合国家有关规定，并能正确、完整核算其收入或者所得。

② 纳税人使用计算机记账的，应当在使用前将会计电算化系统的会计核算软件、使用说明书及有关资料报送主管税务机关备案。

③ 纳税人、扣缴义务人会计制度健全，能够通过计算机正确、完整计算其收入和所得或者代扣代缴、代收代缴税款情况的，其计算机输出的完整的书面会计记录，可视同会计账簿。

④ 纳税人、扣缴义务人会计制度不健全，不能通过计算机正确、完整计算其收入和所得或者代扣代缴、代收代缴税款情况的，应当建立总账及与纳税或者代扣代缴、代收代缴税款有关的其他账簿。

⑤ 账簿、会计凭证和报表，应当使用中文。民族自治地方可以同时使用当地通用的一种民族文字。外商投资企业和外国企业可以同时使用一种外国文字。

2. 关于账簿、凭证的保管

账簿、记账凭证、报表、完税凭证、发票、出口凭证，以及其他有关涉税资料的保管期限，根据《税收征管法实施细则》第29条，除另有规定者外，应当保存10年。

（二）发票管理

（1）税务机关是发票的主管机关，负责发票的印制、领购、开具、取得、保管、缴销的管理和监督。

（2）增值税专用发票由国务院税务主管部门指定的企业印制；其他发票按照国务院税务主管部门的规定，分别由省、自治区、直辖市国家税务局、地方税务局指定企业印制。

（三）税控管理

《税收征管法》中规定：不能按照规定安装、使用税控装置，或者损毁或者擅自改动税控装置的，由税务机关责令限期改正，可以处以 2000 元以下的罚款；情节严重的，处 2000 元以上 1 万元以下的罚款。

三、纳税申报管理

纳税申报是指纳税人按照税法规定的期限和内容向税务机关提交有关纳税事项书面报告的法律行为，是纳税人履行纳税义务、承担法律责任的主要依据，是税务机关税收管理信息的主要来源和税务管理的一项重要制度。

（一）纳税申报的对象

纳税申报的对象就是指谁应当办理纳税申报，它主要包括如下几点。

（1）应当正常履行纳税义务的纳税人。在正常情况下，纳税人必须按税收法律、行政法规规定的申报期限、申报内容如实办理纳税申报。

（2）应当履行扣缴税款义务的扣缴义务人。扣缴义务人必须依照法律、行政法规的规定或者税务机关依照法律、行政法规的规定确定的申报期限、申报内容如实报送代扣代缴、代收代缴税款报告表，以及税务机关根据实际需要要求扣缴义务人报送的其他有关资料。

（3）享受减税、免税待遇的纳税人。纳税人享受减税、免税待遇的，在减税、免税期间也应当按照规定办理纳税申报手续，填报纳税申报表，以便于进行减免税的统计与管理。

（二）纳税申报的内容

纳税申报的内容主要包括纳税申报表或者代扣代缴、代收代缴税款报告表；与纳税申报有关的资料或证件。

（1）纳税人和扣缴义务人在填报纳税申报表或代扣代缴、代收代缴税款报告时，应将税种、税目、应纳税项目或者应代扣代缴、代扣代收税款项目，适用税率或单位税额，计税依据，扣除项目及标准，应纳税额或应代扣、代收税款，税款所属期限等内容逐项填写清楚。

（2）纳税人办理纳税申报时，要报送如下资料。

① 纳税申报表。它是由税务机关统一负责印制的由纳税人进行纳税申报的书面报告，其内容因纳税依据、计税环节、计算方法的不同而有所区别。

② 财务会计报表。它是根据会计账簿记录及其他有关反映生产、经营情况的资料，按照规定的指标体系、格式和序列编制的用以反映企业、事业单位或其他经济组织在一

定的时期内经营活动情况或预算执行情况结果的报告文件。不同纳税人由于其生产经营的内容不同，所使用的财务会计报表也不一样，需向税务机关报送的种类也不相同。

③ 其他纳税资料。比如，与纳税有关的经济合同、协议书；固定工商业户外出经营税收管理证明；境内外公证机关出具的有关证件；个人工资及收入证明等。

（3）扣缴义务人纳税申报时，需要报送的资料包括如下内容。

① 代扣代缴、代收代缴税款报告表。

② 其他有关资料。通常包括代扣代缴、代收代缴税款的合法凭证；与代扣代缴、代收代缴税款有关的经济合同、协议书、公司章程等。

（三）纳税申报期限

纳税申报期限是指税收法律、法规规定或者税务机关依照税收法律、法规的规定确定的纳税人、扣缴义务人向税务机关办理申报和纳税的期限。申报期限包括如下 2 种。

（1）法律、行政法规明确规定的。

（2）税务机关按照法律、行政法规的原则规定，结合纳税人生产经营的实际情况及其所缴纳的税种等相关问题予以确定的。

（四）纳税申报的要求

1. 纳税申报的基本要求

纳税人必须依照法律、行政法规规定或者税务机关依照法律、行政法规的规定确定的申报期限、申报内容如实办理纳税申报。

扣缴义务人必须依照法律、行政法规规定或者税务机关依照法律、行政法规的规定确定的申报期限、申报内容如实办理申报。

2. 申报资料

纳税人必须依照法律、行政法规规定或者税务机关依照法律、行政法规的规定确定的申报期限、申报内容如实报送纳税申报表、财务会计报表，以及税务机关根据实际需要要求纳税人报送的其他纳税资料。

扣缴义务人必须依照法律、行政法规规定或者税务机关依照法律、行政法规的规定确定的申报期限、申报内容如实报送代扣代缴、代收代缴税款报告表，以及税务机关根据实际需要要求扣缴义务人报送的其他有关资料。纳税人办理纳税申报时，应当如实填写纳税申报表，并根据不同的情况相应报送下列有关证件、资料。

（1）财务会计报表及其说明材料。

（2）与纳税有关的合同、协议书及凭证。

（3）税控装置的电子报税资料。

（4）外出经营活动税收管理证明和异地完税凭证。

（5）境内或者境外公证机构出具的有关证明文件。

（6）税务机关规定应当报送的其他有关证件、资料。

（7）扣缴义务人办理代扣代缴、代收代缴税款报告时，应当如实填写代扣代缴、代收代缴税款报告表，并报送代扣代缴、代收代缴税款的合法凭证，以及税务机关规定的其他有关证件、资料。

（五）纳税申报方式

1. 直接申报

直接申报，是指纳税人自行到税务机关办理纳税申报。这是一种传统申报方式。

2. 邮寄申报

邮寄申报，是指经税务机关批准的纳税人使用统一规定的纳税申报特快专递专用信封，通过邮政部门办理交寄手续，并向邮政部门索取收据作为申报凭据的方式。

纳税人采取邮寄方式办理纳税申报的，应当使用统一的纳税申报专用信封，并以邮政部门收据作为申报凭据。邮寄申报以寄出的邮戳日期为实际申报日期。

3. 数据电文

数据电文，是指经税务机关确定的电话语音、电子数据交换和网络传输等电子方式。如目前纳税人的网上申报，就是数据电文申报方式的一种形式。

以数据电文方式办理纳税申报的，以税务机关计算机网络系统收到该数据电文的时间为申报日期。

4. 其他方式

实行定期定额征收的纳税人，经税务机关批准，在规定期限内缴纳税款，以缴纳税款凭证代替申报（简易申报）或将纳税期限合并为按季、半年、年的方式缴纳（简并征期）的一种申报方式。

（六）延期申报

延期申报是税收征管法赋予纳税人的一项权利。纳税人确实遭遇到困难、不可抗力情形等，不能按期办理纳税申报业务的，要在当期的申报期内提出申请或者不可抗力情形消除后立即向税务机关提出申请，税务机关在接到纳税人的延期申报申请后，要调查核实后进行核准。

延期时限由各省、自治区、直辖市国家税务局、地方税务局在最长不超过 3 个月的期限内自行核准，税务机关应当自收到申请延期缴纳税款报告之日起 20 日内做出批准或者不予批准的决定。同一笔税款不得滚动审批。批准延期内免予加收滞纳金，不批准的，从缴纳税款期限届满次日起加收滞纳金。

第三节　税 款 征 收

税款征收是税务机关依照税收法律、行政法规的规定，将纳税义务人依法应缴纳的税款组织征收入库的一系列活动的总称。

税款征收是税收征收管理的核心内容，是税务登记、账簿票证管理、纳税申报等税务管理工作的目的和归宿。

税款征收的主要内容包括税款征收的方式、程序、减免税的核报，核定税额的几种情况，税收保全措施和强制执行措施的设置与运用，以及欠缴、多缴税款的处理等。

一、税款征收的原则

（1）唯一主体原则：是指税务机关是征税的唯一行政主体的原则。根据《税收征管法》的规定，除税务机关、税务人员，以及经税务机关依照法律、行政法规委托的单位或个人外，任何单位和个人不得进行税款征收活动。

（2）税收法定原则：是指税务机关只能依照法律、行政法规的规定征收税款，即税务机关必须依法治税。

（3）税务机关不得违反法律、行政法规的规定开征、停征、多征、少征、提前征收、延缓征收或者摊派税款。

税务机关不得擅自增减改变税目，调高或降低税率，未经法定批准程序，加征、减征或免税，由此而多征、少征、提前征收或者延缓征收税款或者摊派税款。否则，除撤销其擅自做出的决定外，还应补征应征未征的税款，退还不应征而征收的税款，并由上级税务机关追究直接责任人员的行政责任。

（4）税务机关征收税款必须遵守法定权限和法定程序的原则。

（5）税务机关征收税款或扣押、查封商品、货物或其他财产时，必须向纳税人开具完税凭证或开付扣押、查封的收据或清单。

（6）税款、滞纳金、罚款统一由税务机关上缴国库。

（7）税款优先的原则：指纳税人缴纳税款优先于支付各种款项和偿还各种债务。新征管法第一次在税收法律上确定了税款优先的地位，确定了税款征收在纳税人支付各种款项和偿还债务时的顺序。税款优先原则包含以下几层含义：

1. 税收优先于无担保债权

税收优先于无担保债权是有条件的，也就是说，税收并不是优先于所有的无担保债权，对于法律上另有规定的无担保债权，不能行使税收优先权。如对于破产企业来说，法律规定破产企业优先支付职工工资、生活保障等，在这里职工对于企业来说是债权人，职工工资、生活保障费等债权优先于税款。

2. 纳税人发生欠税在前的，税款优先于抵押权、质权或被留置权

纳税人的欠税发生在以其财产设置抵押、质押或被留置之前，纳税人应当向抵押权

人、质权人说明其欠税情况。抵押权人、质权人可以请求税务机关提供有关的欠税情况。纳税人以其财产设定抵押、质押或被留置的，并不是纳税人财产所有权的转移，但当抵押权、质权、留置权被执行时，就可能发生财产所有权的转移。因此，为保障税收的安全，规定纳税人发生欠税在前的，税收优先于抵押权、质权、留置权的执行。

3. 税收优先于罚款、没收非法所得

纳税人欠缴税款，同时要被税务机关决定处以罚款、没收非法所得的，税收优先于罚款、没收非法所得；纳税人欠缴税款，同时又被税务机关以外的其他行政部门处以罚款、没收非法所得的，税收优先于罚款、没收非法所得。即当税收权力与行政权力在债权发生冲突时，税收优先于其他行政权力。

二、税款征收的方式

税款征收方式是指税务机关根据各税种的不同特点、征纳双方的具体条件而确定的计算征收税款的方法和形式。税款征收的方式主要有以下几种：

1. 查账征收

查账征收是指税务机关按照纳税人提供的账表所反映的经营情况，依照适用税率计算缴纳税款的方式。这种方式一般适用于财务会计制度较为健全，能够认真履行纳税义务的纳税单位。

2. 查定征收

查定征收是指税务机关根据纳税人的从业人员、生产设备、采用原材料等因素，对其产制的应税产品查实核定产量、销售额并据以征收税款的方式。这种方式一般适用于账册不够健全，但是能够控制原材料或进销货的纳税单位。

3. 查验征收

查验征收是指税务机关对纳税人应税商品，通过查验数量，按市场一般销售单价计算其销售收入并据以征税的方式。这种方式一般适用于经营品种比较单一，经营地点、时间和商品来源不固定的纳税单位。

4. 定期定额征收

定期定额征收是指税务机关通过典型调查，逐户确定营业额和所得额并据以征税的方式。这种方式一般适用于无完整考核依据的小型纳税单位。

5. 委托代征税款

委托代征税款是指税务机关委托代征人以税务机关的名义征收税款，并将税款缴入国库的方式。这种方式一般适用于小额、零散税源的征收。

6. 邮寄纳税

邮寄纳税是一种新的纳税方式。这种方式主要适用于那些有能力按期纳税，但采用其他方式纳税又不方便的纳税人。

7. 代扣代缴、代收代缴

（1）代扣代缴是指按照税法规定，负有扣缴税款义务的法定义务人负责对纳税人应纳的税款进行代扣代缴的方式。即由支付人在向纳税人支付款项时，从所支付的款项中依法直接扣收税款并代为缴纳，其目的在于对零星分散、不易控管的税源实行源泉控制。如目前我国对纳税人课征的个人所得税、预提所得税就是采取代扣代缴的源泉扣缴形式。

（2）代收代缴是指按照税法规定，负有收缴税款义务的法定义务人，负责对纳税人应纳的税款进行代收代缴的方式。即由与纳税人有经济业务往来的单位和个人在向纳税人收取款项时依法收取税款，并向税务机关解缴，其目的在于对税收网络覆盖不到或者难以征收的领域实行源泉控管。如委托加工应纳消费税产品的代收代缴税款。

8. 其他方式

如利用网络申报、用 IC 卡纳税等方式。

三、税款征收制度

（一）代扣代缴、代收代缴税款制度

（1）对负有代扣代缴、代收代缴义务的扣缴义务人办理扣缴税款登记，核发扣缴税款登记证件。对法律、行政法规没有规定负有代扣代缴、代收代缴税款义务的单位和个人，税务机关不得要求履行代扣代缴、代收代缴税款义务。

（2）除另有规定外，未经财政部、国家税务总局批准，税务机关不得自行扩大“三代”（代扣代缴、代收代缴义务和扣缴义务人）范围和提高“三代”税款手续费支付比例。代扣、代收税款手续费只能由县（市）以上税务机关统一办理退库手续，不得在征收税款中坐支。

（3）扣缴义务人必须依法履行代扣代收税款义务。如果不履行义务的，就要承担法律责任。除给予一定的处罚外，还应当责成扣缴义务人限期将应扣未扣、应收未收的税款补扣或补收。

（4）扣缴义务人依法履行代扣、代收税款义务时，纳税人不得拒绝。纳税人拒绝的，扣缴义务人应当在 1 日内报告主管税务机关处理。不及时向主管税务机关报告的，扣缴义务人应承担未扣、应收未收税款的责任。

（5）扣缴义务人代扣、代收税款，只限于法律、行政法规规定的范围，并依照法律、行政法规规定的征收标准执行。不能超越范围代扣、代收税款及提高或降低标准代扣、代收款项。

（二）税收滞纳金征收制度

《税收征管法》第 32 条规定：“纳税人未按照规定期限缴纳税款的，扣缴义务人未按照规定期限解缴税款的，税务机关除责令限期缴纳外，从滞纳税款之日起，按日加收滞纳税款万分之五的滞纳金。”滞纳金的计算公式如下：

$$滞纳金=滞纳税款\times滞纳天数\times0.5‰$$

加收滞纳金的具体操作应按下列程序进行。

（1）先由税务机关发出催缴税款通知书，责令限期缴纳或解缴税款，告知纳税人如不按期履行纳税义务，将依法按日加收滞纳税款万分之五的滞纳金。

（2）从滞纳之日起加收滞纳金（加收滞纳金的起止时间为法律、行政法规规定或者税务机关依照法律、行政法规的规定确定的税款缴纳期限届满次日起至纳税人、扣缴义务人实际缴纳或者解缴税款之日止）。

（3）拒绝缴纳滞纳金的，可以按不履行纳税义务实行强制执行措施，强行划拨或者强制征收。

（三）税额核定制度（核定征收）

根据《税收征管法》第 35 条的规定，纳税人（包括单位纳税人和个人纳税人）有下列情形之一的，税务机关有权核定其应纳税额。

（1）依照法律、行政法规的规定可以不设置账簿的。

（2）依照法律、行政法规的规定应当设置但未设置账簿的。

（3）擅自销毁账簿或者拒不提供纳税资料的。

（4）虽设置账簿，但账目混乱或者成本资料、收入凭证、费用凭证残缺不全，难以查账的。

（5）发生纳税义务，未按照规定的期限办理纳税申报，经税务机关责令限期申报，逾期仍不申报的。

（6）纳税人申报的计税依据明显偏低，又无正当理由的。

税务机关可以按照下列方法调整计税收入额或者所得额。

（1）按照独立企业之间进行的相同或者类似业务活动的价格。

（2）按照再销售给无关联关系的第三者的价格所应取得的收入和利润水平。

（3）按照成本加合理的费用和利润。

（4）按照其他合理的方法。

采用以上 1 种方法不足以正确核定应纳税额时，可以同时采用 2 种以上的方法核定。

纳税人对税务机关采取规定的方法核定的应纳税额有异议的，应当提供相关证据，经税务机关认定后，调整应纳税额。

（四）未按规定办理税务登记的纳税人适用的征收制度

对于未按规定办理税务登记的从事生产、经营的纳税人，以及临时从事经营的纳税人规定了以下的税款征收制度。

（1）由税务机关核定其应纳税额，责令缴纳。

（2）不缴纳的，税务机关可以扣押其价值相当于应纳税款的商品、货物。

（3）扣押后缴纳应纳税款的，税务机关必须立即解除扣押，并归还所扣押的商品、货物。

（4）扣押后仍不缴纳应纳税款的，经县以上税务局（分局）局长批准，依法拍卖或者变卖所扣押的商品、货物，以拍卖或者变卖所得抵缴税款。

（五）税收保全措施

税收保全措施是指税务机关对可能由于纳税人的行为或者某种客观原因，致使以后税款的征收不能保证或难以保证的案件，采取限制纳税人处理和转移商品、货物或其他财产的措施。税收保全措施，是法律赋予税务机关的一种强制权力。

1. 税收保全措施的对象

（1）主体的对象是从事生产经营的纳税人。

（2）物的对象是存款、商品、货物或者其他财产。

（3）个人及其所抚养家属维持生活必需的住房和用品，不在税收保全措施的范围之内。

2. 税收保全的条件

税务机关采取税收保全措施的条件包括如下 4 个。

（1）税务机关有根据认为从事生产、经营的纳税人有逃避纳税义务的，可在规定的纳税期之前，责令限期缴纳应纳税款。

（2）税务机关在限期内发现纳税人有明显的转移、隐匿其应纳税的商品、货物，以及其他财物或应纳税收入的迹象的，可以责成纳税人提供纳税担保。

（3）纳税人不提供纳税担保的，税务机关可以依照法定权限和程序，采取税收保全措施。

（4）经县以上税务局（分局）局长批准。

3. 税收保全措施的内容

（1）书面通知纳税人开户银行或者其他金融机构冻结纳税人的金额相当于应纳税款的存款。

（2）扣押、查封纳税人的价值相当于应纳税款的商品、货物或者其他财产。

纳税人在上款规定的期限内缴纳税款的，税务机关必须立即解除税收保全措施；

限期期满仍未缴纳税款的，经县以上税务局（分局）局长批准，税务机关可以书面通知纳税人开户银行或者其他金融机构，从其冻结的存款中扣缴税款，或者依法拍卖或者变卖所扣押、查封的商品、货物或者其他财产，以拍卖或者变卖所得抵缴税款。

采取税收保全措施不当，或者纳税人在限期内已缴纳税款，税务机关未立即解除税收保全措施，使纳税人的合法权益遭受损失的，税务机关应当承担赔偿责任。个人及其所扶养家属维持生活必需的住房和用品，不在税收保全措施的范围之内。

4. 税收保全措施的程序

（1）税务机关有根据认为从事生产经营的纳税人有逃避纳税义务的行为。

（2）责令纳税人在规定的纳税期之前限期缴纳。

（3）限期内发现纳税人有明显的转移、隐匿其应纳税的商品、货物，以及其他财产或者应纳税的收入的迹象。

（4）税务机关责成纳税人提供纳税担保。

（5）不能提供纳税担保，采取税收保全。

（6）采取税收保全措施需经县以上税务局（分局）局长批准。

（7）采取税收保全措施应当由 2 名以上税务人员执行，并通知被执行人。

（8）纳税人在规定的限期内缴纳税款的，税务机关必须立即解除税收保全措施，限期期满仍未缴纳税款的，转入强制执行程序。

（9）税务机关扣押商品、货物或者其他财产时，必须开付收据；查封商品、货物或者其他财产时，必须开付清单。

5. 税收保全措施的终止

（1）纳税人在规定的限期内缴纳了应纳税款的，税务机关必须立即解除税收保全措施。

（2）纳税人超过规定的限期仍不缴纳税款的，经税务局（分局）局长批准，终止保全措施，转入强制执行措施，即书面通知纳税人开户银行或者其他金融机构从其冻结的存款中扣缴税款，或者拍卖、变卖所扣押查封的商品、货物或其他财产，以拍卖或者变卖所得抵缴税款。

6. 税收保全措施的其他规定

（1）其他财产，包括纳税人的房地产、现金、有价证券等不动产和动产。

（2）个人及其所扶养家属维持生活必需的住房和用品，不在税收保全措施的范围之内。机动车辆、金银饰品、古玩字画、豪华住宅或者 1 处以外的住房不属于税收征管法所称个人及其所扶养家属维持生活必需的住房和用品。

个人所扶养家属，是指与纳税人共同居住生活的配偶、直系亲属，以及无生活来源并由纳税人扶养的其他亲属。

税务机关对单价 5000 元以下的其他生活用品，不采取税收保全措施和强制执行措施。

（3）税务机关执行税收征管法的规定，扣押、查封价值相当于应纳税款的商品、货物或者其他财产时，参照同类商品的市场价、出厂价或者评估价估算。

税务机关按照前款方法确定应扣押、查封的商品、货物或者其他财产的价值时，还应当包括滞纳金和扣押、查封、保管、拍卖、变卖所发生的费用。

（4）拍卖或者变卖所得抵缴税款、滞纳金、罚款，以及扣押、查封、保管、拍卖、变卖等费用后，剩余部分应当在 3 日内退还被执行人。

（5）税务机关采取税收保全措施的期限一般不得超过6个月；重大案件需要延长的，应当报国家税务总局批准。

（六）税收强制执行措施

税收强制执行措施是指税务机关在采取一般税收管理措施无效的情况下，为了维护国家依法征税的权力所采取的一种强行征收税款的手段。

1. 税收强制执行对象

（1）从事生产、经营的纳税人、扣缴义务人。

① 从事生产、经营的纳税人。这里有两种情况：一是未按规定期限缴纳税款的；二是在税务机关依法进行检查时，有逃避纳税义务行为，并有明显的转移、隐匿其应纳税的商品、货物，以及其他财产或者应纳税收入的迹象的。

② 未按照规定期限解缴税款的从事生产、经营的扣缴义务人。

（2）未按照规定期限缴纳所担保税款的纳税担保人。

（3）对税务机关的处罚决定逾期不申请行政复议也不向人民法院起诉，又不履行的当事人。

2. 税收强制执行范围

税收强制执行措施的实施范围包括应纳税款、滞纳金和罚款。

《税收征管法》明确了税务机关对应纳税款、滞纳金、罚款都可以实施强制执行措施，但执行的程序和时限有所不同。与税收保全措施不同的是，强制执行措施无论在征收管理阶段还是在检查阶段实施，都是对已超过纳税期的税款进行追缴，因此，都是税款与滞纳金一同执行。而对罚款的强制追缴必须等复议申请期和起诉期满后才能执行。

3. 税收强制执行措施形式

根据《税收征管法》，税务机关可以采取的强制执行措施包括以下2种。

（1）书面通知开户银行或其他金融机构从其存款中扣缴税款、滞纳金或者罚款。

（2）扣押、查封、依法拍卖或者变卖其价值相当于应纳税款、滞纳金或者罚款的商品、货物或其他财产，以拍卖或变卖所得抵缴税款、滞纳金或者罚款。

4. 税收强制执行措施程序

（1）责令限期缴纳。纳税人、扣缴义务人、纳税担保人在规定的期限未缴纳或解缴税款或提供纳税担保的，主管税务机关应责令其限期缴纳。

（2）县以上税务机关批准。责令限期期满，仍未缴纳的，经县以上税务局（分局）局长审查批准，可执行强制措施。

（3）实施前述2项措施扣缴或抵缴税款、滞纳金。在强制执行措施中，扣押、查封、依法拍卖或者变卖等行为具有连续性，即扣押、查封后，不再给纳税人自动履行纳税义务的时间，税务机关可直接拍卖或者变卖，以其所得抵缴税款。

需要注意的是，税务机关实施扣押、查封时，必须有 2 人以上在场，并通知被执行人或者其成年家属到场，否则不能直接采取扣押和查封措施。但被执行人或者成年家属接到通知后拒不到场的，不影响执行。同时，税务机关应当通知有关单位和基层组织。他们是扣押、查封财产的见证人，也是税务机关执行工作的协助人。

另外，扣押、查封、拍卖被执行人的商品、货物或者其他财产，应当以应纳税额为限。对于被执行人的必要的生产工具，被执行人本人及其所供养家属的生活必需品应当予以保留，不得对其进行扣押、查封和拍卖。

（七）税款的退还与追征

1. 税款的退还

纳税人超过应纳税额缴纳的税款，税务机关发现后应当立即退还；纳税人自结算缴纳税款之日起 3 年内发现的，可以向税务机关要求退还多缴的税款并加算银行同期存款利息，税务机关及时查实后应当立即退还；涉及从国库中退库的，依照法律、行政法规有关国库管理的规定退还。

对纳税人超过应纳税额缴纳的税款，无论是税务机关发现的，还是纳税人发现后提出退还申请的，税务机关经核实后都应当立即办理退还手续，不应当拖延。根据有关规定："税务机关发现纳税人多缴税款的，应当自发现之日起 10 日内办理退还手续；纳税人发现多缴税款，要求退还的，税务机关应当自接到纳税人退还申请之日起 30 日内查实并办理退还手续。"

2. 税款的追征

因税务机关的责任，致使纳税人、扣缴义务人未缴或者少缴税款的，税务机关在 3 年内可以要求纳税人、扣缴义务人补缴税款，但是不得加收滞纳金。因纳税人、扣缴义务人计算错误等失误，未缴或者少缴税款的，税务机关在 3 年内可以追征税款、滞纳金；上述税款在追缴期限内累计数额在 10 万元以上的，追征期可以延长到 5 年。对偷税、抗税、骗税的，税务机关追征其未缴或者少缴的税款、滞纳金或者所骗取的税款，不受前款规定期限的限制。

第四节　税 务 代 理

一、税务代理概述

（一）税务代理的概念

税务代理是指税务代理人在国家法律规定的代理范围内，以代理机构的名义，接受纳税人、扣缴义务人的委托，依据国家税收法律和行政法规的规定，代其办理涉税事宜的各项民事法律行为的总称。

（二）税务代理的特点

1. 中介性

税务代理不是税务行政机关，而是征纳双方的中介机构，因此具有中介性。

在税务代理法律关系中，作为代理人的一方必须是经批准具有税务代理执业资格的注册税务师和税务师事务所。不符合上述条件的单位和个人均不能从事税务代理业务。

税务代理业是智能性的科技与劳动相结合的中介服务业务，它以服务为宗旨，以社会效益为目的，在获取一定报酬的前提下，既服务于纳税人、扣缴义务人，又间接地服务于税务机关。

2. 法定性

税务代理不是一般意义上的事务委托或劳务提供，而是负有法律责任的契约行为，税务代理人与被代理人之间的关系是通过代理协议而建立起来的，代理人在从事税务代理活动过程中，必须站在客观、公正的立场上行使代理权限，且其行为受税法及有关法律的约束。

税务代理人的税务代理业务范围，由国家以法律、行政法规和行政规章的形式确定，税务代理人不得超越规定的内容从事代理活动。除税务机关按照法律、行政法规规定委托其代理外，税务代理人不得代理应由税务机关行使的行政职权。

3. 自愿性

税务代理属于委托代理，税务代理关系的产生必须以委托与受托双方自愿为前提。代理人和被代理人之间的关系是平等的合同关系，被代理人有委托和不委托的选择权，也有选择代理人的自主权，代理人也有选择接受或不接受委托的选择权，任何单位和个人都不能强令代理。

4. 公正性

税务代理是一种社会中介服务，税务代理人介于纳税人、扣缴义务人和税务机关之间，既要维护被代理人的合法权益，也要维护国家的税收权益。因此，税务代理人必须站在中介、公正的立场上，依照国家税法规定行使代理权限，不得偏向任何一方。

二、税务代理业务范围

根据代理权限范围的不同，税务代理可分为全面代理、单项代理、临时代理。业务范围主要包括以下内容。

（1）办理税务登记、变更税务登记和注销税务登记手续。

（2）办理纳税、退税和减免税申报。

（3）建账建制，办理账务。

（4）办理除增值税专用发票外的发票领购手续。

（5）办理纳税申报或扣缴税款报告。

（6）制作涉税文书。

（7）开展税务咨询（顾问）、税收筹划、涉税培训等涉税服务业务。

（8）税务行政复议手续。

（9）审查纳税情况。

（10）办理增值税一般纳税人资格认定申请。

（11）利用主机共享服务系统为增值税一般纳税人代开增值税专用发票。

（12）国家税务总局规定的其他业务。

三、税务代理人的权利和义务

（一）税务代理人的权利

（1）税务代理人有权依照有关规定代理由纳税人、扣缴义务人委托的税务事宜。

（2）税务代理人依法履行职责，受国家法律保护，任何机关、团体、单位和个人不得非法干预。

（3）税务代理人有权根据代理业务需要，查阅被代理人的有关财务会计资料和文件，查看业务现场和设施。被代理人应当向代理人提供真实的经营情况和财务会计资料。

（4）税务代理人可向当地税务机关订购或查询税收政策、法律、法规和有关资料。

（5）税务代理人对税务机关的行政决定不服的，可依法向税务机关申请行政复议或向人民法院起诉。

（二）税务代理人的义务

（1）税务代理人在办理代理业务时，必须向有关的税务工作人员出示税务师执业证书，按照主管税务机关的要求，如实提供有关资料，不得隐瞒、谎报，并在税务文书上署名盖章。

（2）税务代理人对被代理人偷税、骗取减税、免税和退税的行为，应予以制止，并及时报告税务机关。

（3）税务代理人在从事代理业务期间和停止代理业务以后，都不得泄露因代理业务而得知的秘密。

（4）税务代理人应当建立税务代理档案，如实记载各项代理业务的始末和保存计税资料及涉税文书。税务代理档案至少保存 5 年。

四、代理责任

（一）委托方的法律责任

如果委托方违反代理协议的规定，致使注册税务师不能履行或不能完全履行代理协议，由此而产生法律后果的法律责任应全部由委托方承担，其中，纳税人除了应按规定承担本身承担的税收法律责任以外，还应按规定向受托方支付违约金和赔偿金。

（二）受托方的法律责任

（1）民法的规定：代理人不履行职责而给被代理人造成损害的应当承担民事责任。

（2）税收征管法实施细则的规定：注册税务师超越代理权限、违反税收法律、行政法规，造成纳税人未缴或者少缴税款的，除由纳税人缴纳或者补缴应纳税款、滞纳金外，对注册税务师处以2000元以下的罚款。

（三）对属于共同法律责任的处理

代理人知道被委托代理的事项违法，仍进行代理活动的，或者被代理人知道代理人的代理行为违法，不表示反对的，由被代理人和代理人负连带责任。根据相关规定，注册税务师与被代理人如果互相勾结、偷税抗税、共同违法，应按共同违法论处，双方都要承担法律责任。涉及刑事犯罪的，还要移送司法部门依法处理。

第五节　税务检查

一、税务检查的概述

（一）税务检查的概念

税务检查是指税务机关根据国家税法和财务会计制度的规定对纳税人履行缴纳税款义务和扣缴义务人履行代扣、代收税款义务的状况所进行的监督检查。税务检查是税收征收管理的重要内容，也是税务监督的重要组成部分。搞好税务检查，对于加强依法治税，保证国家财政收入，有着十分重要的意义。

（二）税务检查的特点

税务检查是众多经济监督手段之一，与会计检查、审计检查、物价检查相比较，有着其自身的特点。

（1）特定的检查主体。税务检查的主体是税务机关，代表国家行使政治权力，依法对纳税人的所有经济行为和应税行为进行检查。

（2）特定的检查对象。税务检查的对象仅限于具有纳税义务的纳税人、扣缴义务人。

（3）特定的检查目的。税务检查的目的是保障国家财政收入的及时足额入库，严肃财经纪律，规范纳税秩序，实现税收职能。

（4）特定的检查依据。税务检查是依据国家税收法律、法规进行的，是以会计核算为前提，建立在会计制度的实施基础之上的一种经济监督活动。

二、税务检查的形式

1. 重点检查

重点检查是指对公民举报、上级机关交办或有关部门转来的有关偷税行为或偷税嫌疑的，纳税申报与实际生产经营情况有明显不符的纳税人及有普遍逃税行为的检查。

2. 分类计划检查

分类计划检查是指根据纳税人历年纳税情况、纳税人的纳税规模及税务检查间隔长短等综合因素，按事先确定的纳税人分类、计划检查时间及检查频率而进行的检查。

3. 集中性检查

集中性检查是指税务机关在一定时间、一定范围内，统一安排、统一组织的税务检查，这种检查一般规模比较大，影响力比较长远。

4. 临时性检查

临时性检查是指由各级税务机关根据不同的经济形势、偷逃税趋势、税收任务完成情况等综合因素，在正常的检查计划下安排的检查。

5. 专项检查

专项检查是指税务机关根据税收工作实际，对某一税种或税收征收管理某一环节的检查。

三、税务检查的方法

（一）查账方法

1. 按照审查方法不同分为审阅法和核对法

（1）审阅法：指对稽查对象有关书面资料（会计凭证、账簿、报表等其他会计资料）的内容进行详细审查、研究，发现疑点线索，取得税务稽查证据的一种检查方法。审阅法适用于所有企业经济业务的检查，尤其适合于有数据逻辑关系和核对依据内容的检查。

（2）核对法：指对书面资料的相关记录，或是对书面资料的记录和实物进行相互核对，以验证其是否相符的一种检查方法。核对时，稽查人员要有计划、有重点的对企业生产经营的主要和重要财产进行盘点和核对。

2. 按照审查的详细程度不同分为详查法和抽查法

（1）详查法：又称全查法或详细审查法，是指对稽查对象在检查期内的所有经济活动、涉及经济业务和财务管理的部门及其经济信息资料，采取严密的审查程序，进行详细的审核检查。详查法适用于规模较小、经济业务较少、会计核算简单、核算对象比较单一的企业，或者为了发现重大问题而进行的专案检查，以及在整个检查过程中对某些（某类）特定项目、事项所进行的检查。

（2）抽查法：亦称抽样检查法，是指从稽查对象总体中抽取部分资料或存货进行审查，再依据抽查结果推断总体的一种方法。

3. 按照查账顺序不同分为顺查法和逆查法

（1）顺查法：又称正查法，是指按照会计业务处理程序，依次进行检查的方法。顺查法适用于业务规模不大或业务量较少的稽查对象，以及经营管理和财务管理混乱、存在重大问题的稽查对象和一些特别重要项目的检查。

（2）逆查法：又称倒查法，是指按照会计处理程序的相反方向，由报表、账簿到凭证的一种检查方法。从检查技术上看，逆查法主要运用了审阅和分析的技术方法，根据重点和疑点，逐个进行追踪检查。逆查法主要适用于对大型企业及内部控制制度健全、内部控制管理严格的企业的检查，但不适用于某些特别重要项目的检查。

4. 按照税务检查实施的地点不同可分为现场检查法和调账检查法

（1）现场检查法：指税务机关派人员到被查纳税人的机构办公地点对其账务资料进行检查的一种方法。

（2）调账检查法：指将被查纳税人的账务资料调到税务机关进行检查的一种方法。

（二）分析方法

分析方法是指运用不同的分析技术，对与企业会计资料有内在联系的财务管理信息，以及税款缴纳情况进行系统和重点的审核分析，以确定涉税疑点和线索，进行追踪检查的一种方法。

1. 控制计算法

控制计算法也称逻辑推算法，指根据被查纳税人财务数据的相互关系，用可靠或科学测定的数据，验证其账面记录或申报的资料是否正确的一种检查方法。

2. 比较分析法

比较分析法是指将企业会计资料中的有关项目、数据，在相关的时期之间、指标之间、企业之间及地区、行业之间，进行静态或动态的对比分析，从中发现问题，获取检查线索的一种分析方法。比较分析法的种类较多，常用的有绝对数比较分析法、相关比率比较分析法、构成比率比较分析法。

（三）调查方法

调查方法是指在税务稽查过程中，采用观察、查询、外部调查和盘点等方法，对稽查对象与税收有关的经营情况、营销策略、财务管理、库存等进行检查、核实方法的总称。

1. 观察法

观察法是指稽查人员通过深入检查现场，如车间、仓库（包括外部仓库）、营业场所及基建工地等，对被查事项或需要核实的事项进行实地视察和了解，考察企业产、供、销、运各环节的内部管理状况，控制程序和各方面的实际情况，从中发现薄弱环节和存在的问题，获取相关证据的一种方法。

2. 查询法

查询法是指对审查过程中发现的疑点和问题，通过调查、询问的方式，查实某些问题，取得必要的资料，以帮助进一步检查的一种调查方法。根据查询方式的不同，查询法可以分为面询法、函询法。

3. 外调法

外调法是指对有疑点的凭证、账项记录或者其他经济业务，通过派出稽查人员到稽查对象以外、与该项业务相联系的单位（或个人）进行实地调查，或者委托对方税务机关协查，以查实问题的一种检查方法。外调法主要用于外部证据的核实、取证，包括函调和派人外调。

根据检查需要和外调目的，确定外调的重点和内容，适当调配外调人员，保证外调工作顺利开展。对外调过程中获取的信息资料，要进行分类和分析，去伪存真，证据材料要注意印章齐全、内容具体。委托对方税务机关调查的，获取的证据应附对方税务机关的证明和有关说明材料。

4. 盘存法

盘存法是指通过对货币资产、实物资产进行盘点和清查，确定其形态、数量、价值、权属等内容与账簿记录是否相符的一种检查方法。

5. 交叉稽核法

国家为加强增值税专用发票管理，应用计算机将开出的增值税专用发票抵扣联与存根联进行交叉稽核，以查出虚开及假开发票行为，避免国家税款流失。目前这种方法通过“金税工程”体现，对利用增值税专用发票偷逃税款行为起到了极大的遏制作用。

四、税务检查的内容

（1）检查纳税人的账簿、记账凭证、报表和有关资料，检查扣缴义务人代扣代缴、代收代缴税款账簿、记账凭证和有关资料；税务机关行使此项职权时，可以在纳税人、扣缴义务人的业务场所进行；必要时，经县以上税务局（分局）局长批准，也可以将纳税人、扣缴义务人以前会计年度的账簿、记账凭证、报表和其他有关资料调回税务机关检查，但是税务机关必须向纳税人、扣缴义务人开付清单，并在 3 个月内完整退还。

（2）到纳税人的生产、经营场所和货物存放地检查纳税人应纳税的商品、货物或者其他财产，检查扣缴义务人与代扣代缴、代收代缴税款有关的经营情况。

（3）责成纳税人、扣缴义务人提供与纳税或者代扣代缴、代收代缴税款有关的文件、证明材料和有关资料。

（4）询问纳税人、扣缴义务人与纳税或者代扣代缴、代收代缴有关的问题和情况。

（5）到车站、码头、机场，邮政企业及其分支机构检查纳税人托运、邮寄应纳税商品、货物或者其他财产的有关单据、凭证和有关资料。税务机关在行使此项职权时，应持有税务分局开具的介绍信，并出示税务检查证。

（6）经县以上税务局（分局）局长批准，凭全国统一格式的检查存款账户许可证明，查核从事生产、经营的纳税人、扣缴义务人在银行或者其他金融机构的存款账户。查核从事生产、经营的纳税人的储蓄存款，须经银行县、市支行或者市分行的区办事处核对，指定所属储蓄所提供资料。税务机关行使此项职权时，应当指定专人负责，凭全国统一格式的检查存款账户许可证明进行，并有责任为被检查人保守秘密。检查存款许可证明，由国家税务总局制定。

税务机关实施税务检查时，检查人员应当是2人以上。税务机关调查税务违法案件时，对与案件有关的情况和资料，可以记录、录音、录像、照相和复制。税务机关和税务人员必须依照《税收征管法》及《税收征管法实施细则》的规定行使税务检查权。税务人员进行税务检查时，必须出示税务检查证；无税务检查证的，纳税人、扣缴义务人及其他当家人有权拒绝检查。纳税人、扣缴义务人必须接受税务机关依法进行的税务检查，如实反映情况，提供有关资料，不得拒绝、隐瞒。税务机关依法进行税务检查时，有关部门和单位应当支持、协助，向税务机关如实反映纳税人、扣缴义务人和其他当事人的与纳税或者代扣代缴、代收代缴有关的情况，提供有关资料及证明材料。

第六节 法律责任

一、税收法律责任的概念

税收法律责任，是指税收法律关系的主体因违反税收法律规范所应承担的法律后果。

明确规定税收法律责任，不仅有利于维护正常的税收征纳秩序，确保国家的税收收入及时足额入库，而且有利于增强税法的威慑力，为预防和打击税收违法犯罪行为提供有力的法律武器，也有利于维护纳税人的合法权益。

二、税收法律责任的形式

税收法律责任的形式，是指纳税人因不履行或不完全履行税法规定的义务所应承担的法律后果的类型。根据现行规定，税收法律责任的形式主要有两种，即行政责任和刑事责任。

（一）行政法律责任

税法中的行政法律责任是行政违法引起的，用以调整和维护行政法律关系，具有一定的惩罚性。对于纳税主体而言，其行政法律责任形式主要是行政处罚。对于征税主体而言，税务机关承担的行政法律责任，主要有行政赔偿责任和撤销违法决定等，税务机关工作人员承担的行政法律责任主要是行政处分。

行政处罚主要有以下几种方式：

（1）责令限期改正。这是税务机关对违反法律、行政法规所规定义务的当事人的谴责和申诫。主要是起到教育的作用，有一定的处罚作用，为税收法律、法规广泛采用。

（2）罚款。罚款是对违反税收法律、法规，不履行法定义务的当事人的一种经济上的处罚。由于罚款既不影响被处罚人的人身自由及其合法活动，又能起到对违法行为的惩戒作用。因而是税务行政处罚中应用最广泛的一种。因此，运用这一处罚形式必须依法行使，严格遵循法律、法规规定的数额、限度、权限、程序及形式。

（3）没收财产。没收财产是对行政管理相对一方当事人的财产权予以剥夺的处罚，具体包括 2 种情况：一是对相对人非法所得的财物没收；二是财物虽系相对人所有，但是其用于非法活动。

（4）收缴未用发票和暂停供应发票。

（5）停止出口退税权。

（二）刑事责任

刑事责任是对违反税法行为情节严重，已构成犯罪的当事人或直接责任人所给予的刑事制裁。追究刑事责任以税务违法行为情节严重、构成犯罪为前提。经济责任和行政责任通常是由税务机关依法追究的，而刑事责任则是由司法机关追究。刑事责任是税收法律责任中最严厉的一种制裁措施。

刑法规定税务刑事处罚分为 5 种主刑，即死刑、无期徒刑、有期徒刑、拘役和管制；3 种附加刑，即罚金、剥夺政治权利和没收财产。

三、税收法律责任的具体规定

（一）一般税收法律责任

1. 纳税人违反税法行为的法律责任

（1）违反税务管理的行为的法律责任。纳税人有下列行为之一的，由税务机关责令限期改正，逾期不改正的，可以处 2000 元以下的罚款；情节严重的，处 2000 元以上 10000 元以下的罚款。具体包括如下几点。

① 未按规定申报办理税务登记、变更或注销的。

② 未按照规定设置、保管账簿或者保管记账凭证和有关资料的。

③ 未按规定报送财务、会计制度或者财务、会计制度处理办法的。

④ 未按照规定将其全部银行账号向税务机关报告的。

⑤ 未按照规定安装、使用税控装置，或者损毁或者擅自改动税控装置的。

⑥ 纳税人未按照规定办理纳税申报和报送纳税资料的。

（2）纳税人偷税行为的法律责任：偷税行为是指纳税人伪造、变造、隐匿、擅自销毁账簿、记账凭证，或者在账簿上多列支出或者不列、少列收入，或者经税务机关通知申报而拒不申报或者进行虚假的纳税申报，不缴或者少缴应纳税款的；缴纳税款后，以假报出口或者其他欺骗手段，骗取所缴纳的税款行为。

对纳税人偷税的，由税务机关追缴其不缴或者少缴的税款、滞纳金，并处不缴或者少缴的税款 50%以上 5 倍以下的罚款；构成犯罪的，依法追究刑事责任。

（3）纳税人不进行纳税申报，不缴或者少缴应纳税款的法律责任：纳税人不进行纳税申报，不缴或者少缴应纳税款的，由税务机关追缴其不缴或者少缴的税款、滞纳金，并处不缴或者少缴的税款 50%以上 5 倍以下的罚款。

（4）纳税人抗税行为的法律责任：抗税是指以暴力、威胁方法拒不缴纳税款的行为。除由税务机关追缴其拒缴的税款、滞纳金外，依法追究刑事责任。情节轻微，未构成犯罪的，由税务机关追缴其拒缴的税款、滞纳金，并处拒缴税款 1 倍以上 5 倍以下的罚款。

（5）纳税人逃避税务机关追缴欠税行为的法律责任：纳税人欠缴应纳税款，采取转移或者隐匿财产的手段，妨碍税务机关追缴欠缴的税款的，由税务机关追缴欠缴的税款、滞纳金，并处欠缴税款 50%以上 5 倍以下的罚款；构成犯罪的，依法追究刑事责任。

（6）纳税人骗取出口退税的行为的法律责任：纳税人骗取出口退税的行为是指以假报出口或者其他欺骗手段，骗取国家出口退税款的行为。由税务机关追缴其骗取的退税款，并处骗取税款 1 倍以上 5 倍以下的罚款；构成犯罪的，依法追究刑事责任。对骗取国家出口退税款的，税务机关可以在规定期间内停止为其办理出口退税。

（7）纳税人拖欠税款行为的法律责任：纳税人、扣缴义务人在规定期限内不缴或者少缴应纳或者应解缴的税款的，经税务机关责令限期缴纳，逾期仍未缴纳的，税务机关除依法采取强制执行措施追缴其不缴或者少缴的税款外，可以处不缴或者少缴的税款 50%以上 5 倍以下的罚款。

2. 扣缴义务人违反税法行为的法律责任

（1）扣缴义务人未按照规定的期限向税务机关报送代扣代缴、代收代缴税款报告表和有关资料的，由税务机关责令限期改正，可以处 2000 元以下的罚款；情节严重的，处 2000 元以上 1 万元以下的罚款。

（2）扣缴义务人未按照规定设置、保管代扣代缴、代收代缴税款账簿或者保管代扣代缴、代收代缴税款记账凭证及有关资料的，可以处 2000 元以下的罚款；情节严重的，处 2000 元以上 5000 元以下的罚款。

（3）扣缴义务人采取伪造、变造、隐匿、擅自销毁账簿、记账凭证，或者在账簿上多列支出或者不列、少列收入，或者经税务机关通知申报而拒不申报或者进行虚假的纳税申报，不缴或者少缴应纳税款的；缴纳税款后，以假报出口或者其他欺骗手段，骗取所缴纳的税款行为的，由税务机关追缴其不缴或者少缴的税款、滞纳金，并处不缴或者少缴的税款 50%以上 5 倍以下的罚款；构成犯罪的，依法追究刑事责任。

（4）扣缴义务人应扣未扣、应收而不收税款的由税务机关向纳税人追缴税款，对扣缴义务人处应扣未扣、应收未收税款 50%以上 3 倍以下的罚款。

3. 税务代理人违反税法行为的法律责任

税务代理人违反税收法律、行政法规，造成纳税人未缴或者少缴税款的，除由纳税人缴纳或者补缴应纳税款、滞纳金外，对税务代理人处纳税人未缴或者少缴税款50%以上3倍以下的罚款。

4. 税务人员违反税法行为的法律责任

（1）税务机关违反规定擅自改变税收征收管理范围和税款入库预算级次的，责令限期改正，对直接负责的人员和其他直接负责人员依法给予降级或者撤职的行政处分。

（2）税务人员徇私舞弊，对依法应当移交司法追究刑事责任的不移交，情节严重的，依法追究刑事责任。

（3）税务机关、税务人员查封、扣押纳税人个人及其所抚养家属维持生活必需的住房和用品的，责令退还，依法给予行政处分；构成犯罪的，依法追究刑事责任。

（4）税务人员和纳税人、扣缴义务人勾结、唆使或者协助纳税人抗税的行为，构成犯罪的，依法追究刑事责任；尚不构成犯罪的，依法给予行政处分。

（5）税务人员利用职务上的便利，收受或者索取纳税人、扣缴义务人财物或者谋取其他不正当利益，构成犯罪的，依法追究刑事责任；尚不构成犯罪的，依法给予行政处分。

（6）税务人员徇私舞弊或者玩忽职守，不征或者少征税款，致使国家税收遭受重大损失，构成犯罪的，依法追究刑事责任，尚不构成犯罪的，依法给予行政处分。税务人员滥用职权，故意刁难纳税人、扣缴义务人的，调离税收工作岗位，并依法给予行政处分。税务人员对控告、检举税收违法违纪行为的纳税人、扣缴义务人，以及其他检举人进行打击报复的，依法给予行政处分；构成犯罪的，依法追究刑事责任。

（7）违反法律、行政法规的规定提前征收、延缓征收或者摊派税款的，由其上级机关或者行政监察机关责令改正，对直接负责人主管人员和其他人员依法给予行政处分。

（8）税务人员在征收税款或者查处税收违法案件时，未按规定进行回避的，对直接负责的主管人员和其他直接责任人员，依法给予行政处分。

（二）违反税法的刑事责任

1. 偷税罪

（1）纳税人采取伪造、变造、隐匿、擅自销毁账簿、记账凭证，在账簿上多列支出或者不列、少列收入，经税务机关通知申报而拒不申报或者进行虚假的纳税申报的手段，不缴或者少缴应纳税款，偷税数额占应纳税额的10%以上不满30%并且偷税数额在1万元以上不满10万元的，或者因偷税被税务机关给予2次行政处罚又偷税的，处3年以下有期徒刑或者拘役，并处偷税数额1倍以上5倍以下罚金；偷税数额占应纳税额的30%以上并且偷税数额在10万元以上的，处3年以上7年以下有期徒刑，并处偷税数额1倍以上5倍以下罚金。

（2）扣缴义务人采取前款所列手段，不缴或者少缴已扣、已收税款，数额占应缴税额的10%以上并且数额在1万元以上的，依照前款的规定处罚。

2. 抗税罪

（1）对情节轻的，处3年以下有期徒刑或者拘役，并处拒缴税款1倍以上5倍以下的罚金。

（2）有下列严重情节的：聚众抗税的首要分子；抗税数额在10万元以上的；多次抗税的；故意伤害致人轻伤的；具有其他严重情节。处3年以上7年以下有期徒刑，并处拒缴税款1倍以上5倍以下罚金。

3. 逃避追缴欠税款罪

纳税人欠缴应纳税款，采取转移或者隐匿财产的手段，致使税务机关无法追缴欠缴的税款，数额在1万元以上不满10万元的，处3年以下有期徒刑或者拘役，并处或者单处欠缴税款1倍以上5倍以下罚金；数额在10万元以上的，处3年以上7年以下有期徒刑，并处欠缴税款1倍以上5倍以下罚金。

4. 骗取出口退税罪

以假报出口或者其他欺骗手段，骗取国家出口退税款，数额较大的（骗取税款5万元以上），处5年以下有期徒刑或者拘役，并处骗取税款1倍以上5倍以下的罚金；数额巨大（骗取税款50万元以上）或者有其他严重情节的，处5年以上10年以下有期徒刑，并处骗取税款1倍以上5倍以下的罚金；数额特别巨大（骗取税款250万元以上）或者有其他特别严重情节的，处10年以上有期徒刑或者无期徒刑，并处骗取税款1倍以上5倍以下的罚金或者没收财产；构成骗取出口退税罪的由税务部门移交司法部门查处。

第七节　税务行政复议与诉讼

一、税务行政复议

（一）税务行政复议的概念

税务行政复议是指当事人（纳税人、扣缴义务人、纳税担保人及其他税务当事人）不服税务机关及其工作人员做出的税务具体行政行为，依法向上一级税务机关（复议机关）提出申请，复议机关经审理对原税务机关具体行政行为依法做出维持、变更、撤销等决定的活动。

税务行政复议的作用是为了防止和纠正违法的或不当的税务具体行政行为，保护纳税人及其他税务当事人的合法权益，保障和监督税务机关依法行使职权。

（二）税务行政复议的特点

（1）税务行政复议以当事人不服税务机关及其工作人员做出的税务具体行政行为为前提。这是由行政复议对当事人进行行政救济的目的所决定的。如果当事人认为税务机关的处理合法、适当，或税务机关还没有做出处理，当事人的合法权益没有受到侵害，就不存在税务行政复议。

（2）税务行政复议因当事人的申请而产生。当事人提出申请是引起税务行政复议的重要条件之一。当事人不申请，就不可能通过行政复议这种形式获得救济。

（3）税务行政复议案件的审理一般由原处理税务机关的上一级税务机关进行。

（4）税务行政复议与行政诉讼相衔接。根据《中华人民共和国行政诉讼法》（以下简称《行政诉讼法》）和《中华人民共和国行政复议法》（以下简称《行政复议法》）的规定，对于大多数行政案件来说，当事人都可以选择行政复议或者行政诉讼程序解决，当事人对行政复议决定不服的，还可以向法院提起行政诉讼。在此基础上，2 个程序的衔接方面，税务行政案件的适用还有其特殊性。根据《税收征管法》第 88 条的规定，对于因纳税问题引起的争议，税务行政复议是税务行政诉讼的必经前置程序，未经复议不能向法院起诉，经复议仍不服的，才能起诉；对于因处罚、保全措施及强制执行引起的争议，当事人可以选择适用复议或诉讼程序，如选择复议程序，对复议决定仍不服的，可以向法院起诉。

（三）行政复议的受案范围

（1）税务机关做出的征税行为，包括确认纳税主体、征税对象、征税范围、减税、免税、退税、抵扣税款、适用税率、计税依据、纳税环节、纳税期限、纳税地点和税款征收方式等具体行政行为，征收税款、加收滞纳金，扣缴义务人、受税务机关委托征收的单位和个人做出的代扣代缴、代收代缴行为及代征等。

（2）税务机关做出的责令纳税人提供纳税担保行为。

（3）税务机关做出的税收保全措施。

（4）税务机关未及时解除税收保全措施，使纳税人等合法权益遭受损失的行为。

（5）税务机关做出的税收强制执行措施。

（6）税务机关做出的税务行政处罚行为，包括罚款、没收财产、停止出口退税权、收缴发票和暂停供应发票及责令限期改正。

（7）税务机关不予依法办理或答复的行为，包括不予审批减免税或出口退税、不予抵扣税款、不予退还税款、不予颁发税务登记证和发售发票、不予开具完税凭证和出具票据、不予认定为增值税一般纳税人、不予核准延期申报；批准延期缴纳税款等。

（8）税务机关做出的取消增值税一般纳税人资格的行为。

（9）税务机关做出的通知出境管理机关阻止出境行为。

（10）税务机关做出的其他税务具体行政行为。

（四）税务行政复议管辖

根据《行政复议法》和《税务行政复议规则（试行）》的规定，我国税务行政复议管辖的基本制度原则上是实行由上一级税务机关管辖的一级复议制度。具体内容如下。

（1）对省级以下各级国家税务局做出的税务具体行政行为不服的，向其上一级机关申请行政复议；对省级国家税务局做出的具体行政行为不服的，向国家税务总局申请行政复议。

（2）对省级以下各级地方税务局做出的税务具体行政行为不服的，向其上一级机关申请复议；对省级地方税务局做出的具体行政行为不服的，向国家税务总局或省级人民政府申请复议。

（3）对国家税务总局做出的具体行政行为不服的，向国家税务总局申请行政复议。对行政复议决定不服的，申请人可以向人民法院提出行政诉讼；也可以向国务院申请裁决，国务院的裁决为终局裁决。

（4）对上述 3 条规定以外的其他机关、组织等做出的税务具体行政行为不服的，按照下列规定申请行政复议。

① 对税务机关依法设立的派出机构，依照法律、法规或者规章的规定，以自己名义做出的税务具体行政行为不服的，向设立该派出机构的税务机关申请行政复议。

② 对扣缴义务人做出的扣缴税款行为不服的，向主管该扣缴义务人的税务机关的上一级税务机关申请复议；对受税务机关委托的单位做出的代征税款行为不服的，向委托税务机关的上一级税务机关申请复议。

③ 对国家税务局和地方税务局共同做出的具体行政行为不服的，向国家税务总局申请复议；对税务机关与其他机关共同做出的具体行政行为不服的，向其上一级行政机关申请复议。

④ 对被撤销的税务机关在撤销前所做出的具体行政行为不服的，向继续行使其职权的税务机关的上一级税务机关申请行政复议。

为方便纳税人，按《行政复议法》有关规定，在上述情况下，复议申请人也可以向具体行政行为发生地的县级地方人民政府提出行政复议申请，由接受申请的县级地方人民政府依法进行转送。

（五）税务行政复议申请

（1）纳税人及其他税务当事人对税务机关做出的征税行为不服，应当先向复议机关申请行政复议，对复议决定不服，再向人民法院起诉。

申请人按前款规定申请行政复议的，必须先依照税务机关的纳税决定缴纳或者解缴税款及滞纳金或者提供相应的担保，然后可以依法提出行政复议申请。

（2）申请人对税务机关做出的征税以外的其他税务具体行政行为不服，可以申请行政复议，也可以直接向人民法院提起行政诉讼。

（3）申请人可以在得知税务机关做出具体行政行为之日起 60 日内提出行政复议申请。

（六）税务行政复议受理

复议机关收到行政复议申请后，应当在 5 日内进行审查，对不符合规定的行政复议申请，决定不予受理，并书面告知申请人；对符合规定，但是不属于本机关受理的行政复议申请，应当告知申请人向有关行政复议机关提出申请。

（七）税务行政复议决定

复议机关应当自受理申请之日起 60 日内做出行政复议决定。情况复杂，不能在规定期限内做出行政复议决定的，经复议机关负责人批准，可以适当延长，并告知申请人和被申请人；但是延长期限最多不超过 30 日。复议机关做出行政复议决定，应当制作行政复议决定书，并加盖公章。行政复议决定书一经送达，即发生法律效力。

二、税务行政诉讼

（一）税务行政诉讼的概念

税务行政诉讼是指公民、法人和其他组织认为税务机关及其工作人员的具体税务行政行为违法或者不当，侵犯了其合法权益，依法向人民法院提起行政诉讼，由人民法院对具体税务行政行为的合法性进行审查并做出裁决的司法活动。其目的是保证人民法院正确、及时审理税务行政案件，保护纳税人、扣缴义务等当事人的合法权益，维护和监督税务机关依法行使行政职权。

（二）税务行政诉讼的特殊性

（1）税务行政诉讼是由人民法院进行审理并做出裁决的一种诉讼活动。这是税务行政诉讼与税务行政复议的根本区别。税务行政复议和税务行政诉讼是解决税务行政争议的 2 条重要途径。由于税务行政争议范围广、数量多、专业性强，大量税务行政争议由税务机关以税务复议方式解决，只有由人民法院对税务进行审理并做出裁决的活动，才是税务行政诉讼。

（2）税务行政诉讼以解决税务行政争议为前提，这是行政诉讼与其他行政诉讼活动的根本区别，具体体现在以下几点。

① 被告必须是税务机关，或经法律、法规授权的行使税务行政管理权的组织，而不是其他行政机关或组织。

② 税务行政诉讼解决的争议发生在税务行政管理过程中。

③ 因税款征纳问题发生的争议，当事人在向人民法院提起行政诉讼前，必须先经税务行政复议程序，即复议前置。

（三）税务行政诉讼的管辖

税务行政诉讼管辖，是指人民法院受理第一审税务案件的职权分工。具体来讲，税务行政诉讼的管辖分为级别管辖、地域管辖和裁定管辖。

1. 级别管辖

级别管辖是上下级人民法院之间受理第一审税务案件的分工和权限。

基层人民法院管辖一般的税务行政诉讼案件；中高级人民法院管辖本辖区内重大、复杂的税务行政诉讼案件；最高人民法院管辖全国范围内重大、复杂的税务行政诉讼案件。

2. 地域管辖

地域管辖是同级人民法院之间受理第一审行政案件的分工和权限，分一般地域管辖和特殊地域管辖 2 种。

（1）一般地域管辖，指按照最初做出具体行政行为的机关所在地来确定管辖法院。凡是未经复议直接向人民法院提起诉讼的，或者经过复议，复议裁决维持原具体行政行为，当事人不服向人民法院提起诉讼的，均由最初做出具体行政行为的税务机关所在地人民法院管辖。

（2）特殊地域管辖，指根据特殊行政法律关系或特殊行政法律关系所指的对象来确定管辖法院。税务行政案件的特殊地域管辖主要是指经过复议的案件，复议机关改变原具体行政行为的，由原告选择最初做出具体行政行为的税务机关所在地的人民法院，或者复议机关所在地人民法院管辖。原告可以向任何一个有管辖权的人民法院起诉，最先收到起诉状的人民法院为第一审法院。

3. 裁定管辖

裁定管辖是指人民法院依法自行裁定的管辖，包括移送管辖、指定管辖及管辖权的转移 3 种情况。

（1）移送管辖，是指人民法院将已经受理的案件，移送给有管辖权的人民法院审理。

（2）指定管辖，指上级人民法院以裁定的方式，指定某下一级人民法院管辖某一案件。

（3）管辖权的转移。根据《行政诉讼法》的规定，上级人民法院有权审理下级人民法院管辖的第一审税务行政案件，也可以将自己管辖的第一审行政案件移交下级人民法院审判；下级人民法院对其管辖的第一审税务行政案件，认为需要由上级人民法院审判的，可以报请上级人民法院决定。

（四）税务行政诉讼的受案范围

（1）税务机关做出的征税行为：一是征收税款、加收滞纳金等；二是扣缴义务人、受税务机关委托的单位做出代扣代缴、代收代缴行为及代征行为。

（2）税务机关做出的责令纳税人提交纳税保证金或者纳税担保行为。

（3）税务机关做出的行政处罚行为：罚款；没收违法所得；停止出口退税权；收缴发票和暂停供应发票。

（4）税务机关做出的通知出境管理机关阻止出境行为。

（5）税务机关做出的税收保全措施：一是书面通知银行或者其他金融机构冻结存款；二是扣押、查封商品、货物或者其他财产。

（6）税务机关做出的税收强制执行措施：一是书面通知银行或者其他金融机构扣缴税款；二是拍卖所扣押、查封的商品、货物或者其他财产抵缴税款。

（7）认为符合法定条件申请税务机关颁发税务登记证和发售发票，税务机关拒绝颁发、发售或者不予答复的行为。

（8）税务机关的复议行为：一是复议机关改变了原具体行政行为；二是期限届满，税务机关不予答复。

（五）税务行政诉讼的起诉和受理

1. 税务行政诉讼的起诉

对税务机关的征税行为提起诉讼，必须先经过复议；对复议决定不服的，可以在接到复议决定书之日起 15 日内向人民法院起诉。对其他具体行政行为不服的，当事人可以在接到通知或者知道之日起 15 日内直接向人民法院起诉。

税务机关做出具体行政行为时，未告知当事人诉权和起诉期限，致使当事人逾期向人民法院起诉的，其起诉期限从当事人实际知道诉权或者起诉期限时计算。但最长不得超过 2 年。

2. 税务行政诉讼的受理

根据法律规定，人民法院接到诉状，经过审查，应当在 7 日内立案或者做出裁定不予受理。原告对不予受理的裁定不服的，可以提起上诉。

（六）税务行政诉讼的审理和判决

1. 税务行政诉讼的审理

人民法院审理行政案件实行合议、回避、公开审判和两审终审的审判制度。审理的核心是审查被诉具体行政行为是否合法，即做出该行为的税务机关是否依法享有该税务行政管理权；该行为是否依据一定的事实和法律做出；税务机关做出该行为是否遵照必备的程序等。

2. 税务行政诉讼的判决

人民法院对受理的税务行政案件，经过调查、收集证据、开庭审理之后，分别做出如下判决。

（1）维持判决。适用于具体行政行为证据确凿，适用法律、法规正确，符合法定程序的案件。

（2）撤销判决。被诉的具体行政行为主要证据不足，适用法律、法规错误，违反法定程序，或者超越职权、滥用职权，人民法院应判决撤销或部分撤销，同时可判决税务机关重新做出具体行政行为。

（3）履行判决。税务机关不履行或拖延履行法定职责的，判决其在一定期限内履行。

（4）变更判决。税务行政处罚显失公正的，可以判决变更。

对一审人民法院的判决不服，当事人可以上诉。对发生法律效力的判决，当事人必须执行，否则人民法院有权依对方当事人的申请予以强制执行。

参 考 文 献

何珍芳，邓冬青，2012．税收基础[M]．4版．北京：高等教育出版社．
卢洪友，2016．税收基础[M]．4版．北京：中国财政经济出版社．
沙瑛，何倩梅，朱明红，2016．税收基础[M]．广州：中山大学出版社．
王俊友，杨达文，李炜，2014．税收基础[M]．北京：中国人民大学出版社．
张小芃，2012．税收实务基础[M]．北京：中国人民大学出版社．
中国注册会计师协会，2017．税法[M]．北京：中国财政经济出版社．